Von Pesthauch und Hexenhammer

Salina Voltaire

Salina Voltaire

Von Pesthauch und Hexenhammer

Die Erben von Eldingen Band 2
Die neue Generation

Historische Familiensaga

DeBehr

Herausgeber: Verlag DeBehr, Radeberg
Erstauflage: 2021
ISBN: 9783957538512

Widmung

In Liebe
für meinen Mann Wolfgang,
der an mich geglaubt hat.

Inhalt

1

Was bisher geschah ...

Nach einem großen Brand im Oktober 1654 auf „Gut Eldingen“ stirbt unerwartet der alte Baron Karl-Wilhelm von Eldingen. Sein ältester Sohn Otto wird seit Jahren in den Nachkriegswirren des Dreißigjährigen Krieges vermisst. Heinrich, der zweite Sohn, muss nun, mit nur zweiundzwanzig Jahren, das schwere Erbe alleine antreten. Baron Heinrich besitzt keine eigenen Verwandten und hat deshalb die engste Dienerschaft zu seiner ´Schlossfamilie` auserkoren. Diese besteht aus dem Kammerdiener Joseph, der schon Jahrzehnte Heinrichs Eltern gedient hat, sowie der ´guten Seele` des Schlosses, der resoluten, aber warmherzigen Köchin Hermine und deren zwölfjährige Tochter Katharina und dem zurückhaltenden Stallmeister Lennard von Ästland.

Ein Jahr arbeitet sich Baron Heinrich, mit Unterstützung seiner Schlossfamilie, in den Gutsbetrieb ein. Heinrich beschließt anschließend, sich zu vermählen. Zuvor beendet er seine Liebschaft mit der attraktiven Witwe Ludmilla.

Im Jahr 1656 verlieben sich Komtesse Elisabeth von Heimtraut und Baron Heinrich ineinander. Obwohl die gräfliche Familie von Heimtraut gesellschaftlich im Rang höher steht als Baron Heinrich, gibt es keine Einwände gegen diese Verbindung.

Rudolf Soskie, der neue Butler auf Schloss Eldingen, entdeckt eines Tages ein Kind auf der Schlosstreppe. Nachforschungen in den umliegenden Dörfern ergeben keine Hinweise auf die Eltern des Kindes. Die kleine Maria wird in die Schlossfamilie aufgenommen.

Acht Jahre nach dem `Dreißigjährigen Krieg` erholt sich das Land langsam von der Ausbeutung und der Knechtschaft durch den König.

Im Sommer 1656 meldet sich der Landesbischof zu einer Besichtigung der Eldinger Kirche an, was den Gemeinderat und die Dorfbevölkerung zu besonderen Maßnahmen zwingt. Durch die gemeinsame Instandsetzung der Kirche und des maroden Pfarrhauses bildet sich eine intakte Dorfgemeinschaft.

Bis zu Heinrichs und Elisabeths Hochzeit stehen bauliche Veränderungen im Schloss an, die Heinrichs Vermögen gewaltig schrumpfen lassen.

Baron Heinrich, Pastor Boreen, der Dorfarzt Doktor Röder, der Schenkwirt Wolfgang Walter und Rudolf Soskie bilden auf Anraten des Beedenbosteler Vogtes einen Gemeinderat. Der Rat hat einige unangenehme Aufgaben zu lösen.

Im Winter 1656 bricht eine regelrechte Katastrophe über die Dörfer herein. Jetzt gilt es vor allem, zusammenzuhalten.

Da Heinrich das Gut anstelle seines verschollenen Bruders Otto übernommen hat, ist für Otto die Stelle als Nachfolger des Beedenbosteler Vogtes vorgesehen. Der Beedenbosteler Vogt Hans-Hermann von Bergdorf drängt auf die Einarbeitung seines Nachfolgers. Baron Heinrich beauftragt einen Agenten, der sich auf die intensive Suche seines verschollenen Bruders begibt. Otto bleibt weiterhin unauffindbar.

Im April 1657 taucht in der Sankt Marienkirche zu Eldingen ein mysteriöses Mädchen auf. Pastor Boreen nimmt sich ihrer an und erklärt sie stillschweigend zu seiner Nichte.

Heinrichs und Elisabeths Hochzeit ist seit Jahrzehnten das erste große feierliche Ereignis für die Dörfler. In dieser Zeit kommen sich auch einige Bewohner des Eldinger Schlosses näher. Hermine hat ihre Gefühle für den Dorfschullehrer Alexander Rotermann entdeckt.

Lennard von Eckberg ist seit Jahren in eine verheiratete junge Frau verliebt. Die Lage spitzt sich zu, als der Gemeinderat erfährt, dass diese junge Frau mit einem wahrhaftigen Tyrannen verheiratet ist.

Rudolf, der Butler, lehrt Katharina Schreiben und Lesen. Dabei entdeckt er Katharinas anormale Fähigkeiten.

Im Oktober 1657 steht plötzlich Heinrichs Bruder Otto vor der Tür. Damit hält das Böse Einzug auf Schloss Eldingen. Otto ist ein gebrochener Mann. Heinrich beschließt, mit seinem Bruder zur Erholung an die See zu fahren. Dort kommen sich die Brüder wieder näher. Nach ihrer Rückkehr tritt Otto die Stelle als Nachfolger des Beedenbosteler Vogtes an.

Rudolf erhält einen Brief seiner Schwester aus Wittenberg, der ihn veranlasst, in seine Heimat zu reisen. In Wittenberg erfährt er von dem qualvollen Tod seiner jüngsten Schwester. Auf dem Friedhof des Gutes seiner Eltern findet Rudolf seinen jüngeren Bruder Sergej. Rudolf kehrt als ein Anderer mit seinem Bruder nach Schloss Eldingen zurück.

Ende Januar wird ein Schauprozess auf dem Galgenberg bei Celle abgehalten. Otto von Eldingen muss als Beisitzer daran teilnehmen.

Hermine wird beim Lügen ertappt. Zur Strafe muss sie den ehemaligen Dorfschullehrer Alexander Rotermann heiraten.

Am 23. März 1658 erblickte
Bernhard von Eldingen
das Licht der Welt.

2

Eltern

Stolz hielt Baron Heinrich seinen sechs Wochen alten Stammhalter in den Armen. „Liebes, ich kann dir gar nicht sagen, wie sehr ich dir danke“, flüsterte Heinrich seiner Frau ins Ohr.

„Ich habe da so eine Idee, Hein.“

Froh, dass Elisabeth sich langsam von Bernhards Geburt erholte, lächelte Heinrich sie an: „Was für eine Idee?“

„Du musst mir versprechen, dass unser nächstes Kind ein Mädchen wird.“

„Ich werde mein Bestes geben. Aber nun sollst du erst einmal zu Kräften kommen. Willst du weiter selbst stillen?“

„Ja. Ich danke Gott nicht nur für unseren gesunden Sohn, sondern auch dafür, dass ich genügend Milch für ihn habe. Ist das nicht wunderbar?“

„Ich weiß nicht?“, überlegte Heinrich, „das Stillen könnte dich doch auszehren, oder nicht?“

„Kakaladutsch!“, lachte Elisabeth. „Das ist nun wirklich Blödsinn! *Auszehren!* Von Hermine weiß ich, dass eure Mutter dich und Otto auch gestillt hat. Und sie war damals nicht ausgezehrt. Die Tiere tun es auch und die Kleinen entwickeln sich prächtig! Wofür, wenn nicht für das Kind, soll denn die Milch sein? Da ist alles drin, was so ein kleines Würmchen braucht. Es kann ja schließlich nicht selbst essen.“

„Wie schmeckt sie denn, die Milch?“

„Ah! Daher weht der Wind! Papa möchte einmal probieren“, amüsierte sich Elisabeth.

„Nun ja, eigentlich schon. Wenn ich Bernhard nichts wegnehme?“

„Tust du nicht. Ich habe selbst auch schon probiert. Du bekommst ohnehin nur ein paar Tropfen. Sei nicht enttäuscht. Es schmeckt nicht so, wie wir uns das vorstellen.“

„Wann stillst du wieder?“

„Jetzt gleich. Du kannst hierbleiben.“

„Darf ich wirklich? Bis jetzt durfte ich nicht dabei sein“, freute sich Heinrich.

„Das liegt einzig und allein daran, dass das Stillen sehr lange dauert und für die Männer wohl im Allgemeinen sehr langweilig ist. Sie können nur dasitzen und zusehen. Und müssen obendrein noch mucksmäuschenstill sein. Schaffst du das?“

„Ich versuche es. Versprochen!“

Heinrich war wirklich enttäuscht von der Muttermilch. Sein Sohn begeistert. Nach dem Stillen durfte Heinrich das erste Mal mit seinem Sohn `Bäuerchen` machen. Er war entzückt, dass Bernhard schon so kräftig ausspucken konnte. Elisabeth weniger, weil sie das Ausgespuckte direkt ins Gesicht bekam.

Später durfte Heinrich seinen Sohn waschen und neu wickeln. Elisabeth war überrascht, dass Heinrich sich dabei so geschickt anstellte.

„Ich habe das bei Maria öfter gemacht. Die hat bloß mehr gestunken.“

„Wahrscheinlich lag das an dem dünnen Brei, den sie noch dazubekommen hat“, überlegte Elisabeth. „Je mehr andere Dinge die Kleinen zu sich nehmen, desto mehr stinkt ihr Kot. Der Duft bleibt uns später auch nicht erspart. Du wirst dich doch dann nicht davor drücken, Bernhard die Windeln zu wechseln, oder?“

„Na ja, wenn ich so recht überlege, habe ich eigentlich keine Zeit für solche Sachen.“

„Solche *Sachen*? Du nennst die angenehme Aufgabe, deinem Sohn die Windeln zu wechseln, *solche Sachen*?“, tat Elisabeth empört.

„So meinte ich das doch nicht. Wirklich nicht.“ Heinrich wusste nicht, wie er sich aus dem Schlamassel ziehen sollte, ohne gefühlskalt zu erscheinen.

Elisabeth gluckste vor Lachen: „Komm, lass gut sein. Ich erlöse dich davon. Es stinkt ja später wirklich erbärmlich. Aber wenn ich krank bin, dann musst du es tun."

„Ich werde jeden Tag dafür beten, dass du gesund bleibst, mein Engel", lachte Heinrich und lief zur Tür.

Elisabeth warf ihm einen Pantoffel hinterher.

Abends stellten sie Bernhards Wiege zwischen ihre Sessel vor dem Kamin. Elisabeth saß an einer ihrer Handarbeiten, Heinrich las ein Buch. Zumindest gab er vor, ein Buch zu lesen. Abwechselnd ruhte sein Blick auf dem Gemälde von seinem Hengst Adolpho und seinem Sohn. An beidem konnte Heinrich sich nicht sattsehen. Das Gemälde von Adolpho hatte er von Sergej zur Geburt seines Sohnes geschenkt bekommen. Heinrich war sehr stolz auf seinen Rappen, aber so schön hatte er seinen Hengst noch nie gesehen. Sergej hatte nicht nur die äußere Schönheit seines Pferdes gemalt. Er hatte auch den Charakter Adolphos erfasst. Sein Stolz, seine Klugheit, seine Wildheit und seine Energie spiegelten sich in den Augen und der Haltung wider.

Hatte Heinrich damals stundenlang bei Maria sitzen können, so jetzt erst recht bei seinem eigenen Fleisch und Blut. Für Heinrich war Bernhard, jeden Tag aufs Neue, ein Wunder der Schöpfung.

„Mein Lieber, du liest jetzt schon mindestens eine Woche die gleiche Seite. Ist dir das Buch zu langweilig?", fragte Elisabeth leise.

„Ehrlich gesagt, weiß ich gar nicht mehr, worum es in dem Buch geht. Es macht mir mehr Freude, unseren Sohn und das Gemälde von Adolpho zu betrachten", gab Heinrich zu.

„Ja, auch wenn es sich jetzt sehr eingebildet anhört, Bernhard ist \`das Schönste\`, was ich in meinem Leben bisher gesehen habe. Er hat jetzt schon deine schwarzen Haare und Wimpern. Deine beiden Grübchen hat er auch geerbt."

„Weißt du, Lisa, manchmal überlege ich, was aus Bernhard wohl später einmal wird. Wir können ihm nur alles mitgeben, was in unserer Macht steht. Er ist ja noch so klein und völlig abhängig von uns. Wer weiß schon, ob wir alles richtig machen werden?"

„Das habe ich mir auch schon oft überlegt. Ich habe Mutter danach gefragt. Sie sagt, das ginge allen verantwortungsvollen Eltern so. Wir sollten uns nicht verrückt machen. Wir sollen einfach nur tun, was wir für richtig halten. Und wenn wir uns einmal nicht sicher sind, können wir jemanden um Rat fragen."

„Also hat es überhaupt keinen Sinn, sich den Kopf darüber zu zermürben?"

„Nein. Wir haben beide eine sehr gute Kinderstube gehabt. Wenn uns etwas nicht passt, was unsere Eltern mit uns gemacht haben, können wir es ja anders handhaben."

„Das ist schon eine enorme Verantwortung, die man mit seinem eigenen Kind bekommen hat. So ganz anders als die Verantwortung für die vielen Menschen, die ich sonst habe."

„Ja, völlig anders", stimmte Elisabeth ihm zu.

„Was ist zum Beispiel, wenn er mit seinem Namen nicht zufrieden ist?", überlegte Heinrich weiter.

„Ja, d a n n …"

„Was dann?"

„Dann würde ich sagen, hat er Pech gehabt", schmunzelte Elisabeth. \`Bernhard\` ist doch ein schöner Name. Besser als \`Heinrich\`, findest du nicht?"

„Was hast du gegen \`Heinrich\`? Du hast nie gesagt, dass dir mein Name nicht gefällt", Heinrich tat beleidigt.

„Stimmt ja auch nicht. Dein Name gefällt mir sehr gut. Ich finde nur, dass nicht jeder zweite Erstgeborene in deiner Familie \`Heinrich\` heißen muss. Außerdem passt \`Heinrich\` sehr gut zu meinem Namen. Für mich hätte ich mir allerdings einen anderen Namen ausgesucht."

„Welchen denn?"

„Kunigunde."

„Das ist doch nicht dein Ernst!", fragte Heinrich entsetzt.

„Doch, wenn wir eine Tochter bekommen, soll sie \`Kunigunde\` heißen."

„Niemals! Dann mache ich dir eben keine Tochter. \`Kunigunde\` kommt nicht infrage." Heinrich merkte nicht, wie sich Elisabeth vor unterdrücktem Lachen krümmte.

„Hör auf, Hein! Das war nur Spaß. Weil du dich immer so schön aufregen kannst."

„Du bist wie Otto. Der nimmt mich auch ständig hoch und ich glaube ihm alles."

„Ich weiß und ich kann Otto jetzt sehr gut verstehen. Es macht einfach zu viel Spaß. Weil dein ungläubiger Gesichtsausdruck so entzückend ist. Aber bitte verzeih mir. Ich nehme mir vor, es nicht wieder zu tun. – Wenigstens nicht zu oft."

„Ich verzeihe dir. Aber wie du sehr wohl weißt, räche ich mich bei Otto jedes Mal dafür. Und zwar dann, wenn er nicht damit rechnet. Das werde ich bei dir ebenso tun. So leicht kommst du nicht davon."

„Ich habe mich entschuldigt!"

„Trotzdem! Warte es nur ab!"

„Aber lass bitte deine Rache nicht so hart ausfallen."

„Weiß ich jetzt noch nicht. Ich würde an deiner Stelle mit dem Schlimmsten rechnen." Heinrich hatte sein kleines bösartiges Lächeln aufgesetzt.

„Nun aber im Ernst", lenkte Elisabeth ab. „Es bleibt bei: `Bernhard Heinrich Wilhelm Karl Georg` für unseren Sohn?"

„Ja, Rufname: Bernhard, Heinrich nach mir, Wilhelm nach meinem verstorbenen Vater, `Otto` nach meinem Bruder, `Karl` nach deinem Stiefbruder und `Georg` nach meinem Freund."

„Schön, dann steht Bernhards Taufe nichts mehr im Wege. Karl reist am Freitag an, weil er am Montag zurück muss. Mama und ihre Gesellschafterin Komtesse zu Ahrensfelde bleiben eine gute Woche und reisen anschließend weiter zu Rosalie-Sophie und Ferdinand nach Bayern."

3

Eine Freundschaft fürs Leben

Hermine und Katharina schälten in der Schlossküche Kartoffeln. „Mutter, nächste Woche ist doch die Taufe von Bernhard."

„Ja, Kind", antwortete Hermine ruhig.

Überhaupt war sie mehr als ausgeglichen in letzter Zeit, überlegte Katharina. „Und in drei Wochen ist deine Hochzeit."

„Ja, Kind."

„Wie soll es danach hier weitergehen?"

„Ach, Kind, darüber haben wir doch schon gesprochen." Hermine lächelte vor sich hin. „Es bleibt so, wie es ist. Nur, dass ich ab der Hochzeit bei Alexander schlafe. Das ist ja wohl normal, nicht wahr?"

„Mutter, warum sagst du in letzter Zeit ständig *mein Kind* zu mir?" Katharina ging das gehörig auf die Nerven. Auch diese gesäuselte Stimme passte überhaupt nicht zu ihrer Mutter.

„Warum sollte ich nicht mein Kind zu dir sagen? Das bist du doch schließlich *mein Kind*, nicht wahr?", säuselte Hermine weiter in diesem sanften, mütterlichen Ton.

„Weil du das nie zu mir gesagt hast, Mutter. Und um meine Meinung hast du mich auch noch nie gefragt, von wegen: *nicht wahr?* Was ist los mit dir? Werden alle Frauen so komisch, – so merkwürdig sanft, bevor sie heiraten?"

„Ach, Kind, das ist mir noch gar nicht aufgefallen. Ist es denn so schlimm für dich?"

„Jetzt hast du es schon wieder getan! Nein ehrlich, Mutter, das halte ich nicht mehr aus! Mit dir kann man ja gar nicht mehr normal reden. Ich muss hier mal raus und mit einem normalen Menschen sprechen. Die Kartoffeln schäle ich nachher fertig."

„Mach das, mein Kind. Du hast für heute genug getan. Ich schäle die Kartoffeln fertig. Amüsiere dich schön, mein Kind", lächelte Hermine ihre Tochter sanftmütig an.

Katharina schüttelte den Kopf und verließ wortlos die Küche. Im Schlosspark spielte sie mit Cockie `Stöckchen holen`, bis sie Lennard sah.

„Sag mal, ist dir an meiner Mutter in letzter Zeit etwas aufgefallen?"

„An Hermine?"

„An wem sonst? Habe ich noch eine Mutter? Natürlich an Hermine! Ist dir nun was aufgefallen oder nicht?", fragte Katharina gereizt.

„Was soll mir denn aufgefallen sein? Sie ist doch so wie immer, oder nicht?" Lennard wusste nicht, was Katharina von ihm wollte.

„Nein, sie ist eben nicht so wie immer! Sie säuselt ständig vor sich hin. Dann sagt sie immer *mein Kind* zu mir. Vor ein paar Tagen hat sie mich sogar gefragt, was wir kochen sollen. Das hat sie noch nie gemacht! Sie fragt mich neuerdings öfter nach meiner Meinung zu diesem und jenem. Sie ist wie ausgewechselt, als wenn sie irgendwie was getrunken oder irgendwelche Kräuter zu sich genommen hätte. Ach überhaupt, sie ist nicht mehr meine Mutter, so wie ich sie kenne."

„Tja, also jetzt, wo du es sagst. Ja, sie ist netter geworden, freundlicher. Sie hat doch glatt `Lenni` zu mir gesagt. Das hat sie früher auch nicht getan. Und ja, sie hat mich auch schon um meine Meinung gefragt. Das war ungewöhnlich. Ja, das muss ich zugeben", überlegte Lennard.

„Also gibst du zu, dass sie nicht mehr normal ist?"

„Was ist schon *normal*? Sie ist eben einfach nur freundlicher geworden. Liegt bestimmt an ihrer bevorstehenden Hochzeit. Weißt du, manche Menschen können nicht mehr klar denken, wenn sie verliebt sind. Ja, genau, das wird es sein! Hermine ist einfach nur komplett verliebt! Mensch, das ist ja ein Ding! Hermine so verliebt, dass sie nicht mehr klar denken kann! Ich, an deiner Stelle, würde ihren Zustand genießen. Wer weiß, wie lange er noch anhält. Könnte sein, dass sie morgen schon wieder ganz die Alte ist!", gab ihr Lennard den guten Rat.

„Aber in *dem Alter* ist man doch nicht mehr so verliebt, dass man nicht mehr weiß, wo einem der Kopf steht!"

Lennard grinste Katharina an: `Alter schützt vor Liebe nicht` haben schon die alten Römer gesagt oder waren es doch die Griechen?"

„Ach Lenni, du bist doof!"

„Na, dann bin ich eben doof. Aber ich freue mich wenigstens für Hermine!"

„Das tue ich doch auch. Ich weiß nur nicht, wie ich damit umgehen soll, wenn sie so ist, wie sie im Moment ist."

„Denk an meine Worte, Käthe: Genieße die verträgliche Art deiner Mutter, so lange es geht. Das kann ganz schnell vorbei sein!"

Bis zum Abend hatte sich Katharina mit ihrer verliebt säuselnden Mutter abgefunden. Es machte ihr auch plötzlich Spaß, auf Hermines sanften Ton einzugehen. Nachdem sich Hermine, wie jeden Abend, auf den Weg zu ihrem zukünftigen Ehemann gemacht hatte, saß Katharina mit Rudolf und der kleinen Maria alleine in der Schlossküche. Sie erzählte Rudolf von Lennards Vermutung.

„Ja Schatz, das wird es wohl sein: Die Liebe kann uns schier zum Narren machen. Hat das jetzt der alte `Platon` oder der alte `Sokrates` gesagt?"

Katharina gab ihm einen kleinen Klaps mit dem Küchenhandtuch auf den Rücken: „Jetzt fängst du auch noch damit an!", lachte sie.

„Jetzt im Ernst, Käthe, sollten wir die gute Laune deiner Mutter nicht ausnutzen und ihr endlich von uns erzählen? Dieses heimliche Getue seit Monaten geht mir gegen den Strich. Von mir aus kann die ganze Welt wissen, dass wir ein Paar sind und uns lieben. Nun, was meinst du?"

„Wir haben beschlossen, dass wir es den Anderen sagen, wenn wir uns ganz sicher sind."

„Sind wir doch!"

„Warum fragst du mich denn nicht endlich?"

„Was soll ich dich denn bitteschön fragen?" Rudolf wusste ganz genau, dass Katharina einen Heiratsantrag von ihm erwartete. Aber er traute sich nicht. Er hatte ihr immer noch nicht die Wahrheit über seine Herkunft erzählt. *Es wird sich wohl so schnell keine bessere Gelegenheit ergeben, Katharina die Wahrheit zu sagen,* überlegte er, *wird ja auch allerhöchste Zeit. Also los, reiß dich zusammen und sag es ihr endlich!* „Katharina, ich muss dir noch etwas erzählen."

„Ja, gleich, ich bringe nur schnell Maria ins Bett." Sie brachte Maria in ihre Kammer, wo sie ein Kinderbett aufgestellt hatten. Maria schlief sofort ein. Katharina ließ ihre Zimmertür, wie jeden Abend, angelehnt, damit sie Maria hören konnte. „Nun, erzähl."

„Ich bin nicht *der,* für den du mich hältst!"

„Bist du nicht? In Wahrheit bist du ein verzauberter Prinz, hab ich recht?" Katharina hatte sich eng an Rudolf gelehnt.

„So ungefähr."

„Ach schade, nur so *ungefähr* ist ein bisschen wenig, finde ich", schnurrte sie zwischen zwei Küssen in sein Ohr.

„Nein, es stimmt", schnurrte Rudolf zurück. „Ich bin ein Prinz, genauer gesagt ein `Graf´, ein `Landgraf`." Dann küsste er sie so intensiv, dass sie nicht antworten konnte. Als sie sich außer Atem voneinander lösten, fragte Rudolf sie: „Ist das schlimm für dich?"

„Was? Der schöne Kuss eben?"

„Nein, dass ich ein `Graf` bin."

„Ich denke, damit kann ich leben. Du kleiner mittelloser Graf, du." Sie hielt es für einen Scherz.

„Tja, mittellos bin ich auch nicht. Ich würde sagen: Eher das Gegenteil, wenn du weißt, was ich meine?"

„Das Gegenteil von mittellos wäre wohl reich, um nicht zu sagen sehr reich."

„Ja."

Katharina blickte ihm direkt in seine Augen. „Es macht Spaß, mit dir zu träumen. Stell dir vor, du wärst wirklich ein furchtbar reicher Landgraf, dann wäre ich nach unserer Heirat eine Gräfin, die in einem Schloss mit dir wohnen würde und wir bräuchten uns nie mehr Sorgen machen, ob wir genug zu essen haben. Ich hätte schöne Kleider und bräuchte nicht mehr zu kochen und zu putzen. Ich könnte den ganzen Tag lesen und Sprachen lernen. Du bräuchtest keine anderen Herrschaften mehr bedienen, sondern würdest bedient werden. Du könntest dein Sprachstudium fortsetzen und abends dein Geld zählen. Ach, das wäre wunderbar", seufzte Katharina während ihrer Tagträume.

„Ja, Katharina, das w i r d wunderbar", betonte Rudolf Buchstabe

für Buchstabe.
„Das wird wunderbar?“ Katharina rutschte von ihm ab. „Du willst mir doch nicht sagen, dass …?“ Sie sah ihn ungläubig an.
„Doch, will ich“, antwortete Rudolf leise.
„Nein!“
„Doch!“
„Nein, ich meinte: Ich kann das nicht glauben! Du bist ein `Sonstwer Graf` und noch dazu ein sehr reicher? Wieso arbeitest du dann hier?“
„Weil ich das erst seit meiner Reise nach Soskie weiß.“
„Also seit Dezember?“
„Ja.“
„Warum hast du mir nicht eher davon erzählt?“
„Weil ich es, genau wie du jetzt, nicht glauben konnte. Eigentlich kann ich es immer noch nicht so recht glauben. Es ist alles so weit weg von hier.“
Katharina stand auf: „Ich glaube, ich brauche jetzt einen Becher Bier. Du auch?“
„Ja“.
Katharina kam mit einem Krug Bier zurück, stellt zwei Becher auf den großen Küchentisch und setzte sich ihm gegenüber. „Na, dann erzähl bitte einmal von Anfang an.“
Rudolf erzählte ihr alles. Bei seiner glücklichen Kindheit auf Schloss Soskie angefangen, von seiner Familie, von dem Bauernaufstand nach dem `Dreißigjährigen Krieg`. Der Ermordung seiner Eltern und Brüder. Wie er die Flucht von Soskie nach Wittenberg mit seiner jüngeren Schwester und den noch jüngeren Zwillingen hinbekommen hatte. Dass seine Schwester und er bei einer älteren Tante untergekommen waren und die Zwillinge Malinka und Sergej von einer Tuchmacherfamilie aufgenommen worden waren. Wie die Witwe des Tuchmachers Malinka an Männer verkauft hatte und Malinka daran zugrunde gegangen und gestorben ist. Dass Sergej von dort nach Soskie, in die Jagdhütte seines Vaters geflüchtet war und im Wald zwei Jahre, ganz auf sich allein gestellt, gelebt hatte. Wie Sergej die Hoffnung nicht aufgegeben hatte, dass seine Schwester oder Rudolf selbst, dort nach ihm suchen würden. Von Sergejs und seinem zufälligen Wiedersehen auf dem familieneigenen Fried-

hof der Soskies. Dass sie in einem Geheimversteck die Urkunden und Papiere gefunden hatten, die sie als rechtmäßige Erben des `Landgrafen von Soskie`, auswiesen. Von dem Rat des zuständigen Pastors von Soskie, sich mit einem Empfehlungsschreiben sogleich an den Wittenbergischen Vogt zu wenden. Rudolf ließ nichts aus, außer wo sich das geheime Versteck mit dem Familienvermögen der Soskie befand. Das hatte er mit Sergej so abgesprochen.

Katharina liefen die Tränen des Mitleids und der Rührung über die Wangen. Hin und wieder nahm sie Rudolfs Hände in die ihren, um ihn zu trösten.

Nach einer langen Zeit brach Rudolf das Schweigen: „Katharina, ich habe Angst, dass du mich nun nicht mehr liebst."

„Du Dummkopf." Sie fuhr ihm liebevoll durch seine Haare. „Natürlich liebe ich dich noch! Aber ob ich dich heiraten kann, das …?" Katharina machte eine bedeutungsvolle Pause.

„Wieso das denn nicht? Ich bin doch immer noch derselbe Mann! Nur weil ich jetzt einen Titel und Vermögen besitze?"

„Nein, deshalb nicht"; schmunzelte Katharina verlegen.

„Weshalb dann?"

„Weil du mir weder als Mann ohne Titel und Vermögen einen Antrag gemacht hast, noch jetzt mit Titel und Vermögen", antwortete sie leise.

„Ach, so! Ich habe gedacht, das ist selbstverständlich, dass wir heiraten."

„Nein, ist es nicht. Ich unterscheide mich da in keiner Weise von den anderen Frauen."

Rudolf stand auf, ging aus der Küche in den Park und kam nach kurzer Zeit mit einer kleinen Rose wieder. Er kniete sich vor Katharina auf den Küchenboden und sah sie an: „Meine über alles geliebte Katharina, willst du meine Frau werden?"

„Ja, ich will." Katharina nahm die kleine Rose entgegen.

„Darf ich dich jetzt küssen?"

Sie bot Rudolf ihren Mund an. Bis um zwei Uhr in der Nacht schmiedeten sie Pläne. Sie waren sich einig, Hermine nichts von ihrer heimlichen Verlobung zu erzählen. Hermine sollte bis zu ihrer eigenen Hochzeit im Mittelpunkt stehen.

Obwohl sie nur vier Stunden geschlafen hatten, schwebten Katharina als auch Rudolf wie auf Wolken. Selbst Hermine fiel die Veränderung an ihrer Tochter auf. „Ist irgendetwas passiert, was ich wissen müsste, mein Kind?"

„Nein, Mutter", säuselte Katharina zurück. „Es ist alles in Ordnung. Ich fühle mich heute nur so beschwingt."

„Ja, das merke ich. Ich freue mich für dich, dass es dir so gut geht, mein Kind." Damit ließ es Hermine gut sein und hing weiter ihren Zukunftsträumen nach.

Gut gelaunt war Graf Karl am Freitag eingetroffen, ebenso Gräfin Beatrice und ihre Gesellschafterin, Komtesse zu Ahrensfelde, am Sonnabend. Der Taufgottesdienst fand, bei schönstem Maiwetter, in der gut gefüllten Sankt Marienkirche in Eldingen statt. Pastor Boreen hielt eine seiner wunderbaren Taufreden. Graf Karl platzte fast vor Stolz, als er sein erstes Patenkind über das Taufbecken hielt. Der kleine Bernhard bekam von ihm als Patengeschenk ein Miniaturpony, welches mit dem Muttertier zusammen am Sonntagnachmittag, geschmückt mit großen Schleifen, plötzlich im Schlosspark stand.

„Wie entzückend sehen die beiden aus!", rief Elisabeth und klatschte vor Begeisterung in die Hände. „Das kann auch nur dir einfallen, Karl!" Sie umarmte ihren Stiefbruder herzlich.

„Ich habe mir gedacht, dass Bernhard und das Pony zusammen aufwachsen können. In drei bis vier Jahren hat Bernhard dann schon sein vertrautes Tier für die ersten Reitversuche", erklärte Karl der kleinen Taufgesellschaft.

„Woher hast du diese kleinen Ponys, Karl? Ich habe noch nie von solch einer Rasse gehört?", wollte Heinrich, der Maria auf dem Armen hielt, wissen.

„Ich habe dir früher einmal von meinem Freund aus Celle erzählt, der den Marschstall des Herzogs leitet. Der hat mir einmal von diesen Miniaturponys erzählt. Sie stammen ursprünglich aus Amerika und Argentinien. Die Vorfahren dieser Ponys hier stammen aus Argentinien. Diese Rasse heißt `Falabella`. Sie sind speziell als Spielgefährten für die Königskinder gezüchtet worden. Tja, und als ich hörte, dass Elisabeth ein Kind trägt, habe ich mich mit meinem Freund deswegen in Verbindung gesetzt. Es war schwierig für ihn, aber letztendlich schuldetet ihm noch jemand einen Gefallen und wie ihr seht, hat es geklappt.“ Karl strahlte.

„Wie heißt die Stute?“, erkundigte sich Elisabeth.

„Lizzi“, gab Karl Auskunft.

„Hat das Fohlen auch schon einen Namen?“, erkundigte sich Georg, Bernhards zweiter Patenonkel, der sich sofort in das Pony verliebt hatte.

„Nein“, schmunzelte Karl, „mir ist kein Name eingefallen, der gut genug für dieses hübsche Fohlen ist. Vielleicht habt ihr einen Vorschlag?“

Maria zappelte auf Heinrichs Armen hin und her. Sie zeigte auf die Ponys und rief: „Sö, sö, sö!“

„Ich denke, Marias Vorschlag könnte passend sein“, meinte Heinrich.

Erstaunt richteten sich alle Augen auf Maria.

„Sag es noch einmal Maria“, forderte Heinrich sie auf und zeigte auf das kleine Fohlen.

Maria lachte und wiederholte: „ Sö, sö, s …!“

„Was soll das für ein Name sein: ‚Sö‘?“, fragte Gräfin Beatrice ernst.

„Mamon, Maria meint *schön* und das heißt auf Italienisch *bella*, klärte Elisabeth sie auf. „Ja, Bella würde doch ein gebührlicher Name für die kleine Stute sein, oder? Was hältst du davon, Karl?“

„Ausgezeichnet! Bella, würde ihr gerecht. Was hältst du von Bella, Sergej?“, wandte sich Karl an ihn. Sergej half gerade Rudolf, den Kaffeetisch auf der großen Schlossterrasse zu decken.

„Treffend“, strahlte Sergej. Er freute sich, dass er gefragt wurde.

„Würdest du Bella und Lizzi auch einmal malen? Adolpho hast du wunderbar getroffen“, lobte ihn Karl.

„Gerne, – sehr gerne“, stotterte Sergej mit rotem Gesicht und sah Rudolf fragend an.

„Natürlich darfst du die beiden malen“, ermunterte ihn Rudolf.

„Darf ich jetzt gleich anfangen?“

„Ausnahmsweise, weil heute Sonntag ist, aber ab morgen nur in deiner Freizeit!“, antwortete Rudolf. Sergej flitzte weg, um seinen Skizzenblock zu holen.

„Ihr Bruder ist außerordentlich begabt, nicht wahr?“, stellte Gräfin Beatrice fest.

„Es steht mir nicht zu, meinen eigenen Bruder zu loben, Durchlaucht. Aber ja, ich denke schon. Vielleicht wäre das Urteil eines Fachmannes besser geeignet."

„Da haben Sie wohl recht, Rudolf. Aber auch ich habe mein Leben lang Bilder studiert und behaupte, dass ich einen gewissen Kennerblick habe. Ich behaupte jetzt einfach, dass Sergej ein nicht zu verachtendes Talent besitzt. Um ganz sicher zu gehen, biete ich Ihnen an, einige Zeichnungen mit nach Braunschweig zu nehmen und sie dort einem, mir gut bekannten, Experten vorzulegen. Glauben Sie mir, dieser Fachmann, wie Sie es bezeichnen, ist absolut ehrlich. Als ich mir einmal einbildete, ich hätte Talent zum Malen, habe ich ihm einige meiner Bilder vorgelegt. Seine Expertise fiel ungeschönt so aus, dass er mir empfahl, mich doch besser der Reihe der Betrachter anzuschließen, als die der Künstler", lachte Beatrice über sich selbst. „Das zum Thema: Selbstüberschätzung, meine Lieben." Woraufhin alle in ihr Lachen einstimmten und ihre eigenen Erfahrungen zu diesem Thema beisteuerten.

Bevor Graf Karl einen Tag später als geplant nach Braunschweig abreiste, schrieb Gräfin Beatrice an den Kunstexperten in Braunschweig einige Zeilen, mit der Bitte um ein streng neutrales Urteil zu Sergejs Skizzen, Zeichnungen und einigen kleinen Bildern. Sergej hatte ihr unsicher einige überlassen. Beatrice hatte ihm ausführlich den Vorteil einer Expertise erklärt. „Siehst du Sergej, selbst wenn dieser Experte ein für dich vernichtendes Urteil fällen sollte, so besitzt du doch ein außergewöhnliches Talent. Er ist nicht der einzige Mensch auf dieser Welt, der Talente entdecken kann. Das ist alles nur sehr subjektiv. Du weißt, was das Wort bedeutet?"

Sergej sah verlegen auf den Boden: „Nein, weiß ich nicht."

Gräfin Beatrice, die Sergej in ihr mütterliches Herz geschlossen hatte, hob sein Gesicht mit den Fingern an, sodass Sergej ihr in die Augen sehen musste. „Das macht gar nichts. Subjektiv bedeutet nur, dass es einzig und alleine die Meinung dieses einzelnen Menschen ist. Ist es dir schon einmal so ergangen, dass du etwas schön gefunden hast und ein anderer nicht?"

„Ja, ich habe Rudolf einmal eine wunderschöne Wiese gezeigt. Da hat er mich nur dumm, Verzeihung Durchlaucht, angesehen und ausgelacht. Er sagte: *Das wäre doch nur eine ganz normale Wiese*. War es aber nicht, sie war außergewöhnlich."

„Siehst du, das meine ich mit subjektiv. Du fandest diese Wiese wunderschön, Rudolf nicht. Das liegt nämlich nur im Auge des Betrachters. Der eine sieht etwas so, der andere so. Da du mich jetzt verstanden hast, möchte ich von dir ein Versprechen haben."

„Was denn für ein Versprechen? Rudolf hat gesagt, ein Versprechen darf ich nur geben, wenn ich es auch halten kann. Sonst sind die Menschen hinterher enttäuscht oder sogar böse auf mich, wenn ich es nicht einhalte."

„Da hat Rudolf natürlich recht. Dieses Versprechen kannst du immer halten, das verspreche ich dir. Also, versprichst du mir, egal was der Mensch in Braunschweig zu deinen Bildern sagt, dass du immer, und ich meine wirklich *immer*, weiter malen wirst? Ganz egal was passiert? Bitte versprich es mir, Sergej!", bat sie ihn eindringlich.

„Wenn sie es wollen, Durchlaucht, dann verspreche ich es Ihnen. Das ist aber eigentlich nicht nötig, weil ich gar nicht anders kann. Ich muss malen. Es ist wie ein Zwang."

„Du bist noch so jung. Man weiß nie, was eines Tages mal sein wird. Also: versprochen?"

„Versprochen!"

„Danke Sergej, ich werde dich vielleicht eines Tages daran erinnern. Darf ich ein kleines Bild von Magda mit auf meine Reise nehmen?"

„Das da?", fragte Sergej.

„Ja, bitte."

„Ich habe ein viel schöneres Bild von ihr, Durchlaucht. Ich hole es Ihnen schnell herunter."

Gräfin Beatrice lächelte über den Eifer von Sergej, bis er ihr das Bild gab. „Das schenke ich Ihnen, Durchlaucht, weil Sie so freundlich sind."

„Danke Sergej, das ist ganz lieb von dir." Sie nahm ihn in ihre Arme und gab ihm einen Kuss auf die Stirn. Dann erst sah sie sich das Bild an. Ihr entfuhr ein leises „Oh!", dann begann sie zu zittern und fing an zu weinen.

Sergej fragte sie hilflos: „Was ist los? Ist es so hässlich, dass sie weinen müssen? Das wollte ich nicht! Verzeihung, Durchlaucht. Es tut mir so leid." Er wollte das Bild wieder an sich nehmen und zerreißen.

„Lass das!“, schrie Beatrice entsetzt auf. „Um Gottes willen! Lass das Bild in Ruhe! Gib es mir sofort wieder her! Du hast es mir geschenkt!“

Sergej, völlig hilflos wegen des barschen Tons der Gräfin, fing jetzt ebenfalls an zu zittern, seine Unterlippe zuckte verdächtig, als wenn er gleich weinen würde.

„Ach Sergej, bitte entschuldige! Das wollte ich nicht! Ich hatte nur Angst, dass du das Bild zerreißen würdest! Bitte verzeih meinen harten Ton!“

„Also, ich verstehe jetzt gar nichts mehr!“ Sergej ließ sich unhöflich auf einen Stuhl plumpsen.

„Noch mal: Entschuldige bitte, ich wollte dich nicht erschrecken. Ich habe eben geweint, weil ich so überrumpelt war. Ich hatte mit einem ebenso schönen Bild wie den vorherigen gerechnet. Aber, dieses hier – “, die Gräfin hob es vorsichtig vom Boden auf und legte es langsam auf den Tisch, „dieses hier ist so unbeschreiblich schön, dass es mir eine Gänsehaut verursacht und mir Tränen in die Augen treibt. Kannst du das verstehen?“

„Ja, kann ich. Allerdings nicht bei diesem Bild hier. Aber wenn ich etwas wirklich Schönes sehe, dann ergeht es mir ebenso. Ich versuche, es später zu malen.“

„Das ist dir gelungen! Das hier ist etwas ganz Besonderes. Dieses Mädchen – , es ist doch Magda, die Nichte des Pastors?“

„Ja.“

„Dieses Mädchen“, fuhr Gräfin Beatrice fort, „scheint nicht von dieser Welt zu sein. Sie strahlt. Es scheint, sie hätte einen Heiligenschein, obwohl du keinen gemalt hast. Nein, vielleicht sollte ich besser sagen, sie leuchtet von innen heraus. Einmalig, Sergej! Hat Magda das Bild schon gesehen?“

„Nein, ich habe mich nicht getraut, es ihr zu zeigen.“

„Sergej“, Beatrice sah ihm ernst in die Augen, „ich kann dieses Bild nicht annehmen.“

„Aber warum denn nicht, wenn Sie es so schön finden?“

„Eben darum. Es ist zu schön“, antwortete sie leise.

„Und wenn ich darauf bestehe, dass Sie es nehmen. Geschenke soll man nicht zurückweisen, heißt es.“

„Ja, das stimmt. Hat das auch Rudolf gesagt?“

„Nein, meine Eltern“, antwortete er leise.

„Deine Eltern hatten recht. Weißt du, ich mache dir einen Vorschlag, der für uns beide passt. Ich nehme dein Bild als Leihgeschenk, sozusagen in Obhut. Ich passe darauf auf, damit es nicht in falsche Hände kommt. Wenn du es eines Tages zurückhaben möchtest, dann musst du mich schon sehr darum bitten. Sonst gebe ich es dir nicht zurück. Wäre das für dich in Ordnung?“

Sergej überlegte kurz. „Ja, das hört sich vernünftig an. Eben hätte ich es ja fast zerrissen. Ja, ich bin damit einverstanden. So machen wir es.“

„Schön, wie ich sehe, steht hier und bei den anderen Zeichnungen, Skizzen und Bildern nicht dein Name darunter.“

„Das ist nicht nötig.“

„Doch, so kann irgendein anderer Mensch behaupten, dass er die Bilder gemalt hätte.“

„Warum sollte das einer tun?“

„Weil die Menschen nicht alle nur gut sind. Weil vielleicht einer deine Bilder unter seinem Namen später einmal verkaufen will?“

„Wirklich?“

„Ja, es soll schon vorgekommen sein.“

„Bei wem?“

„Ich meinte, ich hätte gehört damals bei dem berühmten `Michel Angelo`, der die Sixtinische Kapelle in Rom ausgemalt hat.“

„Ich bin aber nicht berühmt.“

„Warte es ab! Das kann noch kommen. Also los, schreib bitte die Buchstaben deines Vor- und Nachnamens unten in eine von den beiden Ecken. Nicht zu groß, damit sie nicht das Bild stören, aber so, dass man sie zumindest mit einem Augenglas erkennen kann.“

Sergej übte einige Male sein Kürzel auf einem Stück Papier, welches Beatrice ihm gegeben hatte. „So ungefähr?“

„Die Größe stimmt“, nickte sie. „Aber warum schreibst du immer ein „G“ hinter das „S“ und dann noch ein „v“ vor dem letzten „S“?“ Sieh sah plötzlich ihr eigenes Kürzel auf einer von ihr geschriebenen Mitteilung auf dem Tisch: B. G. v. H., Beatrice Gräfin von Heimtraut. „Was bedeuten diese Buchstaben, Sergej?“

„Ich heiße so: Sergej, Graf von Soskie. Sie haben doch gesagt, ich soll meine Anfangsbuchstaben hinschreiben.“

„Ja, habe ich gesagt. Warum weiß hier keiner, dass du und dein Bruder Grafen seid?“

„Wir sind keine Grafen, Durchlaucht. Genau genommen sind wir Landgrafen. Aber ich wusste nicht, wie ich das abkürzen soll.

Gräfin Beatrice zuckte unmerklich zusammen. *Das erklärt winiges, Rudolfs auffallend gute Haltung, seine mehr als noble Art. Er war ein außergewöhnlicher Mann.* Das hatte sie von Anfang an gedacht.

„Du hast meine Frage nicht beantwortet, warum weiß hier keiner, dass ihr *Landgrafen* seid und warum seid ihr hier? Ist das ein Geheimnis?“

„Nicht direkt. Wir wollen es im Moment so, weil wir noch nicht wissen, was wir mit unserm alten Schloss und den Ländereien machen werden. Rudolf muss sich das erst gründlich überlegen“, erklärte er, „Ich habe keine Lust, mir Gedanken darüber zu machen. Wir sind noch nicht so lange hier. Hier ist es schön. Hier sind Hermine, Katharina und Lennard. Die kleine Maria und Cockie. Natürlich auch die nette Baronin und der Baron. Hier ist wieder eine Familie, ähnlich wie in Soskie. Bevor alles abgebrannt ist und Mutter, Vater, meine Brüder und meine Zwillingsschwester …“, Sergej schluckte seine aufsteigenden Tränen herunter.

„Ja, Sergej?“, fragte Gräfin Beatrice leise und einfühlsam.

„Sie sind alle tot.“ Nun konnte Sergej seine Tränen nicht mehr zurückhalten.

Gräfin Beatrice zog sich einen Stuhl neben den von Sergej und nahm ihn in ihre Arme. „Wein ruhig, mein Junge. Weinen tut gut. Hinterher fühlt man sich besser.“ Sie dachte an ihre zwei verstorbenen Ehemänner, an ihre sieben viel zu früh verstorbenen Töchter und Stiefsöhne und weinte leise mit.

Sergej fasste sich zuerst. Er zog sein zerknülltes Taschentuch aus seiner Hose und tupfte Gräfin Elisabeth ungeschickt die Tränen von den Wangen. Über diese liebevolle Geste war sie so gerührt, dass ihr noch mehr Tränen kamen.

„Habe ich Ihnen wehgetan, Durchlaucht?“

„Nein“, lachte sie unter Tränen. „Es ist nur so, dass mir gefühlte hundert Jahre keiner mehr die Tränen abgewischt hat. Ich danke dir dafür."

Als die Gräfin sich wieder gefasst hatte, schlug sie Sergej vor, schnell seine Skizzen und Bilder zu signieren. „Du hast vielleicht mitbekommen, dass ich für längere Zeit zu meiner älteren Tochter Rosalie-Sophie nach Bayern reise. Ich werde dir von dort schreiben und würde mich freuen, wenn du mir antworten würdest. Ich werde deinen und Rudolfs Wunsch respektieren und mein Wissen für mich behalten. Das verspreche ich dir."

„So ist das Versprechen nicht gültig, Durchlaucht. Wir müssen uns wenigstens die Hand darauf geben."

„Das habe ich noch nie gehört, aber wenn du darauf bestehst, tun wir das. So und nun Sergej muss ich dringend an die frische Luft." Gräfin Beatrice hatte ein sehr schlechtes Gewissen, weil sie Sergej durch ihre Fragen zum Weinen gebracht hatte. „Was hältst du von einer Partie `Bottcher` im Park?"

„Gerne, Durchlaucht." Sergej hatte dieses Spiel zuletzt im Park des elterlichen Schlosses mit seinen Geschwistern gespielt.

„Ich muss dich aber warnen, ich bin sehr gut darin", lachte sie ihn verschmitzt an. Die Gräfin ließ Sergej so knapp gewinnen, dass er sichtlich stolz über seinen Sieg war.

Rudolf hatte Sergej vermisst. Er traf im Stall auf Lennard. „Sag mal, Lenni, hast du Sergej irgendwo gesehen? Ich suche ihn jetzt schon eine geschlagene halbe Stunde."

„Gräfin Beatrice hat ihn vorhin zu sich rufen lassen. Ist aber eine ganze Zeit her."

„Weißt du, warum er zu ihr sollte? Sergej kann doch nicht einfach hier seine Arbeit liegen lassen. Er hat schließlich seine Pflichten zu erfüllen, wie jeder von uns!" Rudolf war erbost.

„Mach mal halblang, Rudi! Sergej macht seine Arbeit sehr gewissenhaft und zuverlässig. Außerdem hat er mich gefragt und ich habe es ihm erlaubt. Und wenn die Gräfin ihn zu sehen wünscht, wird es schon seine Richtigkeit haben. Sie hat schließlich Besseres zu tun, als sich mit einem halben Kind abzugeben."

„Ist ja schon gut! Bleibt es bei morgen Abend? Wir müssen den ersten Himbeerbrand probieren, den ich angesetzt habe."

„Klar bleibt es dabei. Wer kann deinem Himbeerbrand schon widerstehen? Sei nicht so streng mit Sergej! Hörst du?“ Sie hörten das Lachen von Gräfin Beatrice und Sergej im Park und gingen in die Richtung.

„Ich fasse es nicht! Jetzt spielt er auch noch `Bottcher`! Vielleicht darf ich meinem Bruder nachher auch noch eine Erfrischung servieren?!“

„Jetzt reiß dich mal zusammen! Was ist denn schon dabei, wenn er sich nach all den Jahren ein einziges Mal amüsiert! Er hat es schließlich schwer genug gehabt!“ Lennard wurde energisch.

„Entschuldige, Lennard. Du hast recht. Sergej hatte, verdammt noch mal, wirklich keine schöne Kindheit. Es tut mir leid, dass ich eben so war.“

„Gut, also freue dich lieber mit ihm. Du könntest ja auch ab und zu etwas mit ihm unternehmen. Ich wäre mehr als glücklich, wenn ich einen von meinen Geschwistern hier bei mir hätte. Denk mal darüber nach!“

Rudolf fiel auf, dass er überhaupt nichts von Lennards Familie wusste.

Später am Abend fragte Rudolf seinen Bruder, was die Gräfin von ihm gewollt hatte. Sergej erzählte es ihm und auch die Sache mit seinem Namenskürzel.

„Also weiß Gräfin Beatrice jetzt, dass wir Landgrafen sind. Und sie hat dir versprochen, dass sie es so lange für sich behält, bis wir uns entscheiden, es offiziell zu machen?“

„Ja, das hat sie mir in die Hand versprochen.“

„Was denkst du, wie es weitergehen soll?“

„Ehrlich gesagt habe ich mir darüber keine Gedanken gemacht. Ich finde es gut so, wie es ist. Ich fühle mich hier sehr wohl. In Soskie werden doch nur die alten Erinnerungen wach. Da kann ich gut drauf verzichten. Und was denkst du?“

„Tja, einerseits geht es mir genauso wir dir. Ich könnte hier ewig leben und auf die Erinnerungen in Soskie bin ich auch nicht erpicht. Andererseits könnten wir uns dort etwas völlig Neues aufbauen und die schlechten Erinnerungen sozusagen begraben. Ein neues Leben anfangen. Wir haben nun mal das Ganze geerbt und dazu gehört nicht nur das Vermögen und der riesige Grundbesitz, sondern auch leider die Verpflichtung, das alles in Ordnung zu halten."

„Das hat doch bis jetzt auch niemanden gestört. Ich meine, dass alles brach lag und sich keiner darum gekümmert hat."

„Du hast doch gehört, was der Pastor aus Soskie gesagt hat: Dass bis wir aufgetaucht sind, keiner dafür zuständig war. Jetzt sind wir aber wieder da und müssen uns darum kümmern."

„Ach, wen schert das schon, was da passiert?"

„Zum Beispiel den zuständigen Vogt, der seinen Anteil an Steuern davon haben will, die er an den Fürsten weiterleitet. Der Fürst zahlt wiederum an den König beziehungsweise an den Kaiser. Am allermeisten schert das wohl die Menschen, die dort leben. Sie sind davon abhängig."

„Wieso, ist doch unser Besitz."

„Ja, nur wenn sie keine Arbeit haben und das Land nicht bewirtschaftet wird, haben sie auch nicht genug zum Leben und müssen letztendlich verhungern."

„Jetzt übertreibst du aber wirklich. Ich habe schließlich in Vaters Waldhütte gelebt und bin auch ganz gut durchgekommen und nicht verhungert."

„Das stimmt. Allerdings hast du auch die armen Leute bestohlen, weil du nicht genug hattest. Verzeihung, du hast dir das alles nur *ausgeliehen*, wie du sagst. Aber dadurch hast du doch gemerkt, wie es ist arm zu sein. Du konntest dir ja noch nicht einmal Leinwände und Farben kaufen." *Jetzt hab ich ihn!,* dachte Rudolf und ließ Sergej Zeit zum Überlegen.

„Du hast recht. Das ist wirklich nichts gewesen. Und wenn ich mir so überlege, dass die Kinder nicht mehr in die Schule gehen können, weil es keine Schule mehr in Soskie gibt. Das geht doch nicht! Ich denke, Gott hat mal gesagt, dass alle Menschen gleich sind. Dann müssen sie doch auch alle genug zu essen haben."

„Ich weiß nicht genau, ob Gott das gesagt hat, aber irgendeiner hat es gesagt. Sergej, die Menschen dort haben noch nicht einmal Geld genug, um irgendeine Ware zu kaufen oder einen Arzt zu bezahlen."

„Das bedeutet, wenn sie krank sind, hilft ihnen keiner?", fragte Sergej irritiert.

„Nein. Ich weiß nicht einmal, ob es dort überhaupt einen Arzt gibt. Weißt du es?" Rudolfs Gewissen regte sich.

„Nein, ich glaube nicht. Ich habe eigentlich alle Menschen dort beobachtet. Nein, es gibt dort keinen Arzt“, antwortet Sergej kleinlaut.

„Also …“ Rudolf wartete ab, ob von Sergej ein Vorschlag kommen würde.

„Also, wir könnten das ändern, nicht wahr?“, setzte Sergej Rudolfs Satz fort. „Wir könnten es schaffen, dass es den Menschen dort besser geht, dass es einen Arzt gibt, dass es eine Schule gibt, dass sie genug zu essen haben und eine ganze Menge mehr, oder?“ Sergej hatte sich in Erregung geredet.

„Ja, das alles könnten wir schaffen“, bestätigte Rudolf. „Dann würden wir dort dasselbe machen wie Baron Heinrich hier. Er kümmert sich zusammen mit Pastor Boreen, Doktor Röder und Wolfgang Walter um die Menschen.“

„Und mit dir. Du gehörst doch auch zum Gemeinderat“, ergänzte Sergej stolz.

„Ja, ich bin auch dabei. Deswegen habe ich überlegt, ob wir es in Soskie ebenso machen könnten.“

„Können wir! Wir haben genug Geld. Wir beide brauchen nicht viel.“

„Mit Geld ist das nicht getan. Geld spielt eine Rolle und ist sehr hilfreich. Aber es ist vor allem ein Haufen Arbeit und Verantwortung. Weißt du noch, wie viel Vater gearbeitet hat?“

„Nein, weiß ich nicht mehr. Ich habe ihn ja fast nie gesehen, außer zu den Mahlzeiten.“

„Unsere Familie hat ihn nicht viel gesehen, weil er immerzu gearbeitet hat.“

„Dazu habe ich keine Lust“, antwortete Sergej ehrlich.

„Nach *Lust* fragt dabei keiner. Unsere Familie hätte niemals so ein gutes Leben führen können, wenn unser Vater nicht so viel gearbeitet hätte.“

„Bist du dir da sicher?“, zweifelte Sergej ein wenig.

„Ganz sicher!“, antwortete Rudolf ernst. „Weißt du, Kleiner, für heute lassen wir es gut sein. Ich schlage vor, wir schlafen einige Nächte darüber und unterhalten uns später weiter. Bist du damit einverstanden?“

„Ja, ich bin jetzt sehr müde.“

Die Tage vergingen schnell. Rudolf hatte weder Gelegenheit mit Sergej zu sprechen, noch Zeit den gemütlichen Herrenabend mit Lennard zu verbringen. Zuerst war die Abreise der Gräfin mit ihrer Gesellschafterin. Danach war das Schloss wieder so herzurichten, wie es vor dem Besuch war. Gräfin Beatrice äußerte hier und da leise einen Wunsch, das Sofa dorthin zu stellen oder den Schreibtisch dahin, was wiederum zu Folge hatte, dass Teppiche, Lampen, Stühle, Kommoden und andere Gegenstande wie Bilder nicht mehr dazu passten oder im Wege waren. Jeder im Schloss wusste, wenn Gräfin Beatrice einen leisen Wunsch äußerte, war es ein absoluter Befehl. Elisabeth und Graf Karl hatten es auf Gut Heimtraut längst aufgegeben, Einwände gegen Beatrice' Wünsche zu erheben. Sie konnten die ′Eiszeitstimmung ′ nicht ertragen, wenn sie sich dagegen auflehnten. Jeder im Hause Heimtraut musste damit rechnen, wenn er auch nur einen halben Tag außer Haus war, wohnliche Veränderungen vorzufinden. Nachdem Elisabeth und ihre ältere Schwester einmal aus einem Urlaub zurückkehrten, hatte Gräfin Beatrice eine komplette Etage gegen eine andere ausgetauscht. Was zur Folge hatte, dass weder die beiden Komtessen noch ihr Stiefbruder Karl ihre Zimmer wieder fanden. Die Gräfin hatte es, abgesehen von dem Etagenwechsel, auch für besser gehalten, die Zimmer in andere Flügel zu verlegen. Daraufhin bestraften die Komtessen und Karl die Gräfin mit absolutem Schweigen, bis diese alles wieder umräumen ließ. Da es die Gräfin einsah, oder besser gesagt: In ihren Augen sahen die Anderen nicht ein, dass alles viel praktischer und schöner wäre, wie sie es geändert hatte, reduzierte sich ihr Umräumtrieb auf die, für die Allgemeinheit zugänglichen Räume und dort, wo sie bei anderen zu Gast war.

„Also, nichts gegen die Gräfin", Hermine musste es einfach mal loswerden, „aber die kann einen ganz schön beschäftigen", kommentierte sie, als sie fertig waren. „Ich verstehe das nicht. Das ist doch schon eine richtige Macke. Das kann man ja nicht aushalten. Wenn sie es wenigstens jedes Mal gleich haben wollte, aber nein! Jedes Mal muss es *ganz* anders sein."

„Hermine, *Macke* sagt man bei so hohen Persönlichkeiten nicht. Da sagt man höchstens: „Ein kleiner Tick" und lächelt darüber", klärte Rudolf sie auf.

„Das ist mir so was von egal! `Gräfin"` hin oder her! Macke bleibt Macke!", murmelte Hermine vor sich hin.

An dem Abend vor ihrer Vermählung mit Alexander blieb Hermine im Schloss. Sie ging frühzeitig zu Bett, um für ihren großen Tag ausgeruht zu sein. In Wahrheit hatte sie längst gemerkt, dass Katharina und Rudolf ein Paar waren und sich vorgenommen, die beiden zu erlösen. Die Blicke, die die beiden tauschten und die vielen zufälligen Berührungen, ganz abgesehen von dem neckischen liebevollen Ton, mit dem sie sich ansprachen, konnte keinem mehr verborgen geblieben sein. Hermine hatte mit Alexander schon vor Wochen darüber gesprochen: „Ich verstehe nicht, warum Katharina und Rudolf mir das nicht sagen."

„Vielleicht haben sie Angst vor dir?", lachte Alexander.

„Angst! Ich bin doch Katharinas Mutter!"

„Eben!"

„Wie *eben*? Einer Mutter kann man doch alles erzählen."

„*Eben* nicht, das weißt du doch selbst ganz genau. Eine Mutter versucht stets, das Beste für ihre Kinder zu tun. Das ist aber durchaus nicht immer das, was die Kinder wollen, stimmts?", überlegte Alexander. „Du hast deiner Mutter bestimmt nicht alles erzählt."

Hermine lachte. „Nein, habe ich nicht. Brauchte ich auch nicht, weil sie das meiste sowieso schon wusste oder geahnt hatte. Einfach schrecklich! Geheimnisse kann man wohl vor Müttern nicht haben."

„Es ging mir ähnlich. Ich hätte meiner Mutter ebenso gut immer gleich alles erzählen können."

„Also, du meinst, deswegen erzählen sie mir nicht, dass sie einander so zugetan sind?"

„Könnte sein, kann aber auch sein, dass sie dir deinen großen Tag nicht verderben wollen."

„Wieso sollten sie damit unsere Hochzeit verderben? Das ist doch Unsinn!"

„Weil dann nicht mehr du im Mittelpunkt stehen könntest, sondern Katharina und Rudolf. Das wäre dann das neueste Dorfgespräch."

„Stimmt, das wäre es. Nur, dass ich nicht so gerne im Mittelpunkt stehe. Das wirkt vielleicht manchmal so. Aber im Grunde will ich nur meine Ruhe haben. Darum habe ich das mit uns damals gleich erzählt. Damit war das Thema durch und die Leute mussten sich jemanden Neuen suchen. Wie können wir Katharina und Rudolf aus ihrer *heimlichen* Liebschaft erlösen?"

„Ich denke, da sollten wir uns nicht einmischen. Die beiden machen das schon selbst, wenn sie es für richtig halten."

„Meinst du?", Hermine war unsicher.

„Ja, meine ich."

Am Abend wartete Hermine, bis Maria nebenan von Katharina ins Bett gebracht worden war. Sie stand auf, öffnete leise ihre Kammertür und schlich ebenso leise zur angelehnten Küchentür. Sie vernahm leises Gemurmel, dazwischen waren längere Pausen der Stille. Nachdem Hermine sich vernehmlich geräuspert hatte, hörte sie, wie ein Schemel verschoben wurde und die hastigen Schritte ihrer Tochter. Sie stieß die Tür auf und gähnte laut. „Ach, ihr seid noch wach?", tat Hermine überrascht, sah aber mit einem Blick Katharinas Becher auf der anderen Seite des Tisches, neben dem Becher von Rudolf stehen. Sie bemerkte ebenfalls die beiden roten Gesichter des Liebespaares.

„Ich kann noch nicht einschlafen, wollt ihr auch eine heiße Milch?", bot sie an.

„Ich wollte gerade schlafen gehen." Rudolf stand auf und drehte sich in Richtung Tür.

„Schade, bleib ein wenig, bitte."

Katharina und Rudolf warfen sich einen fragenden Blick zu. *Ahnte Hermine etwas?* Rudolf setzte sich langsam wieder.

Hermine sah beiden abwechselnd in die Augen und lächelte. „Ihr liebt euch, nicht wahr?"

Unsicher sahen sich Katharina und Rudolf an. Dann schoben sich, wie von selbst, ihre Hände aufeinander zu. Hand in Hand sahen sie Hermine an. „Ja, Mutter wir lieben uns", trotzig brach es aus Katharina heraus. Sie würde nichts zwischen ihre Liebe kommen lassen.

Rudolf stand auf, ging um den Tisch herum und stellte sich beschützend hinter Katharina. „Ja, Hermine, wir lieben uns. Und nichts wird uns jemals wieder trennen können."

„Puh", stöhnte Hermine mit Tränen in den Augen, „Alexander hat doch recht gehabt. Ihr habt Angst vor mir. Das tut weh. Aber es ist wohl meine eigene Schuld. Bitte verzeiht mir. Ich wollte eigentlich

…, also, ich wollte euch eigentlich nur sagen, dass ich mich für euch freue."

„Du hast nichts dagegen, Mutter?", fragte Katharina erstaunt.

„Nein, wieso sollte ich? Rudolf ist doch einer von den Guten. Im Gegenteil, ich freue mich, dass ausgerechnet ihr beide zueinander gefunden habt! Ihr meint es doch ernst, nicht wahr? Es ist doch nicht nur so ein Techtelmechtel, – oder?"

„Nein, ganz und gar nicht", antwortete Rudolf mit fester Stimme. „Wir wollen heiraten."

„Das ist ja wunderbar! Ihr könntet mich nicht glücklicher machen! Meine Tochter heiratet einen Butler. Da bleibt quasi alles unter einem Dach."

„Hm", räusperte sich Katharina. „Nicht ganz Mutter. Es gibt da etwas, was du unbedingt wissen solltest."

„Ach, was kann das schon sein? Es ist alles ganz klar geregelt, sozusagen vom Herrgott vorbestimmt!" Da war sie wieder, die alte resolute, bodenständige Hermine. Kein verträumter Blick mehr, kein sanftes Gesäusel in der Stimme.

„Ja, Mutter es ist vom lieben Gott so vorbestimmt, wie alles auf der Welt. Das sagst du ja immer."

„Ja, und ich habe recht!"

„Trotzdem müssen wir dir etwas erklären. Du weißt so gut wie nichts über Rudolfs Herkunft." Katharina sah Rudolf fragend an.

Ruckzuck kniff Hermine ihre Augen zusammen und blitzte Rudolf an: „Lass sofort die Hände von meiner Tochter, wenn du ein verdammter Verbrecher bist!"

„Mutter reg dich nicht auf! Rudolf ist kein Verbrecher. Er ist eher das Gegenteil!"

„Ein Heiliger?", kombinierte Hermine blitzschnell. „Ein Priester, der hier mit lüsternen Augen meine schöne Tochter verschlingt? Das ist ja genauso schlimm! Du stürzt meine Tochter ins Unglück! Hände weg von Katharina, los dalli!" Hermine war schon auf dem Weg, sich eine der Pfannen zu greifen.

Katharina riss die Geduld: „Rudolf ist ein `Graf', Mutter. Gib jetzt endlich Ruhe! Maria wird sonst wach und wir bekommen die ganze Nacht kein Auge zu."

Hermine griff nach der kleineren Pfanne. *Die große wäre für einen*

Grafen zu hart, beschloss sie. Ich könnte mit Rudolf *sicher noch verhandeln.* Sie setzte sich seelenruhig wieder auf ihren Platz, baute die kleine Pfanne griffbereit vor sich auf, legte die Hände übereinander und stellte in einem ruhigen, aber bedrohlichen Ton fest: „Wer mich auf den Arm nehmen will, der muss erst noch geboren werden. Das ist euch doch wohl klar?! Ich höre?“

Jetzt ergriff Rudolf das Wort. „Ich werde dir jetzt alles erzählen, Hermine, und ich bitte dich, mir gut zuzuhören. Es fällt mir nicht leicht, darüber zu sprechen.“ Rudolf erzählte Hermine alles wahrheitsgetreu, wie er es schon Baron Heinrich, seinem Freund Lennard und Katharina erzählt hatte. Wie seinen anderen Zuhörern ging auch Hermine durch eine Berg- und Talfahrt der Gefühle. Als er endete, herrschte eine Zeit lang Stille.

„Ich brauche jetzt einen Brand! Einen doppelten oder dreifachen!“, forderte Hermine.

Rudolf holte eine Flasche von seinem frisch gebrannten Himbeergeist. Er schenkte jedem von ihnen einen Schluck ein.

„Zum Wohl!“, Hermine kippte den Brand hinunter, schenkte sich schnell einen großzügigen Dreifachen davon ein, kippte davon gut die Hälfte hinunter und gab einen inbrünstigen Rülpser von sich. Sie knallte fast das Glas auf den Tisch und sah die beiden mit großen Augen an: „Was nun? Wie geht es weiter?“

Rudolf erhob sich, stellte sich vor Hermine, nahm ihre Hand, verbeugte sich tief und fragte: „Verehrte Hermine, darf ich dich um die Hand deiner Tochter Katharina bitten?“

„Was? Nein! – Ja! – Natürlich!“, Hermine kippte mit ihrer freien Hand den Rest vom dreifachen Brand hinunter, rülpste wieder und befahl: „Noch mal, Rudolf!“

„Verehrte Hermine, darf ich dich um die Hand deiner Tochter Katharina bitten?“

„Ja-ein. Ich muss vorher noch wissen, ob Katharina dann *auch* eine Gräfin ist, ich meine nach eurer Hochzeit? Und ob ich dann auch eine Gräfin bin?“

„Katharina ist nach unserer Hochzeit die Gräfin von Soskie, genauer gesagt die Landgräfin von Soskie und du wirst die Mutter der Gräfin sein.“

Der Brand tat seine Wirkung, Hermine fing an zu kichern: „Gräfin

Mutter, hi hi hi – wollt ich schon immer mal sein! Hi, hi, hi! Für immer? Hi, hi, hi!"

„Ja, Mutter du bist dann für immer die Mutter der Gräfin, nicht `Gräfin Mutter`, versuchte ihr Katharina zu erklären. Rudolf schüttelte unmerklich den Kopf, es hatte keinen Sinn, Hermine in ihrem angesäuselten Zustand den Unterschied zwischen der Mutter einer Gräfin und einer geborenen Gräfin, deren Tochter durch eine Heirat von einer Komtesse zur Gräfin wird, zu erklären. *Das ist schon im nüchternen Zustand schwer genug*, war ihm aufgefallen, als er Katharina die verschiedenen Adelstitel erklärt hatte.

„Hermine", Rudolf stand immer noch neben ihr, „Gibst du mir nun die Hand deiner Tochter? Oder hast du Einwände?"

„Wenn ich Einwände hätte, würde es ja auch nichts nutzen. Ihr würdet durchbrennen, nicht wahr?"

„Ja, Mutter, ich würde mit Rudolf gehen."

„Ja, in Gottes Namen: Ja! Ich gebe dir die Hand meiner Tochter und euch beiden meinen Segen …" Hermine hatte einen Einfall.

„Aber?" Katharina ahnte, dass noch etwas kommen würde.

„Aber nur, wenn ich morgen Abend auf meiner Hochzeit eure Verlobung bekanntgeben darf."

„Mutter, das ist doch *dein* großer Tag!"

„Eben! *Das* ist dann die Krönung! Das schönste Hochzeitsgeschenk, was ich mir vorstellen könnte. Wahrscheinlich werden mich alle fragen, wann ihr heiraten wollt. Wisst ihr beiden das schon?"

„Nicht so genau, Hermine. Wir wollten erst einmal deine Hochzeit und die Hochzeit nächste Woche von Doktor Röder und Helene abwarten", erklärte Rudolf.

„Gut, das passt! Ihr könntet danach, so in drei bis vier Wochen, heiraten."

Rudolf sah Katharina fragend an: „Wäre dir das zu schnell?"

„Ich habe zwar damit nicht gerechnet, aber nein!", strahlte Katharina, „in vier Wochen wäre gut."

„Kommt, meine Kinder, lasst uns darauf anstoßen!"

Die drei stießen mehrere Male an, bis Hermine feststellte, dass sie dringend ins Bett gehörte. Katharina half ihr beim Auskleiden. Hermine summte fröhlich vor sich hin: „Gräfin Mutter, tra la la, Gräfin Mutter", bis ihr die Augen zufielen.

4

Irrwege

So geschah es, dass Hermine leicht schwankend, gestützt von ihrer Tochter Katharina und ihrem zukünftigen gräflichen Schwiegersohn, zum Traualtar geführt wurde.

Pastor Boreen hielt eine seiner schönen Hochzeitspredigten, die so ergreifend waren, dass jeder Kirchenbesucher zu Tränen gerührt war. Nur Hermine hatte ständig ein leichtes Grinsen im Gesicht. Alexander fragte sich insgeheim, ob seine baldige Ehefrau überhaupt etwas von der Zeremonie mitbekam.

Endlich kam der Moment, auf den Alexander schon so lange gewartet hatte: Pastor Boreen begann feierlich langsam und deutlich: „Alexander Rotermann willst du, diese hier anwesende Frau Hermine –, hm", er räusperte sich und setzte neu an, dieses Mal sprach er schneller: „Alexander Rotermann willst du, diese hier anwesende Frau Hermine Schlüpfer zu deinem rechtmäßigen Eheweib nehmen und sie in guten wie in schlechten Zeiten lieben, ehren und achten, bis dass der Tod euch scheidet? So antworte mit: ja."

Da war es! Ich habe es geahnt!, dachte Pastor Boreen. Das erste unterdrückte Glucksen kam aus dem Kirchenraum.

„Ja, ich will!", antwortete Alexander Rotermann laut und deutlich.

Da war es wieder, dieses Glucksen, hier und da auch ein leises Kichern. Katharina erblasste. Zu ihrer Linken saß Sergej. Aus ihren Augenwinkeln konnte sie sehen, dass er sie unverhohlen angrinste. Zu ihrer rechten Seite saß Rudolf, der mit zusammengepressten Lippen auf einen imaginären Fixpunkt in der Kirche starrte und vor unterdrücktem Lachen ständig zusammenzuckte. *Ich hätte alles verwet-*

ten können, was ich besitze, dachte Katharina. *Warum habe ich Rudi und Sergej bloß nicht vorgewarnt? Herrje, jetzt kommt es noch mal!*

Pastor Boreen konzentrierte sich darauf, noch schneller zu sprechen, um Hermines Nachnamen zu verschlucken, dabei verhaspelte er sich: „Hermine Schl … willst du, diese *Frau* hier, ich meine diesen anwesenden Mann, Alexander Rotermann, zu deinem rechtmäßigen *Eheweib* nehmen und ihn in guten wie in schlechten Zeiten lieben, ehren und achten, bis dass der Tod euch scheidet? Also, als *Mann* nehmen? So antworte mit: ja.“

Hermine grinste wie ein Zuckerkuchenpferd und strahlte Pastor Boreen nickend an. *Jetzt ist es vorbei,* dachten Pastor Boreen und Katharina. *Jetzt kann keiner mehr die schöne, andächtige Zeremonie retten.*

Sergej und Rudolf, so wie die meisten Kirchenbesucher, konnten sich jetzt nicht mehr vor Lachen halten. Die Kirchenbänke wackelten vom Lachen der Menschen. Dann war Totenstille, jeder wartete darauf, was jetzt passieren würde, schließlich hatte Hermine nur genickt und nicht geantwortet.

Pastor Boreen genoss die Stille. *Wenn ihr denkt, ich sage Hermines Nachnamen noch einmal, so habt ihr euch geschnitten!* „Hm, hm! Hermine …, willst du nun Alexander zu deinem Mann nehmen? So antworte mit: ja.“

„Hab ich doch!“, protestierte Hermine laut.

„Hast du nicht!“, wies Pastor Boreen sie zurecht. Er tupfte sich die Schweißperlen mit der geweihten Stola von der Stirn.

„Nein? Ich dachte …?“

Pastor Boreen beugte sich vor, sah Hermine eindringlich in die Augen und zischte: „Sag endlich: j a!“

„JA! JA! Und nochmals JA! Darum bin ich ja schließlich hier!“

Pastor Boreen zuckte zurück, er war mit seinen Nerven am Ende. Er betupfte sich die Stirn. „Hermine, es reicht. Ich habe dich verstanden.“ An die Kirchenbesucher gewannt, fragte er laut: „Hat jemand gegen diese Verbindung etwas einzuwenden? So spreche er jetzt oder schweige für immer und ewig!“

Keiner meldete sich, aber alle lachten. „Hiermit erkläre ich euch zu Mann und Frau. Alexander, du darfst Hermine, hm, die Braut jetzt küssen!“

Hermine warf sich mit ihrem ganzen Körper in Alexanders Arme, zog sein Gesicht zu sich herunter und gab ihm einen lauten Schmatzer. Alexander lachte sie an und flüsterte ihr ins Ohr: „Genau darum habe ich dich geheiratet! Mit dir wird sogar eine ganz normale Trauung zu einem besonderen Erlebnis, Knuffi. Ich liebe dich, Frau Rotermann!“

Unter lautem Jubel verließ das frischvermählte Paar die Kirche. Die Menschen standen Spalier und etliche fragten sich, wie es Alexander wohl gelungen war, die herrische Hermine zu zähmen. Denn es galt laut Gesetz: … die Frau sei dem Manne untertan … und *das* konnte sich bei Hermine nun wirklich keiner vorstellen.

Die große Hochzeitsfeier am Abend gestaltete sich genauso ausgelassen und lustig wie die Trauung in der Kirche. Als ganz besonderes Geschenk bekamen Alexander und Hermine von Baron Heinrich und Baronin Elisabeth die neue sportliche Kutsche samt Zugpferd für zwei Wochen geliehen. Hermine bekam zusätzlich zwei Wochen bezahlten Urlaub. Heinrich und Elisabeth hatten sich bei Katharina nach einem besonderen Wunsch Hermines erkundigt. Hermine hatte jahrelang ihre ältere Tochter Constanza, die bei ihrer Schwester Else in Celle aufgewachsen war, nicht mehr gesehen. Zu diesem Geschenk bekam das Brautpaar von Hildegard und Joseph die Einladung, für die Zeit ihres Aufenthaltes in Celle bei ihnen kostenfrei zu logieren. Joseph, der frühere Kammerdiener des verstorbenen Barons hatte sich sehr gut mit Hermine verstanden und freute sich von ganzem Herzen für ihr neues Glück. Joseph führte seit zwei Jahren eine ausgesprochen glückliche Ehe mit der ehemaligen Gesellschafterin der Gräfin Beatrice, Hildegard von Dornenbach.

Hermine war vom Glück so berauscht, dass sie beinahe vergaß, die Verlobung von Katharina und Rudolf bekanntzugeben. „Ich wollte euch allen mitteilen, dass ich in Bälde die *Gräfin Mutter* von Katharina sein werde.“ Keiner hörte zu. Die Gäste waren sehr stark angeheitert und was Hermine in ihrem berauschten Zustand von sich gab, interessierte keinen so wirklich.

„Was ist los?!“ Sie stand auf und donnerte laut in die Menge: „Habt ihr mich nicht verstanden?!“ Hermine klopfte wie wild mit einem Löffel gegen ein Glas und rief noch lauter: „Ich werde bald

Königin Mutter sein!“ Buff, das hatte gesessen. Die Gäste stupsten sich gegenseitig an und deuteten den anderen, leise zu sein. `Königin Mutter`?“, fragte jemand in die Stille hinein. Es wurde getuschelt. Ja, das hatten einige gehört. Aber welchen Unsinn Hermine auch immer in ihrem berauschten Zustand von sich geben wollte, war nicht wichtig. Es gehörte sich nur, ihr zuzuhören, denn schließlich war es heute ihr großer Tag. Hermine wiederholte, dass sie bald Gräfin Mutter sein werde, alle applaudierten kräftig zu den Rufen: „Hört! Hört!“ Die Gäste warteten kurz, ob Hermine noch etwas sagen wollte. Hermine wartete ihrerseits, dass ihre Gäste auf sie zukommen und ihr gratulierten würden. Nichts passierte. Um die Stimmung nicht zu zerstören, forderte Baron Heinrich Hermine zum Tanz auf und gab den Musikern das Zeichen eine lustige Polka zu spielen. Sofort nahmen die Gäste dies zum Anlass, ausgelassen weiter zu feiern.

„War wohl nichts, was?“, fragte Hermine enttäuscht.

Baron Heinrich lächelt Hermine beim Tanzen an. „Nein, Tantchen, der Schuss ging daneben. Die Gäste sind heute Abend nicht mehr in der Lage solche Dinge zu verstehen.“

„Aber ich wollte doch, dass jetzt jeder weiß, dass Katharina und Rudolf auch heiraten werden und offiziell ein verlobtes Paar sind.“

„Du hast es zwei Mal versucht. Mehr kannst du heute nicht tun. Sollen sich die Leute doch morgen ihre Köpfe darüber zerbrechen. Du hast dein Möglichstes getan.“

„Ja, finde ich auch. Du hast recht. Jetzt werde ich mich nur noch um meinen Ehemann kümmern. Alexander sieht mir schon recht müde aus.“

Heinrich sah sich um: *Alexander sieht überhaupt nicht müde aus. Eher so merkwürdig aufgekratzt, ein wenig lüstern, wie mir scheint.* „Tu das, Tante Hermine. Kümmere dich um Alexander. Ich denke, er hat es nötig“, lachte Heinrich.

„Ein Kuss! Ein Kuss! Ein Kuss!“, forderten die illusteren Gäste. Alexander nahm seine Frau liebevoll in die Arme und gab ihr einen innigen Kuss. Er war sehr aufgeregt. Alexander hatte seit neun Jahren keine Frau mehr beglückt. Und ob das damals, in den knappen drei Minuten hinter einem Stall, ein Glück für die Magd gewesen war, bezweifelte er stark. In seiner Not zu versagen, hatte er sich dem Dorfarzt Doktor Röder anvertraut. Dieser verstand seine Bedenken, denn schließlich ging es ihm ähnlich, weil er in zwei Wochen seine geliebte Assistentin Helene, die Kräuterfrau, heiraten wollte. Doktor Röder gab Alexander ein kleines Beutelchen mit stimulierenden Kräutern und dem Hinweis, höchstens zwei Brisen davon in einem Glas aufzulösen und eine halbe Stunde vor dem eigentlichen Akt zu trinken. Würde es nicht helfen, so sollte er sich schöne Gedanken machen. Diese Gedanken brauchte Alexander sich nicht extra zu machen. Seit Monaten kamen sie von selbst. Im Gegenteil, er hatte oft Mühe, sich in Hermines Gegenwart zu beherrschen und auf andere Gedanken zu kommen. Nun war es bald Zeit, sich mit Hermine in ihr gemeinsames Heim zu begeben und seine Erregung wuchs von Stunde zu Stunde.

„Bärchen, lass uns noch einen Tanz machen, es ist meine Lieblingsmelodie", bat Hermine ihn.

Die Melodie war sehr schön, das fand auch Alexander. Nur musste man nach der neusten Mode danach eng zusammen tanzen, was Alexanders Selbstbeherrschung schwinden ließ.

„Warum hast du den ganzen Abend deinen großen Schlüsselbund in der Hosentasche? Das stört dich doch nur. Komm, gib mal her, ich lege ihn auf den Tisch." Und schon hatte Hermine ihre Hand in seine Hosentasche geschoben. Hermines Hand rührte sich keinen Millimeter mehr, als sie statt des Schlüsselbundes seinen erregten Mitbewohner fühlen konnte.

„Wenn du jetzt deine Finger bewegst, garantiere ich für nichts mehr", flüsterte Alexander seiner Frau ins Ohr.

„Was sollen wir denn machen?", flüsterte Hermine grinsend zurück.

„Ich schlage vor, wir tanzen langsam bis zur Hausecke und dann verschwinden wir einfach."

Etwas verbogen tanzten sie bis hinter das Gesindehaus. Hermine zog ihre Hand vorsichtig aus Alexanders Hosentasche und fing an zu kichern.

„So lustig finde ich *das* gar nicht", meinte Alexander ernst. „Das geht jetzt schon seit Stunden so. Immer wenn du in meiner Nähe bist, spielt er da unten verrückt."

„Ich glaube, Bärchen, es wird höchste Zeit, dass wir nach Hause gehen", lächelte Hermine und zog ihn mit sich fort.

Der Hochzeitsgesellschaft fiel es lange nicht auf, dass das Brautpaar verschwunden war. Erst als die Gäste überlegten, ob sie die obligatorische Forderung nach einem Kind rufen sollten, damit sich das frisch verheiratete Paar zurückzog, um die Ehe zu vollziehen, stellten sie fest, dass Hermine und Alexander nicht mehr unter ihnen weilten. Damit hatten sich die Rufe nach einem Kind auch erübrigt. Die Gäste waren sich nämlich nicht sicher, ob man in *dem Alter* noch *dingst* oder sich die Zeit lieber anders vertreibt. Nur die Alten wussten es besser, aber die fragte keiner.

Alexander bescherte Hermine, das erste Mal in ihrem Leben, sinnliche Freuden. Auch ohne die stimulierenden Kräuter.

„So schön hätte ich *es* mir nie vorstellen können. Ich kannte nur das schnelle Rumgehoppel von meinem ersten Mann, aber *das* letzte Nacht, das war unglaublich!“, schwärmte Hermine und küsste ihren Herzallerliebsten.

„Ich freue mich, dass es dir gefallen hat“, Alexander bekam einen roten Kopf. „Meinst du, du könntest dir vorstellen, die letzte Nacht zu wiederholen?“

„Sehr gerne“, antwortete Hermine ihrerseits mit hochrotem Gesicht. „Nur sonntags nicht.“

„Wieso sonntags nicht?“ Alexander war verdutzt.

„Weil sonntags der `Tag des Herrn` ist. Ich will nicht, dass *er* dabei zusieht“, erklärte Hermine ernst.

„Also heute nicht?“

„Nein, erst nach Mitternacht, dann ist es schon Montag.“

„Verstehe ich“, lenkte Alexander ein. „Aber dann gleich …?“

„Dann gleich …“

„Küssen ist bis dahin erlaubt, oder?“

„Bis Mitternacht nur ein ganz kleines bisschen, danach richtig.“

„Was man alles so beachten muss!“, lachte Alexander. „Nun gut, dann macht es nach Mitternacht umso mehr Spaß!“

Hermines Hochzeit war das Dorfgespräch Nummer eins, bis zum nächsten Ereignis. Nachdem die Hochzeitsgäste, die Musik, wer mit wem getanzt hat, wer wie ausgesehen hat, wer viel oder wenig getrunken und gegessen hatte und viele andere Kleinigkeiten durchgesprochen hatten, blieb nur noch die Frage: *Warum wird Hermine*

`Gräfin –` oder `Königin Mutter? Was hatte sie damit gemeint? Oder war sie tatsächlich auf ihrer eigenen Hochzeit so betrunken gewesen, dass sie nicht mehr gewusst hatte, was sie sagte? Die Gäste getrauten sich allerdings nicht, nachzufragen, weil sie allesamt nicht richtig zugehört hatten und ihrerseits stark angeheitert gewesen waren. Hermine hätte ihrer `geheimen Quelle` alles verraten können, diese Quelle hätte dann schon dafür gesorgt, dass alle im Dorf erfuhren, dass ihre Katharina den gräflichen Rudolf von Soskie heiraten würde. Aber da ihre Gäste nicht nachgefragt hatten, fuhr sie erst einmal mit Alexander auf Hochzeitsreise nach Celle.

Sergej war enttäuscht, dass Rudolf seine Absprache mit ihm gebrochen hatte und Hermine, ohne ihn zu fragen, erzählt hatte, dass sie Grafen waren. Rudolf erklärte Sergej die nächtliche Situation in der Schlossküche und wies seinen Bruder daraufhin, dass er seinerseits schließlich Gräfin Beatrice auch von ihrer Herkunft erzählt hatte. Damit waren die Brüder wieder quitt. Nun stand das schon lange überfällige Männergespräch mit Lennard an.

„Sag mal, Rudi, was sollte das denn mit der `Gräfin Mutter`, was Hermine da von sich gegeben hat?“, wollte Lennard, nachdem sie ein paar Himbeerbrände getrunken hatten, wissen.

Rudolf erklärte Lennard, wie es dazu gekommen war.

„Weißt du schon, wie es weitergehen soll mit Soskie?“

„Du meinst, ob wir das Schloss wieder aufbauen und das Land bewirtschaften werden?“

„Ja, das meine ich.“

„Vor einiger Zeit hab ich kurz mit Sergej darüber gesprochen. Er scheint einem Neuanfang in Soskie nicht abgeneigt zu sein. Auch wenn er absolut keine Vorstellung davon hat, was für eine Wahnsinnsarbeit das werden wird. Ich kann es mir selbst kaum vorstellen. Außerdem bräuchten wir dazu hunderte von Arbeitern, um das Land wieder ertragreich zu machen und das Schloss mit den ganzen Nebengebäuden aufzubauen. Tja, weiter sind wir jedenfalls noch nicht gekommen. Wir wollen hier im Grunde auch gar nicht weg. Hier ist jetzt unsere neue Heimat. Ich wüsste auch nicht, wie und womit ich dort anfangen sollte. Ohne Hilfe von erfahrenen Männern scheint mir das unmöglich.“

„Hört sich ziemlich traurig an: Reicher Großgrundbesitzer mit desolatem Schloss kann nichts damit anfangen. Schon irgendwie verkehrte Welt, oder?“, stellte Lennard fest.

„Ach, lass uns von etwas anderem reden“, lenkte Rudolf ab. „Wie geht es dir, Anna und den Kindern?“

„Ganz gut. In sechs Wochen wollen wir heiraten, dann ist die offizielle Trauerzeit vorbei. Wir haben uns bereits nach einem Käufer für Annas Hof umgehört, bis jetzt erfolglos. Wann habt ihr die nächste Gemeinderatssitzung?“

„Übermorgen, warum?“

„Wir möchten den Gemeinderat um Hilfe bitten. Vielleicht finden wir mit seiner Hilfe einen Käufer.“

„Es ist euch also wirklich ernst damit, von hier wegzugehen?“

„Ja, Anna will mit den Kindern anderswo einen Neuanfang starten. Sie möchte das furchtbare Leben mit ihrem verstorbenen Mann endlich vergessen können. Und ich will nicht mehr ohne die drei sein.“

„Wisst ihr schon, wohin ihr wollt?“

„Immer noch nicht. Wir werden schon etwas Passendes finden. Ich habe Anna von deinem Erbe erzählt und sie kam auf die Idee, dass wir uns vielleicht in Soskie einmal umsehen sollten. Was hältst du davon?“

„Finde ich nicht schlecht. Macht euch selbst ein Bild von der Zerstörung.“

Nach einem weiteren Himbeerbrand lenkte Rudolf das Gespräch auf Lennard. „Neulich hast du mich zurechtgewiesen und mir gesagt, ich solle mich mehr um Sergej kümmern.“

„Ja, habe ich. Entschuldige, wenn ich mich da eingemischt habe.“

Rudolf wischte mit der Hand Lennards Entschuldigung beiseite. „Du hattest völlig recht. Darum geht es jetzt nicht. Es geht darum, dass du gesagt hast, du wärst froh, wenn jemand von deiner Familie hier wäre. Es ist an mir, mich zu entschuldigen. Ich habe mich noch nie nach deiner Familie erkundigt.“

„Du, da gibt es nicht viel zu erzählen. Einige meiner Ahnen waren früher Kreuzritter. Die meisten sind dadurch ums Leben gekommen. Einige sind durch die `Heiligen Kriege` irrsinnig geworden oder haben sich zu Tode getrunken. Letztendlich ist meine Familie enteignet worden, weil sie die angehäuften Schulden nicht mehr bezahlen konnte. Nachdem meine Mutter uns sechs Kinder einigermaßen durchgebracht hatte, ist sie elendig gestorben, weil wir noch nicht einmal mehr den Arzt bezahlen konnten. Meine fünf Brüder und ich sind zu Leibeigenen geworden. Als mir die miese Behandlung zu viel wurde, bin ich getürmt. Später habe ich gehört, sie wären alle fünf im Krieg gestorben."

„Verdammter Krieg!"

„Ja, verdammter Krieg!", bestätigte Lennard.

„Du bist also geflohen? Das bedeutet ja, du bist kein freier Mann!"

„Ja, ich bin kein freier Mann. Jedenfalls in Norwegen nicht. Soweit ich weiß, gelten die norwegischen Gesetze hier nicht."

„Das wäre ja noch schöner!", regte sich Rudolf auf. „Du hast aber keinem davon erzählt, oder?"

„Nein, das ist nicht nötig. Wie gesagt, das war in Norwegen. Außer dir und Anna weiß es keiner und das soll auch so bleiben. Versprochen?"

„Versprochen! Was ist mit Annas Familie?"

„Die ist, wenn ich es mal treffend sagen soll, der `letzte Abschaum`."

„Habe ich richtig gehört? Hast du *letzter Abschaum* gesagt?"

„Anders kann man die nicht bezeichnen."

„Darf ich fragen, warum?"

„Annas Eltern waren fahrende Händler. Soweit sie sich erinnern kann, ging es ihnen nicht schlecht. Sie sind weit herumgekommen. Anna hatte noch drei jüngere Geschwister. Nach und nach verschwanden die Kleinen. Ihre Eltern erzählten ihr, dass die drei den `plötzlichen Kindstod` gestorben wären. Anna hat das lange geglaubt, bis sie nach einigen Jahren ein Dorf anfuhren und Anna dort auf dem Markt ihren jüngeren Bruder entdeckte. Er erkannte sie auch wieder und erzählte ihr, dass ihm seine *neuen Eltern* beide Beine abgetrennt hatten, damit er als Bettler mehr einbrachte. Anna war natürlich außer sich und stellte ihre Eltern zur Rede. Ihr Vater schlug sie windelweich, bis ihre Mutter ihm Einhalt gebot. Sie riss ihn von Anna weg und schrie ihn an, dass sie für Anna keinen guten Preis erzielen würden, wenn er sie so zurichten würde und sie bräuchten schließlich das Geld für seine Opiumsucht. Da wurde Anna klar, warum der Vater meist nur im Händlerwagen auf den Kissen herumlag und irres Zeug redete. Bis dahin hatte sie die Geschichte von einer Kriegserkrankung geglaubt. Als Anna wieder soweit hergestellt war, brachten ihre Eltern sie zu einer Wanderhure. Die hatte schon einige Mädchen laufen. Während die Eltern mit der Wanderhure um Anna feilschten, tauchte der Biedermann Oswald auf. Er kaufte sie vom Fleck weg für einen anständigen Preis, wie ihre Eltern sagten. Das war vor acht Jahren. Anna war damals sechzehn. Den Rest kennst du ja."

Lennard und Rudolf tranken schweigend.

„Wie viel Leid und Ungerechtigkeit kann ein Mensch wohl ertragen?", stellte Rudolf die Frage in den Raum.

„Ich weiß es nicht. Mir scheint es manchmal unvorstellbar. Anna regelt das Unheil, was ihr und ihren Kindern widerfahren ist, mit Gott. Ich kann das nicht. Ein Gott ist für mich gut und gerecht. Ich kann mir einfach nicht vorstellen, was er davon hat, unschuldigen Menschen so viel Leid anzutun."

„Mir geht es ähnlich. Ich wünschte, ich könnte so vorbehaltlos an Gott glauben, wie es wohl die meisten Menschen tun. Ich bin überzeugt, dass es sich dann besser, einfacher, leben lässt. Meinst du nicht auch?"

„Doch, ich denke schon."

„Also, du und Anna heiratet in sechs Wochen?"

„Ja. Wie stehts mit Katharina und dir?"

„Wir wollen in vier Wochen heiraten. Mich wundert, dass Pastor Boreen uns noch nicht auf Hermines *Gräfin Mutter* angesprochen hat. Der will doch sonst immer alles genau wissen?", lachte Rudolf.

Den Rest des Abends verbrachten sie in lustiger Stimmung.

Am nächsten Morgen stand Tante Soffie, mit der Post, aufgeregt in der Empfangshalle von Schloss Eldingen. „Ich muss diesen Brief persönlich abgeben. Das ist Anweisung von ganz oben sozusagen."

„Ich nehme doch immer die Post des Herrn Baron in Empfang. Also geben Sie schon her! Bitte! Der Baron wartet darauf", entgegnete Rudolf gereizt.

„Der ist aber nicht an Baron Heinrich adressiert."

„An *wen* dann?"

„Sag ich nicht, Postgeheimnis!" Tante Soffie stellte sich stur. Jeder im Ort nannte die Postfrau `Tante Soffie`. Sie war eine der respektablen Persönlichkeiten im Dorf, weil sie wichtige gute und schlechte Nachrichten brachte. Wo sie genau herkam, wusste keiner. Irgendwann war sie plötzlich da und verdingte sich ihren Lebensunterhalt, indem sie ihre Dienste als Feldarbeiterin anbot. Im Winter brachte sie an verschiedene Haushalte, gegen einen Pfennig oder eine Kleinigkeit zu essen, die Post ins Haus. Bei der Gelegenheit besorgte sie auch Dienstbotengänge. Sie hatte gut zu tun, ihr Leben war abwechslungsreich, sie hatte ihr Auskommen und sie war fast immer auf dem neusten Stand der Dinge. Allerdings tratschte sie nicht herum, das unterschied sie gewaltig von Hermine.

Elisabeth kam mit Bernhard auf dem Arm die Treppe herunter. „Was gibt es,Tante Soffie?“

„Ich muss diesen Brief persönlich abgeben. Das ist Anweisung von ganz oben.“

„Mein Gatte ist gerade nicht abkömmlich, Tante Soffie. Sie können mir den Brief aushändigen.“ Katharina lächelte die Postfrau freundlich an.

„Nein, darf ich nicht. Er ist nicht für den Herrn Baron.“

„Für *wen* sonst? Für jemanden von der Dienerschaft?“, hakte Elisabeth nach.

„Nein, für Ihren Besuch, Baronin.“

„Sie machen es aber spannend, Tante Soffie. Sagen Sie uns doch bitte den Namen, damit wir weiterkommen.“

„Der Brief ist für Rudolf und Sergej, Grafen von Soskie“. Können sie jetzt bitte Ihren Besuch verständigen, ich muss weiter. Ich habe noch Einiges auszuliefern!“

Elisabeth und Rudolf wechselten einen Blick.

„Hm, ich bin Rudolf, Graf von Soskie und der andere ist Sergej, mein Bruder.“

„Das glaube ich nicht. *Das* könnte ja jeder behaupten!“, entrüstete sich Tante Soffie. „Ich habe schon letztes Jahr zwei Briefe an den Grafen von Soskie hier abgegeben, da war er zu Besuch hier. Sie sind das nicht, Rudolf!“, sagte sie ihrer Sache ganz sicher und ruckelte an ihrem Monokel. „Sie sind immer hier.“

„Tante Soffie, die zwei Briefe waren auch für mich. Warum dieser nicht?“

„Damals stand auf den Briefen nicht *persönlich* drauf und deshalb konnte ich sie einfach abgeben. Bei diesem hier steht *persönlich* drauf. Deshalb muss ich ihn den Personen *persönlich* aushändigen. So einfach ist das. Also nun machen Sie schon, Rudolf, wenn ich bitten darf!"

„Was soll ich denn machen?" Rudolf war inzwischen richtig sauer.

„Wenn Sie *es* sind, zeigen Sie mir bitte ein Schriftstück, was ihre Angaben bestätigt!"

„Meine Güte ist das umständlich!", fluchte Rudolf. „Umständlicher geht es wohl nicht mehr, oder?", er machte sich aber auf, um seine Papiere zu holen.

„Ja, hm, soweit ich es beurteilen kann, sind diese Papiere echt." Tante Soffie klopfte mit ihrem Monokel auf Rudolfs Papiere. „Nun die anderen?"

„Welche a n d e r e n, bitte schön?"

„Na, die von Sergej! Der steht auch auf dem Umschlag. Außerdem muss er dabei sein, wenn ich den Brief aushändige!"

„Jetzt reicht es! Nehmen sie einfach den verdammten Brief wieder mit!" Rudolf hatte die Nase voll.

„Darf ich nicht!", erwiderte Tante Soffie sachlich.

Elisabeth, die einen kurzen Blick von dem Absender und dem Siegel des Briefes erhascht hatte, wandte sich mit ernstem, ruhigem Ton an Rudolf. „Es ist klüger, wenn Sie sofort Sergejs Papiere holen. Ich gehe in die Küche, Katharina soll Sergej suchen. Glauben Sie mir, es ist besser so, Rudolf."

Rudolf tat, was Elisabeth ihm aufgetragen hatte und kurze Zeit später war Sergej zur Stelle. Nun war Tante Soffie zufrieden und händigte ihnen mit den Worten „Nächstes Mal gleich so!" den Brief aus.

Gegen Mittag kam Pastor Boreen in die Schlossküche und fragte nach Rudolf.

„Ich habe hier einen Brief für Sie, der in einem Brief für mich steckte."

„Einen Brief für mich, der in einem an Sie adressierten Brief steckte?" Rudolf sah Pastor Boreen verständnislos an.

„Ja, Sie sind doch Rudolf Graf von Soskie oder genauer gesagt

`Landgraf von Soskie´, wie es hier auf dem Umschlag steht, nicht wahr?"

„Ja, hm. Eigentlich wollte ich schon längst mit Ihnen darüber gesprochen haben, Hochwürden. Entschuldigen Sie bitte. Hier war in letzter Zeit so viel los."

Obwohl Pastor Boreen gekränkt war und vor Neugierde fast platzte, lächelte er Rudolf verständnisvoll an. „Ich weiß, mein Sohn, ich weiß. Wenn Sie wollen, können wir heute Abend darüber sprechen, Rudolf. Oder soll ich Sie jetzt mit `Königliche Hoheit` ansprechen?", konnte sich Pastor Boreen nicht verkneifen.

Rudolf überging die Anspielung. „Geht es übermorgen Abend? Ich habe heute noch viel zu tun."

„Gut abgemacht, bis übermorgen Abend. Morgen Abend ist Gemeinderatssitzung. Gegen halb acht?"

„Ja, ich werde Katharina und Sergej mitbringen, wenn sie gestatten, Hochwürden".

„Sehr gut! Sehr gut! Ich freue mich, Sie zu sehen!"*Bis übermorgen werde ich es wohl noch aushalten. Lieber Gott, verzeih mir meine Neugierde. Ich kämpfe täglich damit, wie du weißt. Aber ist es nicht auch meine Pflicht, alles über meine Schäfchen zu wissen?"*

Nach dem Abendbrot setzten sich Rudolf und Sergej in ihrem Zimmer zusammen, um die beiden Briefe zu lesen. Der erste Brief war von `Johann Georg dem Zweiten, Fürst von Sachsen`, mit mehreren Siegeln versehen und sämtlichen anderen Titeln, die Johann Georg noch besaß. Er lud die beiden Erben des Soskie-Besitzes anlässlich eines Festes, zu Ehren des vierzigsten Geburtstages seiner Cousine Cosima in drei Wochen in das Dresdner Schloss ein.

„Was sollen wir da?", Sergej verstand die Einladung nicht.

„Ich denke, jetzt wird es ernst, Bruder", meinte Rudolf.

„*Was* wird *ernst*?"

„Ich glaube, dass der Wittenbergische Vogt dem Fürsten mitgeteilt hat, dass wir beide wieder aufgetaucht sind."

„Ja und?"

„Und? Weiß ich auch nicht. Vielleicht werden wir schlauer, wenn wir diesen Brief hier von Pastor David Stengel, aus Soskie, lesen?"

Sehr geehrte Grafen,

ich schreibe diesen Brief hier in aller Eile und lasse darum sämtliche Formalitäten weg. Auch fasse ich mich sehr kurz, weil es eine Menge Informationen gibt, die für Sie außerordentlich wichtig und nützlich sein könnten.

Ich habe diesen Brief an Ihren Pastor Boreen geschickt, um diese Spur zu verwischen. Ein Brief von einem Pastor zum andern fällt nicht weiter auf. Falls Sie mir zurückschreiben möchten, halten Sie bitte auch diesen Weg über Pastor Boreen ein, er wird schon wissen, was zu tun ist. Diese Geheimhaltung ist absolut notwendig, damit mein Bruder Caspar, der ebenfalls Pastor ist, nicht in Unannehmlichkeiten gerät. Caspar ist am Hofe des Fürsten von Sachsen `Johann Georg dem Zweiten´ tätig. Er ist der oberste Pastor dort und somit bei fast allen Gesprächen des Fürsten mit seinen Ministern anwesend. Der Fürst ist ein sehr gläubiger Mensch und benötigt ständig geistigen Beistand. Wenn Sie den Fürsten kennengelernt haben, wird sich das von selbst erklären.

Wie dem auch sei, mein Bruder erfährt also auch Dinge, die nicht für Ohren außerhalb der Privatgemächer des Fürsten bestimmt sind. Würden die folgenden Informationen dem Fürsten auf eine ungeschickte Weise zu Ohren kommen, so würde mein Bruder des `Hochverrats` angeklagt und hingerichtet werden (meine Wenigkeit ebenfalls – wegen Mitwisserschaft). Mein Bruder hat sich ausnahmsweise bereit erklärt, Ihnen diese wichtigen Informationen durch mich zukommen zu lassen, weil er sich durch Sie einen Wiederaufbau in Soskie erhofft. Außerdem hat er Ihre Eltern genauso sehr geschätzt wie ich.

Nun zur Sache: Vor einigen Tagen war mein Bruder Caspar wieder bei einem vertraulichen Gespräch des Fürsten mit seinen Ministern zugegen. Es ging um die chronische Geldnot des Fürsten. Seine Schulden vergrößern sich schnell. Das liegt zum einem an den kulturellen Interessen des Fürsten und zum anderen an seinem ausschweifenden Lebensstil. Allein der Hofstaat besteht aus über dreihundert Personen! Wie dem auch sei, der Fürst braucht Geld, und zwar viel Geld! Auch bei seiner Cousine steht er hoch in der Kreide. Die wiederum bedrängt seit Langem den Fürsten, `gute Partien` für ihre Töchter einzufädeln. Da ist nun einer der Minister mit dem Vorschlag gekommen, Sie und ihren Bruder mit zwei der Töchter der

Cousine zu verkuppeln. Somit hätte der Fürst zwei Probleme gleichzeitig gelöst: Seiner Cousine, deren Töchter jeweils eine mehr als reichliche Aussteuer bekommen, hätte er dann gleich zwei Gefallen getan und sie würde von den Schulden Abstand nehmen, die er wahrscheinlich sowieso nie zurückzahlen könnte, da ihm viel einflussreichere Gläubiger im Nacken sitzen. Außerdem hätte er Sie samt Ihrem Familienvermögen in seiner Familie und damit unter Kontrolle. Wie mein Bruder bei diesem Gespräch erfahren hat, sind Sie und Ihr Bruder tatsächlich der größte Grundbesitzer in seinem Reich.

Jetzt werden Sie sich sicher fragen, was Sie das alles angeht. Es geht Sie sehr viel an, nämlich alles. Der Fürst kann aufgrund der Tatsache, dass sich niemand um Ihr Land kümmert, von heute auf morgen ihren gesamten Besitz konfiszieren. Mit der Begründung, dass Sie sich nicht um das 'Allgemeinwohl` kümmern und zudem schon seit Jahren nicht mehr vor Ort leben. Das Allgemeinwohl besteht natürlich in erster Linie aus den Steuern und anderen Abgaben, die ein Großgrundbesitzer an das Fürstenhaus zu entrichten hat. Ein etwas geringerer Teil geht dann noch an die Kirchen und Klöster, wofür der Vogt (der alles eintreibt) zuständig ist und natürlich seine Arbeit auch gut entlohnt sehen will. Der geringste Teil geht an die Dorfbewohner und die anderen Arbeiter, die aber immerhin dadurch in Arbeit stehen und (wie es bei Ihrem Vater war) ihr Auskommen haben.

Warum ich Ihnen das alles schreibe und damit meinen Bruder und mich der Gefahr einer Todesstrafe aussetze? Ich habe, wie schon bei unserem Gespräch im Januar betont, Ihre Eltern sehr geschätzt. Schon während unseres Gespräches habe ich auch Sie schätzen gelernt und bin heute mehr den je davon überzeugt, dass Sie beide es schaffen könnten (natürlich mit Unterstützung von absolut vertrauenswürdigen Personen) Ihr Erbe wieder zu dem zu machen, was es einmal war.

Mein Rat an Sie: Wenn Sie eine Einladung des Herzogs, zu welchem Anlass auch immer, in nächster Zeit erreicht, so folgen Sie dieser unbedingt umgehend. Er hat in dieser Beziehung keinerlei Geduld, die kann er sich aufgrund seiner prekären Lage nicht leisten. Noch etwas habe ich erfahren: Sollten Sie und ihr Bruder bereits länger als ein Jahr verheiratet sein, wären die Verkuppelungsversu-

che seitens des Fürsten hinfällig. Ist es jedoch nicht der Fall, so kann er mithilfe des Königs und des Erzbischofes ihre Ehen annullieren lassen. Bereits existierender Nachwuchs wäre auch von Vorteil.

Ich hoffe für Sie beide das Beste.

Bitte lernen Sie den Inhalt dieses Briefes auswendig und verbrennen Sie ihn dann umgehend!

Geben Sie auf keinen Fall diesen Brief einer anderen Person in die Hände! Unter keinen Umständen! Ich werde es auch so handhaben, falls wir weiter in Kontakt bleiben sollten.

Und erwähnen Sie beide niemals den Namen meines Bruders oder meinen, in Gegenwart einer dritten Person!!!

Ich wünsche Ihnen für Ihre Zukunft viel Glück!

Mit wohlmeinenden Grüßen

Ihr Pastor David Stengel

„Dem Fürsten hat wohl einer ins Gehirn geschissen! Ich heirate doch nicht irgendeine Frau wegen schnödem Mammon! Die haben sie doch alle!", regte sich Sergej auf.

„Scheiße!" Was Besseres fiel Rudolf auch nicht ein. „Ich muss jetzt raus!"

„Wo willst du hin? Gehst du wieder Holz hacken?"

„Ja, ich muss nachdenken!"

„Und ich? Was soll ich machen?"

„Es gibt zwei Hackebeile da draußen!", bot ihm Rudolf an.

„Nee, das ist nichts für mich! Verdammte Scheiße! Mir fällt schon was ein!" Sergej sprang auf, holte seine größte Leinwand hervor und begann, wie von Sinnen mit seinen Farben zu hantieren, dabei stieß er sämtliche Flüche aus, die er, in seinem noch recht jungen Leben, gehört hatte.

Elisabeth war soeben mit dem Stillen fertig, als Heinrich in ihr Zimmer kam.

„Hörst du das? Rudolf hackt wie ein Besessener Holz. Was ist ihm bloß über die Leber gelaufen?"

„Ihm ist nichts über die Leber gelaufen, Liebling. Er und Sergej haben heute Morgen von Tante Soffie einen, wie es schien, wichtigen Brief von Johann Georg, dem Sachsenfürst erhalten. Tante Soffie verlangte sogar, dass sich Rudolf und Sergej ausweisen sollten, so persönlich war er."

„Soskie liegt in Sachsen", überlegte Heinrich. „Und wie Rudolf erzählt hat, ist er jetzt ein Großgrundbesitzer. Es liegt dort alles brach seit dem Bauernaufstand vor acht Jahren. Es heißt, der Sachsenfürst sei ziemlich verschuldet. Da wären ihm Steuereinnahmen nur willkommen."

„Du spekulierst ganz schön, mein Lieber."

„Ja, aber wenn es stimmt, was ich vermute, sitzt Rudolf ganz schön in der Klemme. Oder alle beide. Du weißt ja: Adel verpflichtet. Man kann nicht nur etwas besitzen und sich nicht darum kümmern. Das habe ich Rudolf bereits im Januar gesagt. Aber da war er noch so durcheinander und außerdem überwog damals die Freude, seinen Bruder wiedergefunden zu haben, alles andere."

„Was ich gut verstehen kann", stimmte Elisabeth zu. „Willst du nicht einmal runtergehen und ihn fragen, was los ist?"

„Ich weiß nicht, ob ich mich da einmischen sollte."

„Du hast mir gerade gesagt: *Adel verpflichtet.* Schließt das nicht das Wohlergehen deiner Dienerschaft mit ein?"

„Ich betrachte Rudolf, seit dem ich weiß, dass er ein Landgraf ist, nicht mehr als Diener."

„Komm, du weißt genau, was ich meine. Du willst dich nur darum drücken. Geh einfach runter und frag ihn, wie es ihm geht. Du brauchst den Brief ja nicht zu erwähnen. Vielleicht könnt ihr beide auch einen Becher Wein zusammen trinken. Habt ihr schon lange nicht mehr. Du wirst dann merken, ob er reden will oder nicht. Mehr kannst du nicht machen. Er wird dein Angebot zu schätzen wissen."

„Ich hatte mich so auf einen gemütlichen Abend mit dir gefreut", versuchte Heinrich ein letztes Mal, sich zu drücken.

„So einen gemütlichen Abend, wie jeden Abend?", Elisabeth schmunzelte.

„Ich gehe ja schon."

Rudolf war schweißgebadet und fast am Ende seiner Kräfte, als Heinrich auf ihn zuschlenderte.

„Na, wie wäre es jetzt mit einem schönen kühlen Humpen Bier, Rudolf?"

Rudolf wischte sich mit dem Hemdsärmel den Schweiß von der Stirn. „Sehr gerne, Baron. Aber ich muss mich um Sergej kümmern."

„Der ist alt genug. Er kann auch einen Humpen vertragen, oder?"

„Ich frage ihn."

„Schön, ich hatte bisher noch nicht viel Gelegenheit, mich mit Sergej zu unterhalten. Treffen wir uns gleich auf der Terrasse? Es ist ein herrlicher Abend."

„Sergej will nachkommen, wenn Sie gestatten, Baron. Er ist momentan sehr beschäftigt." Rudolf stellte zwei Humpen Bier auf den Terrassentisch.

„Sie waren vorhin auch sehr beschäftigt, nicht wahr?" Heinrich tastete sich vorsichtig an Rudolf heran.

Rudolf schwieg.

„Ja, wenn ich Ihnen irgendwie helfen kann?"

Rudolf schwieg weiter.

„Das Leben ist manchmal ganz schön kompliziert, nicht wahr?" Heinrich versuchte es weiter.

„Könnte man so ausdrücken, Herr Baron."

„Wie es Hermine wohl so geht?"

„Ich hoffe gut, Herr Baron", antwortete Rudolf kurz aber höflich.

Heinrich wusste nicht weiter. Er wusste aber auch, wenn er so unverrichteter Dinge zu Elisabeth zurückkehren würde, hätte sie kein Verständnis dafür, dass er so schnell aufgegeben hatte.

„Hm", Rudolf räusperte sich.

Heinrich sah ihn erwartungsvoll an: „Ja?"

„Hm".

„Aha." Heinrich lehnte sich enttäuscht zurück.

„Was würden Sie tun, wenn Sie von einem Fürsten zu einer Gesellschaft eingeladen worden wären?" Jetzt war das Eis gebrochen.

„Ich denke, ich würde hinfahren. So eine Einladung kann man wohl nicht ohne Folgen ausschlagen."

„Habe ich befürchtet. Und wenn sie unverheiratet wären und der Fürst würde Sie mit einer Verwandten verkuppeln wollen, obwohl Sie eine andere lieben. Was würden Sie dann tun?"

„Herrje, das ist eine schwierige Frage. Ich denke, ich würde mich an unseren Advokaten, Hans von Mollenstein, wenden. Vielleicht auch noch den Beedenbosteler Vogt, Hans Hermann von Bergdorf, zurate ziehen."

„Hmm, hört sich sinnvoll an."

„Ja, dieser Fürst hat sicher seine *guten Gründe,* um jemanden mit seiner Verwandten zu verkuppeln?"

„Gehen wir davon aus, dass der Fürst dringend Geld braucht und mit dieser Heirat einen Teil seiner Schulden begleichen kann. Außerdem bringt dieser *Jemand* einen erheblichen Grundbesitz mit in die Familie des Fürsten ein."

„Vielleicht würde ich auch noch ganz schnell heiraten, bevor ich der Einladung des Fürsten folgen würde. So eine Art Nottrauung. Ja, ich glaube, das würde ich tun."

„Das hat dieser *Jemand* auch schon überlegt. Aber der Fürst kann eine Ehe, die unter einem Jahr besteht, annullieren lassen. Ein Kind aus dieser Ehe könnte ein Hinderungsgrund sein, um die Ehe zu annullieren."

„Du meine Güte! Welche Begründung hätte er dafür, um das zu tun?"

„Das Allgemeinwohl. Der *Jemand* hat sich nämlich bis jetzt nicht um seinen Grundbesitz gekümmert und schon Jahre keine Steuern mehr entrichtet. Darum würde der Fürst damit durchkommen."

„Rudolf, ich brauche jetzt erst mal einen Brand und noch einen Humpen Bier, Sie auch?"

Rudolf erhob sich.

„Nein, nein, lassen Sie mal. Ich gehe schon. Vielleicht fällt mir unterwegs etwas ein."

„Aber Herr Baron, das gehört sich nicht. Ich bin der Butler."

„Ach was! Die Etikette ist heute fehl am Platz."

Das Getränkeholen half Heinrich auch nicht weiter.

„Ich habe noch etwas vergessen, Herr Baron. Das Schlimmste kommt noch: Dieser Jemand hat einen jüngeren Bruder, der soll, aus denselben Gründen, auch verheiratet werden."

„Aber, das ist ja unmöglich! Eine Unverschämtheit! Wann hätte denn Ihr Bruder bitteschön eine Adelige vor über einem Jahr heiraten sollen?" Heinrich hatte sich vor Aufregung nicht mehr an die Spielregeln gehalten.

Rudolf sah ihn an und zog eine Augenbraue hoch.

„Verzeihung, Rudolf. Es geht hier ja gar nicht um Sie. Ich war etwas verwirrt."

„Ist schon in Ordnung, Herr Baron. Dieser Jemand muss nur außerordentlich vorsichtig sein. Der Kreis der Personen, die davon wissen, muss unbedingt sehr klein gehalten werden."

„Ich verstehe. Ganz klar. Bitte entschuldigen Sie noch einmal. Ich möchte diesem Jemand und seinem Bruder auf keinen Fall schaden."

„Deswegen ist die ganze Angelegenheit ja so schwierig."

„Rudolf, hätten Sie etwas dagegen, wenn ich Elisabeth von dieser Geschichte erzählen würde. Elisabeth besitzt die große Gabe, absolut verschwiegen zu sein. Außerdem hasst sie Ungerechtigkeiten jedweder Art. In den meisten Fällen findet sie auch eine Lösung."

Rudolf wollte nicht so unhöflich sein und das Angebot von Heinrich ausschlagen, obwohl er nur eine weibliche Person kannte, die so verschwiegen war. Und das war seine Katharina. „Wenn Sie das für richtig halten, Herr Baron."

„Ich kann mir vorstellen, was Sie jetzt denken, Rudolf. Aber ich habe die Erfahrung gemacht, dass Frauen in wirklich wichtigen Dingen viel verschwiegener sein können als Männer. Die erkennen nämlich oft den Unterschied zwischen oberflächlichem Getratsche und einem wahren Geheimnis nicht. Das muss man den Männern manchmal wirklich eindringlich nahelegen. Aber keine Angst, von mir erfährt auch keiner etwas!"

„Danke, Herr Baron."

„Wann, sagten Sie, ist dieses Fest am Hofe des Fürsten?"

„Übermorgen in drei Wochen, Baron."

„Nun, dann drängt die Zeit und ich sollte vielleicht sofort mit Elisabeth darüber sprechen. Wir sollten auf keinen Fall Zeit vertun, um diesem Jemand aus seiner misslichen Lage zu helfen, nicht wahr?"

„Ich bin ganz Ihrer Meinung. Sie finden mich in der Küche bei Katharina, Baron."

Elisabeth war zunächst genauso fassungslos, wie Heinrich es vorhin war. Dann bat sie Heinrich, auf Bernhard aufzupassen und drehte eine große Runde im Park. Danach kam sie mit Briefpapier und Tinte wieder.

„Was hast du vor?", fragte Heinrich.

„Wenn irgendjemand, den ich kenne, unserm Jemand und seinem

Bruder weiterhelfen kann, ist es Karl."

„Warum ausgerechnet Karl?"

„Weil Karl seit über zehn Jahren eine Geliebte hat. Übrigens eine wirklich reizende Frau, doch davon später. Diese Frau führt ein großes Haus, da sie von ihrem verstorbenen Mann ein beträchtliches Vermögen geerbt hat. Sie gibt viele Gesellschaften aller Art, fördert Künstler und kennt so gut wie jede Person der Gesellschaft in und über Braunschweig hinaus. Sie, zusammen mit Karls Beziehungen, könnte da vielleicht eine Lösung finden. Die vielleicht nicht ganz legal sind, aber davon will ich gar nichts wissen. Ich kann nicht untätig dabei zusehen, wie zwei Menschen, die ich ins Herz geschlossen habe, in ihr Unglück getrieben werden. Genaugenommen handelt es sich sogar um drei Menschen."

„Wer denn noch?"

„Den Namen sage ich dir nicht, aber sie lebt hier bei uns und ist die zukünftige Frau von dem Jemand.

„Ach, du meinst Ka …"

Elisabeth unterbrach ihn schroffer, als sie wollte: „Pssst! Heinrich, bitte nenne keine Namen! Darum hat doch der Jemand ausdrücklich gebeten! Und ich für meinen Teil halte mich daran! Während ich schreibe, kannst du Rudolf schon einmal Bescheid geben, dass er mit Sergej zusammen morgen nach Braunschweig reiten muss. Da es dringend ist, bist du sicher bereit, beide freizustellen und ihnen deine schnellsten Pferde zu leihen, nicht wahr? Sie sollten ihre Papiere, mit denen sie sich ausweisen können, mitnehmen. Falls Karl eine Lösung findet, könnte ihr Aufenthalt in Braunschweig auch länger dauern."

„Ja, selbstverständlich." Es war zwecklos, Elisabeth zu widersprechen, wenn sie sich etwas in den Kopf gesetzt hatte. So gut kannte er seine Frau.

„Vielleicht können Rudolf und Sergej noch heute Nacht losreiten? Ich denke, ich bin in einer Stunde mit dem Brief fertig."

Katharina hatte die unangenehmen Neuigkeiten mit einer erstaunlichen Fassung aufgenommen. Rudolf hatte erwartet, dass sie in Tränen ausbricht.

„Das wäre auch alles viel zu einfach gewesen! Eine kleine unbedeutende Hilfsköchin und Putzfrau heiratet einen Landgrafen mit einem riesigen Vermögen. Ha, dass ich nicht lache! Ich hätte gleich wissen müssen, dass es so etwas nur im Märchen gibt. Hier in der realen Welt ganz sicher nicht. Wie konnte ich nur so dumm sein! Ich muss noch Regale auswischen." Sie stand auf und räumte die Küchenregale aus.

Hilflos saß Rudolf wie angewurzelt auf seinem Platz. „Ist das alles, was du dazu sagst?"

„Was soll ich denn sagen? Es ist doch nicht zu ändern!"

„Katharina, du bist die einzige Frau, die ich jemals richtig geliebt habe und ich werde um unsere Liebe kämpfen. So wahr ich hier sitze!"

„Was willst du denn machen? Willst du die Gesetze ändern? Oder willst du den Fürsten umbringen? Oder willst du ihm einfach deinen ganzen Besitz schenken?"

„Wenn es sein muss, ja!"

„Was? Ihn umbringen?"

„Nein! Ihm den ganzen Besitz überlassen!"

„Du redest Unsinn! Warum solltest du diesem habgierigen Menschen noch etwas schenken? Außerdem hat Sergej auch ein Wort mitzureden."

„Der ist genauso wütend wie ich. Sergej hätte sicher nichts dagegen, dem Fürsten unseren Besitz zu überlassen. Bevor er ein Mädchen heiraten muss, welches er nicht will, würde er das sicher tun. Du hättest ihn vorhin mal erleben müssen. Nein, Katharina", Rudolf nahm sie in seine Arme, „nein, ich lasse es nicht zu! Ich werde um uns kämpfen oder alles aufgeben. Wir bauen uns einfach etwas Neues auf. Wenn wir zusammenhalten, schaffen wir das."

„Ich liebe Dich. Aber ich möchte eines Tages nicht erleben müssen, dass du mir vorwirfst, wegen mir auf alles verzichtet zu haben."

„Das wirst du ganz sicher nicht! Ohne dich ist das alles nichts wert. Ich habe dir gesagt, ich könnte hier, so wie es ist, mit dir glücklich zusammenleben. Hier, auf Schloss Eldingen, ist meine neue Familie und hier bist vor allem Du."

„Weißt du, ich habe zwar keine Ahnung, aber ich glaube im Moment, dass doch noch alles gut wird."

„Wird es auch. Wenn wir zusammen sind, scheinen mir all die Probleme nicht mehr so groß", Rudolf lächelte sie liebevoll an.

Katharina lächelt zurück. „Mir geht es genauso. Wollen wir jetzt Sergej, sagen, dass er sich nicht allzu große Sorgen machen soll?“

Da platzte Sergej wie gerufen in die Schlossküche. „Ich habs!“, er strahlte über das ganze Gesicht. „Ich habe die Lösung gefunden!“

Katharina und Rudolf lächelten ihn an. „Erzähl!“

„Wir schenken dem raffgierigen Fürsten einfach unser Land. Dann soll er zusehen, wer seine Frauen heiratet! Und dann hat er auch noch einen Haufen Arbeit am Hals! Bist du damit einverstanden, Bruder?“

„Im Grunde genommen, ja. Nur müssen wir der Einladung des Fürsten unbedingt Folge leisten. Das habe ich inzwischen von einer anderen Seite bestätigt bekommen. Er würde sonst noch ungnädiger werden, als er sowieso schon ist.“

„Na meinetwegen! Wenn er uns erpresst, werden wir ihm eben das Fest verderben!“

„Sergej, du vergisst, dass der Fürst bis jetzt noch nicht einmal mit uns gesprochen hat. Er hat uns nur eine Einladung zu seinem Fest geschickt. Alles andere haben wir uns mit etwas Hilfe zusammengereimt.“ Rudolf zwinkerte Sergej zu. „Wir fahren da hin, wie es sich gehört und dann sehen wir weiter, in Ordnung?“

Heinrich kam in die Küche. „Elisabeth schreibt gerade einen Brief an Graf Karl. Der Brief ist sehr dringend, es betrifft den Jemand mit seinem Bruder. Elisabeth meint, wenn irgendwer in dieser Situation helfen kann, dann ist es Graf Karl, weil er über die nötigen Kontakte verfügt. Der Brief müsste spätestens morgen in Braunschweig sein. Würden Sie und Sergej ihn überbringen? Elisabeth meint, es wäre sogar besser, wenn Sie beide noch heute Nacht reiten würden. Sie empfiehlt Ihnen, Ihre Papiere mitzunehmen, mit denen Sie sich ausweisen können. Ihr Aufenthalt dort könnte etwas länger ausfallen.“ Heinrich hoffte, dass er nichts vergessen hatte.

In derselben Nacht ritten Rudolf und Sergej los.

Rudolf und Sergej waren viel zu früh auf dem Gut der Heimtrauter angekommen. Da sie nicht geschlafen hatten, ruhten sie sich auf der schönen Terrasse des Herrenhauses aus.

Wie auf Schloss Eldingen, begann morgens um sechs das geschäftige Treiben auf dem Gut. Sie frühstückten in der Küche mit der Dienerschaft und warteten, bis sie bei Graf Karl angemeldet wurden.

Hocherfreut, über ihren unerwarteten Besuch, ließ er sich zunächst, bei seinem ausgiebigen Frühstück, die Neuigkeiten von Schloss Eldingen berichten. Ganz besonders interessierte er sich natürlich für seinen kleinen Patensohn Bernhard und die beiden Miniaturponys Lizzi und Bella. Über die kirchliche Trauung von Hermine und Alexander amüsierte er sich so köstlich, dass er sie sich gleich zwei Mal ausführlich schildern ließ.

„Meine Herren, nun zum Anlass Ihres unerwarteten Besuches", kam Karl auf das Anliegen von Rudolf und Sergej zu sprechen.

Rudolf überreichte Karl Elisabeths Brief. „Hoheit, Ihre Schwester bat uns, diesen Brief mit den herzlichsten Grüßen an Sie persönlich zu überreichen."

Graf Karl überflog den Brief seiner Stiefschwester. Dann sah er Rudolf und Sergej an, räusperte sich und begann, den Brief ein zweites Mal langsam zu lesen.

Elisabeth hatte ihm Rudolfs und Sergejs Situation beschrieben. Sie bat ihn, strengstes Stillschweigen darüber zu bewahren und niemals Namen zu nennen. Sie selbst schrieb nur von einem Jemand mit seinem jüngeren Bruder.

Zunächst bat sie Karl den Schneider ihrer Mutter umgehend mit einer Auswahl an Brokat- und Seidenstoffen sowie Hüten, Handschuhen, Schirmchen und Perücken nach Schloss Eldingen zu schicken. Dann beauftragte sie Karl, die passende festliche Kleidung, für den Jemand und seinen Bruder, von Karls Herrenschneider anfertigen zu lassen. Die Maße könne der Schneider von Rudolf und Sergej abnehmen, da sie haargenau die gleiche Figur und Größe besäßen. Elisabeth persönlich würde für sämtliche Kosten aufkommen, da ihr diese Sache sehr am Herzen läge.

Zum Schluss bat sie ihren Bruder, alle seine Kontakte spielen zu lassen, um den betroffenen Personen aus dieser misslichen Lage zu helfen und erinnerte ihn daran, dass das Fest im Dresdner Schloss bereits in drei Wochen stattfinden würde.

Karl kombinierte sofort, dass es sich bei den Personen um Rudolf und Sergej handelte. Außerdem hätte Elisabeth sonst nicht beide zu ihm geschickt. Und ihm war auch klar, wenn er sich nicht alle erdenkliche Mühe gäbe, um ihnen zu helfen, so würde seine Schwester ihm niemals verzeihen. Elisabeth hätte ihn unter keinen Umständen in dieses Komplott mit hineingezogen, wenn sie selbst eine Möglichkeit gesehen hätte, die beiden aus ihrer misslichen Lage zu befreien.

„Nun, meine Herren, Probleme sind dazu da, sie aus der Welt zu schaffen, nicht wahr? Ich werde Sie beide jetzt sofort mit zu meinem Schneider nehmen. Dort werden Ihre Maße genommen, da Sie dieselbe Statur besitzen, wie es unsere *Freunde* haben. Da die Zeit drängt, werde ich in der Zwischenzeit sehen, was ich meinerseits dazu beitragen kann. Meinem Personal gebe ich Anweisung, Ihnen Ihre Zimmer herzurichten. Noch eines, da Hermine bereits Ihr Geheimnis bezüglich Ihrer Herkunft preisgegeben hat, würde ich es vorziehen, Sie beide mit Ihrem angestammten Titel anzusprechen. Es sei denn, Sie möchten aus irgendwelchen persönlichen Gründen weiterhin inkognito bleiben."

Rudolf und Sergej sahen sich fragend an.

„Mir ist es gleich", antwortete Sergej.

„Mir im Grunde auch. Aber vielleicht ist es momentan noch ratsam, wenn unser Name nicht in aller Munde ist. Es spricht sich oft genug zu schnell herum, wenn sich zwei Männer, im heiratsfähigen Alter und von Adel, neu irgendwo aufhalten", überlegte Rudolf laut.

„Sie haben völlig recht, Rudolf. Bis diese Angelegenheit aus der Welt geschafft ist, sollten wir uns alle so unauffällig wie möglich verhalten. Sergej, was meinst du dazu?"

„Wenn Sie und mein Bruder das sagen, ist es mir recht. Allerdings wäre es dann wohl auch angebracht, wenn wir uns bei der Dienerschaft einquartieren."

„Klug, sehr klug. Rudolf, Sie kennen sich hier ja schon aus. Ich werde Bescheid geben, dass sie beide länger hier auf Gut Heimtraut bleiben. Ist Ihnen das so recht? Gut, dann brechen wir auf."

5

Drunter und drüber

Elisabeth hatte sich einen genauen Plan zurechtgelegt, den sie am nächsten Morgen sofort in Angriff nahm.

„Hein, ich muss dich leider während deiner Arbeit stören, es ist wirklich dringend."

„Hat es wieder mit dieser geheimen Sache zu tun?"

„Ja, ich werde mich beeilen."

„Vorweg noch, meine Liebe: Bitte sei vorsichtig mit allem, was du tust. Ich fühle mich gar nicht wohl bei dem Gedanken, dass du dich da so hineinziehen lässt."

„Ich lasse mich da nicht hineinziehen. Es hat mich keiner darum gebeten. Ich tue es aus freien Stücken, weil ich es für nötig halte. Darf ich daran erinnern, dass wir beide, unter normalen Umständen, niemals die Erlaubnis zu heiraten bekommen hätten? Mir war der Standesunterschied egal. Ich wäre einfach mit dir durchgebrannt. Ich bin so glücklich mit dir und Bernhard, sodass ich dem Jemand und seinen Bruder ebenfalls zu ihrem Glück verhelfen möchte. Schließlich haben nicht nur wir das Glück gepachtet. Wenn ich kann, tue ich mein Möglichstes dazu. Ich möchte mir später keine Vorwürfe machen müssen, es nicht getan zu haben. Kannst du das nicht verstehen?"

„Doch, kann ich. Ich möchte nur nicht, dass du dich in Gefahr begibst."

„Werde ich nicht. Ich bitte dich nur, zu mir zu halten und mich zu unterstützen."

„Das werde ich immer tun. Also, was wolltest du mit mir besprechen?“

„Es könnte sein, dass Katharina durch die Heirat mit Rudolf bald, vielleicht so in drei Wochen, zu einem Fest an den Fürstenhof in Dresden geladen wird. Dementsprechend muss sie dort auftreten können. Ich werde mit ihr alles üben, was sie dafür können muss. Sie sollte nicht unangenehm auffallen. Außerdem habe ich Karl gebeten, Mutters Schneider herzuschicken, um entsprechende Kleider für Katharina anzufertigen. Mir könnten, nebenbei gesagt, auch einige neue Kleider gefallen.“

„Liebste Lisa, du siehst auch in einem Kartoffelsack hübscher aus, als jede Frau, die ich kenne“, lachte Heinrich.

„Das ist lieb von dir. Aber Kartoffelsäcke kratzen so auf meiner Haut. Und damit sind wir schon bei der nächsten Sache: Katharinas Hände.“

„Was ist damit? Ist sie verletzt?“

„Nein, noch nicht.“

„Wieso weißt du, dass sie sich verletzen wird?“

„Sie wird sich nicht wirklich verletzen. Wir werden nur so tun. Hast du dir einmal ihre Hände angesehen? Sie sind voller Risse, Schrunden und Hornhaut. Ganz abgesehen von ihren ungepflegten Fingernägeln. Da nützt selbst das schönste Kleid nichts, wenn man auf den ersten Blick sieht, dass sie eine Dienstmagd und keine Gräfin ist.“

„Was willst du dagegen tun?“

„Ich werde mir von Helene Kräuterpackungen für meine Hände machen lassen.“

„Du hast die schönsten, zartesten Hände, die man sich nur vorstellen kann, das nimmt Helene dir nicht ab. Sie wird denken, du bist verwirrt im Kopf.“

„Das ist einer der Vorteile, wenn man eine adelige Frau ist. Die haben meistens irgendeinen Tick. Darüber wird dann nur der Kopf geschüttelt und die Sache ist bald vergessen. Denk doch nur an meine Mutter, die hat doch genug von diesen kleinen Macken.“

„Das stimmt in der Tat. Und wer soll dann bitteschön kochen, wenn Katharina ihre Hände in Kräuterpackungen eingelegt hat?“

„Das weiß ich eben nicht. Hermine kommt erst in einer Woche wieder. Hast du einen Einfall, wer uns bis dahin helfen könnte?“

Heinrich lachte laut auf: „Wie wäre es mit Otto?"
„Otto?"
„Ja, Otto kann sehr gut kochen! Er hat für uns beide im Urlaub an der See gekocht. Er kocht nicht ganz so gut wie Hermine, aber durchaus sehr schmackhaft, ja richtig lecker könnte man sagen." Heinrich musste noch immer über seinen Einfall lachen. „Aber das ist Kokolores. Otto ist der Stellvertreter vom Vogt und wird in einem guten Jahr selbst das Amt innehaben. Warum sollte er für uns kochen wie einer von der Dienerschaft?"
„Weil er es vielleicht gerne tut? Weil er uns vielleicht helfen will? Weil er vielleicht einfach einmal was für seinen Bruder tun will? Schließlich hast du auch sehr viel für ihn getan."
„Dafür will ich nichts haben. Das habe ich aus Bruderliebe getan. Ich würde nie das eine gegen das andere aufrechnen. Das macht man einfach gerne oder nicht."
„Genau darauf wollte ich hinaus. Otto hilft uns vielleicht einfach *gerne*. Außerdem hätte es den Vorteil, dass hier im Schloss keine fremde Person herumläuft und zu viel mitbekommt."
„Du hast recht. Fragen kostet ja nichts. Wenn er in der Vogtei abkömmlich ist, wird er uns sicher helfen. Ich könnte ihm auch zur Hand gehen."
„Ich würde natürlich auch mithelfen. Das versteht sich von selbst."
Heinrich bekam einen verzückten Blick, als er an den Urlaub mit seinem Bruder dachte. „Gut, ich reite später nach Beedenbostel und frage ihn."
„Ich werde jetzt mit Katharina reden."

Katharina hatte mit den Vorbereitungen für das Mittagessen begonnen.
„Katharina, ich störe dich nur ungern, aber es ist wichtig", fing Elisabeth, mit Bernhard auf dem Arm, das Gespräch an. „Kannst du dich bitte zu mir setzen?"
Katharina nahm Maria auf den Schoß und schaute sie fragend an.
„Mir ist aufgefallen, dass sich deine Haltung geändert hat, du gehst viel aufrechter. Zunächst dachte ich, du hättest Beschwerden am Rücken, aber da du dich nie beklagt hast, hat diese Veränderung wohl eine andere Ursache?"

„Ja, Baronin, ich übe seit Ihrer Vermählung letztes Jahr, aufrechter zu gehen."

Elisabeth sah sie fragend an.

„Mir hat es gefallen, wie aufrecht und elegant Rudolf sich bewegt. Da wollte ich es auch."

„Da hast du gut daran getan. Das kannst du in Zukunft sehr gebrauchen."

„Ich verstehe nicht ganz, Baronin?"

„Nun, gehen wir einmal davon aus, dass du und Rudolf demnächst heiraten. Dann wirst du dadurch zu einer Gräfin, Landgräfin genauer gesagt. Eine Landgräfin darf niemals so gebeugt gehen, wie eine einfache Frau. Eine einfache Frau geht meist gebeugt, weil sie viel schwere Arbeit in gebeugter Haltung verrichten muss. Geht das über Jahre, so ist es kaum zu verhindern, dass sich der Rücken verformt. Natürlich haben auch Frauen von Adel Rückenprobleme. Diese kaschieren sie, indem sie entsprechende Korsagen tragen. Aber es gehört noch eine Menge mehr dazu, sich in der feinen Gesellschaft zu bewegen. Auch uns wurde es nicht in die Wiege gelegt, wir sind unser ganzes Leben dazu erzogen worden."

„Dann werde ich wohl mein ganzes zukünftiges Leben damit verbringen müssen, es zu lernen."

„Leider hast du nicht so viel Zeit. Um exakt zu sein, hast du nur drei Wochen Zeit, das Notwendigste zu lernen."

„Mich treibt doch keiner. Rudolf liebt mich, so wie ich bin."

„Stimmt, dich treibt keiner. Aber wenn du bei Hofe eine gute Figur machen und Rudolf nicht in Verlegenheit bringen willst, solltest du dich bemühen, in drei Wochen alles zu lernen, was möglich ist."

„Ich bin doch gar nicht beim Fürsten eingeladen!"

„Das kannst du auch nicht. Er weiß ja gar nicht, dass es dich gibt. Er hat nur Rudolf und Sergej eingeladen, weil er vermutet, dass sie noch unverheiratet sind. Wäre einer von ihnen, oder beide, verheiratet ist es eine Selbstverständlichkeit, dass die Gemahlinnen sie zum Fest begleiten. Alles andere wäre ein Affront gegenüber Rudolf und Sergej. Weißt du eigentlich, dass die beiden und damit auch später du, zum Hochadel gehören?"

„Das sagt mir im Moment nichts."

„Das führt jetzt zu weit. Ich werde dir ein Buch über die Rangfolge der Adeligen heraussuchen. Die musst du bis dahin beherrschen. Nun erst einmal zu dir. Wie gesagt, musst du noch viel lernen. Wenn du willst, bringe ich es dir bei.“

„Das kann ich nicht annehmen! Ich bin nur eine einfache Küchenmagd und Putzfrau.“

„Du kannst es durchaus annehmen. Außerdem bist du nicht mehr lange eine Magd und Putzfrau. Also was ist? Willst du oder willst du nicht?“

„Natürlich möchte ich alles lernen. Ich will doch Rudolf nicht in Verlegenheit bringen!“

„Gut, fangen wir an.“

„Jetzt gleich?“

„Ja, jetzt sofort! In der nächsten Zeit wird sich dein Tagesablauf ganz wesentlich verändern. Heute bleibt noch alles so, wie es ist. Ab morgen erwarte ich dich zum zweiten Frühstück im gelben Salon. Ich habe nach einem Schneider und Perückenmacher geschickt, der wohl morgen oder spätestens übermorgen hier eintreffen wird. Du musst entsprechend eingekleidet werden. Nebenbei gesagt, nehme ich dies zum Anlass, um mir selbst einige neue Kleider machen zu lassen“, lachte Elisabeth. „Morgen werde ich dir eines meiner Kleider geben und dir dabei helfen, ein Korsett anzulegen. Außerdem wird hoffentlich mein Schwager Otto sobald wie möglich hier eintreffen. Er wird die Küche übernehmen. Du wirst dich ab morgen ausschließlich mit der nötigen Etikette und deiner Körperpflege beschäftigen. Das kann ganz schön langweilig sein und manche Dinge wirken oft überflüssig. Vertrau mir bitte, wenn ich darauf bestehe, dass du manche Dinge einfach lernen *musst*. Wenn dem so ist, denk an Rudolf und schon fällt dir alles einfacher, wirst sehen. Diese Liste hier bringst du jetzt zu Georg. Sie ist für Helene. Ich habe aufgeschrieben, dass ich größere Mengen an Kräuterpackungen für Gesicht, Hals, Hände und Füße benötige, und zwar dringend. Sie wird wahrscheinlich denken, dass ich nicht ganz richtig im Kopf bin, aber das ist momentan nicht wichtig“, lachte Elisabeth wieder. „Du musst ab sofort Sonnenlicht vermeiden. Feine Damen haben keinen gebräunten Teint. Das haben nur Frauen, die viel an der Luft arbeiten müssen. Dir ist sicher aufgefallen, dass die Damen der Gesellschaft alle mit Hüten oder kleinen Sonnenschirmchen herumlaufen. Das schützt vor der Sonne und die Haut altert nicht so schnell. Du bist nicht so sehr gebräunt, dass wir die Farbe nicht mit etwas Puder überdecken könnten. Aber vermeide bitte noch mehr Sonnenstrahlen. Ich suche für dich nachher ein Buch heraus, in dem die vorhin erwähnte Rangfolge der Adelsstände verzeichnet ist. Die solltest du so schnell wie möglich auswendig lernen. In einem zweiten Buch ist genau festgelegt, wie man sich bei Tisch benimmt. So, Katharina, das reicht fürs Erste. Heute, nach dem Abendbrot, besprechen wir weitere Dinge. Baron Heinrich hat heute Abend Gemeinderatssitzung, da sind wir unter uns. Es ist ganz schön einsam hier unten so ohne Hermine, Rudolf und Sergej, nicht wahr?"

„Ja, sie fehlen mir alle drei, auch wenn die Männer noch nicht lange weg sind."

„Wirst sehen, jetzt wo du abgelenkt wirst, vergeht die Zeit ganz schnell. Dafür werde ich schon sorgen", zwinkerte Elisabeth ihr zu.

Heinrich ließ Rudolf bei der Gemeinderatssitzung entschuldigen. Es waren außer ihm, Pastor Boreen, Doktor Röder und der Schenkwirt Wolfgang Walter anwesend. Eigentlich hatten sie auf ihrer Tagesordnung nur einen wichtigen Punkt zu besprechen. Nach der Wetterkatastrophe im Winter 1656 wollten sie geeignete Unterbringungsmöglichkeiten für die Dorfbevölkerung schaffen, die sich bei Temperaturen unter zwanzig Grad Celsius nicht mehr in ihren eigenen Hütten aufhalten konnten. Ebenso für das Vieh und für Vorräte. Dies betraf nur die Ärmsten der Armen. Davon gab es leider noch viel zu viel, nach dem Dreißigjährigen Krieg. Sie hatten verschiedene Vorschläge vor sich liegen. Zum einen schlug Doktor Röder vor, jeder der armen Familien ein Steinhaus mit Ofen zu bauen. Pastor Boreen schlug vor, das restliche Pfarrhaus für Notfälle vorzusehen, Wolfgang Walter und Heinrich waren dafür, ein großes Dorfgemeinschaftshaus mit einem Vorratsspeicher zu bauen und der abwesende Rudolf hatte vorgeschlagen, dass die wohlhabenden Pächter den Großteil der Bevölkerung bei einer Naturkatastrophe aufnehmen sollten. Seine Begründung war diesbezüglich, dass die Armen hauptsächlich nur so arm waren, weil sie von den Pächtern sehr schlecht bezahlt wurden. Sicher gab es auch unter den Armen einige, die ihre Armut selbst verschuldet hatten, aber um die ging es jetzt nicht. Die

Gemeinderatsmitglieder waren mitten in einer hitzigen Debatte, als die Dorfschenkwirtin Wilma, Lennard von Eckberg und Anna Biedermann anmeldete.

„Einen Moment müssen sie sich noch gedulden“, ordnete Pastor Boreen an. Als Wilma die Tür hinter sich geschlossen hatte, wandte er sich an seine Kollegen: „Wir sollten uns erst einmal beruhigen, meine Herren. Ich glaube, es macht keinen guten Eindruck, wenn sie uns mit erhitzten Köpfen sehen. Eine kleine Pause wird uns allen guttun.“

„Frau Biedermann, Herr von Eckberg, bitte nehmen Sie Platz. Was können wir für Sie tun?“, eröffnete Pastor Boreen das Gespräch. Bisher war es erst einmal vorgekommen, dass Dorfbewohner Fragen an den Gemeinderat hatten, daher wirkte seine Begrüßung noch etwas steif.

„Danke, Hochwürden“, auch Lennard und Anna waren recht unsicher, obwohl sie die Honoratioren zwar seit Jahren kannten, aber sich mit einem offiziellen Anliegen noch nie an sie gewandt hatten.

Anna ergriff mutig das Wort. „Ich möchte meinen Hof mit allen Wäldern, Wiesen und Feldern verkaufen. Darum erbitten wir Ihre Hilfe.“

„Dürfen wir fragen, warum, Frau Biedermann? Wirft der Hof nicht genug ab?“, erkundigte sich Wolfgang Walter.

„Nein, das ist es nicht“, antwortete Anna.

„Ist der Hof zu groß für Sie?“, wollte Doktor Röder wissen.

„Nein, nichts von alldem. Wir möchten sobald wie möglich von hier wegziehen. Meine Kinder und ich können die schreckliche Vergangenheit hier einfach nicht vergessen. Wir möchten an einem anderen Ort neu anfangen.“

Die Herren sahen sich betroffen an und wurden allesamt an die schrecklichen Gräueltaten, die Anna Biedermann und ihre beiden Kinder durchlebt hatten, erinnert. Schließlich hatten Doktor Röder, Pastor Boreen, Wolfgang Walter, Baron Heinrich, Rudolf von Soskie und Lennard von Eckberg, Anna und ihre Kinder damals befreit und ihren verstorbenen Mann zu Grabe getragen.

Nach einem Moment der Betroffenheit ergriff Heinrich das Wort. Er nickte Anna freundlich zu: „Frau Biedermann, ich denke, es ist wohl im Sinne aller Anwesenden hier, wenn ich Ihnen versichere, dass wir Sie vollkommen verstehen können. Schließlich ist es gänzlich Ihre Entscheidung, was Sie mit Ihrem Eigentum machen möchten."

„Ja", stimmten die anderen Herren zu.

„Gut, Sie möchten also alles verkaufen und nicht verpachten?", vergewisserte sich Wolfgang noch einmal.

„Alles verkaufen, bitte", Anna versuchte, so selbstbewusst wie möglich aufzutreten. „Kennen die Herren Gemeinderäte zufällig jemanden, der an einem Hof Interesse hätte?"

Die Herren sahen sich an und jeder von ihnen schüttelte den Kopf.

„So wie es aussieht, Frau Biedermann", Pastor Boreen, als erster Vorsitzender, ergriff wieder das Wort, „haben wir momentan keine Anfrage von einem Interessenten."

„Was könnte ich tun, um jemanden zu finden?"

„Wir haben bei uns hier in der Schenke ein Schwarzes Brett, an dem alle wichtigen Termine und andere Informationen für die Bürger aushängen. Das gibt es auch in den anderen Dörfern. Wäre das eine Möglichkeit, Ihren Verkauf publik zu machen?", schlug Wolfgang vor.

„Darf ich das so einfach?", fragte Anna unsicher.

„Ja. Jeder darf dort einen Aushang machen. Es darf nur nichts Unflätiges sein oder gegen das Gesetz verstoßen. Am besten Sie beschreiben genau die Lage und Größe Ihres Hofes sowie den Viehbestand und die Anzahl der Arbeiter auf Ihrem Besitz", klärte Wolfgang Anna weiter auf.

„Und auch den Preis, den ich dafür haben möchte?"

„Können Sie selbstverständlich tun. Obgleich es sich nur um einen Richtpreis handeln sollte. Also einen verhandelbaren Preis", antwortete Heinrich. „Es wäre vielleicht auch ratsam, dazu-zuschreiben, dass Lennard von Eckberg dieses Geschäft für Sie abwickelt. Verstehen Sie mich bitte nicht falsch, Frau Biedermann, aber es gibt hier immer noch Männer, die einer Frau solche Geschäfte nicht zutrauen oder sie über den Tisch ziehen wollen. Das könnten Sie damit von vornherein ausschließen. Außerdem sind Sie letztendlich diejenige, die dem Verkauf zustimmt oder ihn ablehnt, nicht wahr?"

Anna sah Lennard fragend an.

„Wenn es dir recht ist, machen wir es so, Anna“, gab Lennard seine Zustimmung.

Anna nickte und erhob sich. Die Herren erhoben sich ebenfalls.

„Vielen Dank, dass Sie Zeit für uns hatten“, bedankten sich Anna und Lennard.

Die Herren wünschten Anna Biedermann und Lennard viel Erfolg bei der Suche nach einem geeigneten Käufer. Und baten, darüber informiert zu werden, wenn sich bezüglich des Verkaufes etwas tat.

Pastor Boreen war enttäuscht, als Heinrich ihm mitteilte, dass Rudolf und Sergej noch länger in Braunschweig zu tun hatten. Er hätte doch zu gern gewusst, ob an der Sache mit dem Grafentitel etwas dran war. Die Gerüchteküche stand seit Hermines Hochzeit nicht mehr still.

Heinrich war ebenfalls enttäuscht, dass er sich wohl bald nach einem neuen fähigen Stallmeister würde umsehen müssen, wenn Lennard mit Anna wegziehen würde.

Bei seiner Rückkehr ins Schloss fand er Elisabeth in der Küche vor. Das gefiel ihm gar nicht, weil er seiner Frau so schnell wie möglich von Annas Verkauf berichten wollte. „Hast du hier noch länger zu tun?“

„Ja, eine Weile. Würdest du bitte Bernhard schon mit hochnehmen? Seine Windeln sind voll. Du kennst das ja von Maria, mein Liebling“, schmunzelte Elisabeth.

Heinrichs Stimmung sank gegen den Nullpunkt. Immerhin kam Otto morgen und das tröstete ihn.

Elisabeth hatte Katharina das Buch mit den adeligen Rängen gegeben. „Wie du siehst, folgen nach dem Kaiser die Könige, darunter die Herzöge und Kurfürsten. Wie du hier sehen kannst, steht der Titel Landgraf noch über den verschiedenen anderen Grafen bis hinunter zum einfachen Fürst und Graf. Zum Schluss kommen die Barone, Freiherren, sonstige Edlen und Junker. Also steht Rudolf, Landgraf von Soskie, im Rang vier Stufen höher, als zum Beispiel mein Stiefbruder, der nur ein einfacher Graf ist, ebenso wie meine Mutter, die durch ihre Heirat von einer Baronin zur Gräfin aufgestiegen ist. Hast du das soweit verstanden, Katharina?“

„Ich denke schon, aber es ist sehr kompliziert, finde ich.“

„Du hast recht. Für jemanden, der nicht von Kindheit an damit zu tun hat, ist es schrecklich verwirrend. Aber es ist nun einmal sehr wichtig, diese Unterschiede zu kennen, wenn man in diesen Kreisen verkehrt. Das wirst du in Zukunft tun, ob du willst oder nicht."

„Warum ist es denn überhaupt so? Reicht da nicht nur ein Kaiser oder König, *ein* Graf, *ein* Herzog und *ein* Baron?"

„Das wäre schön. Aber jeder von diesen verschiedenen Grafen und Herzöge hat einen unterschiedlich großen Besitz. Mit der Größe ihres Besitzes verfügen sie über unterschiedliches Vermögen. Mit mehr Vermögen kann man sich mehr kaufen und hat damit auch mehr Einfluss auf die Politik. Ein König zum Beispiel umgibt sich nicht mit Mägden und Knechten. Nein, in seiner Gesellschaft duldet er nur Menschen, die ungefähr denselben Lebensstil wie er haben. Mit denen kann er sich dann ganz bequem über all die Dinge unterhalten, die ihn interessieren." Elisabeth sah Katharina erwartungsvoll an. So ähnlich hatte es ihr, als sie Kind gewesen war, ihre eigene Mutter erklärt. Nun hoffte sie, dass Katharina sie verstanden hatte.

Nach einem kurzen Zögern fragte Katharina: „Wenn ich das richtig verstanden habe, dann stehe ich nach meiner Heirat im Rang über Ihnen, Baronin?"

Elisabeth sah sie ernst an. „Nicht nur über mir, sogar *weit* über mir, Katharina. Ich werde später vor *dir* einen Hofknicks machen und *dich* mit Hoheit oder Durchlaucht ansprechen. Ebenso meine Mutter und mein Stiefbruder Karl. Überhaupt alle, die im Rang unter dir stehen."

„Das will ich nicht. Das finde ich höchst unpassend."

„Liebe Katharina, der Etikette nach gehört es sich so. Daran wirst du nicht das Geringste ändern können."

„Was soll ich dann zu Ihnen sagen?"

„Das bleibt so, du sagst `Baronin` zu mir. Was wir unter uns später sagen, ist eine Sache der Absprache. Jetzt ist es erst einmal wirklich wichtig, dass du diese Rangfolge beherrschst. Es wäre eine mehr als peinliche Situation, wenn du vor jemanden, der unter dir steht, einen Hofknicks machen würdest. Damit würdest du diesen Menschen in große Verlegenheit bringen, er würde sich von dir verulkt fühlen und wäre dem allgemeinen Gespött ausgesetzt. Das willst du doch nicht?"

„Auf keinen Fall! Rudolf würde sich für mich schämen."

„Katharina, ich schlage vor, wir fangen morgen früh gleich damit an. Du probst die Landgräfin. Ich bleibe die Baronin. Vielleicht spiele ich auch einmal eine Königin, damit du die Unterschiede kennenlernst. Ich werde jetzt hochgehen. Bitte vergiss nicht, dir später die Hände einzucremen, wie ich es dir gezeigt habe und die Handschuhe darüber zu ziehen. Morgen früh sehen wir uns beim zweiten Frühstück, wie ausgemacht."

Im roten Salon ging Heinrich mit dem quengelnden Bernhard auf dem Arm hin und her. Genauer gesagt, lief er hin und her.

„Und ging es gut?", erkundigte sich Elisabeth.

„Was?"

„Das Windeln wechseln, natürlich. Was sonst?"

„Ja".

„Oh, ich merke schon, meine Männer sind nicht gut aufgelegt." Elisabeth nahm Bernhard aus Heinrichs Armen.„Wo hast du die Windel gelassen?"

„Kinderzimmer." Heinrich antwortete kurz angebunden.

„Ich bringe die Windel schnell zum Waschen hinunter. Bin gleich wieder da."

„Wer's glaubt!"

Elisabeth war schon fast aus der Tür hinaus. „Ja, das kannst du mir glauben! Ich hoffe, deine Laune hat sich gebessert, wenn ich zurück bin."

„Hm!"

Heinrich riss sich zusammen. Er hatte für sich einen Brand eingeschenkt und einen Schluck Rotwein mit viel Wasser verdünnt für Elisabeth, die noch stillte.

„Danke, mein Lieber. Was ist dir so Furchtbares über den Weg gelaufen, dass du so eine schlechte Laune hast?", erkundigte sich Elisabeth, als sie den schlafenden Bernhard in seine Wiege legte.

„Möchtest du erst die gute oder die schlechte Nachricht hören?"

„Die schlechte Nachricht, bitte."

„Anna Biedermann will ihren gesamten Hof verkaufen und dann wollen sie an einem anderen Ort ein neues Leben beginnen."

„Tja, für die vier ist es wunderbar. Ich würde nach den schrecklichen Erlebnissen auch nicht mehr hier leben wollen. Aber wir brauchen dann einen neuen Stallmeister."

„Und einen ausgezeichneten dazu, wenn wir die Pferdezucht weiter in Gang bringen wollen."

„Schade, ich mag Anna und die Kinder gerne."

„Dabei ist mir auch erst richtig klar geworden, dass Rudolf, Sergej und Katharina uns wohl auch verlassen werden."

„Das befürchte ich auch", stimmte Elisabeth zu.

„Wo sollen wir einen so fähigen neuen Butler, der gleichzeitig auch Sekretär ist, herbekommen?"

„Liebling, dass weiß ich nicht. Kommt Zeit, kommt Rat. Das Leben ist für uns damit noch lange nicht zu Ende", versuchte Elisabeth ihm Mut zu machen. „Erzähl mir jetzt die gute Nachricht."

„Otto kommt morgen."

„Das ist doch wirklich eine *sehr gute* Nachricht! Freust du dich auf ihn? Ich freue mich sehr. Wie kommt es, dass er so kurzfristig freibekommt? Haben sie momentan nicht viel zu tun?"

„Zurzeit nur Bagatellfälle, sagt der Vogt. Aber es steht wohl bald ein Hexenprozess an. Der Vogt meint, Otto soll vorher noch einmal durchatmen und Kraft tanken. Er soll sich, so gut wie möglich, ablenken. Otto wird als Stellvertreter von Hans-Hermann von Bergdorf daran teilnehmen müssen. Der Vogt ist gesundheitlich nicht mehr in der Lage, so einen schweren Prozess durchzustehen."

„Das ist ja furchtbar! Inquisition, Folter, was ist das für ein schrecklicher Blödsinn! Ich dachte, es gäbe solche Prozesse schon lange nicht mehr!", regte sich Elisabeth auf.

„Leider doch. Gott sei Dank, ist es keine Person aus unserem Gebiet hier. Otto muss Erfahrung sammeln, heißt es. Weil die Hexenprozesse so selten geworden sind, muss er deswegen nach Braunschweig und dort daran teilnehmen. Er wird uns sicher Näheres darüber erzählen."

„Wir sollten jetzt schlafen gehen, Hein. Ab morgen weht hier ein anderer Wind."

Misstrauisch sah Heinrich Elisabeth an. „Gibt es da noch etwas, was ich wissen sollte?"

„Nein, eigentlich weißt du über alles Bescheid", lächelte Elisabeth.

„Und uneigentlich?"

„*Uneigentlich* kann ich dir nicht erklären, das musst du selbst erlebt haben“, lachte sie.

„Also nichts Schlimmes?“

„Nein, nein, mein Lieber. Eher etwas Amüsantes.“

Elisabeth schickte Katharina wieder hinaus, nachdem diese im gelben Salon für das zweite Frühstück eingedeckt hatte. „Wenn ich „herein“ rufe, darfst du wieder eintreten.“

„Was soll das?“, fragte Heinrich irritiert.

„Wirst du gleich sehen. Ich spiele jetzt eine Magd.“ Nachdem sich Elisabeth eine Schürze umgebunden hatte, rief sie Katharina herein. „Setzt dich bitte an den Frühstückstisch und rufe mich herein, wenn ich angeklopft habe.“

Katharina tat wie ihr aufgetragen. Elisabeth kam als Küchenmagd herein und machte an der Tür einen Hofknicks. „Hoheit haben gerufen?“, sie sah dabei Katharina an und blieb an der Tür stehen.

Katharina sah unsicher von Elisabeth zu Heinrich. Heinrich nickte Katharina zu. „Du musst jetzt sagen, was du möchtest.“

„Was soll ich denn möchten?“

„Irgendetwas. Sag einfach, du möchtest noch etwas Milch.“

„Aber hier steht doch noch genug auf dem Tisch.“

„Sag der *Magd,* sie soll dir Milch einschenken.“ Heinrich begann das Spiel Spaß zu machen.

„Würden Sie mir bitte noch etwas Milch nachschenken, Baronin?“

„Katharina, so geht das nicht. Denk bitte daran, dass ich eine Magd bin und dafür da bin, deine Befehle auszuführen. Sprich mich mit Elisabeth an und duze mich. Dann fällt es dir leichter.“

Beim zweiten Mal klappte es schon besser. Heinrich musste leider zurück an seinen Schreibtisch und später Kartoffeln schälen, während er auf Maria aufpasste. Elisabeth und Katharina übten, bis es Zeit wurde, sich um das Mittagessen zu kümmern.

Während Heinrich in einer Ecke saß und Kartoffeln schälte, putzte Elisabeth die Möhren. Katharina kümmerte sich um das Fleisch.

„Hat Otto gesagt, wann er eintrifft?“

„So gegen Mittag, meinte er.“ Heinrich hoffte genau wie Elisabeth, dass Otto bald käme.

Maria fing an zu quengeln. Bernhard machte fleißig mit. „So hat das keinen Sinn“, stellte Elisabeth fest. „Maria muss an die Luft und will spielen. Bernhard muss gestillt werden."

„Ich kann mit Maria hinausgehen", bot sich Heinrich schnell an. Er hatte genug vom Kartoffelschälen.

„Gut, ich gehe mit Bernhard nach oben zum Stillen", erklärte Elisabeth.

Von wegen: Für mich ändert sich ab heute alles! Dachte Katharina. *Jetzt bleibt die Arbeit doch wieder an mir hängen. Einmal Magd, immer Magd. Habe ich mir doch gleich gedacht.*

Katharina hatte falsch gedacht. Kurze Zeit später kam Otto in die Küche, rieb sich die Hände und fragte sie gut gelaunt: „Was kann ich tun?"

„Im Ernst, Baron Otto?"

„Ganz ernst, Katharina. Ab sofort übernehme ich die Küche. Du musst mir nur noch sagen, wo ich alles finde und was du geplant hast."

„Der Braten ist im Ofen, braucht noch ungefähr eine knappe Stunde. Dazu gibt es Möhrengemüse mit frischer Petersilie, Kartoffeln und zum Nachtisch frische Brombeeren, mit Sahne."

„Alles klar. Du kannst jetzt weiter lernen. Nachher decken wir den Tisch zusammen."

„Ich kann Sie doch nicht hier alleine lassen."

Otto strahlte Katharina an. „Doch kannst du. Vergiss nicht, dass ich hier schon lange vor deiner Zeit in der Küche zu Hause war. Wo ist die Schürze? Die hing doch immer hier am Nagel?"

„Die hat Baron Heinrich um."

„Dann gib mir bitte deine Schürze. Eine Haube brauche ich auch noch, meine Haare stören mich beim Kochen."

Während Otto mit vollem Elan in der Küche hantierte, nutzte Katharina die Zeit, um sich ihre Haare zu waschen. Elisabeth wollte ihr am Nachmittag das Korsett anlegen und sie in der Frisierkunst unterrichten.

Otto hatte hervorragend gekocht. Katharina saß bei jeder Mahlzeit mit am Tisch und wurde mit den höfischen Tischmanieren, sowie leichter Konversation, vertraut gemacht. Wie sich herausstellte, hatte Heinrich ein außerordentliches Talent, schnell und gründlich abzuwaschen. Er fühlte sich sehr wohl dabei. Er hatte jetzt endlich eine Aufgabe, in die ihm keiner hineinreden konnte und wollte. Wegräumen des Geschirrs, Aufräumen der Zimmer und Leeren der Latrinen, teilten sie sich untereinander auf.

Zur Teestunde saßen sie gerade alle vier gemütlich auf der Schlossterrasse, als sie Pferdegetrappel hörten.

„Erwarten wir jemanden?“, fragte Heinrich unwillig, weil er die vertraute Runde so genoss.

„Es könnte sein …“ Elisabeth war sich nicht sicher. Plötzlich hörte sie die unverwechselbare Stimme des Schneiders ihrer Mutter. „Es ist Monsieur Jacques, der Schneider meiner Mutter, aus Braunschweig.“

Da Katharina damit kämpfte, ihre Teetasse, nur mit Daumen und Zeigefingerspitze, ohne etwas zu verschütten, zum Mund zu führen, bot sich Otto an, die Gäste zu empfangen.

Kurze Zeit später meldete er „Monsieur Jacques“ mit seinem Diener „Hügü“ bei Elisabeth und Heinrich an. Monsieur Jacques betrat niemals einen Raum. Er rauschte sozusagen, mit winzig kleinen Trippelschritten, herein.

„Maitre, wie schön, dass Sie es möglich machen konnten, so schnell hierher zu eilen.“ Elisabeth klatschte vor Entzücken leicht in die Hände.

„Es iischt mir eine Ehre, Madame. *Vite – vite* iischt mein Markenzeichen.“

Heinrich stand verblüfft neben Elisabeth. Katharina, die sich ebenfalls erhoben hatte, starrte Monsieur Jacques und Hügü fasziniert an. Irgendwie schienen die beiden aus einem Theaterstück entsprungen zu sein. Der Maitre hatte eine drei Hände hohe leuchtend lilafarbene Perücke auf dem Kopf, in deren Mitte oben zwei kleine bunte Vögel thronten. Aus seinem weiß geschminkten Gesicht stachen die schwarz bemalten Augen, die roten Bäckchen und die knallroten Lippen hervor. Auf der Wange klebte ein riesiger Schönheitsfleck. Gekleidet war er mit einem langen Rüschenhemd, Jacke, Kniebundhosen sowie langen Stiefeln mit überdimensionalen goldfarbenen Schnallen. An den behandschuhten Händen trug er an jedem Finger mehrere Ringe. Seine Kleidung leuchtete in bunten Farben. Hügü war leichter gekleidet. Er trug ein bis zur Taille geöffnetes lilafarbenes Rüschenhemd, welches seine behaarte Brust betonte, goldfarbene

Kniebundhosen und leichte Sandalen. Auf seinem Kopf trug Hügü einen roten Turban, geschmückt mit Perlenketten und kleinen Federn. In der Hand hielt er einen Palmenwedel, mit dem er eifrig dem Maitre frische Luft zuwedelte.

„Iisch brauche viel Platz, Madame, um Ihnen meine wunderbaren Stoffe zu zeigen, die ich eigens für Sie mitgebracht habe."

„Maitre, ich werde Ihnen sogleich Ihre Zimmer zeigen, damit sie sich nach der anstrengenden Reise erfrischen können." Elisabeth wollte vorgehen, da erklärte Otto sich bereit, dies zu tun. Das war sein Fehler, ab jetzt sah Monsieur Jacques in Otto den Hausdiener für alles. Er musterte Otto von oben bis unten. Otto trug immer noch die Küchenschürze und hatte die Hemdsärmel seines befleckten Hemdes aufgerollt. Monsieur Jacques hob Ottos Kinn mit dem Zeigefinger leicht an, sah ihm in die Augen und fragte ihn: „Wie heischt er denn?"

„Otto", antwortete Otto schnell, bevor einer der anderen ihn als \`Baron Otto von Eldingen\` vorstellen konnte.

„Qui, allure, allure, mon chere, Ottiii."

„Wenn Sie mir bitte folgen würden. Maitre." Otto ahnte sofort, dass sich Monsieur Jacques mehr zu den Herren der Schöpfung hingezogen fühlte. Im ersten Stock des Schlosses konnte Monsieur Jacques, durch die offenstehende Tür, den Spiegelsaal erkennen. „Hiiier Otti, hiiierher bringst du mir meine Stoffe. Das iischt der passende Rahmiiin, um meine wunderbaren fantastischen Stoffe zu präsentieren."

Elisabeth brach in ihr herzerfrischendes Lachen aus, nachdem die neuen Gäste mit Otto von der Terrasse verschwunden waren. „Eure Gesichter müsstet ihr sehen, einfach köstlich!"

„Was war *das* denn?" Heinrich konnte nicht glauben, was er soeben gesehen und erlebt hatte. „Bitte sag, dass ich *das* nur geträumt habe."

„Nein, hast du nicht!", lachte Elisabeth. „Aber tröste dich. Das geht jedem so, wenn er dem Maitre und Hügü das erste Mal begegnet."

„War *das* das Amüsante, von dem du gestern Abend gesprochen hattest und was du mir nicht erklären konntest?", hakte Heinrich nach.

„Ja, amüsant, nicht wahr? Einfach köstlich! Jetzt bin ich gespannt, wie Otti sich aus der Affaire zieht."

„Ich auch", lachte Heinrich mit. „Er hat es sich selbst eingebrockt. Du wolltest eigentlich dem Meister die Zimmer zeigen."

„Der Meister hätte ihn irgendwann sowieso entdeckt. Jetzt weiß Otto gleich, mit wem er es zu tun hat."

Otto kam nach einer guten halben Stunde verschwitzt zurück.

„Na, mon chere *Ottiii*", konnte sich Heinrich nicht verkneifen.

Otto ließ sich in einen Stuhl fallen. „Wer den Schaden hat, braucht für den Spott nicht zu sorgen, nicht wahr Bruderherz? Aber du weißt ja: Die Rache ist mein! Übrigens erkennt ihr wohl kaum den Spiegelsaal wieder. Das ist jetzt ein Modesalon mit enormen Ausmaßen geworden", erwiderte Otto.

„Du übertreibst!"

„Tue ich nicht! Überzeuge dich selbst davon. Ich denke, ein Kompass wäre dort jetzt sehr hilfreich. Außerdem hat Monsieur Jacques darauf bestanden, in deine Räume zu ziehen, Heinrich."

„Nein, das ist nicht dein Ernst!"

„Doch, es steht mir nicht zu, als einfacher Hausbursche den Gästen Vorschriften zu machen. Also, was sollte ich tun?"

Elisabeth ging auf Ottos Spiel ein. Sie wusste genau, dass Monsieur Jacques nie so weit gehen würde, Privatgemächer für sich zu beanspruchen. „Ja, mein lieber Gemahl, dann musst du dich wohl auf unruhige Nächte einstellen. Ach, du wirst es schon überleben."

„Wie lange bleibt er hier?"

„Ich schätze zwei bis drei Wochen", setzte Elisabeth noch einen drauf.

„Das hättest du mir aber vorher sagen sollen." Heinrich war leicht angesäuert.

„Ich dachte, du weißt, wie lange so etwas dauert. Schließlich braucht meine `Cousine Katharina` eine komplette Garderobe, von den Unterkleidern bis hin zur Perücke."

„Woher soll ich bitteschön wissen, wie lange das dauert? Ich bin schließlich ein Mann. Eine Jacke, eine Hose und ein Hemd zu schneidern dauert maximal zwei Tage."

„Siehst du. Dann kannst du dir ja selber ausrechnen, wie lange die Kleidung für eine Frau dauert."

Heinrich stand auf. „Wisst ihr was? Ich reite jetzt mit Adolpho aus, mir ist das hier zu viel. Dieses Durcheinander."

„Ich glaube, Heinrich ahnt noch nicht einmal im Entferntesten, was hier erst ab morgen los ist", meinte Elisabeth nachdenklich, als Heinrich an ihnen vorbei in Richtung Wald ritt.

„Du meinst, es wird turbulent?", erkundigte sich Otto.

„Ich befürchte ja. Sehr viel turbulenter. Wenn sich Monsieur Jacques erst von der Reise erholt hat und seine kreative Ader zum Vorschein kommt, ist er in der Lage ein komplettes Haus durcheinanderzubringen. Aber dafür ist er der Beste seines Faches. Er arbeitet bis zur Erschöpfung und erwartet von allen anderen Beteiligten, dass sie ihn dabei unterstützen. Sag einmal Otto, der Meister hat doch nicht wirklich Heinrichs Zimmer bezogen?"

„Nein, hat er nicht", lachte Otto. „Aber als Heinrich mich mit *mon chere Ottiii* angesprochen hat, musste ich mich einfach rächen."

„Du weißt, seine Rache kann grausam sein. Ich stehe auch noch auf Heinrichs Racheliste. Ich hoffe, er hat mich schon vergessen."

„Da mach dir da mal keine Hoffnungen, liebste Schwägerin. In diesem Punkt vergisst Heinrich niemals etwas. Es kann Monate dauern, bis ihm der passende Einfall kommt. Einmal hat er sich erst nach einem Jahr an mir gerächt. Nein vergessen – niemals! Er wartet nur auf den richtigen Moment, an dem man nicht mehr damit rechnet. Aber noch eine andere Frage, Lisa. Läuft der Meister jetzt die ganzen zwei bis drei Wochen so herum, – so aufgetakelt?"

„Nein, das war nur sein großer Auftritt. Ab morgen bindet er sich kunstvoll ein Tuch um den Kopf und trägt ein langes wallendes Gewand. Das ist bequemer, sagt er. Es dauert auch nicht zwei bis drei Wochen, Otto. Ich denke maximal zehn Tage. Er ist wirklich unglaublich schnell, er arbeitet Tag und Nacht. Er isst nebenbei und schläft während der Arbeit ein paar Minuten. Es ist, als wäre er in einem Rausch, obwohl ich ihn noch nie einen Tropfen Alkohol habe trinken sehen. Ich habe die zwei bis drei Wochen nur so erfunden, weil ich Heinrichs ungläubiges Gesicht so entzückend finde."

„Das gibt nochmals Rache. Das ist dir doch klar?", Otto schmunzelt.

„Ich denke schon, aber ich konnte nicht widerstehen."

„Da geht es dir wie mir. Er reizt mich geradezu, es zu tun."

Elisabeth und Otto erzählten sich noch eine Weile Geschichten aus der Vergangenheit. Bis Katharina sie störte und darauf hinwies, dass es Zeit für das Abendessen wurde.

Während Otto nach dem Abendessen das letzte Geschirr wegräumte, platzte Hügü in die Küche. Er riss sich seinen Turban vom Kopf und ließ sich auf die Küchenbank fallen. „Meine Güte, heute ist er mal wieder besonders anstrengend! Lange halte ich das Theater nicht mehr durch. Ich bin doch nicht seine Mutter! Hügü dies, Hügü jenes, und dann ist es doch verkehrt. Wieder von vorne und noch mal und noch mal! Er führt sich auf, als wäre er eine Primaballerina oder sogar der Mittelpunkt der Welt!“

Otto sah Hügü erstaunt an. Er war der Meinung: Über seinen Dienstherren konnte man denken, was man wollte, aber aussprechen, sollte man diese Dinge nie. Da Hügü in Otto einen Verbündeten sah, nahm er kein Blatt vor den Mund.

Eine Weile ließ Otto ihn vor sich hin schimpfen. Verständnisvoll ging Otto auf ihn ein. „Ich glaube dir ja, dass der Meister bisweilen ein wenig anstrengend sein kann. Das liegt wohl an seiner künstlerischen Ader.“

„Künstlerische Ader hin oder her. Das gibt ihm noch lange nicht das Recht, anderen Menschen auf die Nerven zu gehen.“

„Ich hatte angenommen, dass es einfach dazugehört.“

„Nein, tut es nicht. Ich habe vorher für seinen Konkurrenten gearbeitet. Der war ganz normal. Der hat nicht so ein Theater aufgeführt wie Monsieur Jacques.“

„Warum bist du nicht bei dem geblieben?“

„Er hat nicht mehr so viel Aufträge bekommen. Er konnte mich nicht mehr bezahlen. Monsieur Jacques wollte mich unbedingt haben. Er hatte sich da wohl was ausgerechnet. Du weißt schon, was ich meine.“

„Nicht wirklich“, antwortete Otto, obwohl er sich seinen Teil dachte.

„Du hast doch bemerkt, dass er das männliche Geschlecht bevorzugt.“

„Ich dachte, das wäre nur so gewesen. Aus Versehen quasi.“

„Nein, mein Lieber“, lachte Hügü. „Das war nicht aus Versehen. Er hat auf Anhieb einen Narren an dir gefressen. Was meinst du wohl, über *wen* er die ganze Zeit da oben geredet hat? Über dich! Über deinen tollen Arsch und deine breiten Schultern, deine langen Beine und Finger, deinen schönen großen Mund und …“

„Hör auf damit“, unterbrach ihn Otto. Ihm wurde bei der bloßen Vorstellung ganz mulmig. Er hatte nichts gegen Männer, die dem gleichen Geschlecht zugetan waren, aber er war es nun mal ganz und gar nicht. „Ich will nichts mehr davon hören.“

„Ich wollte dich nur warnen“, sagte Hügü leiser.

„Wovor willst du mich warnen?“

„So wie ich ihn kenne, wird er noch heute Nacht zu dir ins Zimmer kommen.“

„Wird er nicht! Das soll er mal wagen! Dann ist hier aber die Hölle los!“

„Ist sie nicht!“

„Und wenn ich es dir sage! Ich schmeiße ihn hochkant raus.“

„Dann musst du damit rechnen, dass er auch hochkant abreist. Und du deine Stelle los bist.“

„Das eine hat doch mit dem anderen nichts zu tun.“ Otto fühlte sich unwohl.

„Wenn du ihn rauswirfst, ist er zutiefst gekränkt. Er hält sich für nahezu unwiderstehlich. Er wird dann sehr traurig und seine Kreativität schwindet wie eine welke Blume. Sieh es mal so: Du bist jetzt seine Muse, seine Inspiration. Er ist wirklich ein Künstler. Darum ist er auch so gefragt bei den Damen. Die Liste der Kundinnen, die sich um sein Können reißen, ist schier endlos. Dass wir hier so schnell hergekommen sind, liegt nur daran, dass er sich über eine Kundin geärgert hat und an Gräfin Beatrice von Heimtraut. Sie hat ihm immer wieder reiche Damen der Gesellschaft vorgestellt. Sie vergöttert ihn geradezu.“

„Was schlägst du vor, soll ich jetzt machen, Hügü?“

„Nenne mich bloß nicht *Hügü*! Ich heiße schlicht Hugo, so wie du Otto. Ich schlage dir vor, du besorgst dir schleunigst einen Kerl. Damit meine ich einen richtig großen kräftigen Mann, der deinen Liebhaber spielt. Eine Frau nützt gar nichts. Er ist davon überzeugt, dass er jeden Mann herumkriegen kann. Ob du es glaubst oder nicht, das hat er sogar schon mehr als einmal geschafft!“

„Ach du meine Güte! Dich auch?“

Hugo sah verlegen auf den Küchenboden. „Ja, aber nur einmal. Das ist nichts für mich. Er war danach so enttäuscht von mir, dass er von mir abgelassen hat."

„Gut, ich danke dir Hugo, dass du so offen zu mir warst."

„Ich werde dir noch einen Rat geben: Gib dem Maitre zu verstehen, das er sofort deine erste Wahl wäre, wärst du nicht schon an einen anderen Mann vergeben. Das baut ihn auf. Wenn du es dann noch so einrichten könntest, dass du einmal entblößt an ihm vorbeihuschen würdest, dann machst du ihn richtig glücklich und du kannst von ihm sogar noch ein großzügiges Geschenk erwarten." Hugo nahm immer noch an, dass Otto nur ein Diener, wie er, war.

„Du meinst *nackt*?!"

„Was verstehst du denn sonst unter *entblößt*?", lachte Hugo über Ottos entsetzten Gesichtsausdruck. „Am besten mit offenen Haaren. Er liebt langes wallendes Haar, er hat nämlich eine Glatze", setzte Hugo noch einen drauf.

„Raus jetzt! Ich will kein Wort mehr hören!"

Hugo war schon bei der Küchentür, als Otto ihm den Turban hinterherwarf. „Ich bekomme heute Nacht kein Auge zu! Wegen dir und Monsieur Jacques!"

„Bekommst du so oder so nicht!", lachte Hugo.

Otto betrat aufgelöst den roten Salon. Elisabeth arbeitete an ihrer Stickerei und Heinrich spielte mit seinem Sohn.

„Welcher Geist ist dir denn begegnet?", lächelte Elisabeth ihn fragend an.

„*Geister*, meinst du wohl."

„Von mir aus eben mehrere Geister. Ich hoffe, sie waren dir wohl gesonnen?"

„Zu wohl gesonnen, würde ich meinen."

Otto berichtete Elisabeth und Heinrich von der Unterhaltung mit Hügü.

„Das ist köstlich! Die \`Muse\` des Maitre! Das hättest du dir sicher in deinen kühnsten Träumen nicht vorstellen können, *Ottilie* oder soll ich besser \`Otilie\` zu dir sagen?", frotzelte Heinrich.

„Hör auf, Mann! Ich bin hier schon hochgeschlichen, weil ich befürchtete, dass Monsieur Jacques mir irgendwo auflauern könnte."

„Was willst du jetzt unternehmen?“, erkundigte sich Elisabeth halb ernst.

„Ich brauche einen Mann, einen richtigen Kerl. Sofort!“

„Reicht dir einer nicht?“, frotzelte Heinrich weiter.

„Du bist blöd. Ich brauche einen Kerl, den ich Monsieur als meinen Liebhaber vorstellen kann. Hügü meint, eine Frau nütze nichts, weil der Maitre davon überzeugt ist, er könne jeden Mann davon überzeugen, dass es mit ihm besser wäre.“

„Knall ihm doch einfach eine, wenn er dir zu nahe kommt“, schlug Heinrich vor.

„Das würde ich liebend gerne, kannst du mir glauben! Das nützt auch nichts, meint Hügü, weil er dann beleidigt ist und sofort abreist. Er hätte dann keine Einfälle mehr, meint Hügü. Der kennt das ganze Theater anscheinend schon recht gut.“

„Nein, schlag ihn bitte nicht, Otto. Dann wären unsere ganzen Pläne zunichtegemacht und was ich mir später von Mutter anhören müsste! Daran will ich gar nicht erst denken. Er ist eben durch und durch ein Künstler. Und dazu noch der Allerbeste. Das weiß er auch ganz genau.“

„Reg dich nicht auf, Lisa. Natürlich werde ich ihn nicht schlagen. Aber wo bekomme ich nun einen Mann her? Damit er von mir ablässt und nicht gekränkt ist?“

„Frag doch Georg“, schlug Heinrich immer noch grinsend vor.

„Welcher Georg?“

„Na meinen Freund, unseren Kutscher. Vielleicht hilft er dir aus der Klemme. Er ist groß, kräftig …“

„Ja, ja. Ich weiß schon. Gut, ich werde ihn morgen früh fragen. Und was mache ich heute Nacht?“

„Ich denke, heute Nacht hast du nichts zu befürchten, Otto“, beruhigte ihn Elisabeth. „Monsieur Jacques denkt doch genau wie Hügü, dass du ein Diener bist. Dann geht er davon aus, dass du wie die andere Dienerschaft entweder eine Kammer oben unter dem Dach hast oder unten bei den Wirtschaftsräumen, wie Katharina und Hermine. Auf die Idee, dich in deinem Zimmer zu suchen, wird er nicht kommen.“

„Da hast du recht. Trotzdem schließe ich meine Tür heute Nacht ab.“

„Das würde ich an deiner Stelle auch tun", zog ihn Heinrich weiter auf.

Nachdem sich Otto in sein Zimmer geschlichen hatte, witzelten Elisabeth und Heinrich noch eine Weile herum. Die große Standuhr in der Eingangshalle schlug elf Mal, als sie sich zu Bett begeben wollten. Da hörten sie einen markerschütternden schrillen Schrei und gleich darauf noch einen. Da sich der erste Schrei nach einer Frauenstimme anhörte, rannte Heinrich in seinem Nachthemd die Treppe hinunter, gefolgt von Otto, der auch aus seinem Zimmer stürmte. Auf halben Weg zu Katharinas Kammer kam ihnen eine nackte Gestalt, ohne Haare, entgegengelaufen.

Im Halbdunkel sahen sie, wie sich soeben eine weiße Gestalt über die kleine schreiende Maria beugen wollte. Heinrich und Otto fingen vor Schreck an zu schreien und sprangen einen Schritt zurück. Heinrich hielt sich hilfesuchend an Ottos Ärmel fest. Seit seiner Kindheit hatte er Angst vor Gespenstern. Das Gespenst nahm Maria aus ihrer Bettkiste und drehte sich langsam zu ihnen um.

„Mein Gott!", entfuhr es Heinrich. Er hatte das dritte Auge auf der Stirn des Gespenstes entdeckt.

Otto hatte sich als Erster wieder im Griff. „Katharina?", fragte er noch nicht ganz sicher.

„Wer denn sonst?!" Katharina war stinksauer. Sie drückte Otto Maria in die Arme und wischte sich mit dem Ärmel die dicke, weiße Kräuterpaste aus dem Gesicht. Die Gurkenscheibe klebte jetzt auf ihrer Wange.

Da stieß Heinrich wieder einen Schrei aus. Neben ihm stand plötzlich Hügü, der durch die Schreie alarmiert worden war und quetschte sich mit in den Türrahmen, um besser sehen zu können.

Katharina wickelte sich ihre Hände aus den weißen Pflegepackungen und nahm das ebenfalls weiße Handtuch ab, welches sie mit einer Kräuterpaste um ihr Haar geschlungen hatte.

Heinrich war immer noch nervös und drückte eine Hand gegen sein pochendes Herz. „Meine Güte, hast du uns erschreckt! Du hast wie ein Gespenst ausgesehen!"

„Sie sehen auch nicht viel besser aus!", entfuhr es Katharina frech. „Entschuldigung!"

Die drei Männer sahen sich gegenseitig an und lachten. „Du

brauchst dich nicht entschuldigen. Du hast ja recht!“ Alle hatten lange weiße Nachthemden, Zipfelmützen auf und weiße Bettstrümpfe an.

„Was ist passiert?“, wollte Hügü wissen.

„Ich weiß auch nicht so genau. Ich bin aufgewacht und spürte eine Hand auf meinem Körper und Lippen auf meinem …“, Katharina deutete auf ihr Dekolleté. „Da habe ich geschrien, dann hat der Körper geschrien. Er sprang aus meinem Bett und lief raus. Kurz danach sind Sie schon da gewesen.“

Hügü sah Otto vielsagend an.

„Und du hast das nicht nur geträumt?“, hakte Heinrich nach.

„Ganz sicher nicht!“, erwiderte Katharina noch immer sauer.

„Uns ist doch vorhin jemand entgegengekommen, Heinrich.“

„Ja, stimmt. Jemand mit Glatze und nackt.“

Heinrich und Otto drehten sich zu Hugo und sahen in fragend an.

„Warum sehen Sie mich so an? Ich war das nicht! Ganz sicher nicht! Oder meinen Sie, ich habe eine Perücke auf?“ Hugo zog demonstrativ an seinen Haaren.

„Nein, natürlich nicht. Wir haben uns nur gefragt, ob es wohl der Maitre gewesen sein könnte, der sich hier verirrt hat“, besänftigte Otto ihn.

„Keine Ahnung! Ich halte mich da hübsch raus“, erklärte Hugo und verschwand.

„Wir gehen jetzt erst einmal in die Küche und beruhigen uns wieder“, meinte Otto. „Hein, du solltest eben Elisabeth Bescheid sagen, dass sie sich keine Sorgen machen muss.“

Elisabeth war bereits auf dem Weg nach unten. „Alles in Ordnung?“, fragte sie Heinrich auf der Treppe.

„Ja. Schläft Bernhard?“

„Ja, wie ein Murmeltier.“

„Dann komm mit in die Küche. Otto und Katharina sind schon dort. Wir erzählen dir alles.“

Das taten sie. Elisabeth schwankte zwischen Lachen und Entsetzen. „Also hat er dich doch aufsuchen wollen, Otto.“

„Und leider Katharina erwischt. Ich denke, er hat sich genauso verjagt wie du dich, Katharina.“

„Das hoffe ich sehr. Mir hat das jedenfalls gereicht.“

„Er kann froh sein, dass Rudolf zurzeit nicht hier ist! Ich an seiner Stelle würde ihn windelweich prügeln“, meinte Heinrich. „Oder ihm den Fehdehandschuh werfen. Dann soll er mal zeigen, ob er Manns genug ist, sich zu duellieren.“

„Wenn es nicht ausgerechnet dein Bett gewesen wäre, Katharina, dann wäre es fast zum Totlachen“, kicherte Elisabeth.

„Mir tut er jetzt fast ein wenig leid“, meinte Katharina leise. „Das muss ihm doch furchtbar peinlich sein. Jetzt sitzt er da oben in seinem Zimmer und weiß genau, dass sich sein Verhalten im ganzen Schloss herumsprechen wird. Wenn nicht im ganzen Dorf.“

„Das geschieht ihm ganz recht.“ Otto war noch sauer. „Aber herumerzählen sollten wir es nicht. Nachher reist er doch noch ab.“

„Nein, das geht nicht. Wir brauchen ihn!“, warf Elisabeth entsetzt ein. „Er konnte dich doch nicht erkennen, Katharina, nicht wahr? Also könnte es sonst wer gewesen sein. Wie wäre es, wenn wir morgen einmal beiläufig erwähnen würden, dass unser *Schlossgespenst* diese Nacht wieder recht munter war. Und dass es immer sauer wird, wenn nachts fremde Personen durch die Gegend schleichen. Dann beliebt unser Gespenst, diese nach Herzenslust zu erschrecken.“

„Das hört sich gut an. Ich würde mich nicht mehr so leicht aus dem Zimmer wagen. Und schon gar nicht, wenn ich mit diesem Gespenst in einem Bett gelegen hätte“, amüsierte sich Otto.

„Es gibt aber keine Gespenster!“, warf Heinrich energisch ein, der sich in dem Punkt überhaupt nicht sicher war.

„Das sagt der Richtige!“, erwiderte Otto, der genau wusste, dass sein Bruder Angst vor Gespenstern hatte.

„Habe ich etwas verpasst?“, wollte Elisabeth wissen.

Heinrich sah Otto böse an. „Nein, hast du nicht. Erzähle ich dir später einmal. Ich bin jetzt hundemüde und muss ins Bett. Kommst du mit?“

„Ja, sicher. Bleibt es jetzt bei unserem *Schlossgespenst*?“, fragte Elisabeth in die Runde. Alle nickten mit dem Kopf.

Jeder hatte auf seine Weise eine unruhige Nacht verbracht. Heinrich schlief neben Elisabeth, da er Monsieur Jacques nebenan in seinem Schlafzimmer wähnte. Elisabeth träumte von einer Feier, bei der sämtliche Gäste als Geister verkleidet waren. Sie amüsierte sich köstlich und lachte mehrmals so laut im Schlaf, dass Heinrich davon wach wurde. Daraufhin hatte er Mühe wieder einzuschlafen. Das Bett schien ihm irgendwie schmaler geworden zu sein. Außerdem krallte sie die Bettdecke so fest zusammen, dass er nicht genug abbekam und er vor Kälte wieder wach wurde.

Otto wurde im Traum von einer Horde Männer verfolgt, die zunächst aussah wie wunderschöne Frauen und sich später als hässliche, stinkende Kerle entpuppten.

Katharina träumte von Rudolf, der sie nach einer Liebesnacht auf Nimmerwiedersehen verließ, weil er ihr unterstellte, untreu gewesen zu sein.

Hugo träumte von Pferdewagen, die bis über den Rand mit Stoffballen bepackt waren. Hatte er die Stoffballen einen steilen Berg hinaufgeschleppt, stand schon der nächste Wagen voll beladen da. Ab und zu entglitt ihm einer der Ballen, sofort war ein maskierter Wärter neben ihm, der die Peitsche knallen ließ.

Monsieur Jacques hatte wohl den schlimmsten Albtraum seines Lebens. Statt schlank und rank, wie er in Wirklichkeit war, stand er dickbäuchig mit fettem Hüftpolstern und Hängehintern, nackt an einen Pranger gekettet vor hunderten von groß gewachsenen, schlanken, muskelbepackten Schönlingen mit wallenden Haaren. Sie zeigten mit den Fingern auf ihn und bewarfen ihn mit faulen Eiern. „Seht euch nur dieses hässliche fette Schwein an. Und das soll der große Meister sein? Das ist doch nur eine Karikatur dessen, was er vielleicht einmal vor ewigen Zeiten war. Und der bildet sich immer noch ein, mit seinen schönen Gewändern seine wahre Natur zu verhüllen. Jetzt haben wir ihn überführt! Seht ihn Euch an! Seht her!“ Es kamen ständig mehr Menschen, die ihn auslachten. Am allerschlimmsten war, dass seine verstorbene Mutter weinend am Rand stand und ihn ständig fragte: „Junge, was habe ich nur getan? Was habe ich nur falsch gemacht, dass du so geworden bist?“ Alles was er sagte, um sie zu trösten, hörte sie bei dem Gelächter und Gekreische nicht. Ihm war, als wenn dieser Traum niemals enden würde.

Am nächsten Tag fühlten sich alle etwas zerschlagen. Monsieur Jacques nahm bei Elisabeth und Katharina die Maße. Elisabeth hatte Katharina als ihre Cousine vorgestellt, die jetzt bei Hofe in die Gesellschaft eingeführt werden sollte. Auch wenn Monsieur Jacques an diesem Tag nicht vor Elan überquoll, so registrierte er mit Wohlwollen Katharinas aufrechte Haltung und ihre grazile Taille. Das Idealmaß lag nach dem Schnüren der Taille zwischen einundvierzig und fünfundvierzig Zentimetern und brauchte bei Katharina nur um fünfzehn Zentimeter zusammengeschnürt werden, um das Idealmaß zu erreichen. Diese Tatsache und ihre perfekte Haltung erleichterten es ihm enorm, für sie neue Kleider zu fertigen. Katharina war es nicht gewohnt, sich vor anderen Menschen zu entblößen, noch nicht einmal vor ihrer Mutter. Daher zierte sie sich, dem Meister hinter einem Wandschirm ihren, bis auf die Unterhose, nackten Körper zu zeigen. Elisabeth redete geduldig auf sie ein. Sie bot an, sich zuerst zu entblößen, damit Monsieur Jacques ihre Maße nehmen konnte. Katharina sah zu, wie Monsieur Jacques ganz geschäftsmäßig Elisabeths Maße nahm und diese Hügü zurief. Selbst das überzeugte Katharina nicht. Letztendlich erklärte der Meister ihr in aller Deutlichkeit, dass ein Frauenkörper ihn nur insofern interessierte, damit er seine wunderbaren Stoffe voll zur Geltung bringen konnte. Dies wäre, so bedauerte er sehr, bei einem männlichen Körper nicht in dieser Form möglich. Außerdem erklärte er Katharina, dass sie eine der von Gott bevorzugten Frauen wäre, die einen perfekten Körper hätte. Überall die richtigen Proportionen, die jeden Künstler geradezu danach drängten, sie anzukleiden oder wenigstens zu malen. Durch all dieses Gerede abgelenkt, sah sich Katharina plötzlich willenlos, fast nackt, hinter dem Wandschirm und fand es nicht einmal mehr unangenehm. Zumal Monsieur Jacques Finger ihren Körper nicht berührten und seine Blicke absolut geschäftsmäßig ihren Körper betrachteten. In Wahrheit hatte Monsieur Jacques jahrelang geübt, bei einer Frau Maß zu nehmen, ohne sie zu berühren, weil es ihn geradezu ekelte.

Während der Maßnehmerei plauderte Elisabeth so vor sich hin, mit dem Ziel, das Gespräch auf das Schlossgespenst zu lenken. „Ich hoffe, Sie hatten eine angenehme Nacht, Maitre? Leider war unser Schlossgespenst, die `weiße Frau` wieder einmal sehr unruhig. Wenn sie sich in ihrer Nachtruhe gestört fühlt, spielt sie dem einen oder anderen schon mal einen kleinen Streich, weil sie sich langweilt. Ich hoffe, Sie haben davon nichts bemerkt?“

Monsieur Jacques verschluckte sich und bekam einen Hustenanfall. Hügü brachte ihm schnell ein Glas Wasser. Bei dem Gedanken daran, dass er sich womöglich an ein Gespenst gekuschelt und dieses auch noch auf die Brust geküsst hatte, fing er an zu zittern.

„Oh, mon dieu!“, rief Elisabeth aus. „Ich wollte Sie nicht erschrecken, mon chere! Es tut mir schrecklich leid! Ich dachte, es wäre besser, Sie wüssten Bescheid“, plapperte Elisabeth weiter. „Sie haben überhaupt nichts von der `weißen Frau` zu befürchten, sie will nur ihre Ruhe haben, sonst kommt sie auf dumme Gedanken. Unsere Familie hat sich seit Jahrhunderten so an sie gewöhnt, dass wir oft vergessen, unsere Gäste vorzuwarnen. Aber nun wissen sie ja Bescheid und können ihr aus dem Weg gehen. Am besten bleiben Sie nach dem Dunkelwerden auf ihrem Zimmer oder hier im Spiegelsaal. Sie hat nur bestimmte Stellen, die sie für ihre Spielchen bevorzugt.“ Elisabeths Fantasie ging mit ihr durch. „Zum Beispiel die Flure, oder in der Nähe der Wirtschaftsräume, da bei den Kammern der Dienerschaft. Natürlich könnten Sie jetzt sagen, dass es abends um zehn eine recht frühe Urzeit ist, um herumzuspuken. Das finde ich auch, aber da lässt sie leider nicht mit sich reden. Sie ist, wie soll ich sagen, doch noch sehr verspielt, wenn Sie wissen, was ich meine. Ach ja, ehe ich es vergesse, sie stößt ab und an auch merkwürdige Schreie aus, die meist einer schrillen Frauenstimme ähneln. Aber ebenso gut kann sie auch männliche Töne von sich geben. Sie hatte ja genug Zeit dazu, diese zu üben.“ Elisabeth musste sich beherrschen, nicht selbst über ihre ausgedachte Geschichte zu lachen. „Monsieur, ich schlage vor, meine Cousine und ich ziehen uns jetzt zurück. Lassen Sie uns doch bitte rufen, wenn Sie uns wieder benötigen.“

Kalkweiß winkte der Maestro Elisabeth zu, was sie als sein Einverständnis aufnahm. Kaum aus der Tür heraus prusteten Elisabeth und Katharina vor Lachen in ihre Hände und liefen, so schnell sie konnten, die Treppe hinunter zur Schlossküche. Dort war Otto mit den Vorbereitungen für das Mittagessen beschäftigt. Lennard spielte mit Maria und Georg schaukelte seinen schlummernden Patensohn auf seinen Armen hin und her. Kaum hatten Elisabeth und Katharina sich lachend auf die Schemel gesetzt, betrat Heinrich die Küche. Er hatte die beiden kichernden Frauen an der offenen Bibliothekstür vorbeihuschen gehört. Neuerdings war Heinrich für jede Abwechslung, die ihn von seiner trockenen Buchhaltung ablenkte, dankbar.

Zunächst schien ihm die Arbeit ohne Rudolf noch lästiger, als sie ohnehin schon war und jetzt kam auch Elisabeth nicht mehr in die Bibliothek, um ihn abzulenken. Das Leben spielte sich jetzt in der Schlossküche ab. Nachdem die beiden Frauen die `weiße Frau-Geschichte` zum Besten gegeben hatten und die Anwesenden Bescheid wussten, sagte Georg ganz trocken: „Mon chere Otilie, jetzt brauchst du mich wohl nicht mehr als deinen Liebhaber? Schade, ich hatte mich so auf die Rolle gefreut. Da musst du dir aber etwas einfallen lassen, um mich zu trösten."

„Oh, mon chere Georg, ich bin untröstlich. Die `weiße Frau` hat dich absolut aus dem Rennen geschlagen. Ich werde ihr sicher nicht widerstehen können", konterte Otto.

Eine Weile lachten und neckten sie sich gegenseitig bis Hügü Elisabeth und Katharina zu Monsieur Jacques bat. Der Maitre hatte alle seine wunderbaren Seidenstoffe im ganzen Spiegelsaal ausgebreitet. Die Frauen waren geblendet von der Pracht und Vielfalt der exquisiten Auswahl. Katharina traute sich nicht, durch die Stoffauswahl zu gehen, während Elisabeth geradezu hindurch tanzte.

Monsieur Jacques strahlte über sein ganzes Gesicht. „Madames, wie gefallen Ihnen meine Stoffe?"

„Herrlich! Ravissante`! Charmant!", rief Elisabeth vor Entzücken.

„Und Sie Mademoiselle Kathrin?", fragte der Maitre, weil Katharina kein Wort sagte.

„Ich bin überwältigt. Ich weiß nicht, was ich sagen soll. Ich habe so schöne Stoffe noch nie gesehen."

Das inspirierte Monsieur Jacques dermaßen, dass er von einer Sekunde auf die andere seine Schmach vergaß und zur Höchstform auflief. „Für die Unterkleider brauchen Sie sich keine Stoffe aussuchen, das ergibt sich von selbst, durch die Farben der Überkleider. Madames, suchen Sie sich einfach Ihre Lieblingsfarben aus. Es ist alles vorhanden iiin mein Angebot." Mit einer ausschweifenden Geste drehte sich er sich im Kreis.

Nur die Lieblingsfarben aussuchen!, dachte Katharina. *Er hat leicht reden! Ich finde eine Farbe schöner als die andere. Ich werde mich nie entscheiden können! Nie im Leben! Ich wünschte, ich könnte sie alle besitzen.*

Eine gute Stunde ließ Monsieur Jacques die beiden gewähren,

während er sie genau beobachtete, hin und wieder eine gezielte Frage stellte und sich Notizen machte. Früher, so wusste es Hugo noch, drapierte sein Meister selbst die Stoffe vor einem Spiegel um die Damen. Bis er herausgefunden hatte, dass er durch seine Beobachtungen viel besser entscheiden konnte, welche Stoffe den Damen perfekt standen. Durch die verschiedenen Bewegungen der Damen, in Zusammenhang mit den wechselnden Lichtverhältnissen im Raum, bekam der Meister einen exakten Eindruck von den Damen. Manche Damen bewegten sich dermaßen ungrazil und suchten sich trotzdem d+ie auffallendsten Stoffe heraus, die er anbieten konnte, anstatt sich den dezenteren, aber umso edleren Stoffen zuzuwenden, bei der ihre plumpen Bewegungen überdeckt worden wären. Wieder andere suchten sich völlig unscheinbare Stoffe aus, die weder dem Anlass noch ihrer Schönheit gerecht wurden. Die entsprechenden Damen dann von dem Gegenteil zu überzeugen, war die schwerste Arbeit in seiner künstlerischen Tätigkeit, die ungeheuer viel Fingerspitzengefühl und Einfühlungsvermögen brauchte. Letztendlich fiel der große Auftritt der Damen auf ihn zurück. Niemals wurden die Damen gefragt, was sie sich dabei gedacht haben, in einem deplatzierten Kleid herumzulaufen oder wie sie an die wunderbaren Stoffe gekommen sind. Nein, sie wurden entweder aus Neid oder aus Gehässigkeit gefragt, *bei wem* sie haben schneidern lassen. Und die Antwort entschied über seinen guten Ruf. Er hatte sich sogar schon einmal geweigert, einer Kundin ein Kleid anzufertigen, weil sie unmöglich darin ausgesehen hätte. Das konnte er nicht über sich bringen.

Während Elisabeth in fast kindlicher Manier begeistert von einem Stoff zum anderen sprang, schritt Katharina anmutig und voller Bewunderung durch die Reihen. Fast ehrfürchtig, als könne sie durch ihre Berührungen die Stoffe verletzen, betastete sie hin und wieder einen Stoff vorsichtig.

Monsieur Jacques war sich seiner Sache sicher und klatschte dezent in seine Hände. „Madame, Mademoiselle, nun muss isch Sie leider zu einer Entscheidung drängen, da, wie Sie betonten, die Zeit drängt. Beginnen wir mit Ihnen, Baroniiin Elisabeth."

Elisabeth hatte sich trotz allem Entzücken sehr schnell für einen smaragdgrünen und einen intensiv bernsteinfarbenen Seidenstoff, der ihre bernsteinfarbenen Augen betonte, entschieden. Beide Stoffe passten perfekt zu ihrem Aussehen und ihrem Auftreten. Der Meister lobte sie für ihren treffsicheren Geschmack. „Und nun zu Ihnen, Mademoiselle. Welcher Stoff sagt Ihnen zu?“

Katharina war den Tränen nahe. „Ich weiß nicht. Wirklich nicht, Monsieur Jacques. Ich kann mich nicht entscheiden.“

Katharina tat ihm furchtbar leid. Ihm ging es ähnlich, wenn er Stoffe einkaufen musste. Meist kaufte er darum mehr ein, als er benötigte. Er hob mit einem Finger Katharinas Kinn an, sah ihr in die Augen und tröstete sie. „Wir werden den perfekten Stoff für dich finden, ma Chere. Vertraust du mir?“

„Ja.“

„Dann habe ich hier einen ganz besonderen Stoff für dich. Er hat auf dich gewartet und ich kann ihn mir bei einer anderen Frau nicht einmal ansatzweise vorstellen.“

Monsieur Jacques verschwand hinter einem Wandschirm, hinter der eine Truhe stand, in der er die seltensten Stoffe für ganz außergewöhnliche Frauen aufbewahrte. Selbst Hugo durfte diese Truhe nicht öffnen, geschweige denn die darin befindlichen Stoffe berühren.

Er wird doch nicht …!, dachte Hugo. *Doch er tut es tatsächlich! Das glaube ich jetzt nicht!*

Sie hörten den Meister die Truhe aufschließen und den quietschenden Deckel anheben. Kurz darauf kam er mit andächtigen Schritten, auf seinen Händen einen großen Stoffballen tragend, zurück. Hugo schob schnell die Stoffe auf dem großen Esstisch zur Seite. Er hatte das kribbelige Gefühl, jetzt einem ganz besonderen Ereignis beiwohnen zu dürfen.

Wie einen zerbrechlichen kostbaren Säugling legte Monsieur Jacques den verschnürten Ballen vorsichtig auf den Tisch. Er entfernte eine kunstvoll gelegte Schleife von einem glänzenden Papier und deutete Elisabeth, Katharina und Hugo, sich umzudrehen. Er wollte zuerst allein in den Genuss kommen, diesen, so lange gut gehüteten, Stoff zu betrachten. Unter dem Papier kam eine Lage feinster Baumwolle zum Vorschein. Nachdem er diese abgewickelt hatte, drapierte er den Stoff kunstvoll über den langen Tisch und strich liebevoll darüber.

„Madames, Hügü. Sie dürfen sich jetzt umdrehen“, forderte er die drei mit feierlicher Stimme auf.

Sie konnten es alle drei nicht glauben, was sie auf dem Tisch vor ihnen liegen sahen. Es war das strahlendste Weiß, was sie je in ihrem Leben gesehen hatten. Vor lauter Andacht standen sie mit offenen Mündern da und staunten.

„Nun, was sagen Sie dazu?“, brach Monsieur Jacques das Schweigen.

„Ich, ehm, – ich weiß nicht was ich sagen soll“, begann Elisabeth, „der Stoff ist unbeschreiblich. Dafür fehlen mir die Worte.“

Hugo hob eine Hand und wollte den Stoff berühren.

„Naaaa!“, entfuhr es Monsieur Jacques warnend. „Diesen Stoff berührt keiner außer mir und die zukünftige Trägerin!“

Hugo zog seine Hand erschrocken zurück.

„Mademoiselle Kathrin, bitte sehr“, forderte der Meister Katharina auf.

Katharina hob ihre Hand und stoppte kurz, bevor sie den Stoff berührte.

„Was ist, ma chere? Gefällt er Ihnen nicht?“ Verunsichert sah Monsieur Jacques Katharina an.

„Nein! Nein, ich traue mich nicht. Er scheint nicht von dieser Welt zu sein. Er ist wie ein Gedicht, wie Poesie, so rein, so wunderschön. Ich bekomme eine Gänsehaut, wenn ich ihn nur ansehe.“

„Mademoiselle, besser hätte ich selbst den Stoff nicht beschreiben können. Es zeigt mir, dass meine Entscheidung richtig war und sie die einzig würdige Trägerin dieses *Gedichtes* sind.

„Vielleicht interessiert es Sie zu erfahren, woher dieser einmalige Stoff stammt?“, fragte der Meister in die kleine Runde. Als Antwort bekam er nur ein erwartungsvolles Nicken. „Dieser Seidenstoff ist eigens für die `Maharani von Desnapur` gewebt worden. Sie aber fand ihn so kostbar und schön, dass sie ihn nicht für ein Kleid verwenden wollte und bewahrte ihn Jahrzehnte auf. Nur ab und zu ließ sie sich den Stoff von ihren Dienerinnen vorführen. Nach ihrem Tod starb auch bald der Maharadscha von Desnapur an gebrochenem Herzen. Sein Nachfolger wurde umgebracht und der Palast ausgeraubt. Auf vielen Umwegen ist dieses Wunderwerk nach Europa gekommen. Ein in Not gekommener Schneider hat ihn mir vor Jahren in seiner Verzweiflung angeboten. Ich habe selbstverständlich nicht gezögert und sofort zugegriffen. Ich schäme mich zu sagen, was ich dafür bezahlt habe. Natürlich habe ich diese Geschichte des Stoffes nicht geglaubt. Darum habe ich Nachforschungen angestellt. Nach einigen Jahren bekam ich die Bestätigung für die Geschichte. In Indien kursiert, jetzt nach über einhundertfünfzig Jahren, immer noch die Geschichte `von dem überirdischen weißen Stoff der Maharani`. Selbst die erfahrensten Tuchmacher in Deutschland mussten zugeben, dass sie eine solche Qualität noch nie in den Händen gehalten haben und können sich nicht erklären, mit welcher Technik so ein Stoff hergestellt worden ist. Heutzutage kann es niemand mehr, so wurde mir bestätigt.“ Während seiner Schwärmerei vergaß Monsieur Jacques sogar, seinen eingeübten französischen Akzent zu benutzen.

Nach einer kleinen Pause sagte Katharina leise aber bestimmt. „Ich kann ihn nicht annehmen. Er war für eine große Herrscherin und selbst für sie war er zu schade, ihn zu tragen. Es steht mir nicht an, ihn zu entweihen.“

„Was heißt hier *entweihen*, Mademoiselle Kathrin? Der Stoff ist doch nicht geweiht! Gewiss, er ist einmalig und unbeschreiblich schön! Aber letztendlich doch nur ein Stoff, der in liebevoller Arbeit von vielen Händen hergestellt worden ist. In der Hoffnung, dass seine Trägerin darin die `Schönste der Schönen` sein wird. Und jetzt, nach der ewig langen Zeit, hat der Stoff endlich seine auserwählte Trägerin gefunden. Hier in diesem Schloss, in diesem kleinen Dörfchen Eldingen am Rande der Heide. Ich bitte Sie, Mademoiselle, wenn das keine Bestimmung ist, dann habe ich wohl meinen Beruf verfehlt.“

Katharina hatte Tränen in den Augen. Sie wusste einfach nicht, was sie sagen oder tun sollte. Sie sah Elisabeth hilflos an. Elisabeth selbst zu Tränen gerührt nickte ihr aufmunternd zu.

Monsieur Jacques startete einen letzten Versuch. „Mademoiselle Kathrin, ich bitte Sie, diesen Seidenstoff wenigstens ein einziges Mal zu berühren. Ist er Ihnen nicht angenehm auf der Haut und weckt in Ihnen nicht das Bedürfnis sich komplett mit ihm zu umhüllen, dann sind Sie nicht die Richtige und er muss weitere Jahre seine Schönheit in dieser Truhe verstecken. Bitte tun Sie ihm und mir den Gefallen“, bat er sie eindringlich.

Sie sahen Katharina gespannt dabei zu, wie sie den Stoff berührte. Erst ganz vorsichtig mit den Fingerspitzen, dann strich sie mit ihren Händen darüber, letztendlich nahm sie ihn in beide Hände und hob ihn an ihr Gesicht.

„Und …? Wie fühlt er sich an?“ Monsieur Jacques konnte die Antwort kaum erwarten.

„Unglaublich. So fein, so leicht, so unbeschreiblich gut. Ich möchte ihn am liebsten nie wieder loslassen“, antwortete Katharina verträumt.

„Gott sei Dank!“ Monsieur Jacques ließ sich vor Erleichterung auf ein Chaiselongue plumpsen. Auch Elisabeth und Hugo atmeten erleichtert auf.

„Alors, vite, vite!“, rief der Meister Hugo zu. „Schnell! Schnell! Bevor sich Mademoiselle es sich noch einmal überlegt. Her mit meiner Schere, Hügü. Wenn Sie mich jetzt entschuldigen würden, Madame et Mademoiselle? Ich muss mich konzentrieren!“

Ehe sie sich versahen, waren Elisabeth und Katharina aus der Tür herausgeschoben worden.

„Und jetzt? Wie fühlst du dich?“, fragte Elisabeth.

„Wie in einem Traum.“

„Leider ist der Traum jetzt zu Ende“, strahlte Elisabeth sie an. „Nun hat uns die Wirklichkeit wieder. Wir müssen den Männern in der Küche helfen. Bernhard und Maria haben bald Hunger. Wir sollten uns besser beeilen!“

Während des Abendessens planten Elisabeth, Heinrich, Otto und Katharina den Ablauf des morgen stattfindenden Badetags. Da zwei Badewannen vorhanden waren, beschlossen sie, die eine Wanne für die Damen und die zweite für die Herren zu benutzen. Sie wollten die Wannen, bei den hochsommerlichen Temperaturen, gleich draußen neben der Küche aufstellen. Auf Leinen aufgehängte Tücher sollten vor neugierigen Blicken schützen. Das würde viel Zeit und Wasserschlepperei in den ersten Stock sparen. Ihren Gästen wollten sie ebenfalls ein erfrischendes Bad anbieten. Während der Unterhaltung überlegten sie, wie es Rudolf und Sergej in Braunschweig ergehen würde. Sie stellten fest, dass Hermine mit Alexander bereits in vier Tagen von ihrer Hochzeitsreise zurückkehren würde. Alle hofften, dass Monsieur Jacques mit seiner Arbeit bis dahin so gut wie fertig war. Sie verspürten keinerlei Bedürfnis, Hermine diese ganzen Umstände zu erklären.

Entgegen der Einschätzung der Männer waren Elisabeth und Katharina eher mit ihrem Bad fertig als gedacht. Heinrich richtete es so ein, dass er zuerst in den Genuss des Bades kam und unterhielt sich dabei mit Otto. Wie in alten Zeiten saß er im Badezuber. Otto leistete ihm Gesellschaft, kippte Wasser nach und seifte ihm Haare und Rücken ein. Heinrich tat dasselbe bei Otto. Kurz bevor Otto fertig war, verließ Heinrich das provisorische Zelt und winkte nach oben zum Fenster des Spiegelsaales. Dort stand Hügü, der auf das Zeichen wartete. Hügü informierte seinen Meister, dass sein Bad angerichtet war. Monsieur Jacques lief geschwind die Treppe hinunter in den Park, er wollte seine Arbeit so kurz wie möglich unterbrechen.

Otto stieg aus der Wanne und suchte vergeblich nach seinem Handtuch und seiner Kleidung. Während er sich bückte, um die aufgehängten Tücher zu lüften, weil er dahinter seine Kleidung vermutete, kam Monsieur Jacques in die abgesperrte Badezone. Bei dem Anblick von Ottos recht knackigem Hinterteil verschlug es ihm die Sprache. Monsieur Jacques konnte sein Glück kaum fassen. Sein `kleiner Mann` unten, umso schneller. Monsieur Jacques hatte bereits sein Kopftuch abgenommen und seinen Bademantel geöffnet, um schnell in den Badezuber steigen zu können.

Otto drehte sich um, erschrak sich und schrie: „Huch!“

Monsieur Jacques erschreckte sich bei Ottos Ausruf ebenfalls: „Mon dieu!“

Otto riss ein aufgehängtes Laken von der Leine, bedeckte damit notdürftig seine Männlichkeit und rannte auf die Küchentür zu. Dabei schimpfte er ständig vor sich hin: „Mistkerl! Hosenscheißer! Warte nur! Ich kriege dich schon, du Satansbraten!“ Damit meinte er seinen Bruder Heinrich.

Monsieur Jacques lief völlig verwirrt, mit weit offenem Bademantel und Glatze, hinterher.

Lennard, der soeben aus dem Stall gekommen war und das ganze Szenario überblickte rief: „Mein Gott!“, als er Hermine mit Alexander neben der Küchentür erblickte.

Oben am Fenster stand Heinrich, der sich vor Lachen krümmte. Er freute sich diebisch darüber, dass sein Racheplan geglückt war.

Hermine stand mit offenem Mund da. Alexander bemerkte trocken: „Was für ein Empfang! Das wird einem nicht alle Tage geboten!"

Wie sollte es auch anders sein: Am Abend saß die fast vollständige Schlossfamilie gemütlich zusammen auf der großen Terrasse und amüsierte sich königlich über das Badeereignis. Vorher musste Hermine allerdings noch erklären, warum sie vier Tage früher nach Eldingen zurückgekehrt waren.

„Ich hatte einfach Heimweh", erklärte sie trotzig. Alexander zwinkerte den anderen zu.

„Ach so, *Heimweh* also", Heinrich gab sich verständnisvoll. „Aber sonst hat es euch in Celle gefallen?"

„Es war sehr schön, meine Tochter Constanza zu sehen und mein süßes Enkelkind, Ja, das war sehr schön", antwortete Hermine ausweichend.

„Aber wie hat euch Celle gefallen?", bohrte Heinrich nach.

„Och, eben so", sagte Hermine.

Alexander kam ihr zu Hilfe. „Celle ist an sich eine wunderbare Stadt. Nur sind wir den Trubel dort nicht gewöhnt. Die vielen Menschen, die vielen Pferdefuhrwerke und, so leid es mir tut, es sagen zu müssen, der viele Schmutz und der bestialische Gestank. Einfach schrecklich. Ihr könnt es euch nicht vorstellen! Die Leute kippen einfach ihre Exkremente durch die Fenster auf die Straße. Da muss man schon sehr aufpassen, wo man hintritt und dass man nichts davon abbekommt. Einfach ekelig, sage ich euch."

„Es gibt doch auch sicher schöne Stellen in Celle?", fragte Elisabeth.

„Ja sicher, das Schloss und die Grünflächen, die Märkte, die Geschäfte und die Straßentheater. Aber alle diese schönen Stellen sind so überlaufen, dass man fast nichts davon sehen kann. Ich bin ehrlich gesagt ganz froh, dass wir wieder hier sind. Hier herrscht Ruhe und bis auf den Kuhdung gibt es hier keinen Gestank", erklärte Alexander weiter.

„Wie geht es Joseph und seiner Gemahlin?", wollte Heinrich wissen.

„Sehr gut, nicht wahr, Bärchen?“, Hermine sah Alexander fragend an.

„Ja, sie machen einen ausgesprochen glücklichen Eindruck. Sie wirken so, als wenn sie schon ewige Zeiten miteinander verheiratet wären, dabei ist es doch erst zwei Jahre her. Kaum zu glauben.“

Heinrich, der merkte, dass Hermine etwas bedrückte, fragte auf gut Glück: „Und wie war das Essen so? Hat es dir gefallen, bekocht zu werden, Tantchen?“ Als Kind hatte Heinrich, mangels Tanten und Onkeln, Hermine zu seiner Tante und den verstorbenen Kutscher Gottfried zu seinem Onkel auserkoren.

„Ja, doch …, es war schon mal etwas anderes. Auch wenn es nicht …“, Hermine hatte sich vorgenommen, nicht herumzumeckern.

„Auch wenn es nicht so gut geschmeckt hat?“, ergänzte Heinrich. Es war sehr schwer, Hermines ausgezeichneten Geschmack zu treffen.

„Nun ja, es hat wirklich nicht geschmeckt, nicht wahr, Bärchen?“ Sie sah Alexander hilfesuchend an.

Alexander nahm ihre Hand, um ihr zu helfen. „Nein, Knuffi, du hast recht, es war nicht vergleichbar mit deinen Kochkünsten. Nur leider fand der Koch es nicht angebracht, dass Hermine ihm einige Ratschläge geben wollte“, wandte sich Alexander den anderen zu.

„Ach, Mutter! Konntest du es mal wieder nicht lassen?“, fragte Katharina.

„Nein, ich konnte es nicht lassen!“, entgegnete Hermine wieder trotzig. „Er hat das gute Hirschfleisch versaubeutelt, dieser Möchtegern-Koch. Keine Ahnung hatte er vom Kochen. Nur vom Saufen!“

„Und dann hat er sich bei Joseph über dich beschwert?“ Heinrich wollte die ganze Sache abkürzen.

Hermine nickte.

„Und Joseph war daraufhin auf dich sauer?“, fragte Katharina.

Hermine nickte wieder.

„Ja, dann blieb uns nichts weiter übrig als abzufahren. Und nun sind wir wieder hier. Jetzt kannst du wieder nach Herzenslust kochen, Knuffi“, Alexander drückte Hermines Hand.

„Darauf freue ich mich schon die ganze Zeit!“ *Das Thema wäre durch. Gott sei Dank!*, dachte Hermine. Nun waren die anderen dran, ihre Fragen zu beantworten. Hermine, sonst sehr streng in sittlichen Fragen, wollte alles haargenau erzählt bekommen. So langsam fügte sich eins zum anderen. Als sie sich mit Alexander für die Nacht verabschiedete, stellte sie trocken fest. „Es wurde also höchste Zeit, dass ich wieder nach Hause gekommen bin. Ab morgen weht hier wieder ein anderer Wind, das kann ich euch versprechen!“, lachte sie aber dabei herzlich.

Während sie zusammen die Terrasse aufräumten, konnte es sich Otto nicht verkneifen, Heinrich im Vorbeigehen „Hosenscheißer“ zuzuraunen. „Ich muss dich loben, dieses Mal war deine Rache sehr ausgefallen!“

Heinrich grinste wie ein Honigkuchenpferd. „Denk immer daran, Bruderherz, dass du einen großen Künstler mit deinem nackten Hintern sehr glücklich gemacht hast.“

In dieser Nacht schliefen alle ausgezeichnet. Heinrich durfte wieder ungestört in seinem eigenen Zimmer schlafen. Selbst Monsieur Jacques nickte glücklich ein und träumte von seiner nackigen `Muse Ottiliii`.

6

Polly und Karl

Nicht nur auf Schloss Eldingen herrschte reges Treiben, auch in Braunschweig, auf dem Herrengut der Heimtrauter, gab es jeden Tag etwas Neues. Die ersten Tage waren Rudolf und Sergej fast ständig beim Herrenschneider von Graf Karl. Während sie vermessen wurden und eine Anprobe nach der anderen stattfand, streckte Karl seine Fühler vorsichtig aus. Er kannte weiß Gott genügend Menschen. Doch schienen ihm manche nicht vertrauenswürdig genug und andere wiederum waren seiner Meinung nach zu oberflächlich, um sie zu kontaktieren.

Drei Mal in der Woche besuchte Karl seine Geliebte Polly. Obwohl in ganz Braunschweig und Umgebung jeder Mann und jede Frau, inklusive Gräfin Beatrice, sowie seine Stiefschwestern Elisabeth und Rosalie-Sophie, von seinem Verhältnis wussten, gab er seit Jahren vor, mit seinen Freunden an diesen Abenden Karten zu spielen. Seine Familie ließ ihn in dem Glauben, sie wisse davon nicht, amüsierten sich aber darüber, dass Karl nach all den Jahren immer noch der Meinung war, er hätte ein süßes Geheimnis.

Mit Polly, eigentlich Polineira, verband ihn seit über fünfzehn Jahren, ein ganz besonderes Verhältnis. Mit Mitte zwanzig lernte er Polly zufällig kennen. Karl verliebte sich unsterblich in die lebenslustige Schönheit, nur war Polly damals sehr glücklich verheiratet. Nach einigen Jahren verlor Pollys Mann sein Leben in den letzten Wochen des Dreißigjährigen Krieges, wie so viele von Karls Bekannten. Zunächst war Polly über den Verlust ihres Gatten sehr traurig. Anschließend drohte ihr zudem der Verlust ihres nicht unerheblichen

Erbes. Ein schmieriger Cousin hatte ihr angeboten, sich um die Geschäfte ihres verstorbenen Mannes zu kümmern. Ihr Mann war geschäftlich Händler mit Waren aller Art, weit über die Grenzen Deutschlands hinweg. Leider bevorzugte Pollys Cousin, die noch in großen Kontoren lagernden Waren beim Glücksspiel zu verhökern, anstatt sie ordentlich zu verkaufen. Das ging einige Zeit gut, bis sich dubiose Herren die Türklinke bei Polly gegenseitig in die Hand drückten, um das Geld für ihre Schuldscheine zurückzubekommen.

Eines Tages fand Karl sie schluchzend, in ihrem fast leer geräumten Haus, vor. Die Schuldner hatten `Titel` gegen sie erwirkt und ließen von Möbelpackern die letzten verwertbaren Stücke abholen. Karl half ihr aus dieser Misere heraus. Nicht nur indem er ihr finanziell unter die Arme griff. Er besorgte Polly einen seriösen, gewissenhaften Kaufmann, der die alten Kontakte zu den Geschäftspartnern ihres verstorbenen Mannes wiederbelebte. Nach weiteren fünf Jahren war Polly aus dem Schuldenberg heraus und konnte Karl sogar auf Heller und Pfennig das geliehene Geld zurückzahlen.

Wie bereits nach dem Verlust ihres Mannes, wagte Karl erneut einen Vorstoß, um Pollys Herz für sich einzunehmen. Sie hatte sich aber jetzt, zu Karls großem Leidwesen, in den Kaufmann verliebt und heiratete ihn. Nach nur drei Jahren Ehe wurde Polly, durch einen tragischen Unfall ihres Mannes, erneut zur Witwe.

Karl sah abermals seine große Stunde gekommen. Nach der entsprechenden Trauerzeit machte er Polly erneut einen Heiratsantrag. Polly lehnte diesen wieder ab. Sie wollte diese kostbare Freundschaft nicht gegen eine feste Bindung eintauschen. Allerdings fand sie körperlich Gefallen an Karl und da sie selbst noch, mit Ende zwanzig, im allerbesten Alter war, genoss sie das unverbindliche Liebesspiel mit Karl ausgiebig.

Im Laufe der Jahre war Polly, durch ihren zweiten Ehemann, eine ausgezeichnete Geschäftsfrau geworden. Ihre sprachliche Begabung trug nicht unerheblich dazu bei, ihre Geschäftspartner zu beeindrucken. Weilten diese geschäftlich in Braunschweig, so war sie eine hervorragende Gastgeberin. Außer ihren monatlichen Empfängen, bei denen sie ihre Gäste mit Musikern oder anderen Künstlern verwöhnte, liebte es Polly, ins Theater zu gehen. Karl war immer an ihrer Seite vorzufinden, was Polly vor Anzüglichkeiten jeglicher Art schützte.

Auch an diesem Mittwoch besuchte Karl seine geliebte Polly. Sie erwartete ihn ungeduldig. Sie hatte große Neuigkeiten für ihn.

Karl ließ sich in Hausschuhen und Hausmantel in seinen bequemen Lieblingssessel, mit einem französischen Cognac und einer Pfeife, nieder. Polly wirbelte und zwitscherte aufgeregt um ihn herum.

„Was gibt es denn, Mäuschen? Warum bist du so aufgedreht?“

„Hier! Hier, sieh dir das an! Eine Einladung!“

„Polly, Einladungen bekommen wir doch mehr als genügend. Manchmal ist es schon zu viel, findest du nicht?“

„Dies ist nicht *irgendeine* Einladung. Dies ist eine ganz *besondere* Einladung!“

„Nun lass mich schon sehen, sonst beruhigst du dich ja doch nicht.“

„Nein.“ Polly versteckte das Kuvert hinter ihrem Rücken. „Erst musst du raten. Los!“

„Ach, du meine Güte, du weißt, ich bin darin sehr schlecht. Das könnte Stunden dauern, Liebes. Außerdem habe ich momentan andere Dinge im Kopf.“

„Du bist ein Spielverderber, Knalli! Drei Mal musst du raten, dann erlöse ich dich. Versprochen!“

Nur Gott weiß, warum Polly mich `Knalli` nennt. Ich wünschte, sie würde sich einen anderen Kosenamen einfallen lassen. Mit `Karl` bin ich schon nicht gesegnet, aber Knalli? Das hört sich irgendwie an, als wäre ich von vorgestern oder total senil, dachte Karl leicht genervt. „Wie oft soll ich dich denn noch bitten, mich nicht *Knalli* zu nennen? Kannst du dir nicht einfach einen anderen Kosenamen für mich einfallen lassen?“

„Nein. Alle anderen Namen sind nicht ausgefallen genug oder abgenutzt. Ich finde, Knalli ist etwas ganz Besonderes. Das steht dir zu. Du bist eben nicht wie andere Männer. Allein die Tatsache, dass du es mit mir schon so lange aushältst, spricht für Knalli.“ Da konnte Karl nicht widersprechen.

„Los fang an“, drängend ihn Polly.

Was solls, ich habe wirklich keine Ahnung. Am einfachsten ist, ich fange ganz oben an, überlegte Karl und sagte: „vom Kaiser.“

„Sei nicht albern. Warum sollte *uns* der Kaiser einladen?“
„Dann vom König.“
„Mit dir macht das einfach keinen Spaß, Knalli! Letzter Versuch.“
„Na, dann eben vom Fürst“, sagte Karl gelangweilt.
„Von welchem?“, fragte Polly, die vermutete, dass Karl die fürstlichen Siegel auf dem Kuvert gesehen haben könnte.
„Ist doch egal. Von irgendeinem eben. Ich hätte auch Herzog, Graf oder Baron sagen können. Sind wir jetzt endlich fertig?“
Polly stand auf und wedelte mit dem Kuvert vor seiner Nase herum. „Sag schon, von welchem Fürsten ist dieser Brief?“
„Du spinnst doch, oder?“
„Nein, ich spinne nicht. Dieser Brief ist von einem Fürsten!“
„Polly, jetzt reicht es mir. Was soll das? Warum sollte dir ein Fürst schreiben? So aus lauter Langeweile? Weil er den lieben langen Tag nichts Besseres zu tun hat, als einer Kaufmannsfrau Briefe zu schreiben? Oder hast du etwas verbrochen?“
„Weder noch. Dieser Fürst will mich zu seiner `Hoflieferantin` machen.“
„Sonst noch was?“, lachte Karl ironisch.
„Ja. Er hat mich, nebst Begleitung, zu einem Fest in knapp drei Wochen eingeladen.“
„Klar! Darf ich raten? Das Fest findet anlässlich des vierzigsten Geburtstages seiner Cousine statt“, wollte Karl sie ärgern.
„Woher weißt du das?“
„Wieso stimmt das etwa?“
„Ja, das stimmt ganz genau! Also, woher weißt du das?“
„Weiß ich doch gar nicht!“
„Aber du hast es doch gerade eben gesagt!“
„Aber nur so, weil ich jemanden kenne, der zu dem Fest eingeladen ist.“
„Wer?“ Polly passte es gar nicht, dass noch jemand aus Karls Bekanntenkreis eingeladen wurde. „Kenne ich ihn? Ist er aus Braunschweig?“
„Nein, du kennst ihn nicht. Und nein, er ist nicht aus Braunschweig. Darf ich den Brief jetzt endlich lesen oder nicht?“
Polly war beruhigt. „Hier, genieße bitte jedes Wort.“
„Mache ich, versprochen.“ Karl hatte noch nie einen Brief aus ei-

nem der Fürstenhäuser bekommen. Da stand es schwarz auf weiß, mit allen Titeln des Fürsten und sämtlichen Siegeln.

„Jetzt bist du sprachlos, nicht wahr?"

„Bin ich."

„Du kommst doch mit?", fragte Polly leicht verunsichert.

„Wenn du darauf bestehst?" Karl wollte sich bitten lassen, auch wenn er um nichts in der Welt darauf verzichtet hätte.

„Selbstverständlich. Was soll ich dort ohne dich?"

Karl gab Polly einen Kuss auf ihre Stupsnase. „Das wollte ich hören, Mäuschen."

„Hurra! Hurra! Hurra! Welch ein Tag! Ich: „Polineira Schwelg", geborene Striebel, bin an den Fürstenhof eingeladen! Einfach unglaublich! Fantastisch!" Sie tanzte durch den Salon.

Karl freute sich von ganzem Herzen mit ihr. „Ich brauche noch einen neuen Anzug und eine Perücke nach der neusten Mode", stellte Karl sachlich fest.

„Und ich brauche noch Kleider, Kleider und nochmals Kleider!"

„Das Fest geht doch nur einen einzigen Nachmittag und Abend. Also brauchst du höchstens zwei Kleider. Aber ich brauche noch einen zweiten Anzug. Ich kann ja nicht nachmittags und zum großen Ball am Abend denselben Anzug tragen."

Polly hörte ihm nicht mehr richtig zu. „Gleich morgen früh fahre ich zu Monsieur Jacques und bitte ihn um Hilfe in der allergrößten Not."

„Da musst du aber weit fahren."

„Na und? Von mir aus bis zum Mond! Egal, ganz egal, gleich morgen in der Früh."

„Du hast mir nicht zugehört, Polly." Karl zog sie vorsichtshalber auf seinen Schoß. Er wusste, dass sie gleich fürchterlich in Tränen ausbrechen würde. „Monsieur Jacques ist zurzeit nicht in Braunschweig. Er ist in der Nähe von Celle, bei meiner Stiefschwester Elisabeth."

Mit vor Entsetzen weit aufgerissenen Augen starrte Polly ihn an. „Das hast du jetzt nicht gesagt! Das kann nicht sein! Einmal im Leben werde ich an einen Fürstenhof eingeladen und kann da nicht hin, weil der große Meister nicht geruht, in Braunschweig seiner Arbeit nachzugehen!" Und dann ging es los: Polly rutschte von seinem

Schoß herunter, wälzte sich auf dem Teppich, krümmte sich wie vor Schmerzen und schluchzte zum Gotterbarmen. Karl ließ sie eine Zeit lang gewähren. Er kannte solch theatralische Auftritte von Polly. Ihr Lebenstraum war in jungen Jahren eine Schauspielerin zu werden. Leider war sie nicht gut genug dafür. Diese Kritik ließ sie einfach nicht gelten und bildete sich ein, eine verkannte Künstlerin zu sein.

„Komm mein Engel, es wird alles gut. Selbstverständlich fahren wir zum Fest und selbstverständlich wirst du dort die Schönste sein. Das kannst du mir glauben. Ich werde dir dabei helfen. Wir finden schon eine Lösung. Allerdings benötige ich zunächst dringend deine Hilfe."

`Hilfe` war das Stichwort. Eine der liebenswertesten Seiten an Polly war ihre Hilfsbereitschaft. Wenn sie helfen konnte, wurden ihre eigenen Sorgen in den Hintergrund gerückt. Wenn sogar noch Ungerechtigkeit dabei im Spiel war, lief sie zu einer wahren Höchstform auf und setzte alles in Bewegung, um der Gerechtigkeit Genüge zu tun.

„Erzähl!" Polly schniefte einmal theatralisch, stand auf, setzte sich Karl gegenüber und sah ihn neugierig an.

Karl schilderte die unglückliche Geschichte von Rudolf und Sergej, ohne deren Namen zu nennen.

Polly hörte gebannt zu. Dieses Mal liefen ihr hin und wieder echte Tränen die Wangen hinunter. „Also dieser Jemand und sein Bruder sitzen wirklich in der Patsche", stellte sie fest. „Aber wozu bin ich denn da? Ich habe sogar schon eine Idee, wie es funktionieren könnte. So, dass alle drei glücklich werden und der Fürst mit seinem fiesen Plan keinen Erfolg hat."

„Du weißt, es darf niemand etwas davon erfahren. Niemals! Sonst kann es passieren – , nein, was sage ich! Es wird passieren, dass auch wir wegen Hochverrats an den Galgen kommen."

„Du hast es mir jetzt schon drei Mal gesagt. Und ich sage dir: Es wird niemals rauskommen. Zunächst müssen wir einen Pastor finden. Einen, der nicht mehr so ganz richtig im Kopf ist", Polly fing bereits an, eine Intrige zu schmieden.

„Ob du es glaubst oder nicht. Es gibt da wirklich, in einem Dorf unweit von hier, einen Pastor, der lieber dem Wein zuspricht, als Predigten zu halten. Ich könnte mir vorstellen, dass er gegen eine entsprechende Spende den Jemand und seine große Liebe trauen würde. Allerdings sind sie dann erst ein paar Tage verheiratet."

„Das lass meine Sorge sein. Wozu bin ich denn Schauspielerin? Da hätten wir doch schon das erste Problem fast gelöst. Wie steht es mit einem Kind, einem kleinen Kind?"

Karl fiel die entzückende kleine Maria ein. „Sie ist auch schon da. Etwa zwei Jahre alt."

Polly klatschte vor Begeisterung in die Hände. „Wunderbar! Sie haben schon eine kleine Tochter!"

„Langsam Polly, langsam. Die Kleine ist nicht ihre Tochter. Sie ist ein Findelkind. Die beiden haben sich nur um sie gekümmert."

„Das ist doch ganz egal. Wahrscheinlich sieht das kleine Mädchen die zwei als ihre Eltern an, wenn sie sich um sie gekümmert haben."

„Das kann schon sein."

„Gut, jetzt bleibt noch der jüngere Bruder vom Jemand." Polly überlegte. „Ich glaube, mir ist einmal zu Ohren gekommen, dass der Fürst eine Abneigung gegen verunstaltete Menschen hat oder gegen Krankheiten. Ich weiß nicht mehr genau. Kann das sein?"

„Keine Ahnung."

„Wie dem auch sei, mir fällt sicher etwas ein!" Polly überlegte fieberhaft.

„Ich denke, wir sollten die Dinge nacheinander angehen. Sonst kommen wir durcheinander", überlegte Karl.

„Du hast recht, Knalli. Also, was machen wir zuerst?"

„Ich denke, ich reite morgen einmal zu dem bewussten Pastor. Mal sehen, ob die Gerüchte über ihn in puncto Trinken stimmen."

„Und was willst du ihm erzählen?"

„Weiß ich noch nicht."

„Wie wäre es, wenn ich mitkommen würde. Wir leihen uns von meinen Schauspielerfreunden die Kleidung einer Magd und eines Knechtes aus und flehen den Pastor an, uns zu trauen. Ach, das wird ein Spaß!"

„Warum sollten wir uns von ihm trauen lassen? Du willst mich doch gar nicht heiraten."

„Wir tun doch nur so. Gesetzt den Fall, dieser Pastor würde uns trauen, könnten doch der Jemand und seine Angebetete nächste Woche, anstatt unser, vor den Altar treten. Schließlich muss die Frau erst hierherkommen. Und er würde denken, er hätte schon mit dem richtigen Brautpaar gesprochen. Dann könnte die Zeremonie ganz schnell gehen."

„Ja, da ist was dran. Gut, ich hole dich gegen Mittag hier ab. Wir reiten zusammen auf einem Pferd. Es ist wirklich nicht weit. Wir sind schon lange nicht mehr zusammen ausgeritten, nicht wahr?" Bei der Erinnerung an einen ihrer gemeinsamen Ausritte überkam Karl ein gewisses Begehren.

Auch Polly lächelte ihr bestimmtes verführerisches Lächeln. „Meinst du, wir sollten jetzt schon einmal oder zweimal üben, ob wir für solche Situationen noch in guter Verfassung sind?"

Karl stand auf, ging auf sie zu und sagte mit belegter Stimme: „Das sollten wir unbedingt, meine kleine Waldfee."

Karl unterrichtete Rudolf und Sergej von seinem Plan.

Rudolf war aufgeregt. Sergej etwas traurig. „Nicht, dass ich meinem Bruder sein Glück nicht gönnen würde. Aber was ist mit mir? Ich bin doch schließlich sechs Jahre jünger und soll irgendeine Kanaille heiraten. Nur weil wir reich sind!"

„Sergej!" Rudolf ermahnte ihn.

Sergej hatte sich in seiner Enttäuschung verplappert. „Oh! Ich meinte, der jüngere Bruder ist doch der Leidtragende, nicht wahr!" Sergej sah unsicher von Karl zu Rudolf und zurück.

Karl, der sich schon lange im Klaren darüber war, dass es sich bei dem Jemand und seinem Bruder, um Rudolf und Sergej handeln musste, tat, als wenn er den Ausrutscher von Sergej überhört hätte.

„Für den jüngeren Bruder finden wir auch eine Lösung. Bitte vertrauen Sie mir und machen Sie sich nicht allzu große Sorgen!"

Der hat leicht reden, dachte Sergej, *er ist auch nicht an meiner Stelle. Ich sollte nicht so undankbar sein. Er tut alles Mögliche, um uns zu helfen. Wenn alle Stricke reißen, haue ich einfach ab. Dann kann mir Geld und Reichtum gestohlen bleiben. Ich werde schon irgendwie durchkommen. Habe ich schließlich schon einmal über zwei Jahre alleine geschafft.*

Rudolf sah seinen Bruder an. „Denk nicht einmal im Traum dran. Das stehen wir gemeinsam durch. Entweder wir beide oder keiner von uns!"

„Woher weißt du, was ich denke?“
„Sind wir Brüder oder was? Alles klar jetzt?“
„Ja.“ Sergej schämte sich ein wenig, nicht genügend Vertrauen zu Rudolf zu haben.

Karl und Polly hatten keinerlei Mühe, den bewussten Pastor ausfindig zu machen. Die Kirchentür der kleinen schäbigen Dorfkirche stand weit offen. Nachdem sie mehrmals gerufen hatten, kam wankend ein alter Mann aus der Sakristei geschlurft.
„Guten Tag Hochwürden, wir haben ein Anliegen.“
Der alte Mann sah die beiden von oben bis unten an. „Ich kenne euch nicht. Ich habe viel zu tun“, lallte er mit schwerer Zunge. Er war jedoch noch so nüchtern, dass er bei seiner Musterung zu dem Schluss kam, dass es sich nicht lohnte, diesem fremden Paar zu helfen. Sie hätten wahrscheinlich nicht einmal so viel Geld, dass er sich eine Flasche des billigsten Fusels kaufen konnte.
„Hochwürden, Sie sind unsere letzte Rettung.“ Polly fing gekonnt an zu weinen. „Mein Vater schlägt mich tot, wenn er uns findet. Ich habe große Schande über unsere Familie gebracht.“
Auch das noch!, dachte der betrunkene Gottesmann. *Kann ich denn nicht einmal meine Ruhe haben? Kann nicht ein ganz normales Paar kommen und sich trauen lassen? Und vor allem ein Paar, das nach Geld aussieht?* In Wahrheit konnte er sich nicht einmal mehr daran erinnern, wann ihn irgendein Mensch um Hilfe gebeten hatte. Er war derjenige, der andere Leute um Hilfe bat. Und mittlerweile gingen ihm die Mitglieder seiner Gemeinde aus dem Weg.
„Tja“, rülpste er, „ist es richtig, dass ihr heiraten wollt?“
„Ja, Hochwürden.“
„Wann?“
„So schnell wie möglich.“
„Hab ich mir gedacht. Tja, ich habe aber noch nicht einmal Messwein für die Zeremonie. Leider!“, lallte der Pastor mit trockener Zunge.
„Ich habe Wein mit.“ Polly kramte umständlich in ihrem schäbigen Beutel herum. Sie zog einen Krug heraus, während Karl laut hustete und dabei aus seiner Hosentasche einige Taler herausfallen ließ.
Mit dem Blick eines Verdurstenden hatte der Pastor begehrlich den

Krug sowie auch die Taler im Blick. „Den Wein muss ich erst probieren. – Ob er gut genug für die Zeremonie ist“, schnalzte er mit seiner Zunge.

„Sehr wohl, Hochwürden“, bestätigte Karl. „Wir können anderen Wein vorbeibringen, falls dieser nicht gut genug ist.“

„Das ist wohl besser, – vorsichtshalber meine ich.“

„Wenn Sie den richtigen Wein ausgewählt haben, Hochwürden, können wir heiraten?“

„Sicher.“

„Wann ist das wohl?“

„Ich denke, so in vier bis fünf Tagen.“

„Ganz bestimmt?“, frage Polly wieder unter Tränen.

„Ja“, versprach der Pastor. Er hätte jetzt alles Mögliche versprochen, nur um an den Wein zu kommen.

„Gut, morgen steht ein anderer Wein hier hinter dem Altar, falls Sie nicht zugegen sind, Hochwürden.“

„Ja, ja, passt schon“, er konnte an nichts anderes, als an den Wein vor ihm denken.

„Bis in fünf Tagen, Hochwürden.“ Polly und Karl gingen langsam den Weg zur Kirchentür, wobei Karl ständig hustete, um das Geräusch weiterer fallender Taler aus seiner Hosentasche zu übertönen.

Kaum waren sie nicht mehr zu sehen, begab sich der Pastor auf seine Knie. In der einen Hand den Krug, sammelte er, so schnell es ging, die Münzen auf. Er warf einen Blick nach oben. *Sieh mich nicht so an, Herr! Die sind alle für den Klingelbeutel! Wenn ich nicht vergesse, sie dem Bräutigam zurückzugeben*, fügte er leise hinzu. *So wenig Geld scheinen die beiden ja nicht zu haben. Ja, ja, ich weiß, ich sollte nicht so gierig sein. Aber es ist doch für einen guten Zweck. Wenn ich die beiden traue, dann mache ich sie glücklich und das willst du doch, nicht wahr, Herr? Und wir haben wieder etwas im Klingelbeutel. Oder auch nicht. Wie kann ich sie schließlich trauen, wenn ich verdurste?* So mit seinem Gewissen wieder im Reinen, torkelte er zufrieden in die Sakristei zurück.

„Meine Güte, so schlimm habe ich mir das nicht vorgestellt.“ Polly schüttelte sich. „Dass man so zittern kann, wenn man nicht genug Alkohol intus hat. Zum Gotterbarmen.“

„Ja, es ist wirklich schlimm. Ich weiß nicht, warum ihm keiner hilft. Die Mutterkirche sollte ein Auge auf ihre Gottesmänner haben. Im Grunde wird er wohl ein feiner Kerl sein. Weißt du, wenn wir die ganze Sache hinter uns haben, überlegen wir, wie wir diesem Pastor helfen können. Momentan ist Mitleid noch nicht angebracht. Wir brauchen ihn so, wie er ist."

„Ja, leider", stimmte Polly ihm mit schlechtem Gewissen zu.

„Polly, wenn ich deine schauspielerische Leistung heute bewerten müsste, so würde ich dir ein dickes Lob aussprechen."

Polly strahlte Karl an. „Ja? Ehrlich?"

Karl nahm sie in die Arme. „Ganz ehrlich."

In der Dorfschenke bestellten sie für jeden der kommenden Tage einen großen Krug Wein, als Lieferung für die Kirche. Dieser sollte hinter den Altar gestellt werden. Einen kleinen Krug nahmen sie mit und suchten sich auf einer Lichtung ein schönes Plätzchen. Dort taten sie das, was sie am Abend zuvor geübt hatten. Später lagen sie zutiefst entspannt, wie die Natur sie geschaffen hatte, nebeneinander und ließen sich von der Julisonne bescheinen.

„Kannst du dich noch an die kleine Theatergruppe erinnern, die mit ihren vielen Kostümen?"

„Hmm", sagte Karl faul.

„Kannst du oder kannst du nicht?"

„Nö."

„Vor Monaten sind sie bei mir aufgetreten. Die hatte ich engagiert, um den reichen Händler aus Italien zu beeindrucken."

„Kann sein."

„Ach, Knalli. Denk doch mal ein bisschen nach."

„Nö." Karl wusste, dass er mit seinem `Nö` Polly ärgern konnte.

Polly kitzelte ihn an der Seite. „Duuu! Du weißt es noch ganz genau, nicht wahr?"

„Hmm."

„Also diese Theatergruppe besteht aus nur fünf Schauspielern und sie haben über vierzig Rollen gespielt. Ihre ganzen Kostüme waren doch in allen drei Gästezimmern verteilt. Die haben wir noch zusammen aufgeräumt, damit der Händler mit seiner Frau darin schlafen konnte. Erinnerst du dich?" Karl war inzwischen eingedöst, sie rüttelte ihn. „Du hörst mir nicht zu! Es geht hier um deinen Jemand und nicht um meinen!"

Karl war hellwach. „Was hast du über die Theatergruppe gesagt, die so viele Rollen gespielt hat?"

„Geht doch! Warum nicht gleich so? Die Gruppe hat mich neulich angeschrieben. Sie fragten, ob ich sie noch einmal engagieren möchte oder jemand anderen wüsste, der Interesse hätte."

„Ja und?"

„Ich überlege, ob ich sie nicht um Rat frage."

„Was für einen Rat, Polly? Mach es doch nicht so spannend. Ich döse gerade so schön."

„Weiß ich noch nicht. Ich habe da so ein Gefühl."

„Ach, ihr Frauen mit eurem „ Ich habe da so ein Gefühl". Damit können wir Männer nichts anfangen."

„Mir ist eingefallen, dass sie damals erzählt haben, dass sie ein wochenlanges Engagement an genau jenem Fürstenhof hatten, an dem der Jemand und sein Bruder und wir geladen sind. Der Sachsenfürst hatte sie nicht bezahlt. Das Geld werden sie bestimmt bis jetzt nicht bekommen haben. Der Fürst soll tief verschuldet sein, heißt es. Vielleicht haben sie ja Lust, sich an ihm ein klein bisschen zu rächen. Übrigens denke ich, dass ich mein Geld für die zwei chinesischen Vasen auch nicht bekommen werde."

„Meinst du nicht?"

„Nein, ich glaube nicht. Ich vermute, dass er mich darum zu einem seiner Hoflieferanten machen möchte. Da kann er dann bei mir Schulden machen, weil ich ja darauf stolz sein kann, dass ich mich `Hoflieferantin` nennen darf. Es ist ja auch wirklich gut für das Geschäft. Die Leute geben damit an, wenn sie ein neues Stück von einem `Hoflieferanten` erworben haben. Dasselbe Stück wäre wahrscheinlich bei einem normalen Händler viel günstiger. Sie bezahlen quasi für den Titel `Hoflieferant` mehr."

„Es ist mir einige Male aufgefallen, dass damit angegeben wird. Nun gut, sei es, wie es ist. Wie willst du weiter vorgehen?"

„Heute Nachmittag setzte ich mich mit der Gruppe in Verbindung. Sie werden sicher eine Idee haben."

Gesagt, getan. Polly setzte sich mit den Schauspielern in Verbindung. Karl informierte Rudolf und Sergej über den Besuch beim Pastor.

„Das wäre in fünf Tagen?“, vergewisserte sich Rudolf. „So langsam geht dem Jemand das Geld aus, Graf. Um neues zu besorgen, benötigt er ungefähr vier Tage Zeit.“

„Sagen Sie ihm, dass er sich im Moment darüber keine Gedanken machen soll, Rudolf. Jetzt ist wichtig, dass die zukünftige Frau des Jemand pünktlich mit der kleinen Maria eintrifft.“

„Wieso Maria?“, fragte Sergej erstaunt.

„Weil ich dem Brief meiner Schwester entnommen habe, dass es von Vorteil wäre, wenn schon ein Kind vorhanden ist. Das würde die ganze Sache glaubhafter erscheinen lassen. Der Meinung bin ich übrigens auch. Wie weit sind Sie mit dem Schneider gekommen?“

„Morgen früh sollen vorerst die letzten Anproben sein“, informierte ihn Rudolf.

„Fein, ich benötige nämlich selbst zwei Anzüge, da ich mit meiner guten Bekannten, Frau Schwelg, auch zu dem Fest eingeladen bin. Wäre es nicht günstig, wenn Sie in der Zwischenzeit nach Eldingen reisen würden, um alles in die Wege zu leiten?“

„Oh ja, ja! Das wäre schön!“, freute sich Sergej.

Karl tat es leid, dass er Sergejs Freude trüben musste. „Hm, Sergej. Zu meinem Bedauern muss ich dir sagen, dass du nicht mit nach Eldingen reiten kannst. Wir brauchen dich hier.“

„Mich? Wieso mich? Es geht doch um die Hochzeit. Was kann ich da schon ausrichten?“

„Jetzt dreht es sich einmal nicht um die Hochzeit. Jetzt geht es um den jüngeren Bruder des Jemand. Wir müssen uns darum kümmern, dass er keine Kanaille heiraten muss, wie du so treffend formuliert hast.“

Kleinlaut meinte Sergej: „Ja, das habe ich gesagt, Entschuldigung. Was soll ich machen?“

„Wir beide warten ab, wann sich meine Bekannte, Frau Schwelg, meldet. Sie hat da gewisse Kontakte, die sie uns vermitteln will. Daraus wird sich hoffentlich eine Lösung ergeben.“

„Wann wird das sein?“, hakte Sergej nach.

„Genau weiß ich es nicht. Ich vermute morgen. Wir müssen abwarten.“

„Dann male ich einfach so lange oder helfe in der Küche ein wenig aus.“

„Das ist eine gute Idee. Allerdings gastiert rein zufällig auch ein Zirkus in Braunschweig. Ich habe mir gedacht, wir beide könnten eine Abwechslung gebrauchen, Sergej“, schlug Karl vor. Er mochte Sergej. Sergej war ein liebenswerter, aufgeweckter Junge. Dazu intelligent und gut erzogen. Wenn er sich einen Sohn hätte aussuchen können, hätte er ihn gewählt.

„Ehrlich? Wann würden wir dahin gehen?“

„Gleich nach dem Abendbrot. Passt dir das?“, lächelte Karl fragend.

„Unbedingt. Ich könnte auch schon eher“, ereiferte sich Sergej. Rudolf boxte ihn in die Seite. „Ich meine natürlich, wie Sie wünschen, Graf.“

„Dir passt es also eher? Mir auch. Ich muss nur noch eine Kleinigkeit erledigen, dann können wir los. Wir werden uns vor der großen Schau die Tiere ansehen, wenn du willst.“

Sergej war vor Aufregung nicht mehr auf seinem Stuhl zu halten. Rudolf lächelte Karl dankbar an. *Da hätte ich selbst drauf kommen müssen!,* schalt er sich.

Karl wandte sich an Rudolf. „Wie Sie sehen, brauchen Sie sich um uns keine Gedanken zu machen, Rudolf. Sie können eine meiner Kutschen nehmen. Ich gebe meinem Stallmeister die entsprechende Anweisung. Meiner Schwester bestellen Sie bitte einen lieben Gruß. Es läuft hier alles nach ihren Vorstellungen. Sie soll sich keine Sorgen machen. Aber ich würde mich sehr freuen, meine Schwester, Baron Heinrich und Bernhard hier auch einmal begrüßen zu dürfen. Richten Sie ihr das bitte aus?“

„Es ist mir ein Vergnügen, Graf.“ Rudolf verbeugte sich und umarmte Sergej. „Ich wünsche dir viel Spaß, Kleiner. Mach mir keine Schande!“

Rudolf saß morgens als Erster am Tisch, darauf folgten Katharina mit Maria, Lennard, Baron Heinrich, Otto und Hermine. Rudolf hatte bereits zwei große Kannen Tee aufgegossen. Es hatte sich so eingespielt, dass der Erste morgens für den Tee sorgte.

Heute war die Schlossfamilie schneller wach als sonst. Sie bedrängten ihn mit ihren Fragen. Nachdem er ihnen ihre Fragen beantwortet hatte, war es an ihnen, Rudolf auf den neusten Stand der Dinge zu bringen. Dadurch verzögerte sich der gesamte Tagesablauf und sie gingen gleich zum Frühstück über.

„Nun muss ich zur Baronin“, erklärte Rudolf. „Ich habe ihr Grüße von Graf Karl auszurichten.“

Beim zweiten Frühstück fragte Elisabeth aufgeregt: „Otto muss übermorgen wieder zu seinem Dienst, nicht wahr?“

„Ja, wieso?“, fragte Heinrich irritiert. „Er kann wirklich nicht länger hierbleiben.“

„Darauf wollte ich auch nicht hinaus.“

„Worauf dann?“

„Ich habe mir gedacht, weil Karl uns bei dieser Sache hilft und er den Wunsch geäußert hat, uns und seinen Patensohn einmal wieder in Braunschweig zu sehen, könnten wir ihm den Gefallen tun.“

„So, das hast du dir gedacht?“

„Ja.“

„Gut, dann machen wir das.“

„Wie bitte? Du hast keine Einwände?“, erstaunt sah Elisabeth ihn an.

„Nein, warum sollte ich?“, meinte Heinrich großzügig, überlegte aber fieberhaft, was dazwischenkommen könnte, damit sie nicht fahren müssten.

„Weil …, ach … nichts“, Elisabeth beschloss, Heinrich nicht auf eventuelle Komplikationen zu stoßen, die ihn von seiner Zusage abbringen würden.

„Ich könnte einfach alles planen?“, vergewisserte sich Elisabeth noch einmal.

„Hmm, kannst du. Einfach so.“

„Ja, dann fange ich einfach an, oder?“ Dieses schnelle unkomplizierte Zugeständnis passte nicht zu Heinrich. Er war nicht von der spontanen Sorte Mensch. Was leider dazu führte, dass Elisabeth auf viele Dinge verzichten musste. Aber sie hegte die Hoffnung, dass Heinrich sich noch ändern würde.

„Ja, fang einfach an.“

„Du weißt, es gibt dann kein Zurück mehr.“

Heinrich rutschte unruhig auf seinem Stuhl hin und her. „Ja, ich weiß.“

Elisabeth sprang auf und legte los.

Zunächst ging sie zu Monsieur Jacques und teilte ihm mit, dass sie in einer äußerst wichtigen Angelegenheit sobald wie möglich nach Braunschweig reisen müssten.

„Oui, Madame. Isch bin aberr noch niiicht fertiiig, Madame."

„Könnten Sie sich vorstellen, in Braunschweig, im Hause meiner Mutter, weiter zu arbeiten, Maitre? Dort haben wir im Spiegelsaal viel mehr Platz als hier."

„Oui, Madame. Das kann ich mir gut vorstellen. Aber es gehen uns dadurch zwei Tage verloren, Madame."

„Monsieur Jacques, ich verspreche Ihnen, dass Sie sich um nichts kümmern müssen. Wir helfen mit, Ihre Stoffe und das Nähzubehör zu verpacken. Sie können bis zur letzten Minute weiter nähen. Im Notfall verzichte ich auf die Fertigstellung eines meiner Kleider."

„Non Madame, das kommt nicht infrage. Isch habe Iiihnen zugesagt. Isch werde Sie nicht enttäuschen."

Anschließend ging Elisabeth in die Küche und fand genau das vor, was sie befürchtet hatte. Hermine saß weinend am Küchentisch, Katharina stand weinend am Fenster. Aus Solidarität weinte Maria gleich mit. Elisabeth nahm Maria aus ihrem Laufstall. Diese drehte sich gleich aus ihren Armen heraus, streckte ihre Ärmchen in Richtung Katharina und rief: „Ma."

„Habt ihr das gehört?", fragte Elisabeth, um Hermine und Katharina abzulenken.

„Was?", fragte Heinrich, der gerade dazu kam.

„Maria hat `Ma` zu Katharina gesagt."

„Ehrlich?"

„Ja, eben schon wieder. Ganz leise."

„Das soll wohl Mama heißen, nicht wahr, meine kleine, süße Maus?", meinte Heinrich lachend und kitzelte Maria. „Was ist hier eigentlich los? Warum weint ihr beiden?"

Hermine sah ihn tränenüberströmt an. „Du würdest auch weinen, wenn deine Tochter, weit weg von der Heimat, heiraten würde und du nicht dabei sein könntest. Ganz sicher, Hein."

„Und du weinst, weil deine Mutter weint?" Er sah Katharina an.

„Ich habe mir meine Hochzeit anders vorgestellt. Nicht mit einem betrunkenen Pastor und schon gar nicht ohne meine Mutter“, schniefte Katharina.

„Aber es ist doch erst einmal nur so, keine richtige Hochzeit“, versuchte Heinrich, die beiden zu beruhigen. Er erreichte damit das Gegenteil.

„Hu, hu, hu“, ging es zweistimmig lauter los.

„Ich verschwinde. Am besten wir fahren alle zusammen, dann gibt es hier kein Theater“, murmelte Heinrich halblaut vor sich hin und nahm Reißaus. Eine Frau, die weint, war schon schlimm genug, mit zweieinhalb weiblichen Wesen war er absolut überfordert.

Hermine, Katharina und Maria waren sofort still.

„Habt ihr *das* auch gehört?“, fragte Elisabeth verblüfft.

Hermine und Katharina nickten.

„Tja, wenn er *das* sagt, dann machen wir das auch“, stellte Elisabeth zufrieden fest.

„Wir dürfen auch gar nicht anders. Heinrich ist der Herr und wir müssen tun, was er sagt, nicht wahr, Katharina?“, blies Hermine ins gleiche Horn.

„Du hast völlig recht, Mutter. Wer sind wir, dass wir Widerworte haben dürften?“, strahlte Katharina und nahm endlich Maria auf den Arm.

„Er hat doch gesagt *alle*, nicht wahr?“, vergewisserte sich Hermine.

Elisabeth und Katharina nickten.

„Dann müssen wir Lennard auch Bescheid geben. Er ist schließlich Rudolfs bester Freund. Rudolf möchte ihn sicher zum Trauzeugen haben.“

Katharina nickte. Elisabeth klatschte in die Hände. „Es gibt viel zu tun! Morgen wird gepackt und Übermorgen geht es los! Ihr wisst, was zu tun ist!“

„Haben wir alle Platz in den Kutschen?“, fragte Hermine zweifelnd.

„Rudolf ist mit der Kutsche meines Bruders hergekommen, wir haben die große Kutsche und die neue sportliche. Wir sind zusammen zehn Personen plus Bernhard und Maria. Die Männer kutschieren, dann klappt das schon.“

Katharina rechnete nach. „Sie haben Anna und ihre beiden Kinder mitgerechnet, Frau Baronin?“

„Ja, sicher. Lennard wird nicht ohne Anna und Anna nicht ohne ihre Kinder mitkommen.“

„Sicher nicht“, pflichtete Katharina ihr bei.

„Und wer hält hier die Stellung, wenn wir alle weg sind?“ Hermine hatte Angst, dass sie dableiben müsste.

„Das sind nur fünf Tage. Ich denke, das werden Georg und Lennards Stellvertreter schon schaffen. Ich gehe gleich rüber zu Georg und anschließend zu Lennard. Passt ihr bitte solange auf Bernhard auf?“

Noch vor dem Mittagessen hatte Elisabeth mit allen gesprochen. Weder Georg noch Lennard und dessen Stellvertreter sahen ein Problem, fünf Tage ohne die Herrschaft auszukommen.

„Na, wie laufen deine Vorbereitungen, schöne Frau?“, fragte Heinrich beim Essen.

Elisabeth strahlte ihn an. „Bestens! Allerbestens! Übermorgen in der Früh können wir los.“ Sie erwähnte vorsichtshalber nicht, wer mitkommen würde.

„Das freut mich zu hören. Leider, – leider muss ich dir eine schlechte Nachricht überbringen.“

„So wie du lächelst, kann sie nicht sehr schlecht sein.“

Heinrich hatte vergessen, ernst zuschauen. Er riss sich zusammen. „Na ja, wie man es nimmt. Mich betrifft es nicht direkt. Eher dich.“

„Eher mich? Nun sag schon!“, forderte sie ihn auf.

„Ich habe vorhin Monsieur Jacques kurz getroffen.“

„Getroffen, wo? Er verlässt doch nie den Spiegelsaal, außer wenn er auf den Abort muss.“

Heinrich kam ins Schleudern. „Ja, eben dort“, sagte er, bevor er sich noch mehr verzettelte.

Elisabeth lachte. „Ihr wart *zusammen* auf dem Abort? Das hätte ich zu gerne gesehen!“

„Nicht direkt zusammen. Davor.“

„Aha, *davor*. Vor dem … oder nach dem …?“

„Ist doch egal. Ich soll dir ausrichten, dass Monsieur sich bei deinem Kleid verschnitten hat.“

„Dem grünen oder dem bernsteinfarbenen?“

„Hat er nicht gesagt." Heinrich hatte das Gefühl, dass Elisabeth ihm kein Wort glaubte und seine Rache für die schlaflose Nacht ins Leere lief.

„Das sieht ihm gar nicht ähnlich." Elisabeth lächelte noch immer.

„Wieso nicht?" Die Frage war sein Fehler.

„Weil er sich nicht verschneidet und wenn doch, würde er es niemals zugeben, mein Schatz."

„Bist du dir da so sicher?"

„Bin ich! Außerdem würde er tränenüberströmt im ganzen Schloss herumlaufen und es dir nicht heimlich still und leise vor oder nach dem … mitteilen."

„Du bist gemein. Ich gebe auf!"

„Sollte das die Rache für die eine Nacht sein, in der du armer Tropf bei deiner Lieblingsfrau schlafen musstest, weil sie dir verheimlicht hat, dass Monsieur Jacques gar nicht in deinem Zimmer schläft?"

„Ja", antwortete Heinrich kleinlaut. „Mit dir macht das einfach keinen Spaß!"

„Dir wird schon noch etwas Besseres einfallen. Nur solltest du dann auch deinen Gesichtsausdruck im Griff haben. Wenn du lächelst, glaube ich dir keine schlimmen Nachrichten. Habe ich dir schon gesagt, dass Katharina so gut wie alles beherrscht, was wir ihr beigebracht haben. Erstaunlich in so kurzer Zeit, finde ich. Nur eines kann sie noch nicht: Tanzen. Heute Abend müssen wir mit ihr unbedingt tanzen üben!"

„Och nö." Heinrich war kein begnadeter Tänzer. Er sah lieber zu.

„Doch. Es ist die einzige Möglichkeit. Morgen wird gepackt und übermorgen nach dem Frühstück fahren wir los."

„Ich habe wirklich keine Lust dazu. Hab doch bitte Erbarmen mit mir."

„Nein. Entweder du tanzt mit Katharina oder du singst die Melodie und spielst auf dem alten Spinette."

„Ich kann nicht Spinett spielen. Nur Otto kann mit dem alten Ding umgehen. Und das Singen ist mir nicht in die Wiege gelegt worden, wie du dir jeden Sonntag in der Kirche anhören musst."

„Du kannst pfeifen. Du pfeifst wundervoll, nur tust du es zu wenig."

„Gut, ich mach fast alles, wenn ich nicht tanzen muss.“

„Ich werde Alexander Rotermann dazubitten. Er spielt als ehemaliger Lehrer sicher irgendein Instrument.“

„Tu das, mein Engel.“

Gut gelaunt schnappte sich Elisabeth die kleine Maria und ging zu Monsieur Jacques.

„Maestro, entschuldigen Sie, wenn ich Sie störe. Aber dieses entzückende kleine Mädchen braucht noch ein Kleidchen. Wenn möglich ein Kleidchen, welches zu dem wunderbaren weißen Kleid von Mademoiselle Katharina passt. Sie soll sie begleiten.“

„Isch werde sehen, was isch machen kann, Madame.“

Beim Hinausgehen warf Elisabeth vorsichtshalber noch einen Blick auf ihre fertig zugeschnittenen Kleider.

Während die Eldinger packten und ihre Vorbereitungen planten, kamen Polly, Karl und Sergej ein gutes Stück weiter in ihrem Vorhaben.

Die Theatergruppe hatte Polly bestätigt, dass Fürst Johann Georg in der Tat eine starke Abneigung gegen Krankheiten und Gebrechen aller Art hatte. Der Fürst selbst war ein äußerst gepflegter gutaussehender Mann. Er trug so gut wie nie eine Perücke, da er noch im Besitz seiner dichten lockigen Haare war. Schlank und rank, erwartete er dieselbe Erscheinung in seiner Gegenwart. Nur ab und zu, wenn er das Gefühl hatte, seine Kleider würden etwas kneifen, ließ er einige auserwählte, übergewichtige Personen in seine nähere Umgebung, um sich zu vergewissern, dass er immer noch der schlankste und schönste Mann war.

Gemeinsam tüftelten sie so lange an Sergej herum, dass er nicht nur hässlich wirkte, sondern geradezu abstoßend. Sie hatten jede Menge Spaß dabei, sich das Gesicht des Fürsten bei Sergejs Anblick vorzustellen. Allgemein waren sie mittlerweile zu der Ansicht gekommen, dass Rache doch süß sei.

Nachdem Karl mit Sergej einen wunderbaren Abend im Zirkus verbracht hatte, erlaubte er ihm, die Tiere dort regelmäßig zu besuchen. Die Zirkusleute freuten sich, Sergej zu sehen. Er stand nie im Weg, stellte interessiert Fragen und half sogar ein wenig bei der Fütterung. Sergej machte sich Skizzen von den Artisten und Tieren, was sie erfreute. Normalerweise war dieser Menschenschlag nur zu Unterhaltungszwecken beliebt und geduldet. Zu tun haben wollte sonst leider keiner etwas mit ihnen. Sie wurden mit den Zigeunern gleichgesetzt, die in dem verkehrten Ruf standen, zu stehlen und Kinder zu rauben. Sergej ging völlig unvoreingenommen mit Menschen aller Art um. Sein angeborenes Feingefühl ließ ihn nach wenigen Augenblicken erkennen, ob er einen ihm wohlgesonnenen oder bösartigen Menschen vor sich hatte.

Karl war wie Sergej außer sich vor Freude, Elisabeth, Heinrich und seinen Patensohn Bernhard wiederzusehen.

„Ist dir das auch nicht zu viel mit uns allen?“, fragte Heinrich ihn in einer ruhigen Minute.

„Im Gegenteil! Endlich ist Leben in diesen riesigen, alten Mauern. Seitdem Elisabeth und Rosalie-Sophie weg sind, ist es ziemlich ruhig geworden. Beatrice ist auch schon Wochen weg. Ich vereinsame hier richtig. Die Tage mit Rudolf und Sergej waren mir bereits eine willkommene Abwechslung. Mach dir keine Gedanken, Schwager, ihr seid hier herzlich willkommen. Bitte fühlt euch wie zu Hause und bleibt so lange, wie es geht.“

Drei Kutschen hielten am Dienstagvormittag gegen halb zehn in einem Dörfchen nahe Braunschweig. Zwei Männer stiegen aus und betraten die heruntergekommene Dorfschenke. Die Wirtin bestätigte den Männern, dass sie in den letzten Tagen täglich zwei Krüge Wein hinter dem Altar der kleinen Dorfkirche deponiert habe. Die Männer kauften vier Krüge Wein und gingen zurück zu den Kutschen. Dort wurden sie bereits von mehreren Menschen erwartet. Die kleine Gesellschaft ging in Richtung Dorfkirche und verschwand darin. So wurde es später im Dorftratsch erzählt.

„Habt ihr erfahren, wie der Pastor heißt?“, flüsterte Polly Rudolf und Karl zu.

„Irgendetwas mit Wein …“, meinte Karl.

„Ich glaube `Weinzierl`. Ja, ich meine die Wirtin hat Weinzierl gesagt“, bestätigte Rudolf.

„Wenigstens etwas. Wollen wir jetzt nach Pastor Weinzierl sehen?“, flüsterte Polly weiter.

Karl und Rudolf nickten. Elisabeth. Heinrich, Sergej, Hermine, Alexander, Katharina, Lennard und Anna standen ratlos vor dem Altar. Karl, Rudolf und Polly gingen rufend in die Sakristei. Sie bekamen keine Antwort.

„Was machen wir jetzt?“, fragte Karl.

„Plan B“, schlug Polly vor. „Du suchst mit Rudolf weiter nach Pastor Weinzierl und ich durchsuche mit Elisabeth die Sakristei und die Schreibstube, sofern er eine hat, nach dem Kirchenbuch. Heinrich und Alexander können mitsuchen.“

Nach geraumer Zeit kamen Karl und Rudolf enttäuscht zurück. „Er ist nicht da. Einfach weg. Spurlos verschwunden“, klärte Karl die anderen auf.

„Überall nur leere Weinkrüge und vergammelte Essensreste“, fügte Rudolf hinzu.

„Habt ihr auch auf dem Abort nachgesehen?“, erkundigte sich Hermine, praktisch wie immer.

Karl und Rudolf sahen sich an und schüttelten den Kopf.

„Ich habe ihn gefunden!“, rief Sergej in die Stille. „Er schläft friedlich im Gras, draußen bei den Ziegen.“

„Gott sei Dank“, meinte Hermine mit einem Seitenblick auf Katharina, die Tränen in den Augen hatte. „Wirst sehen, mein Kind, es wird schon.“

„Hier ist das Kirchenbuch. Der letzte Eintrag ist über ein halbes Jahr her“, stellte Heinrich fest.

„Schlag einmal die Seiten von vor gut zwei Jahren auf“, forderte Elisabeth Heinrich auf.

„Hier. Hier ist im April 1656 eine Geburt eingetragen, glaube ich. Ich kann diese Schrift nicht genau entziffern. Alexander, würden Sie bitte einmal nachsehen, ob Sie das besser lesen können?“

„Ja, Sie haben recht. Es ist eine Geburt vom neunten Mai 1656 verzeichnet. Es ist wirklich eine Sauklaue, wenn ich das mal so sagen darf. Überhaupt ist das ganze Kirchenbuch sehr beschmiert und unleserlich. Als Lehrer würde ich ihm eine Sechs dafür geben. Was sage ich, eine Sechs? Nein, dafür, dass dies alles Dokumente sind, würde ich ihm eine saftige Strafarbeit aufbrummen“, empörte sich Alexander.

„Nun, uns kommt es sehr gelegen, nicht wahr?“, mischte sich Polly ein. „Könnte man da noch nach oder vor dem Eintrag der Geburt etwas hinzufügen?“

Alexander grinste Polly an. „Ja, danach, das würde nicht auffallen.“

„Dann muss dahin: vierundzwanzigste Juli 1656 Eheschließung von Rudolf, Graf von Soskie mit der Küchenmagd Katharina Schlüpfer. Sagt ihr beiden Herrn Rotermann bitte eure weiteren Vornamen und Geburtsdaten und was er sonst noch benötigt“, forderte Polly Rudolf und Katharina auf.

Alexander hatte vorsichtshalber seine eigene Feder und Tinte dabei. Er schrieb mit verstellter Schrift.

„Wohnort?“

„Unbekannt“, antwortete Heinrich.

„Können wir nicht machen. Da muss immer der Wohnort eingetragen werden. Sonst ist es nicht rechtskräftig.“

„Spricht etwas dagegen, wenn wir die Wahrheit schreiben? Eldingen?“, fragte Hermine. Darauf einigten sie sich.

„Jetzt die Trauzeugen bitte.“ Alexander war ganz in seinem Element. „Und nun fertige ich eine Abschrift an. Dauert nicht lange. Wer unterschreibt den Eintrag ins Kirchenbuch und die Abschrift?“

Keiner meldete sich zu Wort.

„Wir müssen den Pastor wach kriegen. Er wird doch bald wieder Durst haben müssen. Das geht mir jedenfalls so, wenn ich einen Kater habe“, überlegte Hermine.

„Moment noch, das Siegel ist noch nicht trocken.“

Sergej lief in den Garten und kam schnell zurück. „Er bewegt sich. Vielleicht wird er jetzt wach?“

Die anderen sahen Karl an.

„Jetzt kommt dein großer Auftritt, `Eminenz Karl`.“ Polly deutete einen Knicks an.

„Hm, hm, – nun denn, meine Schäflein, was getan werden muss, muss getan werden. Folgt mir in den Garten. Kirchenbuch und Abschrift nicht vergessen!“

Hoheitsvoll schritt Karl in seinem Bischofskostüm voran.

Pastor Weinzierl saß im hohen Gras, eine Ziege leckte ihn am Hals und Ohr. Er tastete ringsherum das Gras nach seinem Weinkrug ab.

Mit ausgebreiteten Armen, im Bischofstalar mit Bischofsmütze und Stab, rauschte Karl auf ihn zu. „Bruder im Herrn, da seid Ihr ja. Wir haben Euch schon gesucht. Ihr müsst den Eintrag in das Kirchenbuch und die Urkunde noch unterschreiben. Damit das Hochzeitspaar endlich feiern kann."

Pastor Weinzierl rieb sich seine Augen. Ihm kam nicht nur ein Bischof entgegen, es waren gleich drei Bischöfe. Eine riesige Menschenmenge folgte ihm. Pastor Weinzierl hatte das erste und letzte Mal bei seiner Priesterweihe einen Bischof zu Gesicht bekommen. Das war, wie ihm schien, in einem anderen Leben gewesen, so lange war das her. *Jetzt ist es soweit. Jetzt bin ich im Delirium. Oh mein Gott, was habe ich getan, dass du mich so strafst? Oder bin ich schon auf dem Weg zur Hölle? Bitte erbarme dich meiner! Ich werde nie wieder einen Schluck trinken. Nein, auch keinen Messwein! Das verspreche dir hoch und heilig. Bitte lass mich aus diesem Traum erwachen. Ich flehe dich an. Ich tue alles, was du willst!*

„Kommen Sie, Hochwürden, wir helfen Ihnen." Lennard und Heinrich griffen Pastor Weinzierl unter die Arme.

„Wein", hauchte Pastor Weinzierl mit trockenem Mund. „Nein! Wasser! Viel Wasser!", verbesserte er sich schnell.

Hermine und Anna liefen gleichzeitig zum Brunnen.

„Hier, mein Bruder im Herrn, trinken Sie. Das wird Ihnen guttun. Es ist aber auch wirklich zu heiß heute." Karl flößte ihm ungeschickt das Wasser ein. „So, jetzt wird es gehen."

Sergej stellte sich vor den schwankenden Pastor und bot ihm seinen Rücken als Schreibunterlage an. Alexander hielt das Kirchenbuch und die Urkunde fest. Karl führte Pastor Weinzierl die Hand beim Unterschreiben.

„Das haben Sie prächtig gemacht. Ganz prächtig. So wie den ganzen Gottesdienst, Hochwürden. Bitte geben Sie zum Schluss dem Hochzeitspaar noch Gottes Segen für ihre gemeinsame Zukunft. Hier mitten im Garten ist das richtig romantisch."

Pastor Weinzierl tat, worum er gebeten, halb deutlich, halb lallend segnete er nicht nur das Paar, sondern auch die Menschenmenge, die schon deutlich geschrumpft schien. Auch aus den drei Bischöfen war wundersamerweise nun einer geworden. *Danke, lieber Gott. Ich werde mich an mein Versprechen halten, wenn ich wieder aufgewacht bin. Das war mir eine Lehre. Nie wieder trinke ich so viel. Ja, du hast ja recht. Ich habe geschworen, nie wieder Wein zu trinken. Aber ein kleiner Humpen Bier ist doch erlaubt?* Wollte er mit Gott verhandeln, sprach aber seine Gedanken laut aus.

Aus heiterem Himmel blitzte und donnerte es gewaltig.

„Gott scheint es nicht zu gefallen, was Sie gerade gesagt haben, Hochwürden. Er ist wohl momentan eher wütend als wohlgelaunt“, konnte sich Heinrich nicht verkneifen.

„Verliere deinen Glauben an Gott nicht, Bruder im Herrn. Er wird dir helfen.“ Wie es schien, ging Karl in der Rolle als Bischof völlig auf.

Bevor er weiter Trost spenden würde, zupfte Polly von hinten an seinem Talar. „Es reicht jetzt, Knalli. Besser wir lassen ihn allein“, flüsterte sie.

Langsam verließen sie den Garten, in dem Pastor Weinzierl weinend, inmitten seiner Ziegen, saß. Die Kutschen erreichten sie bei strömenden Regen.

Auf `Gut Heimtraut` angekommen, bat Karl die Gesellschaft in den Speisesaal. „Heute war ein besonderer Tag, meine Lieben. Auch wenn die Hochzeit unter anderen Umständen zustande gekommen ist, so ist sie doch beurkundet und damit von kirchlicher Seite nicht wieder rückgängig zu machen. Ich möchte Ihnen beiden herzlich, mit sozusagen zweijähriger Verspätung, gratulieren. Graf Rudolf von Soskie“, Karl verbeugte sich vor Rudolf, „Gräfin Katharina von Soskie.“ Er küsste Katharina die Hand. „Es ist mir eine Ehre, Ihnen heute eine Feier ausrichten zu dürfen. Erheben wir unsere Gläser auf das Hochzeitspaar, verehrte Gäste.“

Ein ausgezeichnetes Mahl sowie einige lustige Darbietungen von Pollys Theatergruppe rundeten Katharinas und Rudolfs ungewöhnliche Hochzeit ab. Obwohl sie keine Traumhochzeit hatten, waren Katharina und Rudolf überglücklich. Später, so hatten sie sich vorgenommen, würden sie es nachholen und sich bei den vielen Freunden bedanken können, die ihnen geholfen hatten.

Sergej freute sich zwar für die beiden, hatte aber noch Zweifel an den bevorstehenden Ereignissen seine Person betreffend. In ein paar Tagen war es so weit. Dann entschied das Schicksal über sein weiteres Leben.

Seit dem tragischen Verlust seiner Eltern und älteren Brüder zweifelte er stark an der Existenz des lieben und gütigen Gottes, der den Menschen in der Not zur Seite stehen sollte. In seiner Kindheit hatte ihm sein Glaube geholfen und ihn gestärkt. Dieses Gefühl fehlte ihm. So sehr er sich auch bemühte, es gelang ihm nicht, den Riss zwischen sich und Gott zu kitten. Öfter, als Rudolf ahnte, war Sergej seit jenem unglücklichen Tag in die Kirche von Soskie gegangen. Dort hatte er auf ein Zeichen gehofft. Nichts geschah. Nun hatte er die Hoffnung aufgegeben. In dem Trubel, der auf Gut Heimtraut herrschte, kam er nicht mehr dazu, über seine, wie es schien, ausweglose Situation nachzudenken. Und das war gut so.

Es gab bei so vielen Menschen fast stündlich Neues zu berichten. Zudem kamen noch die letzten Anproben bei den Damen und Herren dazu. Polly hatte sich entschlossen, ein rubinrotes Kleid auf dem Fest beim Fürsten zu tragen. Monsieur Jacques hatte ihr dieses Kleid vor Monaten geschneidert, sie hatte bisher noch keine Gelegenheit für würdig befunden, es zu tragen.

Am Tag vor der Reise nach Dresden hieß es von Lennard, Anna und ihren Kindern, Hermine und Alexander Abschied zu nehmen. Sie kehrten nach Eldingen zurück. Elisabeth, Heinrich und Bernhard reisten mit nach Dresden.

In einer noblen Herberge hatte Karl Zimmer reservieren lassen. Diese war überfüllt mit Gästen, die zum Fest an den Hof geladen waren. Langsam bekamen sie eine kleine Vorstellung davon, welche Ausmaße das Fest haben könnte. In der Herberge war das Protokoll für den Ablauf des Festes auf Pollys Namen hinterlegt worden. Ebenso für die Landgrafen von Soskie. Polly, sowie Rudolf und Sergej hatten dem Fürstenhof frühzeitig mitteilen müssen, wo sie Quartier beziehen wollten. Es gab genaue Anweisungen, wer, wann, wo einzutreffen hatte, um dort weitere Anweisungen zu erhalten.

Wegen der Auszeichnung zur `Hoflieferantin` wurde Polly am nächsten Vormittag um elf Uhr, im Audienzsaal des Palastes erwartet. Dort würden sie aufgerufen werden und durften vor den Fürsten treten. Jeweils eineinhalb Stunden vor Beginn der Veranstaltungen hatten sich die Gäste dort einzufinden. Polly und Karl machten sich entsprechend zeitig auf den Weg. Allerdings hatten sie das Gefühl, dass sie doch zu spät ankommen würden, weil ihre Herberge wie leergefegt schien.

Polly und Karl kamen nach sechs Stunden völlig fertig zurück. Polly war vor Wut und Enttäuschung außer sich. Nicht nur, dass sie eineinhalb Stunden in ihrer Kutsche warten mussten, bis sie aussteigen konnten, sie mussten auch weitere zwei Stunden warten, bis sie vor den Fürsten treten durften. Sie knieten nieder und der Fürst zeichnete Graf Karl zum Hoflieferanten aus. Er hängte Karl einen Orden um und drückte ihm die Urkunde in die Hand. Damit waren sie entlassen. Dieser formelle Akt dauerte noch nicht einmal eine Minute. Es war den Gästen nicht gestattet, das Wort ungefragt an den Fürsten zu richten. Somit hatte Polly keine Möglichkeit, das Missverständnis aufzuklären. Danach warteten sie wieder eine Stunde auf ihre Kutsche, um zur Herberge zurückzukehren. Sie hatten weder zu trinken noch einen Happen zu essen angeboten bekommen.

Polly weigerte sich, zum abendlichen Fest zu fahren. Karl konnte Pollys Enttäuschung gut verstehen. Er hoffte nur, sie würde nicht hier, in der hellhörigen Herberge, einen ihrer theatralischen Anfälle bekommen, sondern bis zu ihrer Rückkehr nach Braunschweig warten. Stattdessen und aus lauter Rachegelüsten bot Polly den Theaterleuten an, an ihrer und Karls Stelle verkleidet zum Fest zu gehen, was diese mit Vergnügen annahmen.

Nachdem Monsieur Jacques, Katharina und Maria angekleidet hatte und Sergej hergerichtet war, startete die merkwürdige Gesellschaft in Richtung Schloss. Die Soskiebrüder warteten mit Katharina und Maria in ihrer Kutsche keine zehn Minuten, die verkleideten Theaterleute wiederum eineinhalb Stunden. Anschließend fand das Bankett für die Damen und Herren der zweiten Klasse in aufgestellten Pavillons statt, während die erste Wahl zum Festbankett in den Thronsaal geführt wurde. Die Gäste wurden alphabetisch hereingerufen und vom Zeremonienmeister angekündigt. Bis zur letzten Sekunde versteckte sich Sergej, so gut es ging, hinter einem Vorhang im Flur vor dem Thronsaal. Dort wurde er von der Dienerschaft nicht weiter belästigt. Diese hatten Verständnis für den *armen Mann*.

„Seine Königliche Hoheit, Rudolf Landgraf von Soskie mit Gemahlin Katharina Landgräfin von Soskie und Prinzessin Maria“, verkündete der Zeremonienmeister, nachdem er mit seinem Stab auf den Marmorboden gestampft hatte.

Die Menschenmenge, die sich größtenteils untereinander kannte, drehte sich erwartungsvoll um. Es war mucksmäuschenstill still im Thronsaal.

Rudolf betrat mit Katharina, zwischen sich die kleine Maria, den Thronsaal. Sobald die drei einige der Reihen der Gäste passiert hatten, ging ein leises Getuschel hinter ihnen los: *Das ist das schönste Kleid, was ich je gesehen habe. – Diese Frau, sie ist von solch einer Grazie, dass sie unwirklich erscheint. Dieser stattliche, gutaussehende Mann, – ein griechischer Gott, könnte man meinen. – Sieh dir nur dieses entzückende Kind an, ganz wie die Mama gekleidet.*

Vor dem Thron verbeugte sich Rudolf formvollendet, Katharina machte einen tiefen Knicks, um den sie viele, der anwesenden Frauen, beneideten. Maria ließ sich auf ihre weichen Windeln plumpsen. Maria hatte es, wie den meisten Menschen, dem Fürst sofort angetan. Vergessen war für den Moment sein Vorhaben, Graf Rudolf von Soskie mit einer seiner Großnichten zu vermählen. Er stand auf, ging die Stufen zu den dreien hinunter, klopfte Rudolf wohlwollend auf die Schulter, hob Katharinas Kinn an und nickte ihr zu, sodass sie sich erheben konnte. Dann nahm er Maria auf den Arm, die ihm ihre Ärmchen entgegenstreckte. „Madame et Monsieur, darf ich Ihr Töchterchen für einen Augenblick entführen? Ich darf Sie bitten, hier in der Nähe zu bleiben."

Maria strahlte den Fürsten an. Eigentlich freute sie sich wohl nur über das Objekt ihrer Begierde, was jetzt zum Greifen nah war. Sie hatte es auf seinen übergroßen Schönheitsfleck abgesehen. Mit ihren knuffligen Kinderhändchen batschte sie dem Fürsten so lange ins Gesicht, bis sie den Schönheitsfleck hatte. Dieser bemerkte es nicht, sondern nahm Marias Betatsche als Zeichen ihrer Zuneigung.

Oben auf dem Podest angekommen, strampelte Maria, bis der Fürst sie hinunterließ. Teils lief sie, teils krabbelte sie von einem zum anderen. Cousine Cosima, ihre Töchter und alle anderen im auserwählten Kreis um den Fürsten, bückten sich nun, um es dem Fürsten gleich zu tun. Maria fummelte ihnen in ihren Gesichtern herum, bis sie sämtliche Schönheitsflecken entfernt hatte. Die meisten der Flecken rieb sie mit ihren Fingerchen wieder auf das Dekolleté der Damen oder wie beim Fürsten an seinen Hals. Damit hatte sie ungewollt den neuesten Modeschrei des Jahres kreiert. Im Laufe des Abends verrutschten die Schönheitsflecken von den Gesichtern auf die Hälse und Dekolletés. Es stand dem Hofstaat nicht zu, anders als der Fürst geschminkt oder gekleidet zu sein. Der Fürst gab die Mode vor.

Während Maria dort oben zur Belustigung der Gäste ihr Unwesen trieb, sah sich Rudolf die fürstliche Verwandtschaft näher an. Dabei entdeckte er den Pastor. Der Pastor sah exakt genauso aus wie Pastor David Stengel aus Soskie und der Pastor zwinkerte ihm zu. Rudolf glaubte, sich verguckt zu haben und zwinkerte zurück, um sich zu vergewissern. Der Pastor zwinkerte ebenfalls zurück. Um ganz sicher zu gehen, zwinkerte Rudolf zweimal, dann dreimal. Kein Zweifel, der Pastor zwinkerte zweimal und dreimal zurück.

„Ich glaub es nicht!“, entfuhr es Rudolf leise.

„Was hast du gesagt?“, fragte Katharina ebenso leise.

„Später. Geht jetzt nicht.“

Maria hatte genug von dem Spiel, drehte sich um, streckte ihre Ärmchen aus und rief: „Ma!“ Katharina traute sich nicht, die Stufen hochzugehen. Rudolf ging schnell hoch, nahm Maria auf den Arm, die ihn glücklich anstrahlte und „Pa!“ rief.

Seitens des Fürsten wurden bezüglich Rudolfs Ehe keine Fragen gestellt.

„Seine Königliche Hoheit, Sergej Landgraf von Soskie!“, verkündete der Zeremonienmeister. Er klopfte energisch mit seinem Stab auf den marmornen Fußboden, als die ersten Ausrufe bei Sergejs Anblick zu hören waren.

Sergej humpelte, auf einen silbernen Stock gestützt, durch den breiten Mittelgang, den die bereits Versammelten für jeden neuen angekündigten Gast gebildet hatten. Bei jedem seiner Schritte verbreiterte sich der Gang mehr und mehr. Vor sich sahen sie einen einarmigen, schwankend gehenden Mann der, unter der Last seines immensen Buckels, zusammenzubrechen schien. Behindert wurden seine Schritte zusätzlich durch seinen rechten riesigen Fuß, der mindestens sieben Größen länger war, als der linke Fuß. Sergejs linker Arm war so auf den Rücken gebunden, dass er ihn zum Ausgleich des Gleichgewichtes, nicht zuhilfe nehmen konnte. Sein gesamter verunstalteter Körper wurde durch einen weiten schwarzen Umhang verhüllt. Aber die Ursache des allgemeinen Entsetzens war die eiserne, silberne Maske, die mit einem riesigen Schloss hinter seinem Kopf verschlossen war.

Das Geraune und die entsetzten Ausrufe wurden lauter, sodass der Zeremonienmeister unentwegt mit seinem Stab auf den Boden klopfte.

Nach einer gefühlten Ewigkeit erreichte Sergej schweißgebadet, unter der Last seiner Verkleidung, endlich die Stufen, die zum Thron des Fürsten emporführten. Fürst Johann Georg II. starrte, eben noch bester Laune, voller Entsetzen und Abscheu auf die Kreatur, die sich vor ihm verbeugen wollte, dabei aber das Gleichgewicht verlor und nun bäuchlings vor ihm auf dem Boden lag. Sergej stöhnte zum Gotterbarmen. Das hatte er ausgiebig einstudiert.

Der Fürst sah sich hilflos um. Keiner seiner Gefolgsleute machte Anstalten, dieser Kreatur wieder auf die Beine zu helfen. Im Gegenteil, halb angeekelt, halb mitleidig, schienen sie sich an diesem Anblick zu ergötzen. Jeder, dem der Fürst ein Zeichen geben wollte, damit sie sich um das Elend zu seinen Füßen kümmern sollten, wandte sein Gesicht ab. Nur sein persönlicher Pastor nicht, der weit abseits stand.

Pastor Stengel tat, wozu er aufgefordert wurde und eilte die Stufen hinunter. Während er ungelenk versuchte, Sergej wieder auf die Beine zu helfen, flüsterte er ihm ins Ohr: „Keine Angst, Sergej, ich bin es, Pastor David Stengel aus Soskie. Ich habe mit meinem Zwillingsbruder für heute die Rollen getauscht. Ich schätze, dein Plan ist aufgegangen. Du kennst mich nicht! Hast du verstanden? Sonst fliegen wir allesamt auf. Ich hole jetzt deinen Bruder, dann bringen wir dich hier heraus.“

Pastor Stengel eilte zu Rudolf. Gemeinsam schleppten sie die Kreatur hinaus. Pastor Stengel begleitete Sergej in die Herberge zurück.

Im Festsaal hatte sich zwischenzeitlich die Stimmung beruhigt. Der Zeremonienmeister hatte Order bekommen, die geladenen Gäste in die diversen Bankettsäle zu delegieren. Rudolf, Katharina und Maria sollten am Tisch des Fürsten Platz nehmen. Während des Banketts gab es Vorführungen verschiedenster Art, welche bei den Gästen und vor allem beim Fürsten Feierlaune aufkommen ließen. In einer Pause bat der Fürst Rudolf an seine Seite. Er drückte Rudolf sein Bedauern aus, dass sein Bruder Sergej so geartet sei. Rudolf wiederum erklärte dem Fürsten, die Entstellungen seines Bruders lägen in der Familie und könnten völlig unberechenbar, bei jedem Nachkommen auftreten. Der Fürst, trotzdem sehr neugierig, erkundigte sich, ob die Entstellungen im Gesicht von Sergej dermaßen abscheulich wären und deswegen eine eiserne Maske unbedingt vonnöten sei. Rudolf erklärte, er selbst hätte das Gesicht seines Bruders schon seit Jahren nicht gesehen und wisse nicht, wie er aussehe. Allerdings würde Sergej ihm stetig versichern, er würde keinem Menschen jemals im Leben seine Entstellungen zumuten. Die eiserne Maske sei Sergejs eigener Wunsch gewesen. Den Schlüssel zum Schloss hätte Sergej eigenhändig in einem See versenkt, damit ihm niemals die Maske abgenommen werden könne. Zum Schluss wollte Fürst Johann Georg II. die Bestätigung bekommen, ob Rudolf die Absicht habe, die geerbten Ländereien baldigst wieder zu bewirtschaften. Rudolf versicherte ihm dies, sobald er genügend Feldarbeiter zusammenbekommen würde. Der Fürst sicherte ihm zu, genügend Arbeiter in absehbarer Zeit nach Soskie zu schicken.

Da Maria müde wurde und herumnölte, mussten Katharina und Rudolf leider das Fest zeitig verlassen, aber nicht ohne einen höfischen Tanz getanzt zu haben. Katharina fühlte sich nicht nur wie eine Königin, sie und ihr wunderbares Kleid wurden entsprechend mit Blicken gehuldigt.

In der Herberge wurden sie ungeduldig von Elisabeth, Heinrich, Polly, Karl, Sergej, Monsieur Jacques und Hugo erwartet. Rudolf und Katharina, begeistert von dem guten Verlauf ihres Abends, lobten Sergej bis ins Kleinste für seinen gelungenen Auftritt.

Während sie so zusammensaßen und sich über die Gesichter der hochwohlgeborenen anderen Gäste, einschließlich des Fürsten, amüsierten, trafen die beiden Schauspieler der Theatergruppe ein, die sich als Polly und Karl verkleidet hatten. Reichlich angesäuselt, stellten sie die zwei chinesischen Vasen, die Polly als vermeintliche Hoflieferantin an den Fürsten geschickt hatte, auf den Tisch.

„Ihr habt …? Das glaube ich jetzt nicht!“, lachte Karl.

„Das geschieht ihm ganz recht, diesem Pleitefürsten!“, meinte Polly. „Er hat die Vasen nicht bezahlt. Außerdem hat er dich als Hoflieferant ausgezeichnet und mich nur als schmückendes Beiwerk betrachtet!“, wandte sie sich an Karl.

„Immerhin hat er dich zur `Gräfin von Heimtraut` gemacht!“, amüsierte sich Karl.

„Das hättest du wohl gerne, was?“, hakte Polly nach.

„Ja, warum denn nicht?“, ärgerte Karl sie weiter.

„Gut, dann sei es so“, sagte Polly leichthin.

„Wie? – Was? – Hast du gerade gesagt, dass du …?“, wollte Elisabeth wissen.

„Ja, habe ich“, bestätigte Polly leise.

Plötzlich wurde es still um Karl, der noch immer lachte.

Elisabeth boxte ihn leicht in die Seite. „Hast du nicht verstanden, Bruderherz?“

„Was?“

„Das, was Polly gesagt hat.“

„Ach, *das*!“, er machte eine wegwerfende Handbewegung. „Das war nur Spaß!“

„Bist du dir da sicher?“, fragte Elisabeth noch einmal leise.

Karl sah Polly lachend an. Diese blickte ihm ernst in die Augen.

„Das ist nicht wahr! Du willst mich hochnehmen, stimmts?“, fragte er.

Polly sagte kein Wort, sondern sah ihn weiter nur ernst an.

„Nein, es ist dein Ernst.“ Karl hatte es nun endlich begriffen. „Sag es noch einmal, Polly, bitte.“

„Erst wenn du mir, hier im Beisein unserer Freunde, einen Antrag gemacht hast, wirst du es wissen.“

„Polly, ich bitte dich. Wie oft hast du meine Anträge in all den Jahren schon abgelehnt? Zehn Mal? Zwanzig Mal?“

„Genau achtundvierzigeinhalb Mal.“

„Wirklich? Ich kann mich an das halbe Mal nicht erinnern.“

„Da bist du durch einen Feueralarm unterbrochen worden. Vor genau –“, Polly überlegte kurz: „Sieben Jahren, fünf Monaten und einundzwanzig Tagen.“

„Du hast dir die ganzen Anträge genau gemerkt?“ Karl sah sie verblüfft an.

„Natürlich. Jede Frau merkt sich die Anträge von dem Mann, den sie liebt ganz genau. Die anderen natürlich auch“, fügte sie hinzu, um ihn zu ärgern.

„Welche anderen? Davon weiß ich ja gar nichts?“

„Jede Frau hat ihre kleinen Geheimnisse, Knalli. Was ist jetzt? Antrag oder kein Antrag? Die anderen sind müde.“

Die anderen waren in keinster Weise müde. Sie hörten gebannt dem Gespräch zu. Karl erhob sich, knüpfte umständlich sein Hemd zu, rollte die Ärmel hinunter, zog seine Jacke über, knöpfte diese ebenfalls sehr langsam zu, kniete sich hin, räusperte sich und holte tief Luft. „Polly, würdest du mir hier und heute die Ehre –“

Der Herbergsvater betrat die Stube. „In zehn Minuten ist Sperrstunde. Wenn Sie jetzt noch etwas bestellen möchten?“

Heinrich orderte schnell einige Krüge vom besten Wein des Wirtes. Und bat, den Wein in genau fünf Minuten zu bringen.

„Das war jetzt ein halber Antrag. Also genau der neunundvierzigste. Sie müssen sich jetzt beeilen, Graf. Sonst wird das heute nichts mehr“, stellte Sergej fest.

„Ich schwöre bei Gott, dies ist definitiv mein allerletzter Antrag.“ Karl kniete noch immer. „Also: Polly, würdest du mir hier und heute die Ehre zuteil werden lassen und mir dein Ja-Wort geben?“

„Ja“, antwortete Polly mir klarer, fester Stimme.

„Wie? Das war alles? So ganz ohne Wenn und Aber?“, fragte Karl nach einem kleinen Augenblick.

„Ja. Würdest du mich jetzt endlich küssen, bevor ich einen Rückzieher mache?“, strahlte Polly.

Unter stürmischem Applaus küsste Karl seine große Liebe. Mit dem guten Wein stießen sie gemeinsam auf die Frischverlobten an.

In dieser Nacht war die Herberge erfüllt von Geräuschen, die keinen Zweifel daran ließen, was in den Zimmern vor sich ging. Sergej, Monsieur Jacques und Hügü fanden nur mit Ohrenpfropfen ihren wohlverdienten Schlaf.

7

Onkel David

Nach Wochen regen Planens und Treibens machte sich eine Art Erschöpfungszustand breit. Am Morgen nach der inoffiziellen Verlobung von Karl und Polly klagten außer Elisabeth und Katharina alle über starke Kopfschmerzen. Der letzte Wein schien doch nicht der beste des Herbergsvaters gewesen zu sein.

Zurück in Braunschweig, verschwanden sie schnell in ihren Zimmern. Monsieur Jacques und Hügü packten ihre Stoffe und waren nach langer Abwesenheit froh, wieder in ihr eigenes Heim fahren zu können.

Am dritten Tag ergriff Rudolf, während der täglichen familiären Teestunde, das Wort. Bei der spontanen Verlobung von Polly und Karl waren sie übereingekommen, sich zu duzen.

„Zunächst möchten wir uns von ganzem Herzen bei euch für eure Unterstützung bedanken. Wir hätten dieses Problem niemals ohne euch lösen können. Wie wir euch gebührlich dafür danken können, wissen wir noch nicht genau. Es scheint uns nicht ausreichend zu sein, was uns bisher eingefallen ist. Wir hoffen, ihr habt noch ein wenig Geduld mit uns. Wobei ich schon beim nächsten Punkt angelangt bin: Um euch wenigstens für eure Auslagen zu entschädigen, bitten wir euch, uns nochmals eine Woche Zeit zu geben, um das nötige Geld zu besorgen. Dürfen wir deine Kutsche ausborgen, Heinrich? Wir wollen mit Katharina nach Soskie reisen. Sie soll wissen, was sie dort erwartet. Heute Morgen erreichte uns ein Brief von Fürst Johann aus Dresden, in dem er uns die zugesagte Unterstützung, wegen der ausreichenden Landarbeiter und Handwerker zugesichert hat. Im gleichen Atemzug erwartet er bis zum kommenden Frühjahr den ersten Bericht über die Fortschritte auf Soskie." Rudolf trank von seinem Tee, bevor er fortfuhr. „Das bedeutet für euch, Heinrich, Elisabeth, dass Sergej und ich in absehbarer Zeit nicht mehr für euch tätig sein können. Wir bedauern dies außerordentlich, denn durch euch haben wir eine neue Heimat und eine wunderbare Familie in Eldingen gefunden. Aber das Schicksal meint es anders mit uns. Wir können und wollen uns nicht mehr unseren erblichen Verpflichtungen entziehen. Katharina, Sergej und ich haben es reiflich überlegt. Wir sind zu dem Schluss gekommen: Wenn wir mithilfe sehr guter Freunde ein sorgloses Leben führen können, so wollen wir auch dafür sorgen, der dortigen Bevölkerung zu einem Leben mit weniger Sorgen zu verhelfen. Es wird ein hartes Stück Arbeit werden. Das ist uns bewusst. Aber wir wollen unser Glück teilen und dem Namen der Soskies Ehre machen." Rudolf versagte die Stimme.

Elisabeth hielt Heinrichs Hand und bemerkte, wie er vor Ergriffenheit zitterte. Er hatte Tränen in den Augen. Auch Karl war sehr gerührt. Diese Sensibilität war einer der vielen guten Charaktereigenschaften, die Polly an ihm so schätzte.

Unmerklich hatte sich Sergej in den letzten Monaten von einem unbekümmerten Kind zu einem jungen Mann entwickelt. Ihm selbst war nicht ganz klar, ob er die Tragweite des Entschlusses, den Rudolf und er gefasst hatten, abschätzen konnte. Trotzdem hatte er sich entschlossen, genau wie sein Bruder, zu seinem Wort zu stehen. Sergej erhob sich und setzte zur ersten Rede seines Lebens an: „Ich möchte mich ebenfalls von ganzem Herzen bei euch bedanken. Zuerst bei dir Elisabeth und Heinrich für die liebevolle Aufnahme in eurem Heim. Dafür, dass ich bei Lennard im Stall lernen durfte und dass ich bei euch eine neue Familie gefunden habe. Ihr werdet immer in meinem Herzen sein und ich werde euch nie vergessen, komme, was wolle. Dann bei euch, Tante Polly und Onkel Karl, jetzt habe ich außer Tante Hermine noch eine Tante und einen Onkel dazu." Sergej hatte die beiden gefragt, ob er Tante und Onkel zu ihnen sagen dürfte. Polly und Karl hatten sich über diesen Beweis der Zuneigung riesig gefreut. „Ja, ohne euch hätte ich nie den Zirkus kennengelernt und ohne eure Hilfe wäre ich sicher jetzt schon mit so einer etepeteten Kanaille verlobt. Ich müsste ständig bei irgendwelchen Festen mit sterbenslangweiligen Menschen über die unwichtigsten Dinge des Lebens reden. Wie Perücken, Schönheitsflecken und so weiter. Zum Schluss möchte ich mich bei dir, Katharina, dafür bedanken, dass du mir so oft zugehört hast und mich getröstet hast. Und bei dir meinem großen Bruder, den ich sehr liebe und schätze. Ich danke dir für deine Geduld und dein Vertrauen und bitte dich jetzt schon, für die Zukunft um noch mehr Geduld. Du weißt so viel mehr als ich. Ich muss das alles erst lernen."

Vor Rührung und gleichzeitiger Freude hatten nun alle Tränen in den Augen.

„Habe ich etwas Falsches gesagt?", fragte Sergej unsicher.

Rudolf stand auf, umarmte Sergej und klopfte ihm brüderlich auf die Schulter. „Nein, ganz und gar nicht. Das war die schönste Rede, die ich in meinem Leben gehört habe. Ich bin sehr stolz auf dich. Und ich werde dich immer lieben, ob es dir passt oder nicht!"

Sergej strahlte ihn an. Nach einigem Schniefen und Schnauben bedankten sich auch die anderen bei Sergej für diese wunderbare Rede.

„Meine zukünftige Frau und ich sind geehrt, dich als unseren Neffen betrachten zu dürfen. Du bist jederzeit bei meiner zukünftigen Frau und mir willkommen. Wenn du einen Rat benötigst, haben meine zukünftige Frau und ich immer ein offenes Ohr für dich, Neffe", versicherte ihm Karl. Seit seiner Verlobung nannte er Polly nicht mehr bei ihrem Vornamen. Er war so stolz auf seine Verlobte, und zwar mit Recht, da waren sie sich alle einig, dass er mit seiner zukünftigen Frau ständig angab.

„Lieber Bruder Karl", begann Elisabeth formell. „Jeder, der hier Anwesenden und wahrscheinlich halb Braunschweig hat mittlerweile begriffen, dass Polly deine *zukünftige Frau* ist. Und jeder, der euch beide kennt, freut sich mit euch. Nur, um nicht ständig für Irritationen zu sorgen, sonst kommt womöglich noch das Gerücht auf, dass es da zwei Damen in deinem Leben geben könnte. Polly und deine Zukünftige.

Belasse es doch einfach dabei und sage bitte POLLY zu Polly und wenn du über Polly sprichst, erst recht. Außerdem gibt Polly nicht ihre Selbstständigkeit auf, nur weil sie mit dir verlobt ist. Im Übrigen auch nicht, wenn ihr beide verheiratet seid.“ Elisabeth sprach nicht nur Pollys Anliegen aus, auch den andern ging Karls „meine zukünftige Frau-Getue“ mittlerweile auf die Nerven.

„Aber so meine ich das doch nicht! Ich bin nur so stolz darauf, dass sie mich nimmt“, versuchte Karl zu erklären.

„Das versteht wirklich jeder. Und mit Recht kannst du stolz darauf sein, dass P O L L Y , nicht S i e dich nimmt“, lachte Elisabeth ihr ansteckendes Lachen. Damit war die rührselige Stimmung beendet und es wurden Pläne geschmiedet.

Wegen den Wegelagerern und Dieben wurde beschlossen, dass Rudolf, Katharina und Sergej mit einer der alten schäbigen Kutschen von Karl nach Soskie fahren sollten und nicht mit Heinrichs neuer sportlicher Kutsche. Elisabeth, Heinrich und Bernhard würden mit Maria nach Eldingen zurückkehren. Polly und Karl wollten sich nach einem passenden Ersatz für Rudolfs Stelle als Butler und Sekretär umhören.

Gemeinsam verbrachten sie einen letzten gemütlichen Familienabend, bevor sie sich am nächsten Tag trennten.

Mit Karls alter Kutsche brauchten die drei für die Hinfahrt nach Soskie allein fast vier Tage. Dort angekommen fanden sie fast alles so vor, wie sie es in Erinnerung hatten. Das Schloss ausgebrannt, das Gut verwildert, die Wiesen und Felder brachliegend und verkommen.

„Du bist sicher sehr enttäuscht, Käthe?“, fragte Rudolf unsicher.

„Nein, ich wusste doch, dass es hier so aussehen könnte. Ihr habt es mir beschrieben. Ich sehe es mit anderen Augen.“ Katharina drehte sich im Kreis und deutete mit weit ausholenden Bewegungen um sich. Rudolf und Sergej folgten ihren Blicken. „Das hier ist unsere gemeinsame Zukunft. Wir können etwas Neues erschaffen! Etwas, was unseren Stempel trägt! Ich weiß, es ist sehr schwer, sich hier alles vorzustellen. Ich habe es schon vor meinem geistigen Auge. Und wisst ihr was? Ich freue mich riesig darauf. Endlich brauche ich nicht mehr jeden Tag dieselbe Arbeit verrichten: Kochen, Putzen, Kochen, Putzen. Tagein, tagaus, Woche für Woche, Monat für Monat, Jahr für Jahr! Herrlich! Ich würde lieber heute als morgen damit anfangen!“ Katharina lachte so befreit und glücklich, dass sie Sergej und Rudolf damit ansteckte. Sie nahm die beiden bei den Händen und drehte sich mit ihnen im Kreis. „Und wir sind jung! Wir können so viel bewerkstelligen! Es wird wunderbar, zu sehen wie sich hier alles verändert, meint ihr nicht auch?“

Doch so langsam wich die Angst der beiden Brüder vor der riesigen Aufgabe und der Tatendrang kam durch.

„Es wird dunkel, wir sollten zu Vaters Jagdhütte fahren, um dort die Dinge für die Nacht zu richten“, schlug Sergej vor.

Die Hütte fanden sie nicht mehr so vor, wie Sergej und Rudolf diese vor acht Monaten verlassen hatten. Die Tür, die sie damals verriegelt hatten, war aufgebrochen.

„Ihr bleibt hier in der Nähe der Kutsche! Es könnte ein Bär in der Hütte sein!“, befahl Rudolf leise. Er holte sich einen großen Ast und ging vorsichtig auf die zerschlagene Tür zu. Seine Nerven waren bis zum Zerreißen angespannt. Auf der Türschwelle blieb er in geduckter Haltung zum Angriff bereitstehen. Ein bestialischer Gestank kam ihm entgegen. Im Halbdunkel der Hütte konnte er kaum etwas erkennen. Er blieb stehen und lauschte auf ein verdächtiges Geräusch. Er deutete den beiden, sich still zu verhalten. Nichts war zu hören. Rudolf wartete, bis sich seine Augen an die schlechten Lichtverhältnisse in der Hütte gewöhnt hatten, bevor er den ersten Schritt hineinwagte. Mit der freien Hand vor dem Mund sah er auf den ersten Blick, dass in der Hütte jemand fürchterlich gewütet hatte. Die spärlichen Möbel waren umgeschmissen und zertrümmert, die Regale leergefegt, die Töpfe von der Feuerstelle waren im ganzen Raum verteilt. Inmitten der Hütte, unter den zertrümmerten Möbeln, erkannte er kleine Füße. Er verharrte einen Moment. *Der Bär oder Wolf könnte sich noch in einer der halbdunklen Ecken versteckt halten,* überlegte Rudolf. Es tat sich nichts. Langsam ging er auf die kleinen Füße zu. Er schob mit dem großen Ast einige Trümmer zur Seite. In dem Moment, als er das grausam zugerichtete Kind erkennen konnte, stand Sergej neben ihm.

„Was …?“, setzte Sergej zu einer Frage an, die er nicht beendete, weil er mit Entsetzen sah, wie aus dem aufgeschlitzten Kinderkörper die Maden herauskrochen. Er drehte sich um und übergab sich.

„Bleib draußen, Katharina!“, rief Rudolf so laut er konnte. Doch es war zu spät. Katharina hatte bereits die verwesende Kinderleiche entdeckt und sah aus dem Mund des Kindes eine Ratte herausklettern. Katharina fing an, wie am Spieß zu schreien. Rudolf fasste Katharina am Arm und zerrte sie aus der Hütte. Dann holte er Sergej heraus und sie setzten sich neben Katharina auf den Holzstoß. Katharina sah Rudolf nach einer Weile bittend an. Er ahnte, was sie dachte: *Ein kleines Kind allein ist höchst unwahrscheinlich. In dem Alter müssten auch irgendwo die Mutter oder der Vater sein und vielleicht sogar noch mehr Kinder.* Katharina riss einen Streifen Stoff von ihrem Unterrock ab und reichte es Rudolf. Er atmete tief durch und band sich den Stoff vor Nase und Mund. In der Hütte schob er weitere Trümmer zur Seite. Er entdeckte zwei weitere verwesende Kinderleichen. Als er aus Versehen die eine Leiche mit seinem Stock berührte, bewegte sich der ganze kleine Körper und es kroch eine ganze Rattenschar aus allen offenen Stellen heraus. Die Ratten liefen über seine Füße. Rudolf sprang vor Ekel zur Seite, stolperte und fiel hin. Als er sich umsah, erkannte er einen Fuß, der zu einer größeren Person gehören musste. *Reiß dich zusammen, nur noch einmal kurz hinsehen und dann nichts wie raus hier!* Gab er sich einen Ruck. Es schien die Mutter zu sein, die genauso, fast bis zur Unkenntlichkeit, grausam zugerichtet worden war. Rudolf riss, so schnell er konnte, ein paar Vorhänge von den Fenstern und warf sie über die Leichen, bevor er fluchtartig den Ort des Grauens verließ.

Vor der Hütte winkte er Katharina und Sergej wortlos zu, in die Kutsche zu steigen. Kaum dass die Pferde losgetrabt waren, rief Sergej: „Halt! Halt an! Ich habe da jemanden gesehen!“

Mürrisch zog Rudolf die Halfter stramm. „Du bleibst hier drin!“, befahl er Sergej. „Es ist zu gefährlich da draußen!“

„Nein, ich komme mit. Du weißt nicht, wo ich was gesehen habe und du kennst dich hier nicht so gut aus! Außerdem können wir uns gegenseitig beschützen.“ Es stimmte, Rudolf kannte sich nicht annähernd so gut im Wald aus wie sein Bruder. Schließlich hatte Sergej zwei Jahre hier alleine gelebt. Sergej war in der Zeit zu einem guten Fährtenleser geworden, da er zum Überleben die Tiere selbst erlegen musste. Auch konnte er bestens die Gerüche im Wald unterscheiden. Sergej deutete in die Richtung eines weiter entfernt liegenden Hügels. „Da hinter fließt der Bach. Sie sind in die Richtung gelaufen.“

„Sie?“

„Ja, ich bin sicher, es waren mindestens zwei, vielleicht auch drei.“

„Halt bloß deinen Ast gut fest!“ Rudolf hatte wirklich Angst um seinen Bruder. „Was ist, wenn es ein Bär ist?“

„Du brauchst nicht so eine Angst haben. An dem leicht heruntergetretenen Unterholz lässt sich erkennen, dass die Personen recht leicht sind. Auch die Äste sind kaum abgebrochen, sie brauchen also nicht viel Platz, um vorwärtszukommen und sie sind schmal. So ein kleiner, leichter Bär würde nicht ohne seine riesengroße Mutter durch den Wald streifen“, Sergej senkte seine Stimme.

„Dein Wort in Gottes Ohr! Und wenn es ein kleiner Bär ist oder ein Wolf?“, flüsterte Rudolf zurück.

„Zu deiner Beruhigung, der hätte uns längst angegriffen und zerfleischt“, flüsterte Sergej zurück.

„Vielen Dank auch! Ich mache mir gleich in die Hose!“, zischte Rudolf zurück.

„Psssst!“ Sergej blieb stehen und lauschte. Er deutete Rudolf, links um den Hügel zu gehen, er würde rechts herum gehen.

Das mache ich auf keinen Fall, Kleiner! Ohne mich! Mir reicht es für heute!, meckerte Rudolf innerlich. Als Sergej auf die rechte Seite des Hügels zusteuerte, setzte er sich doch in Bewegung. *Das wirst du mir büßen, das garantiere ich dir, so wahr ich dein Bruder bin!*

Hinter dem Hügel erkannte Sergej einen ungewöhnlich großen Berg Unterholz. So etwas sammelt man nur an, um sich vor irgendetwas zu schützen. Er zeigte mit der Hand auf den Berg, als Rudolf im Schneckentempo in Sichtweite kam. Bevor Rudolf etwas sagen oder unternehmen konnte, war Sergej in dem Unterholz verschwunden. Er zerrte ein Kind nach dem anderen daraus hervor. Die insgesamt vier Kinder klammerten sich zitternd aneinander.

„Was nun?“, fragte Rudolf ratlos.

„Katharina muss her. Sie wird die Einzige sein, die mit ihnen reden kann. Du oder ich?“

„Auf keinen Fall gehe ich allein zur Kutsche zurück! Ich habe eben schon einen halben Herzanfall gehabt.“

„Gut. Dann gehe ich. Ist sowieso besser. Du verläufst dich noch.“

„Und ich soll mit den vier hier alleine bleiben? Was soll ich denn mit ihnen machen?“

„Lass dir was einfallen. Wir sind gleich wieder da.“ Kaum ausgesprochen war Sergej verschwunden.

Mit den Nerven am Ende, ließ Rudolf seinen Ast fallen, setzte sich auf den Waldboden und fing an zu weinen. Er hatte selbst richtiggehend Angst und sollte nun die kleinen Menschenkinder beschützen. Wie sollte er das bewerkstelligen, wenn sie von einem Raubtier angegriffen werden würden? Durch seinen Tränenschleier bemerkte er, wie sich das kleinste Kind aus der Gruppe löste und langsam auf ihn zugekrochen kam. Es setzte sich vor ihm hin und sah ihn mit großen Kulleraugen an. Ein kleines Händchen berührte ihn erst zaghaft am Arm, dann im Gesicht. Rudolf konnte nicht aufhören zu weinen. Das kleine Kind stand auf, legte tröstend seine Ärmchen um ihn und begann den großen Männerkörper hin und her zu wiegen. Rudolf ließ es sich gefallen. Es tat ihm gut, diese Nähe zu spüren. Nach und nach kamen die anderen Kinder angekrochen.

Sergej und Katharina fanden Rudolf inmitten der Kinder sitzend vor. Sie sangen leise zusammen ein uraltes Wiegenlied. Sergej und Katharina stimmten mit ein. Weiter singend, nahmen die Erwachsenen die Kinder auf ihre Arme und trugen sie vorsichtig zurück durch den Wald zu ihrer Kutsche.

Rudolf hielt die Kutsche vor dem Pfarrhaus an. Pastor David Stengel öffnete die Tür, bevor Sergej klopfen konnte. „Guten Abend Sergej, bist du alleine gekommen?“

„Nein, Rudolf, Katharina und einige Kinder sind dabei.“

Pastor Stengel eilte zur Kutsche und half die Kinder mit ins Haus zu tragen. „Setzt euch erst einmal hin und trinkt etwas Wasser. Ich gehe schnell zur Nachbarin, bin sofort wieder zurück.“

Pastor Stengels Nachbarin war eine liebenswürdige, lebenserfahrene Frau mittleren Alters. Sie sah mit einem Blick wie abgemagert die Kinder und erschöpft die Erwachsenen waren. „Hochwürden, was haben Sie zum Essen im Haus? Haben Sie ein paar Knochen oder Huhn, woraus ich eine kräftigende Brühe kochen kann?“

„Nein, ich habe vorhin den letzten Rest Huhn gegessen“, antwortete dieser peinlich.

„Sonst etwas Essbares?“

„Brot, ein Stück Käse, etwas Schinken.“

„Milch?“ Die Nachbarin war bereits auf dem Weg in seine Küche und deutete der erschöpften Katharina, mitzukommen. Während sie die Milch erhitzten und kleine Häppchen für die Kinder zubereiteten, kamen sie ins Gespräch.

„Wo kommen Sie so spät her? Ihre Kinder müssten doch längst im Bett sein?“

Katharina antwortete ausweichend. „Wir sind schon tagelang unterwegs. Zuletzt sind wir in einem Wald gelandet.“

„Ach so, Sie haben sich verirrt. Das kann hier in den riesigen Wäldern schnell passieren. Darum hatten Sie auch lange nicht genug zu essen, nicht wahr? Sie kommen sicher aus einer großen Stadt, da kennen sich die Leute nicht aus mit dem Jagen. Machen Sie sich mal keine Sorgen! Wir päppeln Sie schon wieder auf. Der Pastor ist ein wirklich guter Mann. Und ich bin schließlich auch noch da. Todmüde müssen Sie und Ihre Familie sein. Ich werde gleich nach dem Essen sehen, wo wir genügend Stroh für ein Nachtlager herbekommen. Ihr großer Sohn kann mir dabei helfen. So jetzt ist die Milch warm. Wir müssen aufpassen, dass die Kinder nicht zu schnell essen und trinken, sonst kommt das ganze Zeug wieder raus.“

Katharina war dankbar, dass sich die herzensgute Frau ihre Erklärungen selbst zurechtgelegt hatte. Jeder der Erwachsenen fütterte langsam ein Kind. Das war schwieriger als gedacht, weil ihre Augen vor Gier fast aus dem Köpfen fielen. Langsam wurden die Kinder müde. In Rudolfs Arm schlief das kleinste Kind, fest an ihn gekuschelt, ein. Pastor Stengel legte ihm das nächste Kind dazu. „In einer Ecke im Stall liegen Strohballen. Ich werde sie für ein Lager verteilen. Dauert nicht lange. Leider habe ich nur eine große Decke. Ich denke, für eine Nacht wird es gehen. Morgen sehen wir weiter.“

Rudolf sah ihn dankbar an. Pastor Stengel stellte an diesem Abend keine Fragen mehr. Am nächsten Morgen fühlten sie sich zwar wie gerädert, aber sie hatten vor Erschöpfung tief und fest geschlafen. Das Frühstück stand schon in der Küche bereit. Es duftete nach Hagebuttentee und frischem Brot. Nach dem Frühstück ordnete die freundliche Nachbarin eine allgemeine Ganzkörperwäsche an. Das hatten sowohl die Kinder als auch die Erwachsenen nötig. Während Katharina und Sergej beim Waschen halfen, erzählte Rudolf dem Pastor, unter vier Augen, was sich in den letzten Wochen ereignet hatte, bis hin zum vorherigen Abend und bedankte sich.

„Soso, bis auf gestern sind es durchweg sehr gute Nachrichten. Nun müssen wir uns zunächst mit den Personen in der Jagdhütte deines Vaters beschäftigen. Vor einigen Wochen habe ich Gerüchte gehört, dass verwilderte Kinder in der Gegend gesehen worden seien. Das sind wahrscheinlich diese Kinder. Unter normalen Umständen müssten wir jetzt den Vogt in Wittenberg benachrichtigen. Der würde feststellen, wer sie sind und woher diese Familie gekommen ist. Dann würde er die Mörder suchen lassen oder auch nicht, wenn es ihm zu viel Umstände bereiten würde. Er ist eher von der bequemen Sorte. Vermutlich würde er diese Familie zu `vogelfreien Menschen` erklären. Du weißt ja, dass man mit vogelfreien Menschen tun und lassen kann, was man will. Also auch kurzerhand umbringen. Ja, das wäre für den Vogt der einfachste Weg. Nun, wie auch immer. Sobald wir den Vogt einschalten, hat er auch das Recht, über die verbliebenen Kinder zu bestimmen. Solche elternlosen Kinder werden meist an den Meistbietenden verkauft. Nicht wenige landen in den sogenannten `Häusern der Freude`, wo sich kranke widerwärtige Männer an ihnen ergötzen können. Die Frage ist jetzt: Kümmern wir uns selbst um ein anständiges Begräbnis der toten Kinder und der Frau oder überlassen wir es dem Vogt, die Leichen zu verscharren und die Kinder zu verkaufen? Wir könnten sicher anständige Menschen finden, so wie ihr drei, die sie aufnehmen würden. Was meinst du?“

Vor seinem geistigen Auge sah Rudolf die großen Kulleraugen des kleinen Kindes, welches ihn getröstet hatte. „Auf keinen Fall schalten wir den Vogt ein!“, antwortete er spontan. „Ich muss mich erst mit Katharina und Sergej besprechen, Hochwürden.“

„Gut so, Rudolf. Du kannst übrigens ab sofort `Großonkel David` zu mir sagen. Ich erkläre es euch heute Abend. Ich habe nämlich jede Menge gute Neuigkeiten für Euch. Beeil dich jetzt lieber. Wir sollten die Sache heute noch erledigen. Ich werde so lange mit den Kindern in die Kirche gehen.“

Katharina und Sergej waren sofort mit Rudolf einer Meinung.

„Sie sind einverstanden, wir kümmern uns um die vier Kinder“, teilte Rudolf seinem Großonkel mit. „Nur, wer soll sich um die Leichen kümmern?“

„Das ist zu viel für dich, nicht wahr? Nach alledem, was du schon mit deiner Familie und gestern erleben musstest."

Rudolf kam sich erbärmlich vor. Mit Tränen in den Augen gab er leise zu: „Ja, ich weiß nicht, wie viel Grausamkeiten ich noch verkraften kann."

„Das verstehe ich. Du brauchst dich deswegen nicht schämen, Rudi. Mir ist eingefallen, dass hier ein Landstreicher lebt. Eigentlich kann man ihn nicht als Landstreicher bezeichnen, weil er sich schon seit Ende des Dreißigjährigen Krieges hier herumtreibt. Wir nennen ihn so, weil wir nicht wissen, wie er heißt. Er scheint stumm zu sein. Keiner hat ihn je reden gehört. Heute ist Mittwoch, da kommt er, meistens um diese Zeit, vorbei. Er bringt mir ein paar Beeren oder einen erlegten Vogel. Ich denke, wir könnten ihn fragen, ob er uns hilft."

„Wenn er uns hilft, was soll ich dann tun?"

„Du und Sergej könnt mit ihm, während ich die Leichen zum Begräbnis fertigmache und ihnen die Letzte Ölung gebe, ein großes Grab ausheben. Ich denke, es ist für die toten Kinder schöner, wenn sie bei ihrer Mutter mit im Grab liegen, als ganz allein." *Bitte gib mir die Kraft dazu, lieber Gott. Schlimmer als die geköpften und zerstückelten Leichen von Rudolfs und Sergejs Eltern und Brüdern, die ich allein begraben habe, kann es jetzt auch nicht mehr werden. Das werde ich auch noch schaffen, wenn du mir hilfst, Vater im Himmel.*

„Danke Hochwür ..., Großonkel."

„Na also!", freute sich Pastor Stengel über den `Großonkel`.

Wie es Pastor Stengel vorgeschlagen hatte, gruben der Landstreicher, Sergej und Rudolf ein großes tiefes Loch aus. Aus der Jagdhütte hörten sie hin und wieder Gebete und einen Sing-Sang, den sie nicht einordnen konnten.

Nachdem die geschändeten Körper begraben waren, betete Pastor Stengel für das letzte Geleit der armen Seelen in den Himmel und um Vergebung für sich und seine Helfer, weil sie den Vogt nicht informiert hatten. „Gott hat uns vergeben", beruhigte er die drei Männer.

„Wie können wir Ihnen danken?", fragte Rudolf den Landstreicher. Der deutete mit einem fragenden Blick auf die Jagdhütte.

„Was meinen Sie?", Rudolf wurde nicht schlau daraus.

„Kann es sein, dass Sie in der Jagdhütte wohnen wollen?", fragte

Sergej mit seinem feinen Einfühlungsvermögen.

Der Landstreicher nickte mit dem Kopf.

„Eigentlich wollten wir die Hütte abbrennen lassen", erklärte Rudolf.

Der Landstreicher schüttelte energisch verneinend seinen Kopf und hob seine Hände bittend in Sergejs Richtung.

„Warum überlassen wir sie ihm nicht? Er hat ein Zuhause und wir keine Arbeit", stellte Sergej praktisch fest.

„Gut, abgemacht." Die Männer besiegelten das Abkommen mit einem Handschlag.

Katharina hatte mit der netten Nachbarin im Pfarrhaus ein Lager für die Kinder, eines für sich, Rudolf und Sergej hergerichtet. Nach dem Abendbrot brachten sie die Kinder zu Bett und sangen ihnen das alte Schlaflied vor. Bis auf den kleinen Jungen mit den großen Kulleraugen fielen den Kindern bald die Augen zu. Der Kleine kuschelte sich zu Rudolfs Füßen.

„Den Kleinen wirst du nicht mehr los. Er heißt übrigens Michael. Es sind alles Jungen. Der größte heißt Matthias und ist neun Jahre alt, der zweite ist acht und hört auf den Namen Marcus, dann folgt mit sechs Jahren Manuel und Michael ist vier", klärte ihn Katharina auf. „Dürfen wir Michael auf das Sofa legen, Hochwürden?"

„Sicher. Womöglich bekommt er Angst, wenn er eure Stimmen nicht mehr hören kann."

Rudolf sah seinen neuen Großonkel erwartungsvoll an.

„Ja, meine Lieben, ich habe gute Nachrichten für euch. Zunächst: Wir sind miteinander verwandt. Euer Ururgroßvater hatte außer seinen Söhnen noch eine Tochter. Ihr habt vielleicht früher schon einmal den Namen \`Alicia\` gehört? Wenn nicht, würde es mich nicht wundern. Alicia war die älteste Tochter, sie verliebte sich in einen der Gärtner eures Ururgroßvaters, wurde unehelich schwanger, verstoßen und in ein Kloster gebracht. Dort erhielt sie den Namen \`Hildegard\` und brachte Zwillinge zur Welt. Der eine wurde auf den Namen Caspar getauft, der andere David, meine Wenigkeit. Schwester Hildegard war also die Großtante eures Vaters. Ihr habt den Namen nie gehört?"

Sergej schüttelte verneinend den Kopf. Rudolf erinnerte sich, dass er mit seinen Eltern einmal ein Kloster besucht hatte. Dort war ihm unheimlich gewesen. Seine Eltern hatten sich durch ein Gitter mit einer Frau unterhalten, die dort eingesperrt war.

„Nein, sie war dort nicht eingesperrt“, lachte Pastor Stengel. „Das war sicher das `Augustiner Kloster` in der Nähe von Wittenberg. Die Frau war wahrscheinlich `Schwester Hildegard`, meine Mutter. Es ist üblich, dass sich die Nonnen nur durch ein Gitter mit ihren Besuchern unterhalten. Körperlicher Kontakt ist unerwünscht. Sie sollen nicht von ihrem Klosterleben abgelenkt werden, damit sie voll und ganz als Dienerinnen Gottes ihr Werk verrichten. Nun gut, mein Bruder Caspar und ich sind dort im Kloster aufgewachsen. Wir haben nie erfahren, wer unsere Eltern waren. Alle Nonnen waren für uns Mütter. Die einen liebevoller, die anderen strenger. Schwester Hildegard war eine von den sehr strengen Nonnen. Wenn wir in ihren Augen etwas Unrechtes getan haben, wurden wir sehr hart, manchmal ungerecht betraft. Aber wir hatten ja die anderen, die netteren Schwestern. Jahre später wurde Schwester Hildegard zur neuen Äbtissin berufen. Wir haben von klein auf im Kloster Unterricht bekommen und die Äbtissin Hildegard bestand darauf, dass Caspar und ich Theologie studieren. Vor einigen Monaten ist sie verstorben. Ich habe einen kleinen Koffer von dem Kloster mit ihren wenigen Habseligkeiten zugesandt bekommen. Darin befanden sich unter anderem ihre ganz privaten Aufzeichnungen. Eigentlich ist es den Nonnen strengstens verboten, solche Aufzeichnungen zu führen. Aber bei einer Äbtissin wird wohl die Zelle nicht durchsucht.“ Pastor Stengel schmunzelte. „So hart, wie die Äbtissin uns gegenüber war, so nett muss sie wohl zu einer der Nonnen gewesen sein, die dafür gesorgt hat, dass ihre Habseligkeiten nicht in irgendeiner Truhe im Kloster verschwunden sind, sondern zu mir gelangten. Dadurch ist belegt, dass wir miteinander verwandt sind. Mein Bruder und ich sind demnach eure Großonkel. Ihr dürft ab sofort `Onkel` oder `Großonkel` zu mir sagen. Mein Bruder Caspar freut sich sehr darauf, euch kennenzulernen. Bisher hatten wir schließlich keine Verwandten außer uns beide. Nun, was sagt ihr dazu?“

Sergej sprang auf und umarmte stürmisch seinen neuen Onkel. „Ich finde es wunderbar! Onkel David! Onkel Caspar! Unsere Familie wird immer größer, nicht wahr, Rudolf? Ist das nicht schön. Bald sind wir wieder eine ganz richtige Familie. So wie früher! – Fast jedenfalls“, fügte er leise hinzu.

„So ist der Lauf des Lebens. Eine Familie bleibt niemals gleich. Die einen müssen gehen, dafür kommen andere hinzu“, erklärte Onkel David. „Wir sollten mit einem frisch gebrühten Tee darauf anstoßen, findet ihr nicht auch?“

Nachdem sie mit frisch gebrühtem Tee angestoßen hatten, fuhr Onkel David fort. „Das war nur eine der Neuigkeiten, wenn gleichwohl die wichtigste. In der letzten Zeit sind auf eurem Land Tiere gesichtet worden. Viele Tiere. An die vierzig bis fünfzig wilder Pferde, sowie über hundertfünfzig Schafe wird erzählt und etwas weniger Ziegen. Alle paar Jahre sind sie hier in der Gegend. Was ist, wenn es die Tiere eures Vaters wären? Also jetzt eure Tiere. Ich gehe davon aus, dass damals nicht alle Tiere in ihren Ställen waren, als sie abgebrannt sind. Es war Herbst. Warum sollten die Ziegen und Pferde allesamt in ihren Ställen gewesen sein? Die Schafe schon gar nicht. Euer Weideland ist gut, sehr fruchtbar. Tiere kommen immer wieder dorthin zurück, wo sie genügend Futter finden. Vielleicht sogar in ihre alte Heimat?“

„Wenn es unsere Tiere wären, müssten zumindest einige der älteren Pferde unser Brandzeichen tragen. Die Schafe sind damals gezeichnet worden, die Ziegen nicht“, überlegte Rudolf.

„Das muss sich feststellen lassen“, meinte Sergej. „Wie kommen wir an die Tiere heran? Kann uns dabei jemand helfen? Wie wäre es mit dem Landstreicher? Vielleicht kann der mit wilden Tieren umgehen?“

„Ja, vielleicht“, stimmte Onkel David zu. „Es gibt hier einige junge Burschen im Dorf, die sicher nichts dagegen hätten, die Tiere einzufangen, wenn sie dafür entlohnt werden.“

„Gesetzt den Fall, es wären unsere Stammtiere und wir würden sie einfangen, müssten wir sie aber irgendwo sicher unterbringen“, machte Rudolf sich Gedanken.

„Manche der leerstehenden Pachthöfe verfügen über Zäune, sodass die Tiere dort vorerst hingebracht werden könnten. Diese Pachthöfe gehören auch zu eurem Besitz. Wie ihr wisst, sind die Pächter nach dem Bauernaufstand hingerichtet worden.“

„Seht ihr, das Leben geht weiter. Jetzt haben wir schon eine Aufgabe, für die es sich zu arbeiten lohnt“, stellte Katharina gut gelaunt fest. „Apropos: Pachthöfe. Wir benötigen nicht nur für uns ein Heim, bevor das Schloss, zumindest teilweise, wieder aufgebaut ist. Wir brauchen auch für die Arbeiter, die Fürst Johann versprochen hat, Unterkünfte. Es könnte sein, dass diese sogar mitsamt ihren Familien hierherkommen.“

„Du hast recht, Katharina. Darum sollten wir uns zuerst kümmern“, nickte Rudolf.

„Wie ihr euch vorstellen könnt, sind die meisten Gebäude mit den Jahren ziemlich verkommen. Ihr solltet sie euch vor eurer Fahrt nach Eldingen ansehen, damit ich dafür sorgen kann, dass zumindest für ein Haus hergerichtet ist, wenn ihr zurückkommt“, schlug Onkel David vor.

„Du würdest dich darum kümmern, Onkel David? Das ist großartig!“, freute sich Sergej.

„Sicher, wir sind jetzt eine Familie, Neffe. Allerdings benötige ich dafür etwas Geld, um die Leute und das Material angemessen zu bezahlen. Ich habe leider kein Geld, das ich auslegen könnte.“

„Mach dir darüber keine Gedanken, Onkel. Das nötige Geld bekommst du vor unserer Abreise.“

„Na, dann ist ja alles bestens. Verzeiht mir Kinder, aber ich bin jetzt hundemüde. Es war ein langer Tag. Morgen gibt es viel zu tun. Gute Nacht, schlaft gut.“

Der vierjährige Michael kroch in der Nacht, Schutz suchend, an Rudolf heran.

Rudolf und Sergej fanden den Landstreicher nicht bei der Jagdhütte. Sie ritten von dort aus weiter zum alten Schloss. Zunächst besuchten sie das hügelige Grab ihrer Eltern und Brüder. Dort hielt jeder auf seine Weise Zwiesprache mit den Verstorbenen. Gestärkt und ermutigt, weil sie für sich die Bestätigung bekommen hatten, das Richtige zu tun, öffneten sie den geheimen Zutritt zu dem Familienschatz. Dort nahmen sie so viel an Gold und Silbermünzen mit, um ihre Schulden bei Heinrich und Elisabeth, sowie bei Polly und Karl zu begleichen. Zudem noch einmal dieselbe Menge Münzen für ihre künftigen Ausgaben. Sie wollten nicht wieder in die Verlegenheit kommen, auf das Geld anderer angewiesen zu sein.

„Hast du dir schon einmal überlegt, dass es hier vielleicht noch weitere geheime Räume gibt, die Vater eingerichtet haben könnte?“, fragte Sergej.

„Ja, ich habe einmal kurz daran gedacht. Aber warum sollte Vater so etwas tun? Es ist doch alles dort unten.“

„Wir können nicht wissen, ob im Geheimkeller wirklich alles drin ist. Außerdem geht dieses Versteck von Mutters Arbeitszimmer aus. Was ist mit Vaters Arbeitszimmer? Es war schließlich das Zimmer des Hausherren“, gab Sergej zu bedenken.

„Da ist was Wahres dran. Und sei es nur, um von dem wirklichen Versteck abzulenken.“

„Genau. Einbrecher und Diebe wären schon zufriedengestellt worden, wenn sie einen kleineren Schatz gefunden hätten. Vielleicht hätten sie einfach nicht weiter gesucht.“

„Kann sein. Was denkst du Sergej? Sollten wir damit beginnen, Mutters und Vaters Arbeitszimmer wieder aufzubauen?“

„Sieht zwar ein bisschen merkwürdig aus. Links und rechts in einer Ruine ein Zimmer herzurichten und dazwischen ist nur freier Himmel und jede Menge Schutt“, lachte Sergej. „Aber warum nicht?“

„Dummkopf! Du weißt genau, was ich meine. So quasi ein kleiner rechter und linker Schlossflügel mit einer Verbindung. Einer für dich und einer für Katharina und mich.“

„Willst du mich loswerden? Das wird nichts! Kannst du gleich wieder vergessen!“

„Kakaladutsch! Du redest wirklich Unsinn! Das soll doch nur pro forma sein. Für die anderen Leute und auch nur vorübergehend. Nach und nach wird die untere Ebene ganz fertiggestellt. Wenn wir darin wohnen, können wir unser Hab und Gut besser beschützen. Dachte ich so.“

„Du hast vollkommen recht, Rudi. Einverstanden! Wollen wir spaßeshalber einmal in Vaters Arbeitszimmer nach einem Geheimgang sehen?“

„Ja, los. Aber schnell, Katharina erwartet uns bald. Übrigens will ich heute Abend mit meiner Frau ein wenig alleine sein. Du verstehst schon, oder?“

„Ja, ja. Du brauchst mir wirklich nicht erklären, was du damit meinst. Ich will es gar nicht wissen. Nur für den Fall, wenn der kleine Michael keine Ruhe gibt. Wo wollt ihr hin?“

„In den Stall.“

„Gut dann bringe ich ihn euch hinterher“, lachte Sergej.

„Tust du nicht!“

„Tu ich doch! Und ob! Ich brauche schließlich auch meinen Schönheitsschlaf.“

Im früheren Arbeitszimmer ihres Vaters, welches zugleich die große Bibliothek der Familie beinhaltet hatte, blieben sie entsetzt stehen. Dort hatte sich wer zu schaffen gemacht. Das ganze Gestrüpp und die heruntergefallenen Steine waren in die Mitte geschoben worden.

„Das bedeutet aber noch nicht, dass die Diebe etwas gefunden haben. Nur, dass sie sich im Schloss ausgekannt haben mussten“, meinte Sergej.

„Wo würdest du suchen?“

„Anders gefragt“, meinte Sergej. „An welcher Wand befanden sich die Regale mit den Büchern?“

„An der und dieser. Und dort drüben noch ein paar Regale.“ Rudolf wies auf die Wände.

„Wenn ich ein Dieb wäre, würde ich genau dort suchen. Es heißt doch, dass sich geheime Türen und Gänge in den Schlössern hinter den Bücherregalen befinden. Ich gehe davon aus, dass genau diese Tatsache unsere Ahnen dazu bewogen hat, diese Geheimgänge *nicht* dort anzulegen. Außer es sei zur Irreführung. Wenn wir an den ausgetüftelten Schließmechanismus in Mutters Arbeitszimmer denken, werden sie hier noch raffinierter geplant haben.“

„Wahrscheinlich. Du scheinst dich damit auszukennen. Wie kommst du auf solche Sachen?“, Rudolf sah seinen Bruder skeptisch an.

„Ich kenne mich nicht damit aus. Ich kann nur eins und eins zusammenzählen. Außerdem habe ich immer schon gerne Schatzsuche gespielt.“

„Also gut. Wie geht es weiter?“

„Ich würde genau da suchen“, Sergej zeigte auf eine Wand.

„Da war doch nichts. Gar nichts stand dort. Ich glaube, da hing noch nicht einmal ein Teppich. Nur die Hundedecke von Birka lag da."

„Perfekt! Ganz frei. Nichts deutete auf ein verdecktes Versteck hin." Sergej hockte sich an die Wand und drückte mit seinem Rücken gegen die verschiedenen Steine. Nichts tat sich.

„Lass sein, wir müssen los!", drängte Rudolf.

„Warte mal, ich muss überlegen." Sergej dachte kurz nach. „Wie groß war Vater?"

„Was soll das denn jetzt? Komm mach schon, ich will zu Katharina." Rudolf war genervt.

„Jetzt pass mal auf, großer Bruder. Das letzte Mal wollte ich nach Hause, da war es arschkalt hier. Da bist du nicht auf meinen Wunsch eingegangen. Ich erkläre dir wenigstens, was ich vorhabe, das hast du damals nicht getan. Du hast ständig nur *warte* gesagt. Jetzt musst du mal warten."

„Mann, bist du nachtragend. Du vergisst wohl nie irgendwas?"

„Nein, ich bin auch noch kein alter Mann, so wie du", foppte ihn Sergej. „Also, wie groß war Vater?"

„So groß wie ich, vielleicht etwas kleiner."

„Jetzt halt mal deinen Arm hoch. Ja, so. Etwas tiefer. Ja. Da muss es sein. Drück mal gegen den Stein." Nichts tat sich. „Jetzt links daneben, jetzt rechts. Weiter! Noch weiter!"

„Jetzt reicht es mir aber. Meine Geduld ist zu Ende."

„Los die Reihe noch da drunter. Komm schon."

Der übernächste Stein in Kopfhöhe von Rudolf gab nach.

„Na, siehste! Habe ich doch recht gehabt!", freute sich Sergej. Die Steine schoben sich geräuschlos zur Seite, ein geheimer Gang wurde sichtbar. Sie holten eine alte Ölfackel und stiegen die Stufen hinunter. Wieder ein leerer Raum bis auf einen Tisch mit ein paar alten Weidenkörben. Sie rückten den Tisch gegen die Wand. An der gegenüberliegenden Seite verschoben sich wieder die Steine. Dahinter sahen sie, wie beim ersten Versteck, wie das Licht ihrer Fackeln reflektiert wurde.

„Was sagst du jetzt?"

„Ich sage gar nichts mehr ohne meinen Advokaten", stotterte Rudolf.

„Mir scheint, es ist viel mehr, als in dem ersten Versteck. Findest du nicht auch?"

„Meine Güte! Ich fasse es nicht! Ja, mir scheint es auch so.“ Rudolf nahm einige Schmuckstücke aus einer der Kisten. „Sergej, sieh dir nur diese Juwelen an! Das sind nicht die von Mutter. Solche Juwelen habe ich noch nicht gesehen. Eine ganz andere Machart. Diese müssen viel älter sein! Wie Schätze aus einer anderen Welt. Und die Bilder, die haben nie im Schloss gehangen. Überhaupt kenne ich das ganze Zeug nicht. Komm, ich muss hier raus. Das muss ich erst einmal verarbeiten.“

„Ich auch!“

Draußen stieß Sergej ein lautes „Uff“ aus.

Rudolf schloss sich an. „Mann! Mann! Mann! Das glaubt uns kein Mensch!“

„Nein! Das kann ich ja selbst nicht glauben! Was ist, wenn das alles gestohlen ist?“, überlegte Sergej.

„Hör auf! Jetzt gehört es erst mal uns! Wenn es gestohlen ist, muss es doch wohl auch jemand vermissen. Wo kein Kläger, da kein Angeklagter. – Oder so ähnlich. Jetzt reiten wir erst einmal zum Onkel. Das behalten wir auch für uns, nicht wahr?“, wollte Rudolf sichergehen.

„Was für eine Frage! Natürlich! Es würde uns sowieso niemand glauben!“

Rudolf war seit Tagen das erste Mal mit Katharina endlich alleine. Katharina hatte mit den Kindern so lange gespielt, bis ihnen beim Abendbrot fast die Augen zufielen. Katharina allerdings auch. Endlich, gegen Morgen, holten sie einiges davon nach, wozu sie in den letzten Nächten keine Gelegenheit gehabt hatten.

Frisch gestärkt und äußerst guter Laune schlug Rudolf beim Frühstück folgenden Plan vor: Zunächst würden er, Katharina und Sergej gemeinsam bei Karl und Polly in Braunschweig ihre Schulden begleichen. Anschließend bei Elisabeth und Heinrich. Und ihre Zelte dort abbrechen. „Nun was haltet ihr davon? Wir könnten morgen früh aufbrechen.“

„Und was ist mit den Kindern?“, wollte Katharina wissen.

„Die müssen wir wohl mitnehmen“, meinte Sergej.

„Für die Herfahrt aus Braunschweig habt ihr drei Erwachsenen alleine schon vier Tage gebraucht. Mit den Kindern benötigt ihr länger.

Ihr müsstet öfter pausieren. Da könnt ihr sicher fünf bis sechs Tage einrechnen. Von dort noch nach Eldingen, da seid ihr bei sieben, acht Tagen. Dasselbe innerhalb kurzer Zeit wieder hierher zurück", rechnete Onkel David vor. „Seid ihr sicher, dass ihr diese Fahrerei den Kindern zumuten wollt?"

„Wir können sie doch nicht einfach bei dir lassen, Onkel. Schließlich haben wir sie mitgebracht, jetzt müssen wir uns auch um sie kümmern", stellte Rudolf fest.

„Und ich habe darauf bestanden, sie nicht dem Vogt auszuliefern. Also muss ich mich auch um sie kümmern. Was mir im Übrigen sehr viel Freude bereitet. Außerdem hilft mir Frau Kunz, die Nachbarin dabei. Das hat sie mir angeboten. Ihr Mann ist letzten Winter gestorben und ihre erwachsenen Kinder leben in Wittenberg. Sie ist froh, wieder etwas um die Ohren zu haben."

„Sehr nett ist sie auch. Die Kinder mögen sie. Sie nennen sie schon Tante Anneliese", überlegte Katharina.

„Gut abgemacht, Onkel. Sie bleiben bei dir, bis wir zurück sind", für Sergej war das Thema erledigt. „Warum soll ich eigentlich unbedingt nach Braunschweig und Eldingen mitfahren? Ich würde selbstverständlich sehr gerne mitfahren. Ich könnte allerdings, während ihr weg seid, den Onkel unterstützen. Die Tiere suchen und einfangen, helfen, uns ein Haus herzurichten und einiges mehr."

„Sergej, ich habe nicht gewagt, dich darum zu bitten. Das wäre natürlich die beste Lösung. Danke für dein Angebot", freute sich Rudolf.

„Ich war noch nicht fertig", fuhr Sergej fort. „Wenn ihr zurück seid, würde ich gerne selbst noch mal zu Onkel Karl und Tante Polly fahren und anschließend nach Eldingen. Ich möchte mich von Ihnen auch verabschieden. Vor allem von Tante Hermine." – *Und von Magda,* fügte er in Gedanken hinzu.

„Selbstverständlich. Sie würden sich freuen, wenn du das tätest", räumte Rudolf ein. „Es steht unserer Abfahrt morgen früh nichts mehr im Wege?"

Weder Onkel David noch Sergej hatten Einwände. Nur der kleine Michael hatte etwas dagegen.

Onkel David sah bei der allgemeinen Verabschiedung, wie Michael, unbemerkt von den anderen, in die Kutsche kletterte. Er lächelte in sich hinein. *Michael weiß jetzt schon, was er will und was ihm guttut. Recht so, kleiner Mann! Gott sei mit dir! Ich wünsche dir viel Glück in deinem Leben.*

Rudolf bemerkte den blinden Passagier beim ersten Halt an einer Dorfschenke. Michael streckte ihm seine kleinen Ärmchen entgegen. „Onkel Rudolf, ich bin auch da!“, er strahlte Rudolf mit seinen großen Kulleraugen an.

Rudolf nahm ihn lachend auf den Arm. „Du kleiner Schlawiner, das hast du dir fein ausgedacht!“

Katharina sah, wie glücklich Rudolf war, den kleinen Michael bei sich zu haben. Sie selbst konnte es kaum mehr abwarten, die kleine Maria in ihren Armen zu halten. Sie fehlte ihr schrecklich.

8

Elisabeths Plan

Seitdem Elisabeth, Heinrich und Maria wieder in Eldingen waren, schien es nicht mehr ihr altes Heim zu sein. Der Trubel, der in den letzten Wochen vor ihrer Reise nach Braunschweig und Dresden, in Schloss Eldingen geherrscht hatte, war vorbei. Ihre Schlossfamilie hatte sich verkleinert. Sie bestand jetzt nur aus Hermine, Lennard, Maria und ihnen. Auch das war nicht mehr lange von Dauer, so viel war ihnen bewusst. Eigentlich war es jetzt genau so, wie es sich ein frisch vermähltes Ehepaar mit einem Säugling wünschen würde. Aber es war definitiv zu viel Dreisamkeit für die beiden.

Heinrich fehlte Rudolfs Assistenz bei der vormittäglichen Arbeit am Schreibtisch. Auch sonst war im Haus, vor allem in seinen privaten Räumen, nicht alles so praktisch und vorausschauend gerichtet, wie er es von Rudolf gewöhnt war. Täglich musste er sich nun das passende Gewand selbst herrichten oder andere Kleinigkeiten, wie eine Feder und das Tintenfass dort hinstellen, wo es griffbereit war. Heinrich hätte noch tausend Handgriffe aufzählen können, die Rudolf ihm jeden Tag abgenommen hatte. Ihm fiel jetzt erst auf, mit welcher unauffälligen Diskretion ihn Rudolf verwöhnt hatte. Weit mehr als ein normaler Butler es hätte tun müssen. Jedem anderen Diener hätte er die meisten Dinge erst aufragen müssen. Rudolf sah diese von selbst und erledigte sie ohne ein weiteres Wort. Heinrich fehlten zudem die kleinen vielen Gespräche, die er und Rudolf während ihrer gemeinsamen Arbeit in der Bibliothek geführt hatten. Rudolf hatte ihm außer vielen praktischen Ideen auch unzählige Anregungen zu fast jedem Lebensbereich gegeben, die er nach reiflicher Überlegung gänzlich oder teilweise übernommen hatte.

Elisabeth erging es ähnlich. Sie vermisste Katharina sehr, mit der sie sich in den letzten Wochen angefreundet hatte. Sie hatten zwar vorübergehend eine Hilfe aus dem Dorf angestellt, die `Rieke`, aber diese kannte sich mit den Gepflogenheiten im Schloss nicht aus. Elisabeth hatte sich entschlossen, mit freundlichem Gleichmut zu ertragen, dass sie ihre Pantoffeln in der Schlossküche suchen musste, das Frühstück nicht im gelben Salon eingedeckt wurde, dafür aber im roten Salon, in dem nur die nachmittägliche Teestunde und das abendliche Zusammensein stattfanden. Neuerdings wurde ihnen das Mittagessen im Ballsaal serviert, dort saßen Elisabeth und Heinrich jeder an einer der schmalen Seiten des langen Tisches, an dem gut und gerne zwanzig Personen hätten Platz nehmen können. Sie mussten sich entweder anschreien oder unterhielten sich einfach nicht mehr. Zunächst hatten sie diese Änderungen mit Humor genommen. Hermine hatte genau wie sie versucht, der lieben aber sehr einfältigen Rieke, diese Dinge zu erklären. Das ging einmal beim Frühstück gut, dann machte sie es wieder so, wie es ihren Vorstellungen nach entsprach. „In einem Schloss", so meinte Rieke, „müssen die hohen Herrschaften immer in großen (ungemütlichen) Räumen an übergroßen Tischen speisen." So kannte sie es aus Erzählungen und die mussten ihrer Meinung nach richtig sein. Wenn nötig, würde sie den hohen Herrschaften den richtigen Weg weisen. Damit sie wissen, wie sie sich zu benehmen hätten. Elisabeth, Heinrich sowie Hermine gaben auf, Rieke irgendwelche Dinge erklären zu wollen.

Hermine litt fürchterlich. Nicht mehr unter der neuen Hilfe, Rieke. Es war ihr inzwischen egal geworden, dass rein gar nichts mehr an seinem Platz stand, wo es seit ewigen Zeiten gestanden hatte. Nein, sie litt darunter, dass ihre Tochter bald für immer weggehen würde. Solange Katharina und Rudolf nicht wieder heimgekehrt waren, konnte sie sich einreden, es wäre ab deren Rückkehr, alles so wie früher. Aber in manchen Momenten klappte es nicht. Wenn sie der Wahrheit ins Gesicht sah, weinte sie bitterlich. Alexander vermochte sie kaum zu trösten. Hermine schlief jetzt wegen Maria in ihrer alten Kammer im Schloss. Alexander verbrachte die Abende mit ihr und Maria, bis es Schlafenszeit wurde. Das stank ihm gewaltig. So hatte er sich seine Ehe nicht vorgestellt: Seine Frau den ganzen Tag nicht zu sehen und die Abende in einer Küche auf einem harten Schemel, statt in ihrem gemütlichen Heim zu verbringen. Er sah sich auch nicht imstande, Hermine zu trösten, weil er selbst nicht glücklich war und sie sehr gut verstehen konnte.

Lennard vermisste Rudolf und Katharina ebenso. Das Lachen von Katharina hörte er sonst oftmals bis zum Stall über den ganzen Hof. Die Gespräche mit Rudolf, seinem besten Freund und mit Sergej, den er seit Januar ausgebildet hatte, fehlten ihm täglich mehr. Lennard hoffte, dass Rudolf und Katharina wenigstens zu seiner Hochzeit mit Anna zurückkehren würden. Sie sollten bei ihrer Hochzeit Trauzeugen sein. Lennard machte, soweit es ging, einen großen Bogen um die Schlossküche. Das ständige Klagen, Jammern und Weinen von Hermine wollte er sich nicht mehr anhören.

So ging jeder, soweit wie möglich, seiner eigenen Wege. Bis es Heinrich nicht mehr aushielt. „Hast du etwas einzuwenden, wenn ich heute Abend mit Georg in die Dorfschenke auf einen Humpen Bier gehe?“, fragte er Elisabeth beiläufig.

„Nein, habe ich nicht.“

„Du bist in letzter Zeit so still geworden, Lisa. Ich mache mir Sorgen um dich.“ Elisabeth war in den letzten Wochen voller Leben gewesen. Jetzt war sie ruhig, geradezu in sich gekehrt. „Lisa, du bist hier nicht mehr richtig glücklich, nicht wahr?“

„Kommt es dir so vor, mein Lieber?“

„Ja.“

„Doch, sicher, bin ich in Eldingen glücklich“, sie machte eine fast unmerkliche Pause.

„Aber nicht *richtig*“, stellte Heinrich fest.

„Na ja, ich würde schon gerne mehr unternehmen.“

„Was zum Beispiel?“

„Tanzen gehen, ins Theater gehen, in Celle vielleicht. Auch einmal verreisen. Und vor allem viel mehr Gäste im Schloss begrüßen.“

„Das fehlt dir sehr?“

„Ja, wenn du mich so fragst. Manchmal denke ich, ich bin schon uralt, so wenig unternehmen wir. Selbst Mama unternimmt mehr als wir.“

„Sie hat ja auch nicht erst vor fünf Monaten ein Kind zur Welt gebracht."

„Da hast du recht!", lachte Elisabeth.

„Was hältst du davon, wenn wir zu Weihnachten einen Ball geben würden?" Heinrich hatte es schneller ausgesprochen, als er beabsichtigte.

Elisabeth sprang auf und fiel ihm um den Hals. „Das wäre wunderbar!"

„Elisabeth, ich wünsche mir, dass du mir in Zukunft erzählst, was dich bedrückt. Versprichst du mir das?"

„Ja. Das beruht aber auf Gegenseitigkeit. Versprochen?"

„Ja."

„Du hast es vielleicht gut. Ich beneide dich richtig", sagte Elisabeth plötzlich.

„Wie meinst du das?"

„Du hast deinen besten Freund hier auf dem Gelände. Da kannst du eben einmal hingehen und mit ihm reden. Das habe ich nicht."

„Du bist doch den ganzen Tag mit Bernhard zusammen und ich nicht. Ich bin fast den ganzen Tag alleine."

„Du meinst, ich unterhalte mich den ganzen Tag mit Bernhard? Das tue ich auch, sofern er nicht schläft. Das tut er die meiste Zeit. Leider sind die Gespräche recht einseitig. Er hat mir zum Beispiel bis jetzt nicht darauf geantwortet, ob er es gut findet, wenn ich jetzt bald keine Milch mehr für ihn habe. Zugegeben, ich unterstelle ihm einfach, dass er mir nicht geantwortet hat. Ich verstehe seine Sprache nicht wirklich. „Mmpf – mmpf", „Blabla" und „Murmel-Murmel" sind nicht wirklich aussagekräftig", schmunzelte Elisabeth.

„Ich verstehe dich. Nur nahm ich an, eine Mutter würde ganz in dem Zusammensein mit ihrem Kind aufgehen."

„Das ist auch so. Nur sind wir Frauen auch noch erwachsene Geschöpfe, die sich in erwachsener Sprache unterhalten möchten. Falls du mir jetzt sagen möchtest: Ich könnte ja Briefe schreiben. Die habe ich bereits alle geschrieben. Jetzt warte ich auf Antworten. Aber auch das ist zu wenig. Ich erlebe nicht so viel, dass ich ständig etwas Neues zu berichten hätte. Mit `Tante Sarahs Garten` bin ich in Bälde fertig. Was ist dann? Ich denke, es würde mir guttun eine neue Aufgabe zu haben."

„Was würde dich interessieren?"

„Zunächst könntest du mich, an Rudolfs Stelle, in deine Schreibtischarbeit einarbeiten. Die habe ich während deiner Abwesenheit auch übernommen, als du mit Otto an der See warst. Rudolf meinte damals, ich hätte es gut gemacht."

„Ja, ich überlege es mir."

Elisabeth holte tief Luft: „Außerdem würde ich gerne eine Schule gründen."

„Eine Schule, soso." Mit dieser Eröffnung hatte Heinrich nicht gerechnet. „Warum?"

„Weil es hier vor dem Krieg eine Schule gab und weil ich der Meinung bin, dass alle Menschen Lesen, Schreiben und Rechnen können sollten. Nicht nur die, die mehr Geld haben."

„Alle?"

„Ja, alle Menschen."

„Wozu? Für die Arbeit, die sie tun, müssen die wenigsten Menschen Lesen, Schreiben und Rechnen können."

„Das stimmt schon. Aber für das tägliche Leben im Allgemeinen, beim Einkaufen und Tauschen oder beim Nähen oder Zimmern. Egal, was du nimmst, überall braucht man etwas davon." Elisabeth dachte weiter nach. „Nimm doch einfach nur die Bibel. Wäre es nicht schön, wenn jeder Mensch die Bibel lesen könnte. Natürlich viele andere Bücher mehr. Es könnte in jedem Fall nicht schaden, oder?"

„Schaden könnte es wohl nicht", überlegte Heinrich. „Möchtest du selbst unterrichten?"

„Ja, ich könnte Alexander helfen."

„Alexander Rotermann? Der Mann von Hermine?"

„Kennst du noch einen Alexander, der dazu auch Lehrer ist?"

„Nein, verzeih, das war dumm von mir. Wo soll die Schule sein? Hier im Schloss?"

„Nein, im Pfarrhaus, – dachte ich mir so. Die frühere Schule war dort untergebracht. Das Pfarrhaus liegt mitten im Ort und verfügt über genügend leerstehende Räume."

„Das könnte gehen, wenn Pastor Boreen damit einverstanden wäre. Hast du vergessen, dass die Kinder mitarbeiten. Sobald sie in der Lage sind, müssen sie im Haus, auf dem Hof und den Feldern mithelfen. Keine Familie wird darauf verzichten." Heinrich machte sich Sorgen, dass Elisabeth enttäuscht werden könnte.

„Ja, darüber habe ich nachgedacht. Jetzt ist bald Herbst. Wenn die Ernte eingefahren ist und die Höfe für den Winter vorbereitet sind, haben die Leute mehr Zeit."

„Leute? Meinst du etwa nicht nur die Kinder? Auch die Eltern? Die sollen auch in die Schule gehen?"

„Sicher, wenn sie wollen."

„Das wollen *die* nicht, das kann ich mir nicht vorstellen. Die sind mehr als froh, wenn sie nach einem Jahr harter Arbeit einmal kürzertreten können."

„Liebster, wir werden sehen. Hast du etwas dagegen einzuwenden, wenn ich hier eine Schule gründe?"

„Nein, eigentlich nicht. Ich möchte nur nicht, dass du enttäuscht bist, wenn später kein Kind kommt."

„Tja, damit werde ich dann wohl mit leben müssen. Aber immerhin habe ich es versucht und brauche mir keine Vorwürfe zu machen."

„Du, der Alexander wird nicht umsonst unterrichten. Wer soll ihn bezahlen?"

„Der Gemeinderat?", überlegte Elisabeth.

„Ha! Ha! Ha! Da muss ich aber laut lachen! Wir haben genügend andere Sorgen, als einen Lehrer zu bezahlen und Holz für einen Schulraum heranzukarren. Nein, meine Liebe, *das* kannst du dir aus dem Kopf schlagen!"

Elisabeth traute ihren Ohren nicht. „Du lachst mich aus?"

Heinrich bereute sofort, so überheblich gewesen zu sein.

„Entschuldige bitte. Es tut mir leid. Wirklich! Ich habe nur an die ganzen anderen Dinge gedacht, die wir im Gemeinderat klären müssen."

Elisabeth war immer noch beleidigt. „Mach das nie wieder! Lach mich nie wieder aus! Ich bekomme das auch ohne deine Hilfe hin. Ich brauche dich nicht dazu. Ich wünsche Dir heute Abend viel Vergnügen mit Georg in der Dorfschenke. Bis morgen! Ich habe zu tun!" Elisabeth rauschte wütend aus dem Zimmer.

*Das habe ich wohl gründlich vermasselt!, s*chalt sich Heinrich. *So ein verdammter Mist!*

Ja, das hatte er. *Er wird schon sehen, wozu seine Frau fähig ist. So eine Arroganz! Gemeinderat! Pah! Der ist doch wohl für alle Belan-*

ge da, oder? Den Herren werde ich tüchtig einheizen. In ihrer Wut malte Elisabeth sich aus, wie die Ratsherren vor ihr an kleinen Schultischen und sie als Lehrerin vor ihnen am großen Lehrertisch saß. Mit einem Stock schlug sie immer wieder auf den Tisch und verteilte schlechte Noten. Heinrich bekam eine Sechs minus.

Sobald Heinrich zu seinem Herrenabend aufgebrochen war, schnappte sie sich Bernhard und ging in die Schlossküche. Sie bat Hermine und Alexander um ihren Rat und ihre Hilfe. Alexander bekam leuchtende Augen bei der Vorstellung, wieder als Dorfschullehrer arbeiten zu können. Hermine war zunächst zurückhaltender. „Wenn ich es mir recht überlege, finde ich Ihre Einstellung sehr gut, Baronin. Ich werde Sie unterstützen, wo ich kann. Ich selbst kann nicht sehr gut lesen und schreiben fast gar nicht. Ich werde es aber in Zukunft brauchen, wenn Katharina in Soskie lebt. Ich möchte die Briefe selbst schreiben und mir nicht von Alexander schreiben lassen. Es gibt da doch manchmal Dinge, die man nur von Frau zu Frau schreiben kann. Wenn Katharina noch hier wäre, würde ich sie auch in die Schule schicken. Ich finde, das Alter ist egal. Jeder Mensch kann dazulernen. Findest du nicht auch, Bärchen?“

„Ja, das finde ich auch. Unsere menschliche Spezies ist in der Lage, bis ins hohe Alter dazuzulernen.“

„Gut, Frau Baronin. Damit hätten Sie in mir die erste Schülerin für Ihre Schule.“

„Ich habe sechs Schüler, die ich ab und zu unterrichte. Drei Jungen, von den wohlhabenderen Pächtern und die drei Kinder von der Witwe Ludmilla. Für mich wäre einfacher, wenn wir einen Unterrichtsraum hätten. In ihrer häuslichen Umgebung sind die Kinder sehr abgelenkt. Nicht selten werden sie von ihren Eltern mitten aus dem Unterricht geholt, um irgendeine Arbeit zu verrichten. Da komme ich dann nicht weiter und fange wieder von vorne an. Letztendlich beschweren sich die Eltern, dass ihre Kinder nicht viel gelernt haben. Wie wollen wir weiter vorgehen?“

„Ich habe im Kalender meines Mannes gesehen, dass in vier Tagen die nächste Gemeinderatssitzung ist. Bis dahin möchte ich mit Ihnen einen genauen Plan über die Schule erstellen. Wann der Unterricht sein soll. Was wir an Material benötigen. All diese Dinge. Damit wir für die Fragen vom Gemeinderat gewappnet sind. Weiter würde ich gerne mit Ihnen, Herr Rotermann, zu Pastor Boreen gehen. Wir sollten mit ihm vorher abklären, ob er damit einverstanden ist, einen Raum vom Pfarrhaus für die Schule bereitzustellen. Sonst überrumpeln wir ihn bei der Sitzung womöglich. Was halten Sie davon?"

„Das haben Sie ausgezeichnet überlegt, Baronin. Kompliment. Wenn Pastor Boreen nicht damit einverstanden ist, müssen wir uns weiter umsehen."

„Ja, das müssen wir. Ich werde einmal meine `geheime Quelle` anzapfen, ob die einen leerstehenden Raum im Ort weiß", überlegte Hermine.

„Ach, es ist eine `Sie`?", fragte Alexander der, genau wie alle anderen, immer noch nicht wusste, wer Hermines `geheime Quelle` war.

„*So* nicht, mein Lieber. Das haben vor dir schon viele versucht, herauszubekommen", lachte Hermine, das erste Mal, seitdem sie wieder in Eldingen waren. „Ich habe nur `geheime Quelle` gesagt. Nichts von *Sie* oder *Er*."

„Du hast aber gesagt: ob *die* was weiß."

„Ist doch richtig oder heißt es neuerdings *der* Quelle?", lachte Hermine zum zweiten Mal. „Du solltest wirklich einmal wieder zur Schule gehen, Bärchen."

Elisabeth und Alexander stimmten in Hermines entspanntes Lachen mit ein. Sie hatten den ersten schönen gemeinsamen Abend seit Wochen miteinander. *Schade nur, dass Heinrich nicht dabei sein kann",* dachte Elisabeth zwischendurch. *Das hat er sich selbst zuzuschreiben.* Bevor sie auseinandergingen, kamen sie überein, ihr Geheimnis bis zur Gemeinderatssitzung zu bewahren. Das war ganz besonders für Hermine schön, sie liebte Geheimnisse über alles.

Heinrichs Abend war das genaue Gegenteil von einem schönen Abend. Heinrich berichtete Georg von der gedrückten Stimmung im Schloss und dass er diese wohl, durch sein überhebliches Lachen Elisabeth gegenüber, gänzlich verdorben hätte.

„Mensch, Hein! Man hat dir wohl noch nie gesagt, dass man zwar alles denken, aber nicht alles sagen darf, was? Frauen gegenüber schon gar nicht! Das musst du doch inzwischen gelernt haben!", lachte Georg.

„Danke, dass du auch noch in meinem schlechten Gewissen herumstocherst. Ich hatte erwartet, dass du mir einen Rat gibst, wie ich aus dieser verfahrenen Kiste wieder herauskomme.“

„Da muss ich erst einmal drüber schlafen. Aber Blumen, – ja Blumen sind immer gut.“

„Würde mir Erika einen Strauß zurechtmachen?“

„Klar würde sie das. Den kannst du dann allerdings gleich selbst behalten. Wenn du Elisabeth um Verzeihung bitten willst, dann musst du den Strauß schon selbst pflücken.“

„Den bekomme ich nicht so schön hin.“

„Eben. Das sieht eine Frau sofort. Und sie freut sich, dass du dir die Mühe gemacht hast, ihn selbst zu pflücken. Sie wird ihn lieben.“

„Meinst du?“

„Ja, weiß ich aus Erfahrung. Habe ich selbst ausprobiert. Erika trennt sich von meinen selbstgepflückten Sträußen höchst ungern. Die anderen Sträuße hat sie gleich nach dem Verblühen weggeworfen. Und nicht zu klein darf er sein! Er muss so aussehen, als wenn du dir richtig Mühe gegeben hast.“

Nach dem nächsten Humpen Bier kamen sie auf den Ersatz für Rudolf zu sprechen.

„Du, vielleicht benötigst du keinen *Butler*. Ein Sekretär würde doch auch ausreichen, oder? Und ein fleißiges Hausmädchen statt Katharina. Die außer Saubermachen auch servieren könnte. Du hast erzählt, dass Karl sich verlobt hat. Nun, dann werden sie wohl bald heiraten. Sie legen ihre Haushalte zusammen und haben dann jede Menge Personal übrig. Wende dich mal an ihn, bevor das entlassene Personal neue Stellen hat.“

„Mensch, Georg, du bist mein Retter in der Not! Darauf trinken wir noch einen.“ Heinrichs Stimmung hob sich gewaltig. „Für Lennard habe ich auch keinen Ersatz. Das wird sehr schwer. Er ist mit seinem Wissen eigentlich nicht zu ersetzen.“

„Was ist mit `Bartel`? Der hat ihn gut vertreten, als Lennard weg war.“

„Meinst du?“

„Hast du mit Lennard noch nicht über Bartel gesprochen?“

„Nein.“

„Also hör mal, das ist doch wohl das Naheliegende. Manchmal bist du, – na ja, – hast du wohl Scheuklappen auf. Bartel war Jahre *vor* Lennard auf eurem Gut. Über die Pferde wird er von Lennard in den letzten sieben Jahren wohl genug gelernt haben, glaubst du nicht auch? Lennard ist, soviel ich weiß, extra eingestellt worden, weil dein Vater die Pferdezucht aufbauen wollte. Die anderen Tiere hat Bartel vorher einwandfrei versorgt. Im Grunde genommen ist ihm Lennard vor die Nase gesetzt worden. Ein Wunder, dass er überhaupt noch hier ist."

„Das habe ich nicht gewusst. Bartel ist so unauffällig. Sehr freundlich, aber nicht aufdringlich."

„Jetzt weißt du es. Sprich mit ihm."

„Ich danke dir", freute sich Heinrich. „Das muss gefeiert werden."

„Nun warte erst einmal ab. Ich habe dir auch noch was zu sagen", beruhigte ihn Georg.

„Was kann das schon Schlimmes sein? Du hast mir sehr geholfen. Danke, du weißt gar nicht wie sehr."

„Du benötigst noch einen Ersatz, dabei kann ich dir leider keinen Rat geben."

„Als Ersatz für wen?" Heinrich wurde hellhörig.

„Für mich. Meinem Vater geht es nicht sehr gut. Die Ziegelei hat furchtbar viel zu tun. Mein Bruder schafft die Arbeit nicht alleine. Ich muss in den Betrieb einsteigen", ratterte Georg seine Sätze schnell herunter.

„Moment mal, was hast du gesagt? Du hörst bei mir auf und gehst wieder in die Ziegelei zurück, um Ziegel zu brennen? Du lässt mich also auch im Stich?", fragte Heinrich angetrunken.

„Sage mal! Was ist los mit Dir? Du ertrinkst ja in Selbstmitleid! Wenn meine Familie mich braucht, dann muss ich helfen. So einfach ist das! Jeder muss tun, was er tun muss. Ich habe erwartet, dass mein Freund mich versteht. Aber wenn das nicht der Fall ist, dann …", Georg war enttäuscht.

„Entschuldige, Georg. Das war wirklich egoistisch von mir. Tut mir leid. Ich freue mich, wenn ihr in der Ziegelei so viel zu tun habt. Ehrlich", lenkte Heinrich ein.

„Genau das habe ich von Dir erwartet. Nichts anderes!"

„Anscheinend habe ich heute das besondere Talent das Verkehrte zu sagen“, stellte Heinrich geknickt fest.

„Pass mal auf. Ich höre mich natürlich nach einem guten Kutscher um. Möglichst hier aus der Gegend. Er sollte schon den Großteil der Bauern kennen. Ich bin zuversichtlich, dass Du bald einen Ersatz für mich findest“, bot Georg an.

„Wann gehst du zurück in die Ziegelei?“

„Vorgestern. Ich hätte schon längst wieder dort helfen müssen. Ich habe nur wegen dir so lange gewartet. Weil du so viel andere Sorgen hast. Weißt du, langsam geht es wieder bergauf hier in der Gegend. Überall wird gebaut und wir sind momentan die einzige Ziegelei weit und breit. Selbst `Herzog Christian Ludwig` in Celle baut und baut. Die ganze Stadt vergrößert sich. Sie brauchen gigantische Mengen an Ziegelsteinen und Dachziegel. Wir kommen kaum mit dem Brennen hinterher.“

„Das wusste ich nicht.“ Heinrich verstand seinen Freund jetzt besser.

„Mir kommt da gerade eine Idee. Du hast gesagt, Elisabeth klagt über Langweile. Stimmts?“

„Ja.“

„Mach mit ihr ein paar Ausflüge, auch nach Celle. Dann seht ihr beide, was sich hier im Land und in der Stadt so tut. In den letzten Jahren hat sich für euch alles nur zwischen Braunschweig und Eldingen abgespielt.“

„Du hast recht. Das sollten wir tun. Ich bin wirklich nicht richtig auf dem Laufenden. Hermine kennt Celle sogar besser als ich“, schmunzelte Heinrich.

„Na, dann wird es höchste Zeit, mein Freund.“ Georg klopfte Heinrich auf die Schulter.

Da die Stimmung jetzt entspannter war, tranken sie genüsslich ein paar Humpen und torkelten gemeinsam nach Hause.

„Wie war dein Abend mit Georg?“, erkundigte sich Elisabeth am nächsten Morgen, als wenn nichts gewesen wäre.

„Nachdem er mir eröffnet hat, dass er uns auch verlassen muss, ganz gut“, sagte Heinrich leise, weil er Kopfschmerzen hatte. „Ich erkläre es dir heute Abend.“

„Ach, tut mir leid. Heute Abend habe ich leider keine Zeit.“

„Wieso?“

„Ich habe zu tun. Du musst heute Abend auf Bernhard aufpassen und ihn zu Bett bringen.“

Das hatte Heinrich noch gefehlt. „Wo bist du denn?“

„Ich bin bei Alexander.“

„Warum?“

„Schon vergessen? … Dann kann ich dir leider auch nicht helfen.“

Heinrich wusste im Moment wirklich nicht, was Elisabeth meinte. „Warum sagst du mir nicht, worum es geht?“

„Weil ich erwarte, dass du mir zuhörst, wenn ich dir etwas erzähle. Das hast du anscheinend nicht getan. Ich wiederhole mich ungern. Ach, bevor ich es vergesse: Zu Mittag bin ich auch nicht da.“

„Jetzt reicht es aber, findest du nicht?“

„Nein, finde ich nicht.“ Elisabeth verließ den gelben Salon ohne ein weiteres Wort.

Heinrich quälte sich durch seine vormittägliche Schreibarbeit. Richtig konzentrieren, konnte er sich darauf nicht. *Blumen! Mit Lennard wegen Bartel sprechen!*, fiel ihm wieder ein. *Gott sei Dank! Dann komme ich wenigstens hier raus. Kann Hermine ja mal fragen, was meine Ehefrau so Wichtiges zu tun hat.“*

Bei Hermine kam er kein Stück weiter. Sie antwortete leichthin mit: „Ach, ja?“ – „Weiß ich nicht“ und „Keine Ahnung.“

Das hätte ich mir gleich denken können. Na, dann eben nicht! Soll Elisabeth doch ein Geheimnis haben, wenn sie unbedingt will! Obwohl wir uns damals geschworen haben, niemals ein Geheimnis voreinander zu haben. „Sie hätte es mir erzählt“, sagt sie. Ich Trottel, ich könnte mir in den Hintern treten! Ich vertrage kein Bier mehr! Was war das nur, verdammt noch mal? Da war doch irgendwas mit: – mir bei der Buchhaltung helfen. – Nein, das war es nicht. Ah, die Sache mit der Schule! Ja, – und dann? Gemeinderat – und dann habe ich sie ausgelacht. Deswegen die Blumen. Nur warum habe ich sie so blöd ausgelacht? Ich bin ein Idiot! Scheiße! Ich weiß, `Scheiße` sagt man nicht, aber denken darf man es wohl noch? Oder darf man das auch nicht mehr? Ach, egal, Scheiße ist Scheiße! So, Heinrich, noch einmal ganz langsam von vorne!, sagte er sich selbst. *Ganz ruhig bleiben! Du kommst noch darauf!* Kam er nicht. Nur bis zum Auslachen, aber nicht warum. Und dafür Blumen pflücken, wie Georg ihm es empfohlen hatte.

Zunächst suchte Heinrich Lennard im Stall auf. Für Lennard war es das Selbstverständlichste von der Welt, dass Bartel seine Stelle übernehmen würde. „Wir haben noch keinen Käufer für Annas Hof. Ich weiß also nicht, wann wir weggehen werden“, antwortete Lennard auf Heinrichs Frage.

„Ich würde gerne mit Bartel sprechen, bevor er mir auch abhandenkommt“, meinte Heinrich ironisch.

„Das wäre zu empfehlen, Herr Baron. Er hat bereits eine Anfrage aus Celle bekommen und eine aus Eschede. Nur seine Frau will hier nicht weg. Darum ist er noch hier. Er ist einfach zu gut, um nur ein Stellvertreter zu sein. Das hat sich weit herumgesprochen.“

„Könnte ich jetzt gleich mit ihm reden?“

„Sehr wohl, Baron. Ich hole ihn. Soll er in die Bibliothek kommen?“

„Ja, ich erwarte ihn dort.“

Bartel bekam vor Freude einen roten Kopf. Er war von Natur aus ein ruhiger Mensch. Heute bestand er allerdings auf einen Arbeitsvertrag. „Herr Baron, ich will Ihnen nicht zu nahe treten, aber ich muss mich absichern. Ich kann es mir nicht leisten, eine andere Stelle auszuschlagen.“

„Bartel, wie mir zu Ohren gekommen ist, wurde Ihnen Lennard von Eckberg damals einfach vor die Nase gesetzt, stimmt das?“

Bartel sah peinlich berührt zu Boden. „Ich würde es nicht so hart ausdrücken, Herr Baron.“

„Aber es stimmt doch. Mein Vater hat Sie einfach übergangen, nicht wahr?“

Bartel rutschte unbehaglich auf seinem Stuhl hin und her. „Ich weiß jetzt nicht, wie ich es sagen soll. Ihr Herr Vater war ein guter, gerechter Herr. Ich will mich nicht beklagen.“

„Lassen Sie es gut sein, Bartel. Es ehrt Sie, dass Sie nicht schlecht über meinen Vater sprechen. Sofern mein Vater Ihnen Unrecht getan hat, möchte ich mich für ihn entschuldigen und versuchen, es wieder gutzumachen. Würden Sie die Stelle als `Oberstallmeister` annehmen?“

„Ober - Stallmeister? Lennard ist doch nur Stallmeister.“ Bartel, meinte, Heinrich hätte sich versprochen.

„Wenn ich `Ober - Stallmeister` sage, meine ich auch `Oberstallmeister`, Bartel. Ich habe geplant, unseren Viehbestand nächstes Jahr zu vergrößern. Insbesondere die Pferdezucht, zu der mein Vater den Grundstein gelegt hat. Trauen Sie sich das zu?“

„Ja. Das was ich nicht über die Behandlung von Pferden wusste, habe ich in den letzten Jahren von Lennard gelernt.“

Heinrich zwinkerte Bartel zu. „Also hat mein Vater Lennard doch nicht ganz umsonst eingestellt?“

„Das habe ich nie gesagt, Herr Baron. Es war nur so –, na ja, unvorbereitet damals.“

„Ich verstehe. Wie ich gesagt habe: Es ehrt Sie, dass Sie nicht schlecht über den Fehler meines Vaters reden. Über den Lohn werden wir uns einig, keine Sorge. Noch eine andere Frage, Bartel. Georg muss uns leider auch verlassen. Er muss seine Familie in der Ziegelei unterstützen. Kennen Sie jemanden, der für die Stelle als Kutscher geeignet sein könnte?“

„Auf Anhieb fällt mir da niemand ein, Herr Baron. Ich werde mich umhören.“

Warum wusste Heinrich nicht genau, es rutschte ihm so raus. „Ihre Kinder, sie haben vier Kinder?“

„Ja, das fünfte ist unterwegs.“

„Gratuliere. Was halten Sie davon, wenn Ihre Kinder die Schule besuchen würden.“

„Alle?“

„Ja, warum?“

„Sie meinen auch die Mädchen?“

Heinrich verstand die Frage nicht. „Natürlich auch die Mädchen. Warum sollten die nicht Lesen, Schreiben und Rechnen lernen?“

„Es ist nicht üblich, Herr Baron. Die Schule ist einfach zu teuer für alle Kinder. Das kann sich keiner leisten.“

„Gesetzt den Fall, wir hätten eine Schule und Sie verdienen genügend, um alle Ihre Kinder hinzuschicken, würden Sie es tun?“

„Wenn meine Frau damit einverstanden wäre, sicher. Ich fände es gut, wenn alle Menschen in die Schule gehen könnten.“

„Na, denn“, schmunzelte Heinrich. „Das Geld wird ausreichen, fehlt nur noch das Einverständnis Ihrer Frau und die Schule. Warten wir es ab."

Bartel verließ beschwingt die Bibliothek, um seiner Frau die gute Nachricht zu überbringen.

Heinrich verließ genauso beschwingt die Bibliothek, weil er einen neuen Oberstallmeister gefunden hatte und vor allem, weil ihm wieder eingefallen war, warum er Elisabeth gekränkt hatte. Er pflückte wohl den größten Blumenstrauß seines Lebens. Es dauerte über eine Stunde. Dabei pfiff er fröhlich vor sich hin und malte sich Elisabeths Gesicht aus.

Elisabeth war vormittags in \`Tante Sarahs Garten\` beschäftigt. Maria spielte im Sand, Bernhard lag in seinem Wagen. *Eigentlich habe ich es doch sehr gut. Ich habe einen wundervollen Sohn, einen guten Mann, ein wunderbares Zuhause. Wir sind alle gesund. Was will ich eigentlich mehr? Vielleicht sollte ich dankbarer sein und mich damit begnügen. Lohnt es sich wirklich, meinen Dickkopf durchzusetzen, eine Schule zu gründen und deshalb Zwietracht mit Heinrich zu haben? Wenn mein verdammter Stolz nur nicht wäre. Ich hätte es ihm doch noch einmal erklären können. Ich bin eine dämliche Kuh! Jawohl! Aber es lohnt sich doch, eine Schule zu gründen, Mamon? Du sagst doch, wenn es einem so gut geht, soll man teilen, nicht wahr? Ja, ist ja gut. – Ich weiß, man kann auch teilen, ohne Streit anzufangen. Bis morgen muss Heinrich noch zappeln. Er muss einfach lernen, dass er mir zuhören muss. So geht das nicht. Es gibt nicht nur den Gemeinderat und die anderen Probleme. Jetzt bin ich schon wieder ungerecht. Was soll ich bloß machen? Ich werde ihm eine Freude machen. Ja, das werde ich. Es wird mir schon etwas einfallen. Ich werde Hermine fragen.*

Hermine kam es merkwürdig vor: Erst kam Heinrich und wollte wissen, wo seine Frau mittags und abends sein würde. Dann Elisabeth, die ihm eine Freude machen wollte. *Da ist was im Busche. Die haben wohl ein kleines Eheproblem. Na ja, immer \`Friede, Freude, Eierkuchen\` gibt es in keiner Beziehung. Da müssen die beiden durch.*

Um die Mittagszeit schlich Heinrich im Haus umher. In der Schlossküche bot ihm Hermine an, mit ihr und Maria zu essen.

„Du, Hein, ich habe mir Gedanken wegen dem Ersatz für Katharina und Rudolf gemacht. Muss es denn unbedingt ein Mädchen hier bei mir in der Küche sein und ein Mann als Butler?“

„Hmm, nein, ich denke nicht.“

„Hier schleicht ständig ein Junge um die Küche herum. Neulich habe ich ihn gefragt, was er hier zu suchen hat. Da hat er mir glatt gesagt, er habe gehört, dass ich die beste Köchin weit und breit sei.“ Hermine wartete ab, ob Heinrich ihr das bestätigte.

„Das bist du mit absoluter Sicherheit. Ich habe noch nirgends so gut gegessen wir bei dir.“

„Auch nicht in Braunschweig?“

„Nein. Dort kochen sie zwar sehr gut, schon fast ausgezeichnet. Aber du hast das gewisse Etwas. Bei dir schmeckt das Essen, obwohl es dasselbe Gericht ist, viel besser.“

„Danke. Das freut mich. Dieser Junge, der hat gesagt: Es würde hier immer so gut duften. Und dann hat er mich gefragt, ob er bei mir kochen lernen dürfte.“

„Was hast du geantwortet?“

„Ich habe ihn gefragt, ob er nicht ganz richtig im Kopf ist und ihn weggejagt.“

„Und jetzt bedauerst du es?“, schmunzelte Heinrich.

„Ja, ich habe mir überlegt: warum nicht einen Jungen ausbilden?“

„Weißt du, wie er heißt?“

„Nein. Ich glaube, er gehört zu Bartel. Er ist ungefähr zwölf oder dreizehn Jahre alt.“

„Ich will nachher sowieso noch einmal zu Bartel, bei der Gelegenheit frage ich ihn. Und was ist mit deiner zweiten Frage? Das mit dem Butler?“

„Wenn du nicht unbedingt einen Butler haben willst, könnte doch auch ein fleißiges Hausmädchen die Arbeit erledigen.“

„Das ist nur ein Teil der Arbeit eines Butlers. Ein Butler ist außerdem für Gesellschaften verantwortlich. Bei ihm läuft alles zusammen, was sich im Haus so tut.“

„Außerdem arbeitet er mit dir auch an den Büchern, nicht wahr?“

„Das ist nicht zwangsläufig so. Hier bei mir schon. In einem anderen Haus ist dafür ein Sekretär oder ein Verwalter zuständig.“

„Ach, dann vergiss meinen Vorschlag.“

„Ich kann nicht vergessen, was du mir nicht erzählt hast. Du warst noch nicht fertig, Tante Hermine.“

„Du weißt, dass meine ältere Tochter Constanza bei meiner Schwester in Celle aufgewachsen ist. Ich war damals erst sechzehn, als sie zur Welt kam und mein Ehemann war wegen der Arbeit nie zu Hause. Ich war einfach zu jung. Constanza ist jetzt zwanzig und hat gerade ihr zweites Kind, eine süße kleine Tochter, bekommen“, Hermine geriet ins Schwärmen.

„Und die soll jetzt bei uns als Hausmädchen anfangen?“, lachte Heinrich.

„Kakaladutsch! Nein, was ich sagen wollte, ist, dass die älteste Tochter meiner Schwester eine neue Stelle sucht. Sie hat mit dreizehn in einem vornehmen Haushalt als Hilfe angefangen. Dort hat sie sich hochgearbeitet und war in den letzten fünf Jahren die stellvertretende `Hausdame`.“

„Das ist eine gute Position. Warum will sie dort aufhören?“

„Sie hat schon aufgehört, weil der alte geile Sack von Hausherr ihr ständig nachgestellt hat.“

„Also Hermine, mäßige dich bitte.“

„Ach, ist doch wahr! Als ich in Celle war, habe ich erfahren, dass er ihr sogar eine Falle gestellt und sie vergewaltigt hat. Er hat die Abwesenheit seiner Frau schamlos ausgenutzt.“

„Der alte, geile Sack!“, ereiferte sich Heinrich.

„Jetzt sagst du es selbst!“

„Wenn es doch wahr ist!“

„Sag ich ja. Sie war sehr krank danach. Er hat sie sechs Tage in den Keller gesperrt und sich immer wieder an ihr vergangen. Jetzt kann sie keine Kinder mehr bekommen.“

„Was für ein brutales Schwein!“, Heinrich wurde wütend. „Hat sie ihn angezeigt?“

„Hein, er ist einer der angesehensten Bürger von Celle. Er verkehrt sogar bei Hofe. Was soll meine Nichte da etwas gegen ihn ausrichten?“

„Ich wünschte, ich könnte jetzt Holzhacken gehen, so wie es Rudolf tut, wenn er wütend ist.“

„Das habe ich mir auch schon oft gewünscht. Ich klopfe stattdessen Fleisch mürbe. Und du reitest doch mit Adolpho aus, wenn du den Kopf freibekommen willst. Das kannst du gleich machen. Ich wollte dich fragen, ob meine Nichte nicht hier anfangen könnte. Ihr könntet sie ausprobieren.“

„Wie heißt sie und wie alt ist sie?“

„Sie ist dreiundzwanzig und heißt Melissa.“

„Ich spreche mit Elisabeth darüber, Tante Hermine. Erst einmal vielen Dank für deine Vorschläge und dein Vertrauen. Jetzt muss ich mir wirklich Adolpho schnappen, sonst platze ich vor Wut.“

„Tu das, Hein, tu das.“

Nach seinem ausgiebigen Ritt und einer Rast an seinem Lieblingsplatz suchte Heinrich Bartel erneut auf und sprach ihn auf seinen Sohn an, der Interesse an Hermines Kochkünsten gezeigt hatte.

„Ach, Sie meinen Maximilian. Ja, mein Sohnemann schwärmt ständig von den guten Gerüchen, die aus Hermines Küche strömen“, lachte Bartel. „Er hat sowieso ständig Weiberkram im Kopf.“

„Weiberkram?“

„Nicht was Sie denken, Herr Baron. Er steht ständig bei meiner Frau in der Küche und fragt nach Kräutern zum Kochen und Backen und wie sie dies und das kocht. Solche Sachen eben. Meiner Frau geht das manchmal ganz schön auf die Nerven.“

„Wie alt ist Ihr Sohn?“

„Dreizehn.“

„Was macht er sonst?“

„Er hilft vorwiegend auf den Feldern. Aber er ist leider nicht besonders fleißig. Da ist mein Ältester, der Christian, ganz anders. Überhaupt sind die anderen Kinder fleißiger als er. Anja ist erst zwölf und arbeitet im Haus wie eine erwachsene Frau. Alles, was sie anfasst, wird blitzeblank“, sagte Bartel mit väterlichem Stolz.

„Wenn der Maximilian auf den Feldern nicht so gut zu gebrauchen ist, hätten Sie und ihre Frau etwas dagegen, wenn er einmal probehalber bei Hermine in der Küche helfen würde?“

„Ganz und gar nicht. Im Gegenteil! Aber Hermine soll sich da bloß keine großen Hoffnungen machen. Wie gesagt, der Fleißigste ist der Max nicht.“

„Wie ist der Name ihrer Tochter noch gleich?“

„Sie meinen die `Anja`? Ja, die ist Gold wert, sag ich Ihnen. Aus der wird noch einmal was“, schwärmte Bartel wieder.

„Sie hätten wohl nicht gerne, wenn Anja, im Schloss arbeiten würde, oder?“

„Es schadet ihr sicher nicht, wenn sie auch noch anderswo arbeitet. Wie gesagt, sie ist sehr fleißig.“

„Das wird aber dann zu viel, glaube ich.“

„Arbeit hat noch niemandem geschadet, Herr Baron. Außerdem lernt sie viel dazu, was auch gut ist. Der Mann, der Anja später einmal bekommt, der kann sich glücklich schätzen.“

„Würden Sie mit Ihrer Frau über Max und Anja sprechen, Bartel?“

„Geht klar. Herr Baron.“

Mit sich zufrieden, nahm Heinrich das Abendessen mit Hermine und Maria ein. Elisabeth brachte Bernhard zu ihnen in die Küche, bevor sie gut gelaunt zu Alexander aufbrach. Heinrich sah ihr mit besorgtem Blick nach.

„Mach dir keine Sorgen, Hein“, beruhigte ihn Hermine. „Alexander bringt sie wohlbehalten zurück. Wir müssen uns schließlich auch noch eine gute Nacht wünschen. Übrigens: Auf Dauer ist das keine Lösung. Alexander zu Hause und ich hier.“

„Nein, ist es nicht. Hoffentlich kommen Katharina und Rudolf bald zurück, damit wir besser planen können.“

„Denkst du, die beiden werden Maria mit sich nehmen?“

„Ja, das denke ich. Sie fragt doch dauernd nach `Ma` und `Pa`. Das sind sicher nicht wir.“

„Nein, das seid ihr nicht.“

„Was bedrückt dich Hein? Willst du es mir nicht erzählen?“

Heinrich erzählte Hermine, wie er sich Elisabeth gegenüber verhalten hatte.

„Der riesige Blumenstrauß steht direkt auf ihrem Frisiertisch. Sie hat ihn noch nicht einmal erwähnt. Vielleicht hat sie ihn nicht gesehen?“, fragte Heinrich hoffnungsvoll. Er stand auf. „Ich stelle ihn am besten ...“

„Hein, bleib sitzen. Sie hat ihn ganz bestimmt gesehen. Jede Frau sieht die kleinste Kleinigkeit auf ihrem Frisiertisch und einen riesigen Blumenstrauß erst recht.“

„Warum hat sie dann nichts gesagt?“

„Hast du vielleicht etwas vergessen?“

„Was denn noch?“

„Hast du dich entschuldigt?"

„Habe ich versucht und mit dem Blumenstrauß dazu …?"

„Ich meine so richtig? Mit einem Brief?"

„Wozu?"

„Schreib ihr einfach einen Brief. Entschuldige dich und schreib ihr all die schönen Dinge, die eine Frau hören möchte."

„Das weiß sie doch alles."

„Ach, Hein! Sei doch nicht so ein Sturkopf. Hast du nicht damals an Elisabeth ständig Liebesbriefe geschrieben?"

„Da hat sie auch noch nicht hier gelebt."

„Nur weil sie hier lebt, soll das vorbei sein? Typisch Mann. Alles unter Dach und Fach und schon ist es vorbei mit der Romantik. Alexander schreibt mir hin und wieder kleine Liebesbriefe und Gedichte. Ich liebe es. Ich schreibe auch zurück. Leider kann ich nicht so gut schreiben wie er."

„Du meinst, das hilft?", Heinrich war skeptisch.

„Ja, das wird sicher helfen", ermutigte ihn Hermine.

Heinrich fütterte und wechselte Bernhard die Windeln. „So mein Sohn, jetzt schreiben wir deiner wunderbaren Mamon einen richtigen Liebesbrief. So wie früher, als du noch nicht auf der Welt warst."

Elisabeth hatte mit Alexander Konzepte für die neue Schule ausgearbeitet. In verschiedenen Listen hatten sie aufgeführt, welche Unterrichtsmaterialien sie benötigten. Welche Kinder, in welchem Alter, wie und was erlernen sollten. Ebenso hatten sie die Unterrichtsinhalte für die Erwachsenen festgelegt. Die Inhalte sollten möglichst praxisnah sein. Den Kindern wollten sie eine Abwechslung zwischen Spielen und Lernen anbieten. Alexander wusste aus seiner früheren Erfahrung noch sehr gut, wie schwierig es war, die Kinder zum Stillzitzen zu erziehen.

Der Besuch bei Pastor Boreen verlief erfolgreicher, als sie erwartet hatten. Zunächst hörte er ihnen skeptisch zu. Als Elisabeth ihm jedoch erklärte, wie schön es für jedes Kind und jeden Erwachsenen wäre, das Buch der Bücher, die Bibel, selbst lesen zu können, war Pastor Boreen von Elisabeths Vorschlag, eine Schule zu gründen, begeistert. Ja, die ehemaligen Schulräume würde er selbstverständlich gerne zur Verfügung stellen, es haperte nur an den Bänken und

Schultischen. Auch auf einen zweiten Abort, sowie die Möglichkeit, sich die Hände zu waschen, wies er hin. „Doktor Röder wird darauf bestehen, Baronin. Ich halte es auch für ratsam. Die nächste Frage wäre noch das Beheizen der Räume. Hier in diesem kleinen Zimmer ist ein alter Ofen vorhanden. Aber bei mehr als zehn Kindern, wird es einfach zu eng. Was meinen Sie, Herr Rotermann?"

„Ja, Sie haben recht, Hochwürden. Allerhöchstens zehn Kinder. Das würde bedeuten, in dem zweiten Raum müsste ein weiterer Ofen eingebaut werden."

„Wer soll das bezahlen und wer sorgt für das Brennholz?", erkundigte sich Pastor Boreen nachdenklich.

„Damals, als die Kirche renoviert worden ist, haben die Dörfler doch gemeinsam geholfen?", überlegte Alexander.

„Wie wäre es, wenn Sie, Hochwürden, einen Aufruf in der Kirche tätigen würden? Natürlich erst, wenn die Genehmigung vom Gemeinderat vorliegt. Im Übrigen gibt es in anderen Gemeinden schon lange wieder Schulen", fügte Alexander hinzu.

„Hochwürden, bis wir unseren Vorschlag dem Gemeinderat unterbreitet haben, bleibt es bitte unter uns, ja?", bat Elisabeth.

„Ja, ich behandele die Sache vertraulich, Baronin. Der Baron weiß sicher davon?"

„Nur ansatzweise, keine Einzelheiten. Ich wollte ihn damit nicht belästigen. Sie wissen, wie viel er momentan zu tun hat, nicht wahr? Jetzt wo Rudolf nicht hier ist."

„Das kann ich mir gut vorstellen, Baronin. Trotzdem meine Empfehlung an Ihren Gemahl. Ich werde als Vorsitzender die Gründung der Schule auf den letzten Tagesordnungspunkt unter `Verschiedenes` setzen. Für gewöhnlich machen wir eine kleine Pause so gegen halb zehn. Danach kommt der letzte Tagesordnungspunkt an die Reihe. Vorher bräuchten sie nicht dort zu sein. Es geht in der Schenke doch recht laut und rauchig zu, Baronin."

„Danke, Hochwürden. Wir werden pünktlich dort sein."

Bevor sie das Pfarrhaus verließen, maßen sie die Räumlichkeiten aus. Auf dem Weg zum Schloss fragte Elisabeth: „Stimmt es, dass es in den anderen Dörfern schon lange Schulen gibt?"

Alexander fuhr sich über sein Kinn. „Sagen wir einmal so: Ich wünschte, ich hätte gehört, dass es so ist. Nein, ich denke, wir sind in dieser Richtung eine Art `Vorreiter`. Wir sollten uns auf Gegner gefasst machen. Vielleicht bleibt uns auch nichts anderes übrig, als von Haus zu Haus zu gehen und mit den Eltern persönlich zu sprechen, Baronin."

„Herr Rotermann, ich bin so felsenfest von dieser Schule überzeugt, dass ich fast alles dafür tun würde."

„Gut, dass wir damit schon zu zweit sind, Frau Kollegin", lachte Alexander.

Sie berichteten Hermine von Ihrem Erfolg beim Pastor. Sie freute sich mit ihnen. „Frau Baronin, darf ich Sie kurz sprechen, bevor Sie nach oben gehen?"

„Sicher Hermine. Gute Nacht, Herr Rotermann."

Hermine konnte es nicht unterlassen, Elisabeth darauf hinzuweisen, wie geknickt Heinrich beim Abendessen gewesen war. Mit schlechtem Gewissen stieg Elisabeth die Treppe hinauf und öffnete leise die Tür zum roten Salon. Hier bot sich ihr ein Anblick, der sie zu Tränen rührte. Heinrich saß schlafend in seinem Lehnstuhl. In einem Arm den schlafenden Bernhard, in der anderen Hand eine Schreibfeder. Auf seinem Knie ein beschriebenes Blatt Papier. Vorsichtig nahm ihm Elisabeth die Feder aus der Hand. Dabei rutschte das Blatt von Heinrichs Knie hinunter. Sie warf einen Blick darauf, als sie es neben ihn auf den Tisch legte.

Meine über alles geliebte Elisabeth,

Du fehlst mir so sehr. Du bist hier, aber doch für mich unerreichbar. Ich bedaure es sehr, dich gekränkt zu haben. Es war nicht meine Absicht. Es tut mir furchtbar leid. Ich bin doch so stolz auf Dich. Ich ertrage es nicht, wenn Du nicht mit mir sprichst. Vielleicht liebst Du mich nicht mehr? Bitte ...

Elisabeth liefen kleine Tränen über die Wangen. Waren es Tränen der Freude oder der Scham? Sie wusste es nicht. Sie legte Bernhard vorsichtig in seine Wiege. Danach führte sie den schlaftrunkenen Heinrich zu seinem Bett. Sie half ihm beim Entkleiden und deckte ihn zu. Heinrich murmelte unentwegt ihren Namen.

Pünktlich zur selben Zeit, zu der Rudolf seinen morgendlichen Dienst in der Bibliothek angetreten hätte, fand sich Elisabeth dort, entsprechend formell gekleidet, ein. Heinrich sah sie überrascht an.

„Guten Morgen, hiermit trete ich offiziell meinen Dienst als `Sekretärslehrling` an. Was soll ich tun, `Meister`?“, fragte sie geflissentlich.

„Guten Morgen, junge Dame. Ich freue mich, Sie zu sehen“, lächelte Heinrich. „Nun denn, beginnen wir mit der Post, wie jeden Morgen.“

Sie arbeiteten konzentriert bis zu der ersten Pause. Dann entschuldigten sie sich gegenseitig beieinander und fielen sich in die Arme.

„Mein Engel, ich bin verliebt in dich, wie am ersten Tag und werde es wohl mein Leben lang bleiben. Du bist die tägliche wunderbare Belohnung, nach einem langen Tag für mich“, flüsterte Heinrich, nach einem intensiven Kuss in Elisabeths Ohr.

„Das hast du ganz wunderbar gesagt, Liebling. Dafür bekommst du jetzt schon eine Belohnung“, flüsterte Elisabeth leicht erregt zurück. Sie setzte sich auf seinen Schoß und knöpfte sein Hemd auf.

„Aber es ist doch erst …“, murmelte Heinrich.

„Ja, es ist erst …“, murmelte sie zwischen kleinen Küssen auf seine Brust, „… Vormittag.“

„Also, die beste Zeit für …“, stellte Heinrich mit einem Blick auf Elisabeths entblößte Brüste fest, die irgendwie von selbst den Weg in seine Hände gefunden hatten.

„Und dieser kleine Mann hier“, Elisabeth hatte seinen strammen Schaft in die Hand genommen, „der findet die Uhrzeit auch ganz hervorragend.“

„Was ist, wenn Rieke reinkommt?“, keuchte Heinrich.

„Wir müssen uns eben beeilen“, stöhnte Elisabeth. „Ich setze mich einfach auf dich, dann brauchen wir uns nicht entkleiden.“

Sie wurden nicht gestört. Nach dem Hauptgang beim Mittagessen liebten sie sich erneut. Als Rieke kurze Zeit später das Dessert brachte, saßen Elisabeth und Heinrich, zwar noch etwas außer Atem, akkurat auf ihren Plätzen. Kaum war Rieke aus dem Zimmer, stürzten sie sich wieder aufeinander.

Als sie sich an diesem Tag zum vierten Mal geliebt hatten, kuschelte sich Elisabeth im Bett eng an Heinrichs Brust: „Ich glaube, es wird ein Mädchen“, flüsterte sie ihm glücklich ins Ohr.

„Kunigunde?“, lachte Heinrich.

„Ich habe es mir anders überlegt. Wie wäre es mit ‚Kriemhild‘?“

Heinrich kitzelte sie an der Seite. „Nur über meine Leiche. Schlaf jetzt lieber, morgen wird ein anstrengender Tag, Liebes.“

„So herrlich anstrengend, wie heute?“

„Noch anstrengender, mein Engel. Ich liebe dich.“

9

Der Aufbruch

Am folgenden Tag fanden sie keine Zeit, sich zwischendurch zu lieben. Rudolf und Katharina trafen mit dem kleinen Michael ein. Es gab von allen Seiten viel zu berichten. Die wichtigste Frage, die im Raum stand, war jedoch, wie lange sie bleiben würden. Katharina und Rudolf planten nur einige Tage ein, um ihre Habseligkeiten zu packen und sich für lange Zeit von ihren Lieben und im Dorf zu verabschieden.

„So eilig habt ihr es?“, fragte Hermine enttäuscht.

„Mutter, es wird auch nicht besser, wenn wir länger hier bleiben. Der Fürst schickt uns Arbeiter, die Häuser müssen gerichtet werden, die Tiere eingefangen und gut untergebracht werden. Wir können Sergej und Onkel David nicht mit all den Dingen alleine lassen.“

„Das verstehe ich ja. Trotzdem.“

„Denk daran, Mutter, je eher wir uns eingerichtet haben, desto schneller kannst du mit Alexander nachkommen.“

Das hielt Hermine für recht unwahrscheinlich. Ließ Katharina aber in dem Glauben.

Zunächst suchten Katharina und Rudolf, der kleine Michael immer dabei, Anna und Lennard auf.

„Wie sieht es bei Euch aus? Habt ihr schon einen Käufer für den Hof gefunden?“, erkundigten sie sich.

„Nein, bis jetzt hat sich leider niemand gemeldet“, gab Anna betrübt zu. „Ich beneide euch richtig. Ihr könnt einfach so gehen. Wir müssen hier noch ausharren, bevor wir ein neues Leben beginnen können."

„Kommt doch nach eurer Hochzeit einfach mit", schlug Katharina vor.

Anna und Lennard sahen Katharina verblüfft an. „Du hast leicht reden, du hast nicht den Hof mit den ganzen Leuten und dem Vieh, um das du dich kümmern musst."

„Nein, habe ich nicht. Das ist richtig. Es gibt aber noch eine Möglichkeit, den Hof loszuwerden. Rudolf kann es euch besser erklären, als ich."

„Ja, es gibt noch die Möglichkeit einer Erbpacht. Mein Vater hatte das auch einmal vermittelt. Ihr verpachtet den Hof über eine bestimmte Anzahl von Jahren, dann geht er in das Eigentum des Pächters über."

„Das hört sich interessant an. Über wie viele Jahre geht so ein Pachtvertrag?"

„Das ist Verhandlungssache. Es kommt auf die Verkaufssumme an. Der Hof, den mein Vater damals verkauft hat, war wesentlich größer als deiner, Anna. Der Vertrag wurde über neunundneunzig Jahre geschlossen."

„Was ist mit dem Vieh und den Menschen, die hier arbeiten?"

„Das Vieh kann mit verpachtet werden, die Menschen natürlich nicht. Denen wird freigestellt, ob sie bleiben wollen oder ihr Glück anderswo suchen möchten. Es sei denn, es sind Leibeigene."

„Dafür brauchen wir statt einem Käufer aber einen Pächter. Das wird wohl genauso schwierig werden", warf Anna ein.

„Wieso eigentlich nicht, Anna?", überlegte Lennard. Mit dem Geld von deinem verstorbenen Mann und meinem Ersparten kommen wir erst einmal über die Runden."

„Ach ja, das hätten wir fast vergessen. Sergej und ich wollten euch fragen, ob ihr mit uns nach Soskie kommen wollt. Für immer, wenn es euch dort gefällt. Wir möchten dir die Stelle als unseren Stellvertreter, als rechte Hand, als Verwalter von Gut Soskie anbieten. An Geld wird es euch nicht mangeln. Dafür wird es ein Haufen Arbeit für die nächsten zehn bis zwanzig Jahre werden. Das ganze Dorf liegt brach, nicht nur das Schloss und die Ländereien."

„Ich weiß nicht, das geht jetzt alles so schnell", meinte Anna.

„Da stimme ich dir zu. Ich hätte auch nicht gedacht, dass jetzt alles so `holterdiepolter` geht. Aber wir sind jung. Wozu noch warten?" Lennard sah Anna an.

Rudolf beschloss, seinen letzten Trumpf auszuspielen, um seinen Freund zu überzeugen. „Da ist auch noch die Sache mit den Pferden."

„Pferden?", Lennard beugte sich interessiert vor.

„Mein Großvater hat damals mit der Pferdezucht begonnen, mein Vater hat sie weitergeführt. Herrliche Tiere, kann ich dir sagen. Sie wurden bis an die Königshöfe verkauft." Rudolf machte eine Pause.

„Ich denke, die Tiere sind bei dem Brand umgekommen?"

„Anscheinend nicht. Unser Onkel hat berichtet, dass eine Horde wilder Pferde in regelmäßigen Abständen auf unserem Grund gesichtet worden ist. Wir vermuten, dass es sich dabei um unsere Tiere handelt."

„Ihr wisst es noch nicht genau?"

„Nein, wir wissen es noch nicht genau. Wir müssen sie einfangen und sehen, ob sie unser Brandzeichen tragen."

„Wie viele sollen es sein?"

„So 40 bis 50 Pferde, über 150 Schafe und etwas weniger Ziegen."

„Aha, so 40 bis 50 wilde Pferde, über 150 Schafe und etwas weniger Ziegen", wiederholte Lennard. „Ich habe dich durchschaut, Rudi. Das hast du dir bis zum Schluss aufgehoben. Du weißt, dass ich da nicht 'nein` sagen kann. Stimmts?"

„Stimmt!", lachte Rudolf.

„Und du weißt auch ganz genau, dass ich dich nicht im Stich lassen werde, wenn die Tiere erst einmal eingefangen sind, nicht wahr?"

„Ich hoffe es zumindest. Ich gebe es zu."

„Ganz abgesehen von der guten Stellung, die du mir anbietest, und dem Reiz des Neuen und der Tiere, kann ich das jetzt nicht mehr alleine entscheiden. Wir heiraten am Sonntag. Spätestens ab dem Zeitpunkt ist es mit meiner Freiheit offiziell vorüber", lachte auch Lennard.

Anna gab ihm einen liebevollen Klaps auf den Arm.

„Im Ernst jetzt, mein Freund", fuhr Lennard fort. „Es kommt wirklich ausschließlich darauf an, ob Anna und die Kinder sich in Soskie wohlfühlen werden. Sie haben es mehr als verdient, nach allem, was sie hier durchgemacht haben. Es bleibt vorerst dabei, dass wir uns

Soskie nur ansehen werden. Aber danke, mein Freund."

„Schlaft drüber. Morgen sieht es schon anders aus. Ging uns auch so, nicht Käthe?"

„Ja. Wir sollten jetzt los. Du musst bald zur Gemeinderatssitzung und vorher noch einen Happen essen, Rudi", drängte Katharina auf einmal.

„Wieso wolltest du so plötzlich los? Ich habe noch reichlich Zeit", fragte Rudolf auf ihrem Rückweg.

„Einfach so ein Gefühl. Sie müssen jetzt miteinander reden. Vielleicht kommen sie nachher auch noch zur Sitzung? Wer weiß?"

„Glaube ich nicht."

„Lassen wir uns überraschen."

Während Lennard und Anna in der Dorfschenke warteten, um unter Punkt `Verschiedenes` hereingebeten zu werden, trafen Elisabeth und Alexander Rotermann ein.

„Habt ihr einen Käufer für Annas Hof gefunden?", erkundigte sich Alexander höflich.

„Nein, leider nicht. Wir möchten den Rat in einer anderen Angelegenheit sprechen. Und was treibt euch hierher, Elisabeth?"

„Leider können wir noch nicht darüber sprechen, Anna. Wir haben einen Vorschlag und wollen uns erkundigen, ob der Rat ihn gut findet. Wenn ja, erfahrt ihr es ganz sicher sehr schnell", tat Elisabeth geheimnisvoll, weil Anna ihnen nicht erzählt hat, in welcher anderen Angelegenheit sie und Lennard zum Rat wollten.

Anna und Lennard kamen mit leuchtenden Augen aus der Ratssitzung heraus. Der Vorschlag, Annas Hof auf Erbpacht anzubieten, war auf allgemeine Zustimmung gestoßen. Für die Pächtersuche hatte sich der Rat angeboten. Nur eine Vollmacht für den Rat müssten sie sich vom Vogt in Beedenbostel einholen.

Elisabeth war aufgeregt, als sie zum Gemeinderat hineingebeten wurden. Alexander übernahm das Wort, nicht ohne mehrmals zu betonen, dass der Vorschlag, eine Schule zu gründen, von Elisabeth stammte. Pastor Boreen nickte Elisabeth so aufmunternd zu, dass sie ihre Unsicherheit überwand. Sie erklärte in Ruhe den Sinn und

Zweck der Schule für Kinder und Erwachsene. Zum Ende ihrer Ausführungen bat sie den Rat um finanzielle Unterstützung für ihr Vorhaben.

„Wofür genau benötigen Sie finanzielle Unterstützung, Baronin?"

Elisabeth sah Alexander unsicher an. Der nickte mit dem Kopf, was bedeuten sollte: Nur zu! Wir haben auch noch `Plan B` in petto.

„Meine Herren, da die Schule vorwiegend über die Wintermonate geöffnet sein soll, benötigen wir im größeren Raum einen Ofen und für beide Öfen das nötige Brennholz. Außerdem benötigen wir Geld für Schultische, Bänke, eine große Wandtafel und Kreide. Weiterhin sollte Herr Rotermann einen entsprechenden Lohn für seine Arbeit als Lehrer erhalten."

Wolfgang Walter, der Schenkwirt, gab zu bedenken, dass die Eltern Schulgeld zahlen würden.

„Das ist richtig, Herr Walter", ergriff Alexander das Wort. „Die Erfahrung an anderen Schulen zeigt allerdings, dass dieses Schulgeld die meisten der Eltern davon abhält, ihre Kinder in die Schule zu schicken. Vor allem die Mädchen haben dadurch das Nachsehen. An ihnen wird zuerst gespart. Viele Eltern würden sicher ihre Kinder zur Schule schicken, wenn sie überhaupt Geld dafür übrig hätten. Leider gibt es in unserer Gemeinde zahlreiche Mitglieder, die noch nicht einmal ein richtiges Dach über dem Kopf haben, um den Winter zu überstehen. Da an Schulgeld zu denken, ist überhaupt nicht drin", ging Alexander zum Angriff über.

Elisabeth sah Alexander erschrocken an. Unter den Ratsmitgliedern entstand ein unruhiges Gemurmel.

„Meine Herren!" Pastor Boreen hatte sich eine kleine Tischklingel angeschafft. „Meine Herren, darf ich um Ruhe bitten! Frau Baronin, Herr Rotermann, würden Sie bitte einen Moment draußen Platz nehmen? Wir müssen uns kurz beraten."

Kaum war die Tür hinter ihnen geschlossen, zischte Elisabeth: „Was sollte, das? Es lief doch gerade alles so gut. Nun sind sie aufgebracht." Aus der Ratsstube vernahmen sie erregte Stimmen.

„Es tut mit leid, Baronin. Es ging nicht anders. Sie waren noch nicht hier, als wir den schrecklich harten Winter hatten. Mit wochenlangen Temperaturen über vierzig Grad minus. Das war eine Katastrophe. Gerade für die Ärmsten der Armen."

„Ich habe davon gehört, Herr Rotermann“, antwortete Elisabeth steif.

„Mit Verlaub, Baronin. Es ist ein Unterschied, ob man davon gehört hat oder selbst dabei war. Nur mit der selbstlosen Hilfe von Ihrem Gatten, Rudolf, Hermine, Wolfgang Walter und seiner Frau Wilma, sowie Pastor Boreen, die ihre Häuser und das Schloss großzügigerweise für die Armen zur Verfügung gestellt haben, hatten wir keine Toten zu beklagen. Das ist jetzt gut eineinhalb Jahre her. Der nächste Winter kommt bald. Nichts hat sich getan. Es ist keine Vorsorge getroffen worden. Der Gemeinderat wollte für die Unterbringung im Fall einer nochmaligen Katastrophe Pläne für die Unterbringung erstellen, einen Vorratsspeicher anlegen und andere Dinge. Nichts, aber rein gar nichts ist passiert. Außer diskutieren, tun sie dort drinnen wahrscheinlich nicht viel.“ Alexander hatte sich in Rage geredet.

„Sie sind ungerecht, Herr Rotermann. Aber ein anständiges Dach über dem Kopf sollte jeder Mensch in unserer Gemeinde haben. Allein die Alten, Kranken und die Kinder, ich mag gar nicht daran denken. Ist es wirklich so schlimm?“, überlegte Elisabeth nachdenklich.

„Schlimmer, als sie es sich vorstellen können, Baronin. Ich kann es ihnen einmal zeigen, wenn sie möchten. Eine Schande ist das für uns alle.“

„Wieso weiß ich nichts davon?“

„Keiner spricht gern davon. Die wirklich Armen leben abseits der Hauptstraße, damit man sie nicht sehen kann.“

„So geht das nicht! Ab morgen stehe ich Ihnen zur Verfügung. Ich will mir selbst ein Bild machen.“

„Wie Sie wünschen, Baronin!“ Alexander fühlte sich überhaupt nicht wohl in seiner Haut. *Baron Heinrich wird mich verfluchen, wenn ich seine schöne junge Frau mit zu den Armen schleppe. Die Schule können wir jetzt wohl vergessen. Hätte ich doch bloß meinen Mund gehalten, verflucht noch eins!*

„Hm –, ja –, Frau Baronin, Herr Rotermann“, begann Pastor Boreen. „Vielen Dank, dass Sie gewartet haben. Wir hatten vorab einiges zu klären. Im Großen und Ganzen unterstützen wir ihr Schulprojekt. Nur über die Höhe des zu zahlenden Schulgeldes sind wir noch nicht einig geworden“, lächelte er.

„Vergessen Sie die Schule. Ich ziehe den Antrag auf Gründung einer Schule für die Gemeinde Eldingen hiermit offiziell zurück“, sagte Elisabeth kurz entschlossen.

Die Männer, inklusive Alexander, starrten sie verblüfft an.

„Ja, Sie haben richtig gehört. Es ist aus und vorbei“, bestätigte Elisabeth nochmals ihre Aussage.

„Aber warum? Wir haben Ihrem Antrag stattgegeben, Frau Baronin.“ Wolfgang Walter verstand sie nicht.

„Ganz einfach. Erst müssen die Menschen ein richtiges Dach über dem Kopf haben und über genügend Vorräte verfügen, um den nächsten Winter zu überstehen. Ich werde mir selbst ein Bild davon machen, ob das der Fall ist.“

„Aber das eine schließt doch das andere nicht aus“, warf Doktor Röder ein.

„Verzeihung, Doktor Röder, *das* tut es für mich doch. Ich hatte geplant, eine Schule für alle Menschen, ob arm oder reich, zu gründen. Ich werde keine reichen Menschen bevorzugen. Das widerspricht meiner christlichen Erziehung. Im Gegenteil. Ich überlege, ob ich mit Herrn Rotermann zusammen nur die Armen unterrichte. Einen warmen Raum werde ich schon dafür finden. Meine Herren, ich bedanke mich für Ihre Zeit. Gute Nacht.“ Elisabeth drehte sich mit einem Blick auf Alexander um und verließ die Ratsstube. Alexander folgte ihr mit erhobenem Haupt.

„Ich brauche jetzt einen Brand und ein Bier, Alexander. Sie auch?“

„Ja, dringend, Baronin.“

„Schreiben Sie das bitte auf die Rechnung meines Mannes“, sagte Elisabeth zur Wirtin Wilma.

„Zum Wohl, Alexander.“

„Zum Wohl, Frau Baronin.“

„Sie sagen ja gar nichts?“

„Frau Baronin, `Hut ab` kann ich da nur sagen. Sie haben den Herren die Schamröte ins Gesicht getrieben. Junge! Junge! Dass ich das erleben durfte. Eine Frau zeigt den Herren, wo es lang geht. Sie können stolz auf sich sein!“

„Ich weiß nicht. Eben kam mir noch alles richtig vor, was ich gesagt habe. Aber jetzt? Mir zittern die Knie.“

„Das nennt man: Angst vor der eigenen Courage. Wer jetzt zittern sollte, sitzt da drin. Die müssen sich schleunigst etwas einfallen lassen, bevor sich die desaströsen Umstände in unseren Dörfern herumsprechen, Baronin."

„Ich glaube, ich habe meinen Mund zu voll genommen, Alexander. Ich darf Sie so nennen? Sagen Sie bitte Elisabeth zu mir, wo wir doch fast Kollegen geworden wären." Elisabeth begann die Wirkung des Alkohols, nach den Monaten der Abstinenz, zu spüren.

„Es ist mir eine Ehre, Elisabeth. Wie Sie dort drin gesagt haben, unterrichten wir gemeinsam die Kinder der Armen. Ich bin ganz auf ihrer Seite. Zur Überbrückung hätte ich einen kleinen Raum in meinem Haus. Eigentlich ist das unsere Abstellkammer. Aber fürs Erste könnte es funktionieren, wenn Hermine damit einverstanden ist. Zwei, drei kräftige Burschen und schon ist der Raum fertig. Einen alten Lehrertisch besitze ich auch noch. Für die Schulbänke und Tische, nehmen wir Holzbretter."

„Ach, Alexander, es tut gut, Ihnen zuzuhören."

„Es gibt immer einen Weg, Elisabeth. Der erste Schritt ist getan. Jetzt machen wir weiter. Lassen Sie uns darauf anstoßen."

„Wann wollen wir uns morgen treffen, um die Armen zu besuchen, Alexander?"

„Nach dem Mittagessen? Können sie reiten? Oder bevorzugen Sie die Kutsche? Die Wege sind holprig und schmal."

„Ich denke, wir werden die Pferde nehmen, Alexander."

Die Tür der Ratsstube wurde aufgerissen. Unter lautem Geschimpfe stürzte wütend Doktor Röder, gefolgt von Wolfgang Walter heraus. Doktor Röder verließ, ohne Elisabeth und Alexander zu bemerken, die Schenke.

„Oh, was habe ich nur angerichtet? Da kann ich mich zu Hause auf etwas gefasst machen!", Elisabeth bekam Beklemmungen. „Lassen Sie uns lieber gehen, bevor die anderen herauskommen."

Kaum hatten sie die Schlossküche betreten, in der Hermine und Katharina auf sie warteten, stürzte Heinrich, gefolgt von Rudolf, herein. Heinrich fasste Elisabeth um die Taille und drehte sich mit ihr im Kreis. *Er ist verrückt geworden, ganz sicher!*, dachte sie.

„Du bist meine Heldin! Ich liebe Dich! Ich bin so stolz auf dich! Das hast du prima gemacht! Endlich! Endlich hat mal jemand den

Herren auf die Füße getreten. Besser noch! In den Hintern! Seit dem schrecklichen Winter rede ich mir den Mund fusselig. Ständig haben sie das Thema beiseite geschoben! Jetzt können sie nicht mehr aus. Jetzt müssen endlich Nägel mit Köpfen gemacht werden! Danke! Danke! Danke, mein Engel!“ Dazwischen drückte Heinrich ihr Küsse ins Gesicht.

„Bist du verrückt geworden, Heinrich? Wovon redest du überhaupt?“, fragte nun Hermine, der das Gebaren von Heinrich unheimlich wurde.

„Von meiner wundervollen, mutigen Frau natürlich und von den armen Menschen hier bei uns!“ Heinrich sah sie erstaunt an. „Davon natürlich. Habe ich das nicht gesagt?“

„Nein, hast du nicht“, mokierte sich Hermine. „Ich weiß überhaupt nicht, worum es geht. Wäre vielleicht mal jemand so freundlich und würde mich aufklären?“

Elisabeth, Alexander, Heinrich und Rudolf redeten auf Hermine und Katharina ein.

„Ich habe kein Wort verstanden. Du, Katharina? Bitte das Ganze in Ruhe und nacheinander.“

Das taten sie.

„Danke, ich hoffe, ich bekomme das jetzt alles richtig auf die Reihe: Frau Baronin, Sie besuchen morgen Nachmittag zusammen mit Alexander die Armen. Anna und Lennard werden mit nach Soskie gehen. Bartel wird der neue `Oberstallmeister`. Sein Sohn Maximilian fängt zur Probe bei mir in der Küche an. Die kleine Anja wird bei uns als Zimmermädchen anfangen. Habe ich etwas vergessen?“

„Nein, soweit ist alles richtig, Tantchen. Nur werde ich morgen mit Alexander und Elisabeth mitreiten. Ich möchte mich selbst kundig machen. Damit ich beim Gemeinderat weiß, wovon ich rede“, erklärte Heinrich.

„Zieht euch morgen bloß nicht zu vornehm an. Nehmt am besten Kleidung, die ihr später verbrennen könnt“, empfahl Hermine.

„Jetzt übertreibst du aber, Tante Hermine.“

„Wenn du das meinst. Mich bekommen keine zehn Pferde mehr dorthin. Es ist teilweise unerträglich schmutzig in den Hütten und stinkt zum Himmel, nicht wahr, Bärchen?“ Hermine sah Alexander an.

„Ja, da hat sie recht. Ich war lange nicht dort, aber ich denke, es wird sich nicht viel geändert haben“, bestätigte Alexander Hermines Behauptung. „Knuffi, sei mir nicht böse, es ist spät und ich bin todmüde. Wollen wir langsam nach Hause gehen?“

„Guten Morgen, Hermine, hast du Rudolf schon gesehen?“, erkundigte sich Lennard um sechs Uhr morgens.

„Nein.“

„Wo ist er denn?“

„Wo wohl?“

„Noch im Bett?“

„Weiß ich doch nicht! Lass mich erst mal wach werden, bevor du mir Löcher in den Bauch fragst.“

„Entschuldige, ich komme gleich wieder. Er soll hier auf mich warten.“

„Ja, ja“, winkte Hermine ab und setzte sich, mit ihrem frisch aufgebrühten Tee, an den Küchentisch.

Mit einem lauten „Einen wunderschönen guten Morgen, Tantchen!“, kam Heinrich in die Küche.

„Morgen“, stöhnte Hermine. *Noch so einer, der vor dem Wachwerden gut drauf ist.*

„Ein herrlicher Tag, nicht wahr?“

„Wo?“

„Na wo wohl? Hier natürlich.“

„Ich sehe nichts. Ist noch dunkel.“

„Du bist noch nicht wach. Entschuldige, aber ich habe richtig gut geschlafen.“

„Schön für dich“, murmelte Hermine in ihre Teetasse.

Innerhalb von fünf Minuten war die Küche voll. Nach den Wochen der Ruhe war Hermine den Trubel nicht mehr gewöhnt. „Wenn ihr später frisches Brot haben wollt, solltet ihr uns jetzt hier in Ruhe arbeiten lassen. Wir können beim Frühstück reden“, sagte Hermine energisch. Sie wollte mit Katharina so viel Zeit wie möglich alleine verbringen.

„Geht es dir gut, mein Kind?“, fragte Hermine, während sie, wie früher, gemeinsam die Küchenarbeit erledigten.

„Ja, Mutter. Ich bin glücklich.“

„Freust du dich auf Soskie?“

„Sehr. Noch ist es nicht sehr schön dort. Aber bis du kommst, wird es besser sein.“

„Katharina, setz dich bitte.“ Hermine nahm ihre Hände. „Kind, du denkst, Alexander und ich werden nachkommen, nicht wahr?“

„Ja, ich dachte im Frühjahr.“

„Ich muss dich leider enttäuschen.“

„Aber das war doch abgemacht, Mutter.“

„Nein, wir haben nichts abgemacht, Kind. Wir wollen hier nicht weggehen. Hier ist unsere Heimat. Hier fühlen wir uns wohl. Alexander wird mit Elisabeth eine Schule aufbauen. Sein großer Traum wird endlich wahr. Ich werde ihn dabei unterstützen, wo ich kann.“

„Er kann in Soskie eine Schule aufbauen, Mutter.“

„Das ist nicht dasselbe. Hier sind wir beide aufgewachsen. Wir kennen hier jede Frau, jeden Mann und ihre Kinder. Die guten und die schlechten Menschen. Unsere Heimat eben.“

„Es ist auch meine Heimat. Ich gehe trotzdem.“

„Weil du musst und willst. Deine große Liebe ist in Soskie zu Hause. Meine ist hier zu Hause, so wie ich. Wäre Rudolf arm, würdet ihr hier bleiben, nicht wahr?“

„Ja, das würden wir.“

„Siehst du. Rudolf hat eine riesige Verantwortung auf sich genommen. Er braucht dich an seiner Seite. Alleine schafft er es nicht.“

„Ich weiß, Mutter.“ Katharina war geknickt, obwohl sie wusste, dass ihre Mutter recht hatte.

„Sei nicht traurig. Ich verspreche dir, dass wir euch oft besuchen werden.“

„Ganz fest versprochen?“

„Ganz fest, mein Kind.“

Es klopfte leise an der Küchentür. Hermine und Katharina sahen sich fragend an. Es kam nur alle Jubeljahre vor, dass jemand anklopfte. Katharina öffnete die Tür. Vor ihr standen zwei Kinder. „Seid ihr Maximilian und Anja? Die Kinder vom Bartel?“

Die beiden nickten schüchtern.

„Wissen eure Eltern, wo ihr seid?“

Die beiden schüttelten verneinend ihre Köpfe.

„Kommt rein und setzt euch. Mutter, ich gehe rüber zu ihren Eltern und kläre das."

„Also Max und Anja? Ihr wollt hier arbeiten? Du bei mir in der Küche und du Anja, willst im Schloss saubermachen und vieles mehr?"

Die Kinder nickten.

„Das geht aber nicht, wenn ihr nicht mit mir sprecht."

„Nein, das geht nicht", antwortete Max.

„Und du?"

„Max hat recht", sagte Anja.

„Bis Katharina wieder hier ist, könnt ihr mir bei der Arbeit zusehen. Wenn ihr Fragen habt, nur zu." Hermine knetete den aufgegangenen Brotteig, formte Brote und Hörnchen daraus.

„Darf ich auch mal?", fragte Max.

„Wasch dir erst die Hände und binde die Schürze um."

„Ich auch?"

„Du auch, Anja", lachte Hermine.

Katharina kam mit Bartel zurück. Er fand seine Kinder friedlich mit Hermine, Hörnchen formend, vor. „Da seid ihr also! Eure Mutter hat euch schon gesucht! Macht, dass ihr nach Hause kommt! Los, wird's bald?"

„Bartel, kann ich dich kurz sprechen? Wir gehen vor die Tür", forderte Hermine ihn auf.

„Entschuldige Hermine, ich wusste nicht, dass die beiden gleich loslaufen. Sie müssen gehört haben, wie ich mit meiner Frau über die Arbeit hier geredet habe."

„Macht nichts, Bartel. Es ist gut, so wie es ist. Ich muss schon sagen, du hast mutige Kinder. So alleine hier aufzutauchen, dazu gehört schon was. Das trauen sich die anderen Kinder nicht."

„Ja, die haben Angst vor dir."

„Angst vor mir? Dass ich nicht lache! Warum sollten sie Angst vor mir haben? Das hast du jetzt erfunden!"

„Habe ich nicht. Frag doch deine Tochter."

„Mache ich, kannst du Gift drauf nehmen. Nun zu deinen Kindern. Lass sie hier. Heute Abend kann ich dir sagen, ob sie sich eignen oder nicht."

„Gut, wenn du meinst."

„Meine ich."

„Nur …“

„Was nur?“

„Wenn sie ungehorsam sind, schlag sie bitte nicht, Hermine.“

„Ich schlage keine fremden Kinder! Du bist nicht ganz bei Sinnen. Nun mach, dass du wegkommst. Entweder lässt du die Kinder und mich in Ruhe oder das war es dann. Also was?“

„Ich bin ja schon weg.“

Wer hat hier Angst vor mir? Erwachsene Männer oder die Kinder? Der Sache gehe ich auf den Grund. Ich und fremde Kinder schlagen! Unerhört. Ich verjage Kinder, klar. Wenn sie mir im Weg stehen, natürlich!

„Das habt ihr prima gemacht“, lobte Hermine die beiden. „Habt ihr Angst vor mir?“

Max und Anja wurden rot. Sie nahmen sich bei den Händen.

„Was ist?“, hakte Hermine nach.

„Mutter, so geht das nicht“, mischte sich Katharina ein. „Wenn sie bis jetzt keine Angst vor dir hatten, dann jetzt.“

„Ihr habt keine Angst vor mir, nicht wahr?“

„Nicht mehr“, antwortete Max ehrlich.

Hermine ließ sich auf einen Hocker plumpsen. „Es ist wahr, die Kinder haben Angst vor mir. Warum nur?“

Hermine tat Katharina leid. „Ich würde es mehr als Respekt bezeichnen. Außerordentlich großen Respekt, sozusagen.“

„Also doch Angst.“

„Wenn du so willst, Mutter.“

Hermine stiegen Tränen in die Augen. „Warum? Ich verstehe es nicht.“

„Die Menschen reden viel Unsinn, wenn der Tag lang ist, Mutter. Das weißt du doch.“

Hermine schniefte. „Was reden sie denn über mich?“

„Tja, dass du schimpfst, na ja sehr viel schimpfst. Oder dass du die Leute anschreist. So ein Blödsinn eben.“ Katharina wollte ihre Mutter nicht noch mehr verletzen.

„Und was noch, Kinder?“

„Dass Sie Kinder schlagen und in den Keller einsperren“, antwortete Max leise. „Aber das tun Sie nicht. Das wissen wir jetzt.“ Er sah seine Schwester fragend an. Anja nickte mit dem Kopf. Sie legten beide ihre kleinen Hände tröstend auf Hermines Arm.

Hermine schluchzte laut.

„Mutter, du hast gehört, was sie gesagt haben. Sie wissen, dass du nicht böse bist. Das wird sich bald herumgesprochen haben.“

„Aber die ganzen Jahre, haben alle gedacht, dass ich böse bin. Das ist ja furchtbar.“

„Wisst ihr was? Jetzt gibt es gleich Frühstück. Da kommt die ganze Schlossfamilie zusammen. Ihr könnt mir dabei helfen“, schlug Katharina vor, um abzulenken.

Max und Anja waren mit Eifer bei der Sache. Beim gemeinsamen Frühstück waren sie so aufgeregt, dass sie ihre leckeren Hörnchen fast nicht aufaßen.

Hermine behielt die beiden Kinder den ganzen Tag bei sich in der Küche. Ihren Entschluss teilte sie Bartel mit, als er die Kinder abholte. „Ich werde sie ausbilden, wenn du willst. Beide sind recht anstellig und wissbegierig. Nur ist Anja noch nicht so kräftig, dass sie hier und bei euch zu Hause arbeiten kann. Entweder hier, ganz und gar oder ich suche mir ein anderes Mädchen. Das würde mir ehrlich gesagt leidtun. Ich denke, aus Anja kann mehr werden, als nur eine Haushilfe. Bitte überleg dir das. Ich möchte morgen gleich mit den beiden anfangen. Sie sollten dann frisch gewaschen, mit sauberer Kleidung, um sechs hier sein. Ich teile Baron Heinrich meine Entscheidung nachher mit.“

Alexander zerpflückte in Gedanken seine Scheibe Brot in kleine Krümel. Elisabeth schaukelte Bernhard abwesend hin und her. Heinrich kaute seit zwanzig Minuten geistesabwesend auf einem Stück Schinken herum. Keiner sagte ein Wort. Sie dachten an das Elend, was sie heute Nachmittag hatten ansehen müssen. Die wenigen Hütten, die sie besucht hatten, waren durchweg unbewohnbar. Die Bezeichnung `Hütte` hatte keine von ihnen verdient. Es waren einfache Bretterverschläge, die weder Schutz vor Wind und Regen oder der Hitze im Sommer boten. Jedes Tier im Dorf war besser untergebracht als diese armen Menschen. Die Verschläge lagen vom jeweiligen Ortskern so weit entfernt, dass sie Mühe gehabt hatten, sie zu finden. Die Menschen, die dort hausten, waren zutiefst verschreckt, als die drei auftauchten. Schutzsuchend kauerten sie sich hinter ihre einzige

Ziege und ein paar Hühnern zusammen. Unterernährt, zerlumpt, verschmutzt und mit Ausschlag übersät, boten sie ein Bild des Elends. Elisabeth erkannte kaum einen Menschen, der älter als dreißig Jahre gewesen wäre. Alexander vermutete, dass die älteren wohl vor der Zeit an Krankheiten verstorben sind. Einen Arzt konnte sich keiner von ihnen leisten. Namen waren von ihnen nicht zu erfahren. Es kannte diese Menschen sowieso niemand. Keiner wollte etwas mit ihnen zu tun haben. Wenn sie irgendwo auftauchten, wurden sie beschimpft und verjagt. Das Schlimmste, das die drei bis in die Schlossküche verfolgte, waren diese leeren, hoffnungslosen Augen, die sie ansahen. Kein Leben schien mehr in diesen Menschen zu sein.

„Es war schlimm, nicht wahr?“, unterbrach Hermine das Schweigen.

Alexander, Elisabeth und Heinrich sahen sie erstaunt an. So als wüssten sie nicht, wo sie sich im Augenblick befänden.

„Ich war selbst schon einmal bei diesen Menschen. Ich hatte mich als Kind verirrt. Da hinten in dem dichten Wald. Meine Güte hatte ich damals eine Angst! Sie sahen furchtbar aus. Ich war froh, als ich wieder zu Hause war“, versuchte Hermine das Gespräch in Gang zu bringen. Es war zwecklos. Heinrich erhob sich wortlos, Elisabeth folgte ihm.

„Lass gut sein. Wir sollten gehen“, sagte Alexander.

Anna, Lennard und Rudolf hatten dagegen einen erfolgreichen Nachmittag. Sie waren beim Beedenbosteler Vogt Hans-Hermann von Bergdorf. Dieser nahm sich Zeit für sie. Rudolf unterzeichnete seine Austrittsurkunde aus dem Gemeinderat. Mit Anna setzte der Vogt in aller Ruhe die Vollmacht für den Gemeinderat wegen der Durchführung der Pächtersuche auf. Anschließend formulierte er mit ihnen gemeinsam den Erbpachtvertrag, der über sechzig Jahre laufen sollte. Anna bestand darauf, dass die Jagdhütte und ein entsprechend großes Grundstück vom Vertrag ausgenommen wurden.

Bevor sie den Vogt verließen, bat Rudolf ihn um ein Gespräch unter vier Augen.

„Ich weiß, da ich nicht mehr Gemeinderatsmitglied bin, gehen mich die Dinge nichts mehr an. Aber es geht um die wirklich armen

Menschen in den Dörfern. Um die, die noch nicht einmal ein richtiges Dach über dem Kopf haben, um den nächsten Winter zu überstehen. Gäbe es da eine Möglichkeit?“

„Sie meinen eine finanzielle oder materielle Unterstützung seitens der Vogtei?“, half ihm Hans-Hermann von Bergdorf auf die Sprünge.

„Ja. Meinen Sie, da wäre eine Möglichkeit?“

„Seitens des Herzogs können wir nicht mit irgendeiner Unterstützung rechnen. Der braucht alles für sich und sein Schloss, mein Lieber. Dieses Gespräch bleibt unter uns. Sie haben mich verstanden? Ich werde sonst jedes Wort abstreiten und Sie wegen Verleumdung anklagen.“

„Selbstverständlich, Herr von Bergdorf“, Rudolf war ob der Drohung überrascht.

„Nun, dann kann ich ja offen reden. Es gäbe da allerdings eine Möglichkeit, die zwar nicht ganz rechtens ist, aber wenn ich davon keine Kenntnis habe, mir – wie soll ich sagen, egal ist. Man könnte zum Beispiel, nur so hypothetisch meine ich, einiges von den Abgaben an die Vogtei unauffällig nicht abgeben, wenn sie wissen, was ich meine. Das könnte man dann zum Beispiel als Spenden von Kirchgängern oder sonst wem deklarieren. Falls mal einer nachfragen sollte. Andererseits kann der Gemeinderat auch einen Antrag stellen. Das würde Jahre dauern, bis er bearbeitet werden würde, wenn überhaupt. Das da sind die Anträge von den letzten zwei Jahren.“ Herr von Bergdorf zeigte auf einen hüfthohen Stapel in der Ecke seiner Amtsstube. „Falls ein Antrag gestellt wird, sollte er allerdings gleich auf den Anfang der Gründung des Gemeinderats zurückdatiert sein. Dann könnte ich ihn eventuell vorziehen. In dem Antrag muss auf jeden Fall aufgelistet werden, wie hoch und woraus die Eigenleistung besteht. Ebenso zu erwartende Spenden oder Zuwendungen anderer Art. Ist das nicht detailliert aufgelistet, werde ich den Antrag gar nicht erst bearbeiten. Das steht ausführlich in dem Packen Unterlagen, die der Rat damals von mir bekommen hat. Kann ich sonst noch etwas für Sie tun, Graf?“

„Nein. Ich danke Ihnen für Ihre Auskunft.“

„Welche Auskunft? Dieses Gespräch hat niemals stattgefunden.“ Hans-Hermann von Bergdorf öffnete seine Amtsstubentür und verabschiedete sich laut und deutlich von Rudolf. „Mein lieber Graf, danke für die ausführliche Beschreibung Ihres zukünftigen Wohnortes. Es wird sicher eine Menge Arbeit auf Sie zukommen. Wenn ich Ihnen in Zukunft behilflich sein kann, scheuen Sie sich nicht, mich zu kontaktieren. Wegen der Entfernung wird meine Antwort länger benötigen. Ich wünsche Ihnen und Ihrer Familie alles Gute. Vielleicht sieht man sich einmal wieder."

„Danke, für Sie und Ihre Familie auch alles Gute, Herr von Bergdorf. Auf Wiedersehen."

Otto bekamen sie leider an diesem Nachmittag nicht zu Gesicht. Er hatte einen auswärtigen Termin.

Anna und Lennard hatten ihren Arbeitern und deren Familien bereits ihre Pläne dargelegt. Sie stellten jedem Einzelnen frei, mit ihnen zu gehen oder in Eldingen zu bleiben. Annas Vorarbeiter wollte den Hof nicht pachten, sondern lieber mit Anna und Lennard im Irgendwo einen Neuanfang wagen. Bis auf zwei ältere Familien wollten die andern mit nach Soskie ziehen. In zwei Tagen wollten Lennard und Anna heiraten, dann den Hof zur Übergabe herrichten. Eine Woche später planten sie ihre Abreise. Ihre Pferde und Hühner wollten sie mitnehmen. Um das andere Vieh, Kühe, Scharfe und Ziegen, sollten sich die zwei zurückbleibenden Familien kümmern, bis sich ein Pächter gefunden hätte. Rudolf und Lennard waren bis spätabends unterwegs und versuchten, größere Wagen und Pferde von den Pächtern und Grundbesitzern abzukaufen. Sie benötigten die Wagen, um ihre Möbel und andere Habseligkeiten mitzunehmen. Wichtiger waren allerdings Heu und Stroh und Vorräte aller Art, um bis zum nächsten Sommer die eingefangenen Tiere und sich selbst in Soskie zu verpflegen. Sie hofften inständig, dass die Horde wilder Pferde, Schafe und Ziegen, die dort gesichtet worden waren, zu dem Besitz der Soskies gehören würden.

Elisabeth und Heinrich hatten sich von ihrem Schock einigermaßen erholt. Nun überlegten sie, wie sie den ausgestoßenen Menschen helfen konnten. Rudolf berichtete ihnen vertraulich von seinem Gespräch mit dem Vogt. Nur das half ihnen momentan nicht weiter. Es musste schnell gehandelt werden. Heinrich stellte einen Antrag auf eine außerordentliche Sitzung des Gemeinderates. Die erhitzten Gemüter hatten sich inzwischen beruhigt. Pastor Boreen, Doktor Röder und Wolfgang Walter hatten sich, unabhängig voneinander, selbst einen Eindruck von dem Elend verschafft. Da die Zeit drängte, beschloss Heinrich, den leerstehenden Hof seines ehemaligen Pächters, des hingerichteten Spielers und Betrügers Justus Schubert, zur Verfügung zu stellen. Anna erklärte sich ebenfalls bereit, die Hütten und Quartiere ihrer Arbeiter, die mit ihnen auswandern wollten, für die Armen zur Verfügung zu stellen. Allerdings nur unter der Auflage, dass die Räume entsprechend gepflegt wieder verlassen würden, wenn sich ein Pächter gefunden hätte. Soweit hatte der Rat eine vorübergehende Lösung gefunden.

Heinrich beharrte trotzdem darauf, mit der sofortigen Errichtung fester Hütten für die insgesamt vier Familien zu beginnen. Da es sich immerhin um fast dreißig Menschen handelte, wurde dieses Problem zur Priorität des Gemeinderates.

Doktor Röder bestand darauf, jede Person vor der Umquartierung zu untersuchen. Er wollte keine Gefahr eingehen, dass sich eventuell ansteckende Krankheiten verbreiten würden. Die Untersuchungen ergaben ein erschreckendes Ergebnis. Die überwiegende Anzahl der Ausgestoßenen war unterernährt. Auch waren in Folge dieser Unterernährung einige chronisch krank, sowie körperlich und geistig zurückgeblieben.

Heinrich überlegte, warum ihnen das damals, während der Einquartierung im Schloss, nicht aufgefallen sei. Wahrscheinlich hatten sie gar nicht im Schloss Unterschlupf gesucht.

Die ursprünglich geplante kleine Hochzeit von Anna und Lennard wurde zu einem regelrechten Dorffest. Die Dorfbewohner ließen es sich nicht nehmen, ihnen für ihre Auswanderung die besten Wünsche mit auf den Weg zu geben. Natürlich wollten die Dörfler auch einen echten `Landgrafen` sehen, der ausgerechnet ein armes Küchenmädchen zur Frau genommen hatte. Das Brautpaar wurde bewundert, von Rudolf und Katharina waren sie enttäuscht, weil sie so aussahen wie immer. Sie hatten erwartet, Rudolf in goldbestickter Kleidung mit Ringen an den Fingern anzutreffen. Ebenso erwarteten sie, Katharina in feinster Seide mit Juwelen behangen zu sehen. Die Enttäuschung währte nur kurz, da es Bier und Brand im Überfluss gab.

Drei Tage später war es so weit. Die vollbeladenen Wagen reichten vom Schloss bis zum Ortsausgang von Eldingen. Einundzwanzig vollbeladene Wagen, vier Kutschen und einunddreißig Menschen machten sich auf den Weg in eine ungewisse Zukunft.

Hermine, die sich mit Taschentüchern für einen tränenreichen Abschied präpariert hatte, sah ihnen, wie die meisten der Dörfler, winkend hinterher. Sie lachte aus voller Kehle. Bevor sie in Tränen ausbrechen konnte, hatte ihr Katharina ins Ohr geflüstert: „Ich weiß, wer deine `geheime Quelle` ist, Mutter."

Hermine hatte ihre Tochter ungläubig angesehen. „Nein!"

„Weiß ich wirklich."

„Das weißt du nicht! Und sonst niemand! Kein Mensch weiß das!", empörte sich Hermine.

„Es ist Friedel."

Hermine trat einen Schritt zurück und sah Katharina erstaunt an. „Woher weißt du das?"

„Ich weiß es schon von klein auf. Er kommt ein bis zwei Mal die Woche hinten zur Küchentür. Du gibst ihm eine Kleinigkeit, damit er dir die Neuigkeiten aus dem Dorf erzählt oder du ihm aufträgst, Neuigkeiten zu verbreiten."

„Das stimmt nicht!"

Katharina lachte. „Doch das stimmt. Er ist auch meine geheime Quelle geworden und die einiger anderer Leute. Da ist die Wirtin Wilma, der Pastor, Ludmilla, Helene und nicht zu vergessen Georg."

„Das glaube ich nicht!"

„Kannst du aber, Mutter. Probiere es doch einmal aus."

Rudolf rief von Weitem nach Katharina.

„Ich muss los, Mutter. Sei schön artig. Ich schreibe dir bald. Auf Wiedersehen." Katharina umarmte Hermine kurz und lief wie ein Wirbelwind zu Rudolfs Kutsche. Sie war sicher, dass ihre Mutter nun soviel zu grübeln hatte, dass sie vergessen würde zu weinen. Und so war es auch. Anstatt zu weinen, winkte Hermine dem Treck mit ihrem trockenen Taschentuch hinterher und lachte.

10

Der Prozess

`Nichts ist lauter als die leise Stimme des schlechten Gewissens`. Das hatte nun auch Hans-Hermann von Bergdorf gelernt. Er hatte diesen uralten weisen Spruch nie für wahr gehalten. In seinem ganzen Leben hatte er, seiner Meinung nach, keinen Anlass gesehen, ein wirklich schlechtes Gewissen zu haben. *Gut, ja,* sagte er sich, h*in und wieder habe ich wohl einmal ein Auge zu viel zugedrückt. Ich habe auch manchmal das Gesetz und die Vorschriften nicht zugunsten meines Vorgesetzten oder des Fürsten ausgelegt. Meine Güte, das waren doch nur Bagatellen! Das hat keinem der Obrigen geschadet. Erfahren haben sie es sowieso niemals. Da habe ich einfach einige gute Werke in meinem Leben getan. Der Pastor hat mir schließlich meine kleinen Sünden erlassen. Und die `Sache` mit Frau Schniedel. Da ist gar nichts. Ja, ich mag sie sehr. Ich sehe sie gern an. Das ist ja nicht verboten. Mehr würde ich niemals tun. Aber* das *hier, das macht mich fertig.*

Vor Wochen erhielt der Vogt eine Aufforderung, an einem Hexenprozess teilzunehmen. Solche Aufforderungen seines Vorgesetzten, dem Oberamtsvogt in Celle, waren schlichtweg ein Befehl. Ohne zwingenden Grund konnte man der Teilnahme nicht entgehen. Seine Erinnerungen an die zwei Hexenprozesse, an denen er hatte teilnehmen müssen, hatten ihn nicht mehr schlafen lassen. Nach einer Woche Seelenqualen beschloss er, sich ein Attest über seine schwere Krankheit vom Arzt ausstellen zu lassen, welches ihn von der Teilnahme entbinden würde. Als Ersatz für ihn musste nun Otto daran teilnehmen. Sein Vorgesetzter hatte keine Lust gehabt, sich nach einem erfahreneren Vogt umzusehen. Er sagte, Otto als Vogtanwärter könne nur davon profitieren und Erfahrungen sammeln. Hans-Hermann von Bergdorf wusste ganz genau, dass sich jeder erfahrene Vogt etwas einfallen lassen würde, um der Teilnahme an einem Hexenprozess zu entgehen. Über einen Amtskollegen hatte er vor Jahren erfahren, dass dieser sich kurz vor einem Hexenprozess sogar selbst verstümmelt hatte, um nicht daran teilnehmen zu müssen. Von Bergdorf hoffte nun, dass Otto den Prozess einigermaßen überstehen würde. Noch viel mehr hoffte er, dass Otto sich so über die Art und Weise der Inquisition aufregen würde, dass er später dagegen ankämpfen würde. Er selbst hatte es vergeblich versucht.

Hans-Hermann von Bergdorf saß in seiner Amtsstube und überlegte wohl zum hundertsten Mal, ob er Otto von seinem Attest erzählen sollte. Nebenan hörte er Otto fluchen und schimpfen, wie meistens, wenn er sich mit dem Hexen-Prozess beschäftigte. Noch schlimmer war es für von Bergdorf, wenn er stundenlang kein Geräusch aus Ottos Arbeitszimmer vernahm. Dann ahnte er, dass Otto vor Verzweiflung und Wut den Tränen nahe war. So wie damals, als er Otto die Akten der Hexenprozesse, an denen er selbst teilgenommen hatte, zum Studium gegeben hatte. Der erste Prozess lag über vierzig Jahre zurück, gerade als er seine Stelle als Vogtanwärter angetreten hatte, ebenso wie Otto jetzt. Damals hatte er keine Unterlagen zum Studium von seinem Vorgänger bekommen. Nur die Information, dass er als Beisitzer und Schriftführer handeln sollte. Er wurde in keinster Weise auf das Grausame vorbereitet, was ihn dort erwartete. Sicher hatte er das eine oder andere schon gehört. Nur machte es einen gewaltigen Unterschied, selbst dabei zu sein und die Schreie der Gepeinigten zu hören. Diese Schreie würde er sein Lebtag nicht vergessen können.

In dem ersten Prozess wurde eine uralte buckelige, zahnlose, arme Frau der Hexerei angeklagt. Durch ihre Kräuter sollte die hochschwangere Gemahlin eines wohlhabenden Bürgers verblutet und ihr ungeborenes Kind gestorben sein. *Schon seit Jahren hatte die Familie der alten Frau die Kräuter abgekauft und diese hätten ihnen auch immer geholfen*, sagte der Ankläger aus. Obwohl der Arzt der verstorbenen Frau schwor, er hätte sie und ihren Gatten von einer erneuten achten Schwangerschaft abgeraten, wurde diese Aussage nicht weiter zur Kenntnis genommen. Auch etliche weitere Zeugenaussagen von seit Jahren zufriedenen Kunden der Kräuterfrau blieben unberücksichtigt.

Die als Hexe angeklagte Alte hatte von vornherein keine Aussicht, freigesprochen zu werden. Selbstverständlich leugnete sie den Verkauf von giftigen Kräutern. Was aber nichts nützte, weil so gut wie alle Kräuter, nahm man zu viel davon ein, entsprechende negative Wirkungen entfalteten.

Aufgrund der Anzeige des angesehenen Bürgers und der buckeligen Gestalt der Frau, stand für den Inquisitor von Beginn an fest, dass sie eine wahrhaftige Hexe sei. Nur weil sie mit dem Satan in Verbindung stand, der schützend sein Krallen über sie gelegt hatte, konnte sie seiner Meinung nach, Jahrzehnte lang unentdeckt ihr Unwesen treiben. Der Inquisitor kam schnell zu einem Urteil. An die vermeintliche Hexe wurden schwere Steine gebunden. Damit wurde sie in einen tiefen See geworfen. Sollte sie wieder auftauchen, so war dies die Bestätigung, dass sie über unnatürliche Kräfte verfügte und mit dem Satan im Bunde war. Sollte sie binnen einer Stunde nicht wieder auftauchen, so hatte sie ihre Schuld vor Gott zugegeben. Dieser hätte ihr die Sünden verziehen und sie erbarmungsvoll zu sich geholt.

Wie von Bergdorf bei der Teilnahme am zweiten Prozess feststellen konnte, war derselbe Inquisitor durchaus bereit, ein ausgedehntes \`peinliches Verhör\` durchführen zu lassen. Hans-Hermann von Bergdorf war fünfundzwanzig Jahre später wesentlich besser vorbereitet, als bei seinem ersten Hexenprozess. Diesmal wurde ein junger, gesunder und extrem gutaussehender Mann der Hexerei angeklagt. Er sollte massenweise junge Frauen und Mädchen vergewaltigt haben. Der eigentliche Vorwurf bestand allerdings darin, dass er es mit Tieren treiben sollte. Angeklagt wurde er von seiner Herrin die, wie sich nach dem qualvollen Tod des jungen Mannes auf dem Scheiterhaufen herausstellte, in ihn unglücklich verliebt gewesen war und sich für ihre verschmähte Liebe rächen wollte. Wegen bösartiger Lügerei und vorsätzlicher Täuschung des Gerichtes wurde diese Frau ebenfalls zum Tod durch Erhängen verurteilt. Das \`peinliche Verhör\` des unschuldigen jungen Mannes hatte von Bergdorf Jahre schlaflose Nächte bereitet. Er wusste, so etwas würde er nicht noch einmal durchstehen können.

In dem bevorstehenden Prozess war eine junge verwitwete Frau, Mutter von zwei Kindern, der Hexerei angeklagt. In mehreren Punkten sollte sie mit dem Satan im Bunde gewesen sein:

Zunächst war sie an einem See mit ihren zwei Kindern gesehen worden. Das Wasser des Sees trübte sich danach binnen einer Woche. Die Fische in dem See starben. Die Tiere der ansässigen Bauern, die daraus getrunken hatten, gingen an Magen- und Darmerkrankungen jämmerlich ein.

Weiter wurde ihr vorgeworfen, sie hätte ihre Kinder verhext. Sämtliche Kinder, die mit den ihrigen gespielt hatten, waren an einer infektiösen Grippe erkrankt und teilweise daran gestorben. Nur ihre eigenen Kinder blieben verschont.

Im dritten Punkt der Anklage wurde sie beschuldigt, mit dem Satan Unzucht getrieben zu haben. Die daraus entstandenen Schwangerschaften soll sie mittels Kräutern beendet haben, damit man ihr die Unzucht mit dem Satan nicht nachweisen konnte. Die Skelette hätte sie im Wald verbrannt.

Hans-Hermann von Bergdorf hatte schon eine Menge falscher Beschuldigungen in seinem Amtsleben hören und lesen müssen. Meistens hatte ein Hinweis auf die empfindlichen Strafen für Lügner gereicht, um sie von ihren Verleumdungen abzubringen und die Anzeigen zurückzuziehen. Wenn nicht, hatte er mit einem Prozess gedroht, bei dem die Ankläger ebenfalls unter `peinlichen Befragung` auf den Wahrheitsgehalt überprüft würden. Das hatte es zwar noch niemals gegeben, aber der Zweck heiligte die Mittel. Die Anzeigen wurden spätestens daraufhin zurückgezogen.

Diese Anklageschrift und die Unterlagen der beiden Hexenprozesse übergab er Otto. Er versicherte ihm, jederzeit für Fragen und Erklärungen zur Verfügung zu stehen, anders als sein Vorgänger es mit ihm getan hatte. Da Otto sich tagelang in seinem Amtszimmer vergrub, verschlimmerte sich von Bergdorfs schlechtes Gewissen. Er bat Otto um ein Gespräch. „Wie weit sind Sie gekommen, Baron?"

„Ich habe die Akten durchgearbeitet."

„Haben Sie keine Fragen an mich?"

„Ehrlich gesagt, habe ich so viele Fragen, dass ich nicht weiß, mit welcher ich beginnen soll."

„Fangen Sie einfach an."

„Also, ich verstehe das alles nicht."

„Was *genau* nicht?"

„Wie Menschen anderen Menschen so etwas antun können. Ich verstehe noch nicht einmal, wie Menschen so gehässig sein können, andere so zu verleumden. Und ich verstehe nicht, dass handfeste Beweise der Unschuld einfach nicht zur Kenntnis genommen werden. Ebenfalls ist es unglaublich, dass die einfachsten physikalischen Gesetze als Gottes- beziehungsweise Hexenwerk bezeichnet werden. Wenn es hier darum geht, die Unschuld des Angeklagten zu beweisen, ist doch jeder Prozess nur eine Farce. Da hat niemand eine reelle Aussicht, mit heiler Haut davonzukommen." Otto machte eine Pause.

„Sie haben recht. Niemand hat eine Aussicht, mit heiler Haut da rauszukommen. Aber Sie liegen falsch, wenn Sie annehmen, dass es in nur einem dieser Prozesse darum gehen würde, die Unschuld der Angeklagten zu beweisen."

„Sie meinen, es geht darum die Schuld zu beweisen?", fragte Otto fassungslos.

„Ganz recht, mein Lieber. Einzig und allein darum geht es."

„Aber, das ist doch …"

„Ja, das ist es: Reiner Wahnsinn, Willkür, Ungerechtigkeit oder nehmen Sie irgendeinen anderen Begriff, der im Grunde gegen das Recht verstößt."

„Ich fasse es nicht! Warum dann überhaupt ein Prozess? Man könnte die Menschen doch gleich hängen oder dergleichen." Otto wurde wütend.

„Auch da bin ich Ihrer Meinung. Es würden ihnen unerträgliche Qualen erspart. Ich muss mich korrigieren. Ich war ihrer Meinung, voll und ganz. Heute bin ich nicht mehr hundertprozentig der Meinung. Es soll schon Hexenprozesse gegeben haben, bei denen die Angeklagten freigesprochen worden sind."

„Nachdem an ihnen die peinlichen Verhöre praktiziert worden sind und sie gefoltert wurden?"

„Ja, danach."

„Weiß Gott, danach waren sie kaum noch lebensfähig, nicht wahr? Abgesehen von den körperlichen Wracks, möchte ich mir nicht ihre

Seelenqualen vorstellen, die sie später ihr Leben lang mit herumtragen müssen."

„Deswegen habe ich gesagt, ich bin nicht mehr hundertprozentig der Meinung, dass es für diese Menschen besser gewesen wäre, vor den Verhören hingerichtet zu werden. Immerhin hatten sie noch ihr Leben. Wenn auch ein unerträgliches."

„Das ist doch genauso eine Strafe. Dafür, dass sie unschuldig waren, hatten sie hinterher ein unerträgliches Leben. Wenn es nicht so absurd wäre, müsste man glatt darüber lachen. Ich frage mich, wie so ein Irrsinn überhaupt entstanden sein kann. Hexen! Hexer! – Was ist das für ein Unsinn?"

„Darüber habe ich mir die letzten vierzig Jahre den Kopf zerbrochen. Ich bin für mich zu keinem befriedigenden Ergebnis gekommen", stöhnte der Vogt. „Ich denke, alles ist aus Neid und Boshaftigkeit entstanden. Es gibt Menschen, die können es nicht ertragen, wenn es anderen besser geht. Es gibt Menschen, die selbst so unfähig sind, ihr Leben zu meistern, dass sie dafür unbedingt einen Sündenbock suchen müssen. Die würden sich selbst lieber einen Arm abhacken, als zuzugeben, dass sie selbst Schuld an ihrem Schicksal haben. Und dann gibt es da immer die Angst vor dem Unbekannten, der Magie, dem Teufel. Diese Angst in Verbindung mit uraltem überliefertem Aberglauben kann gewaltige bösartige Gefühle hervorrufen. Nehmen sie die alte zahnlose, buckelige Frau. Dass sie einen Buckel hatte, war einfach dadurch bedingt, dass sie ihr Leben lang in einer gebückten Haltung dem Kräutersammeln nachgegangen ist. Dass sie keine Zähne mehr hatte, ist ganz normal in dem hohen Alter. Dazu kam, dass sie in einer schäbigen Hütte im Wald gewohnt hatte. Woher sollte sie das Geld haben, um sich in einem Dorf ein anständiges Zimmer zu nehmen? Vom Kräutersammeln kann man geradeso leben, wenn überhaupt. Warum sollte sie auch in einem Dorf wohnen? Ihre tägliche Arbeit fand im Wald statt. Jeden Tag erst bis in den Wald laufen und später wieder zurück? Das wäre unpraktisch gewesen. Jetzt hat sie dort auch noch alleine gelebt. Das haben die Verleumder als Bösartigkeit ausgelegt. Mit bösen Menschen lebt keiner zusammen. Ganz einfach. Alles zusammen und die überlieferte Vorstellung vom Bild einer Hexe war perfekt. Wie sieht Ihrer Meinung nach eine richtige Hexe aus?"

Otto überlegte. „Wenn ich ehrlich bin, genauso wie die alte Frau. Außer, sie ist so wunderschön, dass es auch nicht normal sein kann. Dann könnte sie auch eine Hexe sein. Eine die, wenn sie alleine ist, sich in ein schreckliches Ungeheuer verwandelt. Und auf ihrem Besen mit gehässigem Lachen durch die Lüfte fliegt. Mein Gott ja! Sie haben recht, Vogt. Genauso ist es uns als Kinder in den Geschichten erzählt worden. Es hat niemand jemals gesagt, dass es anders sein könnte, oder dass es keine Hexen gibt."

„Sehen Sie, Baron. Das, oder so ähnlich, glaubt der überwiegende Teil der Bevölkerung. Sie sind ein gebildeter Mann und haben niemals Zweifel an der Existenz von Hexen und Hexern gehabt. Wie sollten dann die Menschen ohne Bildung von diesem Aberglauben abkommen?"

„Darüber muss ich wirklich nachdenken."

„Tun Sie das. Aber nicht vierzig Jahre lang. Es gibt auch schöne Dinge, an die man denken kann." Von Bergdorf wollte die Stimmung auflockern, es gelang ihm nicht. Das leidige Thema war nicht einfach so vom Tisch zu wischen. „Ich werde Ihnen einmal erzählen, was ich mir noch so gedacht habe: Ich habe früher einmal über die berühmten Gladiatorenkämpfe gelesen. Die im römischen Kolosseum, Sie wissen schon. Darüber gibt es Schriften von Gelehrten, die behaupten, dass diese Gladiatorenkämpfe für die Bevölkerung extra inszeniert worden sind, um die Menschen von ihren eigenen Sorgen abzulenken."

„Warum das?"

„Jeder Herrscher benötigt unglaublich viel Geld, damit er mit seinem Hofstaat gut leben kann. Was heißt *gut*? In `Saus und Braus` trifft wohl eher zu. Woher kommt das Geld? Vom Volk. Je mehr der Herrscher braucht, desto weniger hat das Volk zur Verfügung, nicht wahr?"

„Das ist normal."

„Geht es dem Volk schlechter, kann es zu Aufständen kommen und der Herrscher, Kaiser, König, Fürst, wer auch immer, könnte gestürzt werden, nicht wahr? Um das Volk von den eigenen Sorgen abzulenken, wurden diese Kämpfe für die Öffentlichkeit veranstaltet. Dort konnte sich die Bevölkerung ihren ganzen Unmut herausschreien. Danach hatten sie wochenlang ein anderes Gesprächsthema und der drohende Volksaufstand war vorläufig kein Thema mehr."

„Ach, darum waren die Arenen auch für jedermann zugänglich und nicht nur für eine auserwählte Schicht der Bürger. Und darum waren sie wahrscheinlich auch so riesengroß. Es sollen an die hunderttausend Menschen gleichzeitig hineingepasst haben", überlegte Otto.

„Ja, das ist die Vermutung in den Schriften."

„Was hat das jetzt mit den Hexenprozessen zu tun?"

„Dafür muss ich Ihnen vorher einiges erklären. Mir ist zu Ohren gekommen, dass der Kaiser und die katholische Kirche in Rom sozusagen um die Wette bauen. Nach dem Motto: Wer am meisten zu zeigen hat, der hat auch die meiste Macht. Der Kaiser und die Kirche erhöhen, um das zu finanzieren, die Steuern. Die Könige tun es dem Kaiser nach. Sie beginnen außerdem, ihre Heere wieder aufzubauen. Nach dem `Dreißigjährigen Krieg` gab es nur noch kleine Kinder, Frauen und alte Männer. Die Kinder sind jetzt in einem Alter, indem sie kriegstauglich sind. Der Aufbau der Heere verschlingt Unsummen. Also benötigen die Könige wiederum Geld und holen es sich von den untergebenen Fürsten und Herzögen. Die wiederum durch Erhöhung der Steuern und anderer Abgaben von der Bevölkerung. In dieser Situation befinden wir uns jetzt. Die Menschen haben sich gerade mal von dem verdammten langen Krieg ein wenig erholt und schöpfen wieder Hoffnung für ihre Zukunft. Jetzt wird die Hoffnung im Keim erstickt. Nun ist es auch bei uns so weit. Die ersten Steuererhöhungen musste ich bereits bekanntgeben."

„Entschuldigen Sie, Vogt. Ich habe immer noch nicht verstanden …?"

„Was das mit den Hexen zu tun hat? Ich habe so weit ausgeholt, damit Sie die Zusammenhänge besser begreifen. Nun, während des langen Krieges gab es kaum Hexenprozesse. Jedenfalls sind mir keine zu Ohren gekommen. Wo waren die Hexen und Hexer während dieser langen Zeit? Sind sie auf ihren Besen in die Lüfte geflogen und haben dort bei jedem Wetter all die Jahre ausgeharrt? Waren sie ausgestorben? Wenn ja, wer hat sie auf einmal wieder in die Welt gesetzt. Finden Sie es nicht merkwürdig, dass ausgerechnet jetzt, wo es wieder an das Geld des Volkes geht, Hexen auftauchen? Die Katholische Kirche und die Inquisition gab es während der ganzen Jahre trotzdem. Und die sollen keine Hexerei aufgedeckt haben? Ich finde das sehr merkwürdig. Man könnte auch die Frage stellen: Warum ausgerechnet jetzt wieder? Um das Volk von der ungerechten Misswirtschaft der Oberen abzulenken?"

„Das hört sich an wie eine, verzeihen Sie, wenn ich es so ausdrücke: wie eine …"

„Na sagen Sie es schon. Wie eine Verschwörungstheorie? Ja, so hört es sich an. Da haben Sie recht, mein Lieber. Aber ich finde die Zeitpunkte solcher, nennen wir es Ereignisse, schon recht auffällig. Wie dem auch sei, mein Lieber. Ich werde Ihnen zunächst zwei Bücher holen, die sich mit der Inquisition beschäftigt. Damit Sie sich annähernd auf das vorbereiten können, was Sie beim Prozess erwartet."

Nun setzte sich Otto bereits seit Tagen mit dem Inhalt dieser Bücher auseinander. Sein Glaube an den menschlichen klaren Verstand kam ins Wanken. Das erste Buch hatte den Titel `Hexenbulle`. Dieses Buch war in lateinischer Sprache geschrieben, wie die meisten der Urkunden und Gesetzestexte, die sich in der Amtsstube befanden. Die `Hexenbulle´ war von einem gewissen `Henrikus Institores`, einem selbsternannten Hexenjäger verfasst worden. Sein deutscher bürgerlicher Name lautete schlicht Heinrich Kramer, ein vorab unbedeutender Dominikanermönch. 1484 hatte `Papst Innozenz IIX.` den Text abgesegnet und als `Hexenbulle` veröffentlicht. Darin erkannte die katholische Kirche zum ersten Mal offiziell die Existenz der Hexerei an und legalisierte somit die Verfolgung verdächtiger Personen. Kramer war zu der Zeit schon einige Jahre als päpstlicher Inquisitor für ganz Oberdeutschland tätig und durfte kirchliche Gerichtsverfahren gegen Andersgläubige durchführen.

Das zweite Buch, welches Otto zur Vorbereitung auf den Prozess vom Vogt bekommen hatte, war vom selben Verfasser und trug den Titel `Hexenhammer`. Es war in drei Teile untergliedert und hatte einen Umfang von siebenhundert Seiten. Teil 1 beschäftigte sich ausschließlich mit der Definition des Hexenverbrechens. Dabei ging es um den Nachweis, dass Hexen und deren Verbrechen wirklich existieren. Heinrich Kramer berief sich darin auf die Abhandlungen großer Kirchentheologen, die sich in ihren Schriften mit der Zauberei auseinandergesetzt hatten. Ausführlich wurden darin die umstrittenen

Taten der Hexen behandelt. Die `Teufelsbuhlschaft`, der Geschlechtsverkehr zwischen Menschen und Dämonen, die Tierverwandlung in Dämonen, die Opferung von Kindern an den Teufel, um magische Elixiere herzustellen.

In Teil 2 beschrieb Kramer zahlreiche Taten, die Hexen verrichtet hatten. Diese stammten aus seinem eigenen Erfahrungsschatz, die aus seinen durchgeführten Folterungen stammten.

Der dritte Teil des `Hexenhammers` befasste sich mit der praktischen Durchführung von Hexenverfolgungen. Dieser Teil sollte als Anleitung zur Durchführung von Verfahren verstanden werden. Er führte dort zahlreiche Beispiele mit detaillierten Regeln für die Prozesse gegen Hexen an.

Nun war es wieder so weit. Hans-Hermann von Bergdorf hörte keine Geräusche mehr aus Ottos Amtszimmer. *Er ist sicher fertig mit dem Studium der Hexenbulle und des Hexenhammers. Jetzt gehe ich zu ihm und beichte ihm. Vielleicht hat er ein Einsehen mit mir und kann mir verzeihen.* Er steckte sich sein Gebiss in den Mund und klopfte vorsichtig an Ottos Tür. „Baron Otto, darf ich Sie stören?"

„Sicher. Ich bin gestern mit den Büchern fertig geworden und mache mir die letzten Notizen. Was darf ich für Sie tun, Vogt?"

„Die Frage sollte von mir kommen: „Was darf ich für Sie tun, Otto?"

„Wenn Sie mich so fragen: Erlösen Sie mich von der Teilnahme an diesem Prozess", Otto versuchte zu lächeln.

„Womit wir direkt bei dem Grund sind, warum ich Sie aufgesucht habe."

„Ehrlich? Der Prozess findet *nicht* statt? Ich brauche *nicht* daran teilnehmen?" Otto fing an, sich zu freuen.

„Hm, mein Lieber. Nein, so ist es leider nicht. Ich möchte mich bei Ihnen entschuldigen."

„Wieso das?" Otto fielen die Mundwinkel herab.

„Weil ich Ihnen nicht die Wahrheit gesagt habe. Ich bin als Beisitzer und einer der Schriftführer zum Prozess befohlen worden. Ich habe mir ein Attest vom Arzt wegen meiner schweren Erkrankung ausstellen lassen, in der Hoffnung, dass ich dann nicht daran teilnehmen muss. Ja, ich hatte gehofft, dass sich der Oberamtsvogt einen anderen erfahrenen Beisitzer sucht. Das ist daneben gegangen. Im Gegenteil, mein Vorgesetzter ist der Meinung, dass Sie als Vogtanwärter davon nur profitieren und Erfahrungen sammeln können. Wahrscheinlich wusste der Oberamtsvogt, genauso gut wie ich, dass sich jeder erfahrene Vogt etwas einfallen lassen würde, um daran nicht teilnehmen zu müssen. Ein Amtskollege hat sich vor Jahren sogar selbst verstümmelt, um der Teilnahme zu entgehen. Da hat sich mein Vorgesetzter einfach den nächstliegendsten Kandidaten, nämlich Sie, ausgesucht. Ja, so sieht es aus." Herr von Bergdorf erhob sich: „Ich schäme mich und bitte Sie hiermit um Verzeihung, Baron. Ich würde einen Hexenprozess nicht durchhalten. Das muss ich zu meiner Schande gestehen. Ich wünsche mir nur, die mir verbleibenden Jahre in Ruhe zu verbringen. Ich mache keinen Hehl daraus, dass ich alt geworden bin. Ich fühle mich nicht mehr imstande, gegen die Mächtigen da oben anzutreten. Ich habe mein Leben lang versucht, gerecht zu handeln und dabei selbst oft genug mehr Augen zugedrückt, als ich durfte. Aber so etwas kann ich einfach nicht mehr. Bitte verzeihen Sie mir." Hans-Hermann von Bergdorf hatte die letzten Sätze mit brüchiger Stimme ausgesprochen.

Otto hatte sich ebenfalls erhoben. „Ich nehme Ihre Entschuldigung an, Herr von Bergdorf. Bitte setzen Sie sich wieder. Ich hole schnell aus der Küche eine Erfrischung", bot Otto an. Er wollte seinem Vorgesetzten Zeit lassen, sich zu sammeln.

Von Bergdorf hatte sich erholt, saß aber in sich gesunken auf dem Stuhl.

„Sehen Sie irgendeinen Weg für mich, aus dieser Sache herauszukommen, Herr von Bergdorf?"

„Nein, nicht den geringsten. Bitte glauben Sie mir, Otto. Ich habe mir den Kopf zermartert. Es besteht keine Möglichkeit, außer Sie würden plötzlich sehr krank. Das wollen wir aber nicht hoffen, nicht wahr?"

„Nein, krank werden, wäre das Letzte, was ich will. Ich war lange genug an den Folgen des Krieges erkrankt. Dann habe ich noch einige Fragen an Sie, wenn Sie gestatten?"

„Nur zu. Fragen Sie, was das Zeug hält. Bevor ich es vergesse, Baron, ich werde Sie nicht im Stich lassen. Ich habe mich entschlossen, Sie während des Prozesses zu begleiten. Ihnen Rückendeckung zu geben. Ich werde in unserem Quartier auf Sie warten und wir können nach jedem Prozesstag darüber sprechen."

„Danke. Das wird mir sicher eine große Hilfe sein. Wie viele Tage wird der Prozess andauern? Was schätzen Sie?"

„Der Prozess an sich vielleicht acht bis zehn Tage. Je nachdem, wie lange die Angeklagte die Folter durchhält. Dann haben wir einige Tage frei, bis es zur Vollstreckung des Urteils kommt."

„Für Sie steht also schon fest, dass die Angeklagte `Doris Anker` verurteilt wird?"

„Ich habe Erkundigungen über den durchführenden Inquisitor eingeholt. Er steht leider in dem Ruf, ein echter Fanatiker zu sein. Es wird schwer, ihn von der Unschuld der Angeklagten zu überzeugen. Nun zu Ihren Fragen."

„Zunächst habe ich bis jetzt nicht nachvollziehen können, wie der Verfasser dieser Bücher gestrickt war. Was hat ihn angetrieben, so einen Wahnsinn niederzuschreiben? Wenn ich diesen Menschen unserem Hausarzt vorstellen könnte, würde er ihn sicher als Geisteskranken in das `Zucht- und Tollhaus` in Celle einweisen."

„Dieser Heinrich Kramer ist als Kind in ein Dominikaner-Kloster gekommen und dort aufgewachsen. Er hatte also niemals echten Kontakt mit einer Mutter oder anderen Frauen. Die meisten Gelehrten, die diese verheerenden Bücher verurteilen, sind zu dem Schluss gekommen, dass er dort im Laufe der Jahre eine riesige Angst vor Frauen entwickelte. Diese Angst soll dann in Hass umgeschlagen sein und ihn zu dem fanatischen Verfolger von Hexen und allem, was damit in Verbindung stehen könnte, gemacht haben."

„Wieso hat ihn keiner gestoppt? Warum wurde er in seinem Fanatismus noch bestärkt. Vom Papst und anderen einflussreichen Menschen?"

„Es wird diesem Heinrich Kramer eine gewisse Ausstrahlung nachgesagt. Damit meinen die Gelehrten, dass er so beeindruckend und überzeugend über dieses Thema redete, dass sich ihm nur wenige Menschen entziehen konnten."

„Wie kann das sein? Es waren doch allesamt gebildete Leute, sogar hochgebildete Menschen. Und die laufen so einem Spinner hinterher?"

„Im Nachhinein lässt sich das leicht sagen. Ich finde auch keine

Erklärung dafür. Wir hätten vor fast zweihundert Jahren leben müssen, um das beurteilen zu können. Eines steht fest. Der Mensch an sich braucht ein Vorbild, an dem er sich orientieren kann. Ist dieses Vorbild überzeugend, besteht kein Anlass, an der Unrechtmäßigkeit dieser Person zu zweifeln. Dann wird einfach getan, was die Person will. Springt zudem noch etwas Gutes dabei heraus, umso mehr haben die Menschen ihre Bestätigung, dass sie an das Richtige glauben. Nehmen Sie nur als Beispiel diese alte Kräuterfrau. Nach ihrer Hinrichtung ist eine Zeit lang bestimmt keine schwangere Frau, aus gutem Haus, mehr gestorben. Dass die anderen Frauen im Umgang mit Kräutern vorsichtiger geworden sind oder einfach gesünder waren, tat nichts mehr zur Sache. Die Hexe war tot. Bis es wieder neue Vorfälle gegeben hat, die nach einem entsprechenden Schuldigen geschrien haben."

„Einfach unglaublich!" Otto schüttelte, wie so oft in den letzten Wochen, seinen Kopf.

„Ja, unglaublich, aber wahr. Lassen Sie uns jetzt mit den Planungen für die Reise beginnen. In zwei Tagen sollten wir uns auf den Weg nach Braunschweig machen. Wir haben noch kein Quartier. Sophia kommt übrigens auch mit. Es wird eine Überraschung für sie. Sie ist in ihrem Leben noch nie weiter als bis Celle gekommen. Und das nur ein Mal."

„Ich habe bereits den Schwager meines Bruders kontaktiert. Er besitzt ein Haus in Braunschweig. Graf Karl von Heimtraut ist ein äußerst charmanter und großzügiger Mann und ebenso wie ich, einer der Taufpaten von Bernhard. Er hätte sicher nichts dagegen, wenn wir drei bei ihm logieren."

„Nur wenn es ihm keine Umstände macht und wir seine Unkosten erstatten können. Es ist eine Dienstreise und dazu noch eine aus einem mehr als unangenehmen Anlass. Da sehe ich nicht ein, dass wir auch nur einen einzigen Pfennig herschenken. Das soll mal schön die Kirche bezahlen. Natürlich nur die Kosten für Sie und mich. Für Sophia zahle ich selbstverständlich selbst."

Die Nichte des Vogtes war außer sich vor Freude. Otto konnte sich ebenfalls kaum beherrschen. Seitdem er seine Stelle als Vogtanwärter angetreten hatte, geisterte Sophia durch seine Träume. Ein Tag, ohne sie gesehen zu haben, war für Otto ein unvollkommener Tag. Ob er verliebt war, konnte er nicht beurteilen. Es war einfach sehr angenehm, sie in der Nähe zu wissen.

Die Fahrt nach Braunschweig wurde durch Sophias Anwesenheit kurzweilig, bisweilen sogar amüsant. So hatte von Bergdorf sich das vorgestellt. Otto und auch er selbst würden jede nur erdenkliche Abwechslung benötigen. Der Aufenthalt bei Graf Karl würde das Übrige dazu beitragen. Wie Otto vorhergesagt hatte, war Karl begeistert, Besuch zu bekommen. Polly freute sich ganz besonders über Sophia. Sie hatte nun die Gelegenheit, einer jungen Frau vom Land die Vorzüge einer Stadt wie Braunschweig nahe zu bringen. Sie zeigte Polly in erster Linie die Geschäfte, in denen sie selbst einkaufte. Dort wurden die beiden Frauen mit ausgesuchter Höflichkeit bedient.

„Warum sind sie in den Geschäften so freundlich und verwöhnen uns mit Tee, Konfekt, Schaumwein und dergleichen? Wir haben nicht ein Stück von den angebotenen Dingen gekauft, Polly."

Polly schüttelte ihre blonden Locken und strahlte sie an. „Meine liebe Sophia, das ist ganz normal, absolut nichts Besonderes. Es gehört zum guten Ton. Ich selbst verfahre genauso mit meinen Kunden. Zunächst verwöhne ich sie, bis sie so ein schlechtes Gewissen haben, dass sie etwas bei mir bestellen *müssen*. Wenn sie es nicht tun, spricht es sich herum und sie werden anderorts nicht mehr mit dieser ausgesuchten Höflichkeit bedient. Oder sogar in der vornehmen Gesellschaft gemieden. In den Geschäften und Salons, die wir besucht haben, bin ich eine gern gesehene Kundin. Sie erhoffen sich natürlich, dich als zukünftige Kundin gewinnen zu können." Nach einigen Tagen hatten sie ziemlich alle wichtigen und exquisiten Geschäfte und Salons in Braunschweig erkundet. Sophia bat um eine Auszeit. Sie wollte gerne die große Stadtbibliothek und einige Ausstellungen besuchen. Dafür war Polly nicht so sehr zu begeistern. Karl und sie nahmen aber trotzdem daran teil. Am Abend führten sie Polly in die Oper oder ins Theater. Sophia dachte manchmal, sie erlebe einen wunderbaren Traum, aus dem sie nie wieder erwachen wollte. Nur störte in diesem wunderbaren Traum die schleichende Veränderung, die mit ihrem Onkel Hans-Hermann und Otto vonstatten ging.

An den ersten beiden Gerichtstagen erzählte Otto noch ausführlich von dem Verfahren. Das Gericht bestand außer Otto aus sieben weiteren Beisitzern und dem Inquisitor `August Schlenker`. Zunächst wurde die Anklage gegen Doris Anker vorgelesen. Danach die Namen der Zeugen und ihre persönlichen Daten. Jeder Zeuge, sowie die Angeklagte, musste auf die Bibel schwören, die reine Wahrheit zu sagen. Es folgten die einzelnen Zeugenaussagen, die Otto teilweise als geradezu hanebüchen bezeichnete.

Abends bei Tisch entstand eine lebhafte Diskussion darüber, wie die Zeugen solch einen, an den Haaren herbeigezogenen, Unsinn unter Eid vorbringen konnten. Hans-Hermann von Bergdorf gab zu bedenken: „Man stelle sich nur die Zeit vor und das Hörensagen. Durch wie viele Münder und Ohren sind die angeblichen Taten gegangen? Die Ereignisse, die der Angeklagten vorgeworfen werden, liegen immerhin fast ein Jahr zurück."

Polly schlug vor, eine Runde `Stille Post` zu spielen. Damit wollten sie ausprobieren, ob es bei nur fünf Personen möglich wäre den Satz, der von der ersten Person ins Ohr der nächsten Person geflüstert wurde, Wort für Wort wiederzugeben. Der Satz lautete: *Die schwangere Maria und Josef ritten an einem herrlichen Sommerabend mit ihrem Esel an einem feinen Sandstrand entlang.* Nach der ersten Runde wurde der Satz korrekt wiedergegeben. Nach der zweiten Runde war das Wort *herrlich* durch das Wort *schönem* ersetzt worden. Nach der dritten Runde *ritten* sie nicht mehr, sondern *gingen.* Und nach der vierten Runde war aus dem *feinen Sandstrand* ein ganz normaler *Strand* geworden. Der Satz war in wesentlichen Einzelheiten verfälscht worden. Und das von nur fünf Personen innerhalb kürzester Zeit. Aus dem ursprünglichen Satz: Die schwangere Maria und Josef ritten an einem herrlichen Sommerabend mit ihrem Esel an einem feinen Sandstrand entlang, war der Satz: Die schwangere Maria und Josef *gingen* an einem *schönen* Sommerabend mit ihrem Esel an einem *Strand* entlang, geworden. Die Runde gelangte zu der Einsicht, dass die Zeugen sich so lange ihre Geschichten eingeredet und verändert hatten, dass sie nun vollends überzeugt von ihrem Unsinn waren und deshalb guten Gewissens auf die Bibel schwören konnten.

Am dritten Gerichtstag wurde die Angeklagte Doris Anker zu den

Anschuldigungen befragt. Sie stritt sämtliche Anklagepunkte ab und bezeichnete sie als bösartige Verleumdungen. Auch an diesem und jeden weiteren Tag schrieb Otto mit, wie er es von Anfang an, auf Anraten von Bergdorfs, getan hatte. Zwei offizielle Protokollführer waren zwar eingesetzt, aber von Bergdorf wusste aus Erfahrung, dass ein Protokoll zu führen, sich nur auf das Wesentliche beschränkte und selten die wortgetreue Wiedergabe des Gesagten beinhaltete. Zudem war es immer fragwürdig, was ein Protokollführer als wesentlich und wichtig empfand und deshalb aufschrieb. Darum hatte er Otto empfohlen, nicht nur wortwörtlich alle gesagten Dinge mitzuschreiben, sondern sich dazu noch seine persönlichen Eindrücke zu notieren. Heute notierte Otto über die Angeklagte: wirkt zunehmend ungepflegter; nervöser; scheint abgenommen zu haben; es scheint, sie versteht die Fragen nicht; kann nicht korrekt antworten; auf Nachfragen des Inquisitors wirkt sie zunehmend unsicherer und widerspricht sich manchmal in ihren Aussagen.

An diesem Tag galt es für das Gericht, über sechzig vorgeschriebene Fragen abzuarbeiten. Fragen wie:

*Ob der Teufel ihr eine Salbe gegeben habe, damit sie sich damit einschmiere? Wie oft und an welchen Stellen? Und wo sich diese Salbe befände?

*Was bei den teuflischen Zusammenkünften gegessen und getrunken worden sei? Ob es tote Tiere und Kinder gewesen wären?

*Wer dort außer ihr und dem Teufel anwesend gewesen wäre?

* Was der Teufel ihr und den anderen zu tun befohlen hätte? Antwortete die Angeklagte darauf: Sie sei mit ihrer Familie bei einer öffentlichen Tanzveranstaltung gewesen, beharrte der Inquisitor darauf, dass sie an einem geheimen Treffen an einem nicht öffentlichen Ort zu Hexentänzen gegangen sei.

* Ob die Angeklagte bei diesen Tanzveranstaltungen mitgeholfen hätte, `Wetter` zu machen? (Hagel, Sturm, Gewitter) notierte sich Otto. Wie viele Wetter und auf welche Weise sie diese gemacht hätten? Ein schlichtes „Nein“ akzeptierte der Inquisitor nicht. Er überging es einfach.

* Ob sie sich nicht geweigert habe, den teuflischen Plan auszuführen, Luft, Wasser und Weideland zu vergiften und durch welche Mittel es geschehen sei?

* Ob sie nicht versucht habe, Menschen und Vieh auf zauberische Weise zu schädigen oder gar zu töten?
* Ob ihr dafür vom Teufel alle Freuden dieser Welt versprochen wurden? Und welche?

So ging es weiter und weiter. Otto selbst verwunderte es nicht im Geringsten, dass die Angeklagte die Fragen nicht zur Zufriedenheit des Inquisitors beantworten konnte. Er selbst hätte die meisten Fragen auch nicht verstanden. Sie waren dermaßen befremdlich, geradezu absurd.

Nach der Mittagspause wurde die Befragung weiter fortgesetzt. Dazu befahl der Inquisitor der Angeklagten, sich ihrer Kleider, vor den anwesenden Männern, zu entledigen. Doris Anker zog sich widerstrebend bis auf die Unterkleider aus.

„Ganz!“, herrschte August Schlenker sie an.

Die Angeklagte hob zitternd ihr Hemd an und ließ es wieder herunter.

„Wird`s bald? Oder soll ich nachhelfen?“ Schlenker trat drohend einige Schritte auf sie zu.

Die Angeklagte drehte sich mit dem Rücken zum Gericht, zog ihr Hemd über den Kopf.

„Umdrehen!“, schrie Schlenker sie an.

Sie drehte sich, das Hemd vor ihre nackte Brust gepresst, wieder zu den neun Männern um. Schlenker entriss ihr mit einer schnellen Bewegung das Hemd.

„Unterkleider!“, befahl er.

Wohl aus purer Angst, vor dem, was nun folgen könnte, stieg sie aus ihrem langen Beinkleid. Schlenker schob energisch ihre Hände beiseite, mit der sie versuchte, ihre bloßen Brüste und ihre Scham zu bedecken. Er trat einige Schritte zurück, atmete tief durch und begutachtet die Angeklagte wie ein Stück Vieh von allen Seiten. „Meine Herren, kommen Sie her und sehen Sie selbst.“

Damit hatte Otto nun gar nicht gerechnet. Fünf der anderen Männer erhoben sich schnell, als wenn sie nur auf die Aufforderung des Inquisitors gewartet hätten. Otto und zwei andere Beisitzer erhoben sich sehr langsam und umständlich. Otto blieb mit seinem schwarzen langen Umhang unter einem Stuhlbein hängen, was beim Herausziehen laute scharrende Geräusche auf dem Steinboden verursachte.

„Immer diese `Neuen`! Das fängt ja gut an!“, kommentierte Schlenker genervt.

Otto war es furchtbar unangenehm, den Ausführungen des Inquisitors zu folgen. Von Kopf bis Fuß untersuchte dieser die Angeklagte, indem er mit seinen abstoßenden, langen, spitz zulaufenden Fingernägeln auf die zu beachtenden Stellen wies.

„Hier eindeutig, meine Herren! Dieses Mal ist ein `Teufelsmal`. Ganz sicher. Ich habe schon hunderte davon gesehen! Notieren Sie: linke Brust, gleich rechts neben der Brustwarze.“

Otto war sicher, dass der Inquisitor solche Male schon hundertfach gesehen hatte. Das hatte er selbst auch, an dieser oder anderen Stellen. Jeder Mensch, den Otto kannte, besaß ein oder mehrere Leberflecken beziehungsweise Muttermale. Er eingeschlossen. Otto setzte an, um dies anzumerken. Kaum hatte er seinen Mund geöffnet, drehte sich Schlenker in seine Richtung und bohrte seine hellgrauen Blicke in Ottos Augen. Otto durchfuhr es eiskalt. Hätte er nicht im Krieg in so viele feindliche Augen sehen müssen, wäre er jetzt eingeschüchtert gewesen. So aber, sagte er sich: *Wenn Du es so willst. Bitte. Ich habe keine Angst vor dir, du mieses Stück Scheiße.* Otto setzte, immer noch taxiert von Schlenkers Blicken, erneut an: „Wenn ich bemerken darf? Mir scheint, dass es sich hier um ganz normale Muttermale, beziehungsweise Leberflecken handelt, wie sie bei jedem Menschen zu finden sind.“

Schlenker stieg das Blut ins Gesicht. „Nein, Sie dürfen nichts bemerken! Sie dürfen mich schon gar nicht während einer äußerst wichtigen Untersuchung unterbrechen! Bemerkungen zu einer späteren Zeit sind bei mir schriftlich einzureichen. Haben wir uns verstanden?“

Otto schluckte: *Gut so. Dadurch habe ich mehr Zeit diese Bemerkungen zu formulieren.* „Sehr wohl, Euer Gnaden.“

„Ruhe, meine Herren! Ruhe! Diesem jungen Kollegen, haben Sie und die Angeklagte nun das zweifelhafte Vergnügen zu verdanken, dass ich die Untersuchungen von vorne durchführen muss.“ Schlenker drehte sich zu der Angeklagten um, rieb an beiden Händen Daumen, Zeige- und Mittelfinger aneinander, nahm die linke Brust der Angeklagten fest in seine linke Hand und bohrte gezielt den langen spitzen Fingernagel seines rechten Daumens in das vermeintliche Hexenmal. Die Angeklagte schrie auf, die Männer ebenso. Otto konnte nicht glauben, was er da soeben gesehen hatte. Mit einer Schnelligkeit, die er dem fettleibigen Inquisitor nicht zugetraut hatte, wiederholte dieser diese abartige Handlung an allen drei Malen, die er vorher als vermeintlich `verhexte` Male eingestuft hatte. Jedes Mal, wenn er seinen Daumen aus einer der tiefen Wunden herauszog, entstand ein floppendes Geräusch, wie wenn man den Daumen aus einer Flasche zog. Dabei spritze das Blut aus den Wunden. Die Frau schrie, weinte und krümmte sich vor Schmerzen. Otto wurde schlecht vor Entsetzen.

Als Schlenker mit seiner Quälerei fertig war, wusch er sich seine Hände in einer Schüssel und trocknete sie gründlich ab. Danach ging er von einem zum anderen Beisitzer, jedem seinen rechten Daumen vor die Nase haltend. „Sehen Sie, wozu mich diese Hexe gezwungen hat. Wäre sie geständig gewesen, hätte ich nicht meinen Fingernagel verloren!“, empörte er sich.

Bei der Vorstellung, dass in einer der tiefen Wunden noch der lange Fingernagel steckte, wurde Otto schlecht und er beantragte würgend eine Pause.

Nach der Pause setzte Schlenker die Untersuchung fort. Da ihm nun der rechte Daumennagel fehlte, nahm er mitunter einfach eine Schreibfeder zur Hand. Damit untersuchte er den Mund, die Nase und die Ohren der nackten blutenden Frau nach versteckten `satanischen Utensilien` oder weiteren Merkmalen. Schlenker fand zu seinem Leidwesen keine weiteren Hexenmale. Leicht erzürnt befahl Schlenker zwei Helfershelfern mit schwarzen Masken die Angeklagte auf einen Tisch zu legen und sie festzuhalten. Die Köpfe und Gesichter der Helfer waren mit schwarzen Kapuzen vermummt. Nur kleine Öffnungen für Augen, Nase und Mund ließen ihnen die Möglichkeit, zu atmen und zu sehen. Diese Maßnahme diente vor allem dem Zweck, dass sie nicht wiedererkannt werden konnten. Sie hätten der Nachbar, der Vermieter, sogar ein naher Verwandter der Angeklagten sein können und sollte sie vor späterer Rache schützen. Der nicht unwesentliche Aspekt dabei, dass sie durch ihre schwarzen Masken furchteinflößender wirkten, war nicht zu verachten.

Als die Angeklagte auf dem Tisch lag, ließ Schlenker ihre Beine weit auseinanderspreizen und festhalten. Er ging wieder einige Schritte zurück und taxierte die nun offenliegenden Geschlechtsteile. Er forderte die Beisitzer auf, sich diese ebenso genauestens anzusehen.

Otto tat so, als wenn er sich es sich ansah, fixierte aber einen Punkt unterhalb des Gesäßes der Frau, wie es ihm der Vogt geraten hatte. Leider entging dies Schlenker nicht.

„Wozu sind Sie hier, wenn Sie nicht bereit sind, bei der Überprüfung zu helfen? Haben Sie noch nie die Geschlechtsteile einer Frau gesehen?“ Schlenker fing höhnisch an zu lachen. Er rieb sich verdächtig die Daumen mit Zeigefinger und Mittelfinger an jeder Hand. Mit belegter Stimme fuhr Schlenker fort: „Nun, meine Herren, dann wollen wir die Gelegenheit nutzen, unseren unerfahrenen Freund in die Öffnungen der Frauen einzuführen.“ Blitzschnell ergriff er Ottos Hand, zog ihn vor die breitbeinig liegende hilflose Frau, spreizte mit seiner anderen Hand die Schamlippen auseinander und stieß mit einer Wucht mehrmals Ottos, zu einer Faust geballten, Hand in die kleine Öffnung der Vagina. Das wiederholte er so lange, bis er Ottos Faust hineingepresst hatte. Dann drehte er diese hin und her. Dabei fragte er Otto ständig: „Na, wie ist es? – Fühlt es sich gut an? – Sagen Sie schon! – Was ist das für ein Gefühl? Gut – nicht wahr? – Noch tiefer! Ja so! – Und so! – Und so! – Und so! Sie sollen schließlich alles ertasten, nicht wahr? Da sind sie doch meiner Meinung? Sie kommen auch noch dran, meine Herren! Was zieren Sie sich so?“, befragte er Otto weiter. „Sie wollen doch hier was lernen! Nicht alle Tage bekommen Sie die Gelegenheit, so tief ins Innere einer Hexe einzudringen!“

Otto kämpfte vergebens gegen den eisernen Griff des Inquisitors an. Ihm standen Schweißperlen auf der Stirn, als dieser endlich von ihm abließ. Die Frau unter ihm hatte sich die ganze Zeit gewunden und wimmerte erbärmlich.

„Nun Herr Beisitzer, ist Ihnen etwas aufgefallen bei der Untersuchung?“, fragte er noch einmal verächtlich nach. Wohl wissend, dass dies nicht der Fall war. „Wie sehen Sie denn aus? Sie sind ja ganz blass! Hat Sie der Teufel persönlich in dieser Frau berührt? Setzen Sie sich oder gehen Sie einfach. Ich werde der Sache jetzt persönlich auf den Grund gehen. Ich werde der Hexe schon den Teufel austreiben!“

Selbstredend wäre Otto gerne aus diesem Raum geflüchtet. Hans-Hermann von Bergdorf hatte ihm aber eingebläut: Niemals, ob mit oder ohne Erlaubnis des Inquisitors, den Raum vor Beendigung des Gerichtstages zu verlassen. Das wäre Otto auf jeden Fall vorgeworfen worden. Er hätte sogar die Vogtanwartschaft damit aufs Spiel setzen können. Der Inquisitor hätte sich hundertprozentig über ihn beschwert.

Schlenker erklärte zunächst, wo sich der Teufel oder das Sekret des Teufels versteckt haben könnte. Dann zeigte er den anwesenden Männern genauestens jede einzelne Stelle. Otto hatte den Eindruck, dass Schlenkers Stimme zu einem erregten Flüstern und unterdrückten Stöhnen wurde. Mittlerweile hatte Schlenker vier seiner, mit spitzen Nägeln ausgestatteten, Finger, in die Öffnung der Frau gesteckt. Er stieß sie in schneller werdenden Rhythmus hinein. Schlenker, der in der Tat sexuell sehr erregt war, gab, während er untersuchte, eine Erklärung ab: „Meine Herren, – ah! – wenn Sie später einmal – ah! – in der Lage sind – oh! – dem Teufel auf die Schliche zu kommen – ah! – oh! –, dann werden auch Sie kurz vor Ihrem Erfolg – ah! – oh! – ah! – einen bestimmten Grad der Erregung verspüren. Das ist – ah! – oh! – ah! – oh! – oh! – ganz normal“, stammelte er. „Jetzt mache ich dem Teufel den Garaus!“, kündigte er großartig an, hob seine Mönchskutte hoch, stieß unter lautem Gestöhne in die fast bewusstlose Frau hinein und ergoss sich in ihr.

Anschließend tat er, als wenn das widerwärtige Geschehen ganz normal gewesen sei. „Ich habe den Satan eiskalt erwischt, meine Herren. Mein von der Kirche gesegneter Samen hat den Teufel besiegt. Damit Sie verstehen, was ich getan habe, dürfen Sie, – nein, müssen Sie sogar morgen dasselbe tun. Nur dann haben Sie als Beisitzer Ihre Pflicht erfüllt und mich dabei unterstützt, der Frau den Teufel auszutreiben. Entfernen sie endlich die Besessene aus dem Raum!“, befahl er den Henkershelfern. „Ich kann ihren Anblick für heute nicht mehr ertragen!“

Schlenker nahm einen großen Hieb von dem geweihten Wein, der für Notfälle bereitstand. Der Krug stand griffbereit auf dem sogenannten `Notfalltisch`. Neben einer Bibel, verschiedenen Kreuzen,

Rosenkränzen, Weihrauch, gesegnetem Wasser und Knoblauch. Schlenker rülpste laut und verkündete selbstgefällig: „Für heute lassen wir es gut sein. Ich bin mit dem heutigen Ergebnis sehr zufrieden, meine Herren. Ruhen sie sich aus und sorgen Sie dafür, dass Sie morgen allesamt gut für die weiteren Untersuchungen gerüstet sind." Er deutete mit dem Kopf auf seinen Unterleib und lachte lauthals.

An diesem späten Nachmittag ging Otto wie in Trance, ohne zu grüßen, direkt in sein Zimmer.

„Was ist mit ihm, Onkel?", erkundigte sich Sophia.

„Jetzt fängt es an. Der Prozess macht ihm zu schaffen. Ich hätte nicht gedacht, dass es schon am dritten Tag losgehen würde. Lassen wir ihn vorerst in Ruhe. Ich sehe später nach ihm", erklärte Hans-Hermann von Bergdorf.

Otto schrieb und schrieb. Drei Stunden später suchte ihn von Bergdorf auf. „Ich brauche wohl nicht zu fragen, wie es Ihnen geht?"

Otto schüttelte mit dem Kopf.

„Ich hätte nicht gedacht, dass es heute schon so schlimm wird."

„Schlimm?", lachte Otto höhnisch. „Schlimm ist gar kein Ausdruck! Was dieser Unmensch der Frau heute angetan hat, ist unverzeihlich. Es ist einfach nur ekelerregend und widerwärtig. Wie krank muss der Mann im Kopf sein, um so etwas zu tun? Ich würde ihn am liebsten selbst diesen Demütigungen und Erniedrigungen aussetzen. Ja! Das würde ich lieber heute als morgen tun! Er ist einfach nur ein Abschaum der Menschheit, wenn Sie mich fragen! ..."

Von Bergdorf ließ Otto schimpfen und fluchen. Es hätte keinen Sinn gehabt, seine Wut zu stoppen. Geraume Zeit später erkundigte er sich, ob Otto über den Prozesstag reden wolle. Der schüttelte nur verneinend mit dem Kopf, schob ihm aber seine Aufzeichnungen entgegen.

„Wie wäre es, wenn Sie ein wenig laufen würden? In Beedenbostel laufen Sie doch manchmal ums Karree, wenn Sie über eine Sache nachdenken? Ich werde währenddessen Ihre Aufzeichnungen durchlesen. Danach können wir uns eine Strategie für morgen zurechtlegen", schlug Bergdorf vor.

Das Laufen hatte Otto gutgetan, er verspürte sogar ein wenig Appetit.

„Es ist wirklich widerwärtig, was da heute im Gerichtsraum passiert ist, Otto. Leider können wir es nun nicht mehr ungeschehen machen. Statt darüber weiter nachzugrübeln, sollten wir an morgen denken. Ich habe Erkundigungen über diesen August Schlenker eingezogen. Er hat Feinde innerhalb der Kirche. Seine, wie soll ich sagen …?“

„Abartigen? Widerwärtigen? Perversen?“, schlug Otto vor.

„*Pervers* ist wohl das treffendste Wort dafür. Ja, seine perversen Untersuchungsmethoden stoßen innerhalb der Kirche auf massive Kritik. Er hat mit diesem Prozess quasi die Möglichkeit erhalten, sein `Können` nach den Richtlinien des Hexenhammers unter Beweis zu stellen. Fällt er dieses Mal wieder unangenehm auf, wird er wahrscheinlich als Inquisitor abgesetzt. Und genau da setzen wir an.“

Otto war auf einmal ganz bei der Sache und beugte sich interessiert vor.

„Er hat Sie im Visier, Otto. Sie sind ein Störfaktor für ihn. Das hat sein Verhalten gestern gezeigt, als Sie den Einwand wegen der Muttermale vorgetragen haben. Heute hat er Sie vor den anderen Männern als Anfänger bloßstellen wollen. Ich sage ausdrücklich: bloßstellen wollen. Das wird ihm kaum geglückt sein. Auch wenn es sich dabei um eine vermeintliche Hexe handelt, so findet es garantiert kein Mann gut, wenn ein Geschlechtsgenosse zu solchen Handlungen genötigt, man könnte auch sagen gezwungen wird. Schlenker ist mit seiner Vergewaltigung zu weit gegangen. Außerdem hat er den anderen Beisitzern angedroht mit ihnen genauso zu verfahren wie mit Ihnen, Otto. Er will sie morgen alle zu einer Massenvergewaltigung nötigen. Das ist in keiner Form in den peinlichen Verhören vorgesehen. Dabei geht es um die Pein, gleich Schmerz. Ein peinliches Verhör, also ein schmerzhaftes Verhör soll in erster Linie den Angeklagten dazu bringen, ein Geständnis abzulegen. Die Schmerzen sollen ausschließlich vom Scharfrichter oder seinen Helfern durchgeführt werden. Dem Inquisitor obliegt einzig die Fragerei. Das hat aber nichts mit der sexuellen Befriedigung des Verhörenden oder dessen Helfern, Beisitzern und dergleichen zu tun. Wenn er es nun morgen schafft, den einen oder anderen zu einer erneuten Vergewaltigung zu nötigen, dann hat er Mittäter. Diese Mittäterschaft kann er ganz nach Laune dazu nutzen, sein eigenes schändliches Benehmen zu rechtfertigen oder er kann die Mittäter sogar damit erpressen, zu seinen Gunsten für ihn auszusagen. Einfach aber wirkungsvoll.“

„Was sollen wir tun?“

„Da Sie dem Schlenker sowieso ein Dorn im Auge sind, könnten Sie noch unbequemer für ihn werden. Sie könnten darauf bestehen, einen Arzt hinzuzuziehen.“

„Das ist möglich?“

„Ja, das ist schon vorgekommen. Es existiert nirgends eine schriftliche Verordnung, ein Gesetz oder Ähnliches, was die Teilnahme eines Arztes daran hindern kann. Nur reißt sich kein Arzt darum.“

„Wie soll ich das anstellen?“

„Erklären Sie Schlenker ganz einfach und kurz, am besten schriftlich, dass Sie befürchten, die vermeintliche Hexe könnte das Verhör nicht durchstehen und es wäre doch jammerschade, wenn der Inquisitor diese Person nicht einwandfrei der Hexerei überführen würde. Das wäre sozusagen eine Sünde an der Menschheit.“

„Aber das ist doch genau *das*, was er will.“

„Ja, darum kann er auch nicht umhin, einen Arzt zu rufen, der dem ganzen Prozess beiwohnt.“

„Was hat die Frau davon?“

„Der Frau wird sehr wahrscheinlich die weitere Folter, bis auf ein paar Kleinigkeiten, erspart.“

„Bis auf ein paar Kleinigkeiten! Das hört sich nicht überzeugend an.“

„Sehen Sie es so: Wenn morgen tatsächlich die Massenvergewaltigung stattfinden sollte, könnte sie bereits daran sterben. Wenn aber ein Arzt hinzugezogen wird, kann sie nicht weiter vergewaltigt werden. Ein Arzt sieht, ob es ein oder mehrere Männer waren. Darauf möchte ich jetzt nicht weiter eingehen. Das Beste an der Sache ist für die Frau, dass so schnell kein Arzt gefunden werden kann. Ein Arzt kann, muss aber nicht, daran teilnehmen. Einen Arzt dafür zu finden, kann sehr lange dauern. Es sei denn, er ist selbst pervers und will die Gelegenheit nutzen, sich an den Schmerzen eines Angeklagten zu weiden.“

„Das kommt auch vor?“

„Leider ist es schon vorgekommen, ja. Gehen wir von einem ganz normalen Arzt aus, der sich dem hippokratischen Eid verpflichtet fühlt. Wenn Sie einen Antrag auf einen beistehenden Arzt stellen, muss die Befragung so lange ohne körperliche Zucht stattfinden oder der Prozess ausgesetzt werden, bis ein Arzt gefunden ist. Das wäre das Allerbeste für die Frau."

„Wieso das?"

„Sie würde dann zwar im Kerker sitzen, aber leben. Die Wahrscheinlichkeit, von der Hexerei freigesprochen zu werden, ist ungefähr 1 zu 10.000. Sie erinnern sich? „Ablenkung des Volkes von zu hohen Steuern und dergleichen."

„Ich erinnere mich."

„Wenn sie sogar ganz viel Glück hat, wird sie einfach vergessen. Bei einem Thronwechsel des Königs ist es sogar schon vorgekommen, dass Gefangene freigelassen wurden. Einfach so."

„Ich fasse noch einmal zusammen: Ich stelle morgen einen einfachen schriftlichen Antrag, auf einen Arzt, der beim Prozess ab sofort anwesend sein muss."

„Weil …?"

„Weil wir die Angeklagte zweifelsfrei nach korrekter Durchführung der Hexerei überführen wollen."

„Genau!"

„Bis der Arzt anwesend ist und sich von dem einwandfreien Zustand der Frau überzeugt hat, sollten wir nichts weiter unternehmen, als sie zu befragen."

„Exakt."

„Hört sich ganz einfach an."

„Ist es auch."

„Wer sucht den Arzt?"

„Der Richter, also Schlenker."

„Der hat doch keine Zeit dafür."

„Eben."

„Ah! Jetzt verstehe ich! Was würde ich nur ohne Sie tun?"

„Vermutlich dasselbe, was ich damals getan habe, als ich keine Unterstützung hatte: Nichts! Ich werde morgen Vormittag die hier ansässigen Ärzte aufsuchen. Graf Karl hat mir die Adressen gegeben."

„Warum wollen Sie das machen? Ist doch die Sache von Schlenker."

„Ich weiß noch nicht, wie ich es anstelle, aber ich möchte den Arzt davon abbringen, an dem Prozess teilzunehmen."

„Ich drücke Ihnen die Daumen, Herr von Bergdorf."

„Ich Ihnen ebenfalls, Baron. Falls Schlenker sich doch querstellen sollte. Warum auch immer. Weisen Sie ihn darauf hin, dass Sie nun leider, wo der Antrag vor Zeugen schriftlich vorliegt, um einen wirklich triftigen Grund, der gegen die Anwesenheit eines Arztes spricht, bitten müssen. Dieser Grund muss ebenfalls in das Protokoll aufgenommen werden."

„Danke."

„Nichts zu danken. Gute Nacht, Otto. Ich hoffe, Sie können einigermaßen gut schlafen."

Otto konnte überhaupt nicht schlafen. Sobald er eindöste, sah er die dicke, wulstige, rote Narbe auf dem Handrücken von Schlenker oder dessen spitze lange Fingernägel, die sich gefährlich seinen Augen näherten. Unausgeschlafen, mit ziemlich schlechter Laune, begann für Otto der vierte Prozesstag. Im Nachhinein sagte er sich, das war genau die richtige Stimmung, um Schlenker die Stirn zu bieten.

Die Angeklagte Doris Anker wurde hereingeführt, Schlenker befahl ihr, wie am Vortag, sich vollkommen zu entkleiden und rieb dabei seine Daumen zwischen den Zeige- und Mittelfingern.

Bevor Doris Anker begann, sich zu entkleiden, stand Otto auf und meldete sich zu Wort. „Ich habe einen Antrag zu stellen, Herr Richter."

Schlenker drehte sich sehr langsam um. Wie am Vortag bohrten sich seine hellgrauen Blicke wie Messer in Ottos Augen. Otto hielt dem Blick eiskalt stand. Schlenker kam einige Schritte auf ihn zu, besann sich dann anders und setzte sich hinter seinen erhöhten Richtertisch.

„Ich höre?" Auf Schlenkers Stirn stand nur für Otto sichtbar: *Egal, was du sagst! Ich mache dich fertig, Bürschchen!"*

Otto trug seinen Antrag vor und übergab Schlenker den Antrag in schriftlicher Form. Dieser studierte die wenigen Zeilen mit einer Gründlichkeit, dass Otto befürchtete, doch einen Formfehler begangen zu haben und somit der Antrag ungültig sei. Schlenker lief langsam vom Hals bis zum Haaransatz rot an. Dann warf er das Blatt vor einen der Protokollführer auf den Tisch und erklärte mit kaum verhaltender Wut in seiner Stimme: „Antrag stattgegeben. Kurze Pause.“ Er stand auf, fasste sich an seine Brust und verließ keuchend den Raum.

Die anderen Beisitzer und die Angeklagte sahen Otto fassungslos an. Keiner von ihnen hätte gewagt, das Wort unaufgefordert an Schlenker zu richten, geschweige denn einen Antrag zu stellen.

Sie warteten bis zum frühen Nachmittag auf Schlenkers Rückkehr. Otto hörte, wie die Beisitzer miteinander tuschelten. Keiner traute sich, ihn anzusprechen. Die Angeklagte saß, von den maskierten Henkershelfern bewacht, in der Ecke eines Raumes.

„Meine Herren, was sollen wir nun tun? Wollen wir bis zum Abend warten? Wir haben kein Mittagessen gehabt. Anscheinend hält es keiner für nötig, uns zu informieren, wie es weitergehen soll. Irgendwelche Vorschläge Ihrerseits?“

Sie beratschlagten gemeinsam, wer die meisten Kompetenzen besitzen würde. In einer anderen Situation hätte sich wohl jeder von ihnen darum gerissen, das Wort zu übernehmen. Aber die Angst vor Schlenkers Rache ließ das Selbstbewusstsein der Männer wie Eis in der Sonne schmelzen.

„So kommen wir nicht weiter“, entschloss sich Otto. „Es wird wohl erlaubt sein, sich nach dem Befinden des Richters zu erkundigen, nicht wahr?“

Die Herren nickten zustimmend mit den Köpfen. Otto sprach einen der maskierten Henkershelfer an. „Würden Sie wohl so freundlich sein und sich für uns nach dem Befinden des Richters erkundigen?“

Otto hörte ein leises „Na endlich!“ aus der Maske heraus. Der Mann nickte kurz und verließ den Raum.

„Haben Sie das zu Protokoll genommen?“

Otto erhielt eine bestätigende Antwort.

Einige Minuten später kam der Henkershelfer mit einem `Offiziellen` zurück. Dieser erklärte den Prozess bis auf Weiteres vertagt. Er wisse nichts Näheres, dürfe aber so oder so keine Auskunft darüber geben. Das Protokoll wurde offiziell beendet. Die Angeklagte wurde ebenfalls bis auf Weiteres zurück in den Kerker gesperrt.

Zurück an der frischen Luft hätte Otto singen und tanzen können. Gut gelaunt lief er zum Anwesen der Heimtrauter. Dort umarmte er alle, die seinen Weg kreuzten. Nur Graf Karls distanzierter Butler wollte nicht von ihm umarmt werden, bot ihm aber an, entsprechende Getränke für die Familie zu servieren, wenn es etwas zu feiern gäbe. Otto lehnte dankend ab. In dem Moment betrat Hans-Hermann von Bergdorf strahlend die Empfangshalle.

„Wissen Sie etwas, was ich nicht weiß, Herr von Bergdorf? Sie strahlen so."

„Sie auch, mein Sohn", von Bergdorf konnte sein Bedürfnis, Otto mit Sohn anzusprechen, nicht mehr zurückhalten.

„Sie zuerst, Herr von Bergdorf."

Der Vogt versuchte, ernst auszusehen, was ihm völlig misslang. „Ich muss gestehen, es fällt mir schwer, angesichts des soeben verstorbenen August Schlenker, ernst zu bleiben."

Otto fiel es auch schwer. „Ist nicht wahr?"

„Doch, so wahr ich hier stehe."

„Woher wissen Sie das?"

„Ich habe mich zufällig in der Nähe des Gerichtsgebäudes befunden, als dort eine zugedeckte Person auf einer Bahre herausgetragen wurde. Ein Passant hat nachgefragt und die Auskunft bekommen, dass es sich bei der Person um August Schlenker, den Inquisitor handeln würde. Er würde kein Lebenszeichen mehr von sich geben."

„Ah, ich verstehe! Rein zufällig in der Nähe? Der Passant waren nicht auch zufällig Sie?", lächelte Otto.

„Sagen wir so: Er sah mir zum Verwechseln ähnlich", lachte von Bergdorf nun aus vollem Hals.

„Waren Sie in den letzten Tagen auch *rein zufällig* in der Nähe des Gerichtsgebäudes? Ich meinte, ich hätte durch das Fenster eine Gestalt bemerkt, die der Ihren zum Verwechseln ähnlich sah."

„Jeden Tag. Für den Fall, dass Sie meine Hilfe benötigt hätten. Sie haben es mir nicht leicht gemacht, von Ihnen nicht entdeckt zu werden, Otto."

„Warum haben Sie es mir nicht gesagt?"

„Ich wollte nicht, dass Sie denken, ich traue Ihnen den Prozess nicht zu."

„Also, das wäre mir nie in den Sinn gekommen. Es hätte mir im Gegenteil den Rücken noch mehr gestärkt."

„Nun denn, nächstes Mal keine Heimlichtuerei mehr. Dafür bin ich ehrlich gesagt auch zu alt."

„Abgemacht. Ich fürchte, ich stehe jetzt mein Leben lang in ihrer Schuld."

„Keinesfalls. Wir müssen nun noch die Obduktion abwarten. Schlenker war ein hoher Kirchenbeamter. Er könnte auch viele Feinde gehabt haben."

„Sie meinen, er könnte einem Verbrechen zum Opfer gefallen sein?"

„Ja, er könnte ermordet worden sein. Ich habe jemanden vom Krankenhauspersonal bestochen. Schätze, es wird ein bis zwei Tage dauern, bis wir erfahren, woran Schlenker gestorben ist."

Bereits am nächsten Tag stand der Mann vom Krankenhauspersonal vor der Tür. Er teilte Bergdorf mit, dass die Leiche des August Schlenker spurlos verschwunden sei. Das ganze Spital wäre auf den Kopf gestellt worden. Schließlich wäre Schlenker ein wichtiger Mann der katholischen Kirche gewesen. Bergdorf entlohnte ihn großzügig und bat ihn um Stillschweigen.

Otto machte sich Gedanken, was wohl aus den Kindern der vermeintlichen Hexe werden würde. Hans-Hermann von Bergdorf hatte auch dahingehend Erkundigungen eingezogen. Die Kinder waren bereits zu Prozessbeginn zu entfernten Verwandten gebracht worden.

Otto, Sophia und Hans-Hermann von Bergdorf verlebten noch einige unbeschwerte Tage mit Polly und Karl, bevor sie der Alltag in Beedenbostel wieder hatte.

11

Falscher Stolz

Auf Einladung von Elisabeth und Heinrich war Hermines Nichte, Melissa, eingetroffen. Elisabeth hatte Melissa angeboten, vorerst zur Probe bei ihnen zu arbeiten. Melissa wollte nur weg aus Celle, ihr war es egal wohin. Fast täglich, wenn sie Besorgungen machen musste, kam sie an dem Haus ihres ehemaligen Arbeitgebers vorbei, der sie tagelang eingesperrt und vergewaltigt hatte. Zudem war sie eine Belastung für ihre Eltern geworden. Erst war sie wochenlang nach dem brutalen Missbrauch krank gewesen. Nach ihrer Genesung hatte sie sich in allen infrage kommenden, Häusern Celles um eine Stelle beworben. Die guten Stellen als eine zweite Hausdame waren besetzt oder gar nicht vorgesehen. Die Stellen als einfache Putzfrau oder Zimmermädchen bekam sie nicht, weil die Herrschaften meinten, dass jemand wie sie, der vorher eine so gute Stelle innehatte, einfach zu gut dafür wäre und dementsprechend nicht lange bei ihnen bleiben, sondern sie bei einem besseren Angebot sofort verlassen würde. Ihre Eltern hätten sie schon längst gut verheiratet gewünscht. Doch aus einem Bauchgefühl heraus konnte Melissa sich nicht zwischen ihren beiden ernsthaften Verehrern entscheiden. Nein, sie spielte nicht mit ihnen, sie hatte ihren Kavalieren die Wahrheit über ihre Gefühle gesagt. Doch die beiden ließen nicht locker.

Nach ihrer Genesung hatte sie sich dazu durchgerungen, ihren Verehrern von dem Missbrauch zu erzählen und dass sie aufgrund dessen keine Kinder mehr bekommen könne. Der eine Kavalier schickte ihr sofort einen Strauß Blumen und bat sie schriftlich um ihr Verständnis, dass er ihr ab sofort nicht mehr den Hof machen könne, weil er schließlich die Verpflichtung hätte, für einen Stammhalter zu sorgen. Der zweite Verehrer ließ nichts mehr von sich hören.

Melissa tat ihrer Mutter furchtbar leid. Sie wusste, dass Melissa niemals mehr in Celle einen geeigneten Ehemann finden würde. Kein Mann wollte eine geschundene Frau, die noch dazu keine Kinder bekommen konnte, heiraten. Nach kurzer Zeit sah Melissa einen ihrer ehemaligen Verehrer mit einer neuen Angebeteten Arm in Arm durch Celles Straßen schlendern. Der andere, so hörte sie, hatte sich ebenfalls schnell getröstet. Melissa nahm ihnen das nicht übel. Sie hatte sogar Verständnis für sie. Allerdings bestärkte sie diese Tatsache in ihrem Beschluss, aus Celle wegzuziehen.

Nun stand sie, mit ihrer kleinen Reisetasche, schüchtern vor Elisabeth und Heinrich in der Bibliothek. Elisabeth ging freundlich lächelnd auf sie zu. Melissa war ihr auf Anhieb sympathisch. Sie sah eher unauffällig aus, trotz ihrer geschmackvollen, aber nicht teuren Kleidung. Sie trug ihr braunes Haar zu einem Knoten aufgesteckt, hatte feine Gesichtszüge und klare blaue Augen. Ganz anders als Hermine und Katharina, die mehr rassig wirkten. Elisabeth irrte sich selten in der Einschätzung von fremden Menschen. Sie streckte ihr beide Hände entgegen und hieß sie herzlich willkommen. Heinrich tat es ihr nach. Wie bei jedem normalen Vorstellungsgespräch stellten sie Melissa Fragen, die diese ohne Umschweife mit aufrichtigem Blick beantwortete. Selbstverständlich waren sie so diskret, Melissa nicht nach ihrem Schicksal zu fragen. Sie wussten einiges von Hermine und das reichte ihnen vollkommen aus, um sie nicht weiter zu bedrängen. Sie vereinbarten eine einwöchige Probezeit, nach der sich sowohl Melissa, als auch Heinrich und Elisabeth entscheiden wollten, wie es weitergehen sollte.

Bereits nach einem Tag erschien es Heinrich und Elisabeth, als wenn Melissa schon immer zu ihrer Schlossfamilie gehört hätte. Unauffällig und diskret sorgte sie für Ordnung und Sauberkeit, wo sie ging und stand. Sie tat dies mit einer Leichtigkeit, die nicht so wirkte, als wenn sie einer Arbeit nachging, eher einem Vergnügen. Bei Hermine oder Katharina hatte es immer so ausgesehen, wie es war, nach Arbeit. Natürlich stöhnte sie nicht und gab auch keine anderen Geräusche wie *Uff, Oh* und *Mm* von sich. So kannten es Heinrich und Elisabeth von Rieke und Hermine. Sie empfanden dies als äußerst angenehm. Ihnen wurde nun nicht mehr das Gefühl gegeben, in irgendeiner Form extra Schmutz und Unordnung zu hinterlassen, nur um die Dienerschaft zu beschäftigen.

„Wie findest du Melli?“, erkundigte sich Elisabeth bei Heinrich.

„Angenehm, äußerst angenehm. Und du?“

„Mir geht es ebenso“, kaum hatte Elisabeth den Satz ausgesprochen, sprang sie mit der Hand vor dem Mund auf und lief zum Vorhang im roten Salon. Seit ein paar Wochen war sie ständig von einer Übelkeit geplagt, die, so sagte Hermine, von einer erneuten Schwangerschaft herrühren konnte. Derselben Meinung waren Helene und Doktor Röder, die Elisabeth aufgesucht hatte. Um Genaueres zu sagen, wäre es allerdings noch zu früh, meinten sie.

Heinrich wartete, bis sie sich wieder gesetzt und beruhigt hatte. „Ich läute nach Melli.“

„Brauchst du nicht.“

„Das kann doch da nicht so bleiben.“

„Nein, keine Angst, mein Lieber. Melli, hat umsichtigerweise nach dem Frühstück in jedem Zimmer hinter einen Vorhang ein Gefäß deponiert. Sie meinte, die Wege seien zu weit, um rechtzeitig auf den Abort zu kommen. Bevor ich womöglich in der Eile noch stolpere oder mich an dem Zeug verschlucke.“

„Das ist sehr aufmerksam von ihr. Ich meine nur, es muss auch weggebracht werden.“

„Wir brauchen uns darum nicht kümmern, sagt Melli. Ich weiß zwar nicht wann und wie sie das macht, aber sobald ich nachsehe, ist das Gefäß ausgewechselt. Und sie hat mir jeweils ein Tuch dazu gelegt, um mich säubern zu können.“

„Es fängt doch an zu riechen“, Heinrich schnüffelte in der Luft herum.

„Nein, habe ich auch gedacht. Sie hat Kräuter hineingetan, die den Geruch neutralisieren.“

„Was es alles gibt!“

„Ja, herrlich, nicht wahr?“, strahlte Elisabeth, bevor sie wieder aufsprang und hinter dem roten Vorhang verschwand.

„Du tust mir leid. Ich bin froh, keine Frau zu sein“, sagte Heinrich mitfühlend.

„Das kannst ruhig öfter und lauter sagen“, kam Elisabeths Stimme gedämpft aus dem Vorhang. „Übrigens habe ich heute von Mamon einen Brief bekommen. Soll ich ihn dir vorlesen?“

„Wenn du magst. Ich hör dir gerne zu.“

„Irgendetwas ist komisch daran, ich weiß nur nicht was.“

„Nun lies erst einmal, vielleicht hast du etwas nicht richtig gedeutet.“

Mein liebes Kind,

ja, ich gebe es zu, es hat diesmal länger gedauert, bis ich Dir geantwortet habe. Verzeihe mir bitte. Rosalie hat sich gut von der Geburt des kleinen Leopold erholt. Beiden geht es prächtig. Ferdinand ist ganz der stolze Vater.

Mir geht es sehr gut. Ich fange an, die bayerische Sprache besser zu verstehen. Ansonsten gibt es nicht viel Neues. Wie gesagt, es geht uns allen sehr gut.

Ich hoffe, Euch auch. Gib bitte Klein-Bernhard einen lieben Kuss von mir.

Seid herzlich umarmt. Deine Mama`

„Du sagst ja gar nichts“, bemerkte Elisabeth.

„Ich warte, bis du fertig bist“, antwortete Heinrich, der es sich gerade gemütlich gemacht hatte.

„Ich bin fertig.“

„Kann nicht sein.“

„Doch.“

„Zeig mal her.“

Heinrich nahm das halbvoll geschriebene Blatt und drehte es hin und her. „Du hast sicher die restlichen Seiten verlegt.“

„Ich habe noch nie etwas verlegt“, empörte sich Elisabeth.

„So meinte ich es auch nicht. Die anderen Seiten müssen doch irgendwo sein. Beatrice hat noch nie einen Brief unter zehn Seitenlängen geschickt.“

„Eben.“

„Hast du den Briefumschlag bei der Hand?“

Heinrich untersuchte ihn genau. „Ist nichts mehr drin“, sagte er enttäuscht.

„Habe ich auch schon festgestellt“, antwortete Elisabeth genauso enttäuscht.

„Jetzt haben wir November. Wann hat sie das letzte Mal geschrieben?“

„Vor sechs Wochen. Nachdem ich ihr ausführlich von Katharinas Hochzeit, dem Fest am Fürstenhof in Dresden und Karls Verlobung berichtet habe.“

„Daraufhin hatte sie doch mit einem ihrer wundervollen amüsanten Briefe geantwortet, nicht wahr?“, fragte Heinrich nach.

„So amüsant wie früher war er auch schon nicht mehr. Aber immerhin ausführlicher. Hier steht ja fast nichts drin.“

„Ja, fast zu schade für das Briefpapier und die Zustellkosten.“

„Ich bin sehr enttäuscht.“

„Das kann ich verstehen. Was hast du ihr im letzten Brief geschrieben?“

„Wie immer. Ich habe ihr geschrieben, was hier so passiert, wie sich Bernhard entwickelt, von Maxi und Anja, die uns jetzt im Haus helfen. Von Bartel, der Oberstallmeister geworden ist, von Annas und Lennards Hochzeit und dem Abschied von Rudolf, Katharina und Maria. Solche Dinge.“

„Und was noch?“

„Ich muss mal überlegen. Ja, ich glaube, ich habe ihr Polly beschrieben, wie glücklich Karl mit ihr ist. Dass sie so schnell wie möglich heiraten und in unser großes Haus ziehen wollen. Über alles eben, worüber wir sonst sprechen würden.“

„Komisch. Sag mal, kann es sein, nur so hypothetisch meine ich, dass …“, begann Heinrich vorsichtig.

„Ja, was?“

„Könnte es sein, dass Beatrice eventuell, also ich meine wirklich nur ganz entfernt eventuell …“

„Nun sag schon.“

„Eifersüchtig ist“, platzte Heinrich heraus und lachte.

„E i f e r s ü c h t i g?“, fragte Elisabeth ungläubig.

Heinrich amüsierte sich bei der Vorstellung köstlich. „Ja, eifersüchtig.“

Elisabeth starrte ihn weiter ungläubig an.

„Sieh mich nicht so an. Ich kann da nichts dafür. Der Gedanke ist mir einfach so gekommen.“

„Eifersüchtig“, sagte Elisabeth mit belegter Stimme und wiederholte leise: „Eifersüchtig.“

„Liebling, ich weiß, was ich gesagt habe. Es tut mir leid. Vergiss es bitte. Es war wirklich nicht weiter wichtig.“

„Nein, was, wenn du recht hast? Was, wenn Mamon in Karl verliebt ist? Das wäre ja schrecklich, einfach grässlich, igitt.“ Elisabeth schüttelte sich angewidert.

Heinrich hörte auf zu lachen. „Nun mal langsam, Lisa. Übertreib nicht gleich. So meinte ich das nicht.“

„Wie denn?“

„Sie spielt nun nicht mehr die erste Geige, weder in deinem, noch in Rosas und jetzt auch nicht mehr in Karls Leben. Ich meinte das nicht wie zwischen Mann und Frau.“

„Wie kommst du darauf?“

„Weil du ihr geschrieben hast, wie sehr du dich freust und dass Karl möglichst schnell heiraten will und Polly mit in euer Haus ziehen möchte.“

„Ja, das ist doch ganz normal.“

„Das ist normal. Bloß eine riesige Umstellung. Beatrice war bis jetzt das Oberhaupt der Familie. Alle haben sich irgendwie nach ihr gerichtet. Jetzt hat jeder von euch einen Partner und eine eigene Familie. Karl ist der Letzte in der Reihe. Bald ist er auch nicht mehr nur für sie da. Und dann will er mit einer fremden Frau, Beatrice kennt Polly nicht, auch noch in ihr Heim ziehen. Und das alles passiert, während sie nicht da ist. Also mir tut sie schon irgendwie leid.“

„So habe ich das noch nicht gesehen.“

„Bitte, Lisa, es sind nur meine Gedanken. Ich bin sicher, ich liege völlig falsch.“ Je mehr er darüber nachdachte, desto sicherer war er, dass er richtig lag.

„Ich könnte Karl schreiben und fragen, was er für einen Eindruck von Mamons Briefen hat. Rosa werde ich auch im nächsten Brief danach fragen.“

„Tu das. Mach dir bitte nicht so viele Sorgen, mein Engel.“

„Anjaaa!!!“, gellte Hermines Stimme durch das Schloss. „Anjaaa!!! Bring gleich die Schaufel und den Kehricht mit runter!“

Hermine war ganz in ihrem Element. Sie liebte es, andern Dinge beizubringen. Dabei bewies sie mehr Geduld, als man ihr zugetraut hätte. Die zwölfjährige Anja, die angefangen hatte, im Haus zu helfen, war flink und sah von sich aus viele Dinge, die erledigt werden mussten. Nur erledigt sie diese Dinge auch gleich und nicht nur die, die ihr Hermine aufgetragen hatte. So wie jetzt. Anja sollte nur die große Treppe im Schloss fegen. Dafür plante Hermine, beim gründlichen Fegen und in Anbetracht der Tatsache, dass Anja noch nicht ausgewachsen war und viel kürzere Arme hatte, normalerweise eine halbe Stunde ein. Nach vierzig Minuten rief sie nach Anja. „Wo warst du? Was hast du jetzt wieder gemacht?“

„Ich habe nur schnell noch das Treppengeländer abgewischt. Es war so staubig“, entschuldigte sich Anja.

„Anja, wenn ich zu dir sage „Fege die große Treppe gründlich“, dann meine ich „Fege die große Treppe gründlich.“ Dann meine ich nicht „Fege die große Treppe gründlich *und* wisch das Treppengeländer ab.“

„Ja, Frau Hermine. Entschuldigung.“

„Also, mach nur das, was ich dir auftrage, verstanden?“

„Ja, Frau Hermine.“

Max war anders. Er erledigte nur die Dinge, die Hermine ihm auftrug. Nicht einen Handschlag mehr. Sagte Hermine nach dem Kartoffelschälen zu ihm: „Bring die Schalen raus“, brachte Max die Schalen sofort raus und kam auch sogleich zurück. Allerdings ohne den Behälter, in denen sich der Abfall befunden hatte. Also musste sie ihn noch mal schicken, um den Behälter, den sie den ganzen Tag in der Küche benötigten, hereinzuholen. So ging es mit jedem Handgriff. Er tat ausschließlich das, was sie ihm Wort für Wort auftrug. *Manchmal ist es vielleicht nicht verkehrt, wenn er nicht so voreilig handelt,* dachte sich Hermine. *Aber so geht es auch nicht.*

Alexander und Hermine besprachen jeden Abend ihren Tag. Dabei schilderte Hermine, wie sich Anja und Max anstellten.

„Weißt du, manchmal denke ich, ich bin zu alt, um Kindern noch etwas beizubringen“, überlegte Hermine müde.

„Ach was, Knuffi. So alt kannst du gar nicht werden. Sie haben erst vor einigen Wochen bei dir angefangen. Du bist es einfach nicht mehr gewöhnt, jemanden auszubilden. Katharina hat doch alle anfallenden Arbeiten von selbst erledigt. Die beiden müssen es erst lernen. Das wird schon. Gib ihnen Zeit und dir mehr Geduld. Das ist eine Umstellung, aber mir geht es fast mit jedem neuen Schüler so. Der eine kann dies besser, der andere das. Bei dem einen muss ich sagen: „Nimm das Papier, tunk die Feder in die Tinte und schreib den Satz ab.“ Bei dem anderen sage ich nur: *Abschreiben* und zeige auf den Satz. Beim Dritten muss ich ganz deutlich sagen: „Nur diesen Satz von da bis da“, sonst schreibt er gleich die ganze Seite ab. Das geht mir auch manchmal gegen den Strich, aber ist nun mal so.“

„Dann geht es mir nicht alleine so?“

„Ach wo, Knuffi!“ Alexander lachte. „Das geht jedem so, der mit anderen Menschen zu tun hat. Wirklich jedem.“

„Geht das lange so?“

„So drei bis fünfzig Jahre!“

„Drei bis fünfzig Jahre? Du nimmst mich auf den Arm, Bärchen!“

„Nein, eine Lehre dauert drei Jahre, bei manchen ihr Leben lang.“

„Das will ich aber nicht!“ Hermines Trotzkopf kam wieder durch.

„Das solltest du dir gut überlegen. Was wäre, wenn Max nach drei Jahren schon alles können würde, was du kannst? Wäre das gut für dich?“

„Ich weiß nicht.“ Hermine war verunsichert.

„Nein, das wäre nicht gut. Dann würdest du womöglich überflüssig werden. Oder Max würde unzufrieden werden, weil du ihm nichts mehr beibringen kannst. Dann würde er aufhören, bei dir zu arbeiten. Du solltest immer noch etwas haben, was ihn überrascht und herausfordert. Aber bis dahin ist wirklich noch viel Zeit. Jetzt besser?“

„Ja, jetzt geht es mir besser. Ich muss einfach mehr Geduld haben und besser erklären.“

„Und immer wieder erklären. Wenn du denkst, das habe ich ihm schon hundert Mal erklärt, erklärst du es ihm eben noch hundert Mal. Irgendwann begreift er es schon.“

„Das sind ja schöne Aussichten! Wie geht es dir mit den Kindern aus den alten Baracken?“

„Bescheiden, äußerst bescheiden“, stöhnte Alexander. „Da ist so gut wie nix.“

„Was ist *so gut wie nix*?“

„So gut wie nix ist gleichbedeutend mit Kauderwelsch. Sie können nicht einen einzigen Satz sagen, den ich verstehe."

„Wie geht das? Du verstehst doch sonst jeden Menschen."

„Die aber nicht. Die haben eine eigene Sprache entwickelt. Ich vermute, dass sie über viele Generationen nur unter sich gelebt haben."

„Das geht doch gar nicht."

„Kann ich mir aber nicht anders erklären. Ich verstehe sie nicht."

„Was verstehst du denn?"

„Wasser und `Ham`, was so viel wie Hunger oder Essen bedeutet, – denke ich."

„Und was noch?"

„Nichts."

„Nichts? Kein weiteres Wort?"

„Kein weiteres Wort, nein."

„Wie unterhalten die sich untereinander?"

„Na eben in ihrer Sprache. So wie Menschen aus fernen Ländern, die eine andere Sprache sprechen."

„Bayerisch? Französisch und so was?"

„Genau."

„Dann musst du ihnen erst unsere Sprache beibringen, ja?"

„Ja. Da ist noch etwas, was die Sache erschwert. Doktor Röder ist zu demselben Ergebnis gekommen."

Hermine rückte auf ihrem Stuhl nach vorne. *Jetzt wird es interessant,* dachte sie. „Erzähl."

„Wir glauben, dass sie sich seit Generationen untereinander vermehrt haben."

„Wie? Du meinst: Geschwister haben mit Geschwistern gedingst?"

„Ja. Väter mit Töchtern, Mütter mit Söhnen und das immer wieder."

„Aber das ist doch schädlich dieses *dingsen* innerhalb der eigenen Familie."

„Das nennt man Inzucht. Das weißt du doch."

„Ja, war mir gerade entfallen."

„Wenn die Menschen über Generationen Inzucht betreiben, kommen irgendwann keine normalen Menschen mehr dabei raus. Hat Doktor Röder mir erklärt."

„Das sind dann lauter Idioten?“

„Ist zwar ein scheußlicher Ausdruck, aber ja.“

„Warum machen sie es dann?“

„Weiß der Himmel warum? Weil gerade kein anderer da war? Oder weil es für sie absolut normal ist. Bei Tieren ist es doch auch so, dass Brüder mit Schwestern und Väter mit Töchtern und Mütter mit Söhnen dingsen.“

„Stimmt. Dabei kommen aber keine idiotischen Tiere heraus.“

„Woher willst du das wissen? Sprechen sie mit uns?“

„Ich habe schon mal ein Huhn gesehen, das ständig im Kreis herumlief. War das so ein idiotisches Huhn?“

„Kann sein. Keine Ahnung!“

„Sehen die sich auch alle ähnlich?“

„Ziemlich. Das kommt aber in allen Familien vor. Auch in den normalen. Übrigens hat mir Doktor Röder erzählt, dass Inzucht verboten werden soll. Genauso wie die gleichgeschlechtliche Dingserei.“

„Wenn Männer mit Männern dingsen?“

„Ja, das hat die Kirche schon lange verboten. In manchen Ländern steht sogar die Todesstrafe darauf.“

„Weißt du, Bärchen, das ist mir eigentlich egal, wenn Männer mit Männern dingsen. Die tun doch keinem was.“

„Natürlich tun sie keinem was! Es ist nur dieser verdammte Aberglaube. Sie seien vom Satan dazu verführt worden und so ein Quatsch. Ich darf gar nicht darüber nachdenken, was die katholische Kirche da alles für einen Mist verbreitet.“

„Aber normal ist es doch nicht. Schließlich hat Gott Männer und Frauen erschaffen, damit sie sich vermehren.“

„Warum die es untereinander tun, kann ich dir auch nicht erklären, Knuffi. Ich bin jedenfalls froh, dass ich dich habe. Ich denke, jeder erwachsene Mensch sollte nach seiner Fasson leben. Aber nur Erwachsene. Alle, die sich an Kindern vergreifen, sollten in den Kerker. Oder gleich ganz weg. Ja, das ist meine Meinung.“

„Da hast du recht. Das ist schändlich.“

„Komm, lass uns jetzt über schöne Dinge sprechen. Dann kann ich besser schlafen.“

„Tante Hermine, da vorm Fenster steht ein merkwürdiger Mann, der sieht hier rein“, bemerkte Hermines Nichte Melli, die Besteck in der Küche polierte.

„Ich gehe mal hin.“ Hermine wischte sich ihre Hände an ihrer Schürze ab und schloss die Küchentür von außen fest zu.

Ungewöhnlich, dachte Melli, *das macht sie sonst nicht. Sie sagt, der Küchendunst zieht nicht richtig ab, wenn die Tür zu ist. Jetzt tuschelt sie mit ihm. Komisch.*

Hermine hatte sich umgesehen und in Friedels Ohr geflüstert. Friedel flüsterte ebenfalls in Hermines Ohr. Das ging eine Weile hin und her. Dann griff Hermine unter ihre Schürze, nahm etwas heraus und drückte es Friedel in die Hand. Der ließ das Etwas in seiner ausgebeulten Hose verschwinden. Melli konnte nicht erkennen, was es war. „Wer war das, Tante Hermine?“

„Ach, das war nur Friedel.“

„Wer ist `Friedel`?

„Friedel ist Friedel nicht mehr und nicht weniger.“

„Wo kommt er her? Was macht er? Arbeitet er hier? Und warum kommt er nicht in die Küche?“

Hermine fühlte sich in die Ecke gedrängt. *Mist!*, dachte sie. *Normalerweise kommt Friedel ein paar Stunden früher. Gleich nach dem ersten Tee gegen halb sieben, wenn alle wieder aus der Küche verschwunden sind. Na ja, heute ausnahmsweise. Hat sich ja auch gelohnt.*

„Wo er herkommt, weiß keiner. Er ist schon immer hier gewesen. Arbeiten tut er hier nicht. Reinkommen auch nicht. Jetzt alles klar?“, antwortete Hermine leicht gereizt.

„Ich muss doch wissen, wer er ist. Wenn ich ihn mal sehe und du nicht da bist, muss ich es wissen. Was hast du ihm gegeben? Nur für den Fall, dass er wieder kommt.“

„War nicht wichtig. Du brauchst ihm gar nichts geben. Niemals. Ihr auch nicht, Kinder. Habt ihr mich verstanden?“

„Ja, Tante Hermine.“

„Ihr kennt doch Friedel auch. Sagt Melli, dass sie keine Angst vor ihm haben braucht.“

Die Kinder nickten mit den Köpfen. „Jeder kennt Friedel. Angst brauchst du vor ihm nicht zu haben, Melli. Es ist so, wie Tante Hermine sagt.“

„So, jetzt weißt du Bescheid. Kinder, wir haben noch viel zu tun bis zum Mittag. Also hopp, hopp an die Arbeit!“

Während Hermine mit Max das Mittagessen vorbereitete, dachte sie über Friedel nach. Ja, es stimmte, Friedel mit seinem merkwürdigen braunen Hut und seinen paar Zähnen gehörte zum Dorf, wie die Dorfschenke und die Kirche. Er war schon so lange da, dass Hermine nicht wusste, ob er hier geboren oder erst später nach Eldingen gekommen war. Wenn sie es nicht wusste, wusste es auch kein anderer, das tröstete sie. Seitdem Hermine erwachsen war, hatte sie ein Bündnis mit Friedel geschlossen. Er kam ein bis zwei Mal in der Woche früh am Morgen. Hinten an der Küchentür berichtete er ihr, gegen eine Kleinigkeit, das Neueste vom Ort und der Umgebung. Sie sahen zu, dass sie dabei nicht gesehen wurden. Wenn doch, war es auch nicht weiter tragisch, weil Friedel einfach im ganzen Ort dazugehörte und sich keiner an seinem Anblick störte. War er da, war es gut, war er nicht da, fehlte er auch nicht weiter. Überall wurde er im Vorbeigehen freundlich mit „Tag Friedel, wie geht's?“ begrüßt. Er antwortete stets: „Danke gut und selbst?“ Damit waren die meisten Begegnungen zu Ende. Da Friedel außergewöhnlich gut zuhören konnte, erzählten ihm die Dörfler manchmal dieses und jenes. Wohl mehr, weil sie gerade keinen anderen Gesprächspartner zur Stelle hatten. Friedel fragte selten nach und gab auch keine Kommentare zu dem, was sie ihm erzählten. Das führte dazu, dass er den allgemeinen Eindruck des lieben, naiven `Dorftrottels` machte. Die Menschen klopften ihm freundlich auf die Schulter und betitelten ihn mit: „Du bist doch ein Guter“ oder „Friedel, wenn wir dich nicht hätten“ oder „Alles klar, Mann“. Sie machten sich nicht einmal die Mühe, ihn um Verschwiegenheit zu bitten. Hermine dachte darüber nach, warum Friedel heute so spät gekommen war und was er ihr berichtet hatte. Friedel wirkte besorgt, weil er eine Gestalt in der Nähe der Kuhweiden gesehen hatte. Dort wo außer den Kuhhirten, niemand etwas verloren hatte. Nur war dieser Fremde keiner der Kuhhirten, die Friedel kannte. Und Friedel war kein Hirte unbekannt. Erst wollte er den Mann ganz normal begrüßen, wie jede Woche, wenn er dort vorbeikam, aber die gebückten schnellen Bewegungen der Gestalt kamen ihm merkwürdig vor. Friedel zog sich in das Dickicht zurück und beobachtete den Menschen. Es schien ihm, als wenn der Fremde die Tiere nach ihrem Brandzeichen absuchte.

Friedel wartete eine Weile, bis der Mensch sich entfernte und schlich ihm ins Unterholz nach. Mittlerweile hatte er erkannt, dass der Mann einen langen Spitzbart trug. Das restliche Gesicht war von einem großen Schäferhut verdeckt. Der spitzbärtige Mann ging an einer Ziegenherde vorbei, die ihn offensichtlich nicht interessierte.

Bei der nächsten Kuhherde sah der Fremde wieder nach dem Brandzeichen, schüttelte den Kopf und setzte seinen Weg fort. Er erreichte die Pferdeweide von Baron Heinrich. Dort stand er lange am Rand und musterte die Tiere. Anhand der Farbe konnte Friedel von Weitem erkennen, dass der Mann eine Möhre in der Hand hielt. Das Leitpferd kam nach reichlicher Prüfung langsam auf den Mann zu, danach folgten vorsichtig weitere Pferde. Der Mann schien beruhigend auf das Leitpferd einzureden, bis es sich ihm ganz näherte und an der Möhre schnupperte. Es ließ sich von ihm streicheln und fraß die Möhre auf. Der Mann sprach eine Zeit lang auf das Pferd ein, es schien ein Hengst zu sein, bevor er langsam über den Zaun stieg. Der Hengst entfernte sich ein paar Schritte. Der Mann lockte ihn erneut mit einer Möhre und streichelt den Hengst. Das ging eine Zeit lang so, bis der Mann anscheinend das Vertrauen des Tieres gewonnen hatte. Er ging um den Hengst herum, besah sich das Brandzeichen und verließ in entgegengesetzter Richtung die Weide. Friedel war, durch seine Beobachtungen, mit seiner Dorfrunde heute spät dran. Er folgte dem Mann nicht weiter. An der Gestalt des Fremden kam ihm nicht nur der lange Spitzbart ungewöhnlich vor. Die ganze Erscheinung wirkte nicht wie die eines Bauern oder Vieharbeiters. Dann die Möhre. Friedel freute sich, wenn er um diese Jahreszeit einige Möhren für seine Informationen bekam, aber diese an Pferde zu verfüttern, schien ihm geradezu verwerflich.

Hermine ließ sich das Berichtete alles noch einmal durch den Kopf gehen. Sie überlegte, wie sie ihre Informationen am geschicktesten Heinrich unterbreiten konnte, ohne nach ihrer geheimen Quelle gefragt zu werden. *Pah*, dachte sie. *So geheim ist sie ja gar nicht, wie ich dachte. Wenn ich das weiß, erfährt es auch die Wirtin Wilma, der Pastor, Ludmilla, Helene und nicht zu vergessen Georg, hat Katharina gesagt. Aber ich muss unbedingt die Erste sein, die es Heinrich erzählt, bevor er es von anderer Seite hört. Und Friedel werde ich mir auch noch einmal vorknöpfen!*

Elisabeth schrieb an Karl, indem sie ihm den merkwürdig kurz gehaltenen Brief von Beatrice beschrieb, als Melli einen Besucher meldete.

„Wer ist es?"

„Er sagt, er heißt `Egon Wucht` und komme von Graf Karl von Heimtraut, aus Braunschweig. Er hätte eine Nachricht zu überbringen. Soll ich ihn wegschicken, damit er wieder kommt, wenn Baron Heinrich zu Hause ist?"

„Der Name des Besuchers ist mir nicht geläufig, Melli. Aber Graf Karl ist mein Stiefbruder. Also bitte den Herren, im Empfangszimmer auf mich zu warten. Danke."

„Wie Baronin wünschen. Darf ich anmerken, dass mir der Mann nicht wie ein Herr erscheint."

„Wie dann?"

„Eher wie ein grobschlächtiger Arbeiter, Handwerker oder Ähnliches."

Elisabeth musste schmunzeln. „Aha, – gut, wenn es so ist, haben wir hier im Schloss einen Plan. Für den Fall, jemand könne gefährlich werden. Hermine versteckt sich hinter einem Wandschirm. Der Besucher wird hereingeführt. Dann komme ich oder mein Mann hinzu. Rudolf der frühere Butler, jetzt Sie, Melli, wartet vor der Tür und kommt erst auf ein vereinbartes Zeichen herein. So etwa." Elisabeth hustete ein paar Mal. „Aber nur, wenn Gefahr im Verzug ist. Am besten, Sie bewaffnen sich mit einem Besen oder Ähnlichem. Im Notfall sollte alles sehr schnell gehen. Ich huste also, Hermine kommt hinter dem Wandschirm hervor. Sie kommen zur Tür herein und schon haben wir die den Mann überrumpelt. Ganz einfach."

„Baronin, ich glaube, in diesem Fall schaffen wir das nicht. Der Mann ist riesengroß."

„Nun denn, – dann informieren Sie bitte den Bartel oder ein, zwei starke Männer vom Gesinde, die bereitstehen sollen."

„Sehr wohl, Baronin", antwortete Melli leise.

„Ich denke, ich werde in zwanzig Minuten unten sein. Bieten Sie ihm inzwischen eine Kleinigkeit an."

„Sehr wohl, Baronin", antwortete Melli noch leiser und zögerlich. Sie drehte sich um und öffnete die Tür.

„Melli! Warten Sie bitte. Sie zögern. Haben Sie Angst?"

Melli wurde rot. „Ich ..., bitte verzeihen Sie Baronin. Ich, – ja, er macht mir Angst."

„Ich habe mich bei Ihnen zu entschuldigen, Melli. Ich habe nicht daran gedacht, dass Sie Angst haben könnten. Ich kenne keine Angst und vergesse daher manchmal, dass andere Menschen selbstverständlich Angst haben können. Wir machen das anders. Ich gehe vor, Hermine hinter mir, danach Sie. Dann Bartel oder die anderen Männer. Ich bin gleich unten. Hermine soll den Männern Bescheid geben."

Elisabeth wartete zehn Minuten. In der Schlossküche standen Bartel, Hermine mit einer Bratpfanne bewaffnet und Melli mit einem Besen bereit.

„Dann wollen wir mal", beschloss Elisabeth und ging voran. Sie öffnete die Tür zur Eingangshalle, stieß einen spitzen Schrei aus, lief auf den Fremden zu und sprang an ihm hoch. „Titan! Titan! Welch eine Überraschung!" Elisabeth hatte ihm den Hut heruntergestoßen und wuselte mit beiden Händen durch seine Haare. „Welch eine Freude, dich zu sehen!"

Der `Titan` hielt sie mit seinen riesigen Pranken an der Taille umschlungen und wirbelte sie herum. „Ich freue mich, auch dich zu sehen! Wie geht es dir, Lizzi?"

„Gut! Gut! Mein Gott, was für eine Überraschung! Komm schnell, du musst hungrig und durstig sein, nach der langen Reise. Der Titan stellte sie vorsichtig zurück auf den Boden und sah in die verdutzten Gesichter von Bartel und Melli.

Auf Hermine zeichnete sich ein Lächeln ab. Sie erkannte ihn wieder. Der Titan war einer der Kutscher des Grafen. „Mensch, Egon! Du hast uns vielleicht einen Schrecken eingejagt! Du solltest dich kleiner machen, wenn du irgendwo unangemeldet auftauchst! Komm her, lass dich drücken."

Egon kam auf Hermine zu und hob sie mit einer Leichtigkeit in die Höhe, als wäre sie ein Kleinkind. So führte sich Hermine auch auf. Sie juchzte und lachte.

„Titan, das ist unser neuer Oberstallmeister, der Bartel und diese entzückende zarte Frau ist Melissa, unsere neue Hausdame, der du einen gehörigen Schrecken eingejagt hast“, erklärte ihm Elisabeth.

Titan bot Bartel seine Hand zum Gruß. Dieser stutzte kurz beim Anblick der Größe der Hand, legte aber mit gebührendem Respekt die seine hinein. Zu seiner Überraschung zerquetschte Titan seine Hand nicht, sondern umschloss sie mit angemessenem Druck.

„Freut mich“, sagte Titan mit einer erstaunlich angenehmen, dunklen Stimme. Dann hielt er Melli den Zeigefinger seiner rechten Hand hin. Sie legte ihre zierliche Hand darauf, er zog seine Hand vorsichtig hoch und deutet einen Handkuss an. Um Titan anzusehen, musste Melli Ihren Kopf ganz in den Nacken legen, wie es vor ihr schon Elisabeth und ihre Tante getan hatten. Er sah sie mit sanften rehbraunen Augen an und begrüßte Melli mit seiner angenehmen Stimme. Melli wurde rot. Sie schämte sich ein wenig, weil sie ihn so falsch eingeschätzt hatte.

„Kommt, wir gehen in die Küche, jetzt sollst du dich erst einmal stärken“, befahl Elisabeth und zog ihn an seiner riesigen Hand in die Küche.

Heinrich hörte von Weitem die Stimmen und das Gelächter der Schlossfamilie. Es war so ansteckend, dass er mit einem Lachen die Küche betrat. Elisabeth wollte ihm Titan vorstellen. Doch Heinrich winkte ab. „Wir kennen uns, nicht wahr? Sie sind Egon Wucht, einer der Kutscher meines Schwagers. Wir sind damals auf Abortsuche durch Braunschweig gefahren. Erinnern Sie sich?“ Daraufhin brach erneutes Gelächter los.

In der nächsten Stunde erzählten sie sich gegenseitig woher und wie lange sie sich kannten. Egon Wucht hatte Elisabeth und Rosalie aufwachsen sehen. Da er ständig größer und kräftiger wurde, bekam er irgendwann den Spitznamen Titan.

Nach dem gemeinsamen Abendbrot gingen Elisabeth und Heinrich mit Titan in die Bibliothek. Melissa passte auf Bernhard auf, Anja und Max gingen nach der Arbeit mit ihrem Vater nach Hause. Hermine wurde von Alexander abgeholt.

„Baronin Elisabeth, ich habe hier einen Brief von Ihrem Stiefbruder, den ich Ihnen persönlich übergeben soll.“

„Das fangen wir erst gar nicht an, Titan. Mein Leben lang habe ich Titan zu dir gesagt und du hast mich Lizzi genannt. Das wird für immer so bleiben. Alles andere würde sich falsch anfühlen. Natürlich werden wir uns siezen, wenn Gäste da sind, und mit dem entsprechenden Namen ansprechen. Es muss nicht jeder wissen, wie wir zueinander stehen. Das würde Fremde nur irritieren."

„Gut, Lizzi, so halten Rosalie und ich es auch."

„Danke für den Brief. Hat mein Stiefbruder sonst noch etwas ausrichten lassen?"

„Er würde sich freuen, sehr bald von dir zu hören, hat er gesagt."

„Ich denke, du möchtest dich jetzt zurückziehen. Weißt du, wo deine Kammer ist?"

„Ich denke, wenn ich jetzt hier herausgehe, dann rechts und wieder links", überlegte Titan.

„Nein, nein!", lachte Heinrich, der den Riesen mochte. „Ich bringe Sie hin. In einem Schloss, auch wenn es nicht sehr groß ist, da kann man sich am Anfang schon verlaufen."

„Gute Nacht, Lizzi."

„Gute Nacht, Titan. Schlaf gut."

Elisabeth hatte Karls Brief durchgelesen, bevor Heinrich zurück war.

„Na, was schreibt dein Bruderherz so?"

„Hier, lies selbst", antwortete Elisabeth traurig.

Liebe Lisa,

ich hoffe, es geht Dir und Deinen Lieben gut? Polly und mir geht es sehr gut.

Hast Du einen Brief von Beatrice erhalten? War er auch so kurz gehalten, wie der an mich? Nur ein paar unpersönliche Zeilen hat sie nach den ganzen Wochen geschrieben. Er ist so kurz, dass es mir keine Mühe macht, ihn abzuschreiben:

Servus Karl,

uns geht es gut. Ich werde nicht zu Weihnachten zurück nach Heimtraut kommen.

Beatrice

„Oh, der Brief von Bea ist sehr übersichtlich", konnte Heinrich sich nicht verkneifen.

„Lies weiter."

Dieser Brief hat einige Fragen aufgeworfen: Was heißt `Servus`?

Wer ist `uns`? Und warum kommt sie nicht, wie abgesprochen, Weihnachten zurück? Hast Du eine Ahnung, was mit ihr los ist? Polly meinte, ich hätte vielleicht, in meinem letzten Brief an Bea zu sehr von ihr geschwärmt. Gut, gebe ich zu, das habe ich wohl. Polly meint weiter, dass Bea sich vielleicht übergangen fühlt, weil sie Polly nicht kennt. Ich habe Bea nämlich auch geschrieben, dass wir beide zu Weihnachten heiraten wollen und dass Polly anschließend hier einziehen wird. Ich habe Bea natürlich nach ihren Wünschen gefragt, wenn ich das Haus umbaue. Du weißt schon, ob sie ihre Zimmer dort behalten möchte oder lieber in den anderen Flügel ziehen will, von wo sie im Sommer den Rosengarten sehen kann, den sie so liebt. Damit Bea, richtig versteht, was Polly und mir vorschwebt, habe ich die Entwürfe von unserem Architekten mitgeschickt. Mit keinem Wort hat sie diese erwähnt.

Meine Frage ist jetzt an Dich: Habe ich etwas falsch gemacht? – Kann ich mir nicht vorstellen. Aber falls doch, WAS?

Bitte melde Dich bald.

Ach, warum ich den Brief nicht mit der Post gesendet, sondern Titan losgeschickt habe: Titans Frau ist vor einiger Zeit mit einem stadtbekannten Windhund durchgebrannt. Jetzt wird Titan überall gehänselt, weil dieses untreue Web ihm Hörner aufgesetzt hat. Er will aus diesem Grund nicht mehr in Braunschweig arbeiten. Wie du weißt, dient er zuverlässig und ehrlich seit Jahrzehnten unserer Familie. Ich würde mir für ihn wünschen, dass er irgendwo eine neue Heimat findet, und dort so geachtet werden würde, wie bei uns. Es tut mir leid, ihn gehen lassen zu müssen, aber ich verstehe ihn.

Die herzlichsten Grüße von Polly und mir. Auch an Heinrich, meinem kleinen Bernhard und die Schlossfamilie.

Es umarmt Dich, Dein (Stief-) Bruder Karl.

„Ich glaube, da hat Karl unwissentlich Mist gebaut“, meinte Elisabeth.

„Wieso Mist? Das ist die natürlichste Sache von der Welt. Ich habe hier auch alles umgebaut, bevor du eingezogen bist. Das gehört sich so. Man will seiner Zukünftigen ein schönes Heim bieten. Das finde ich ganz normal“, ereiferte sich Heinrich.

„So meine ich das nicht. Ich meinte eher, dass er das Ganze diplomatischer hätte machen sollen."

„Wie diplomatischer?"

„Er kennt doch Mamon. Mit ihrem Umräumtick, das tut sie hier doch auch, wenn sie zu Besuch ist. Rosalie hatte deswegen den ersten Ehekrach mit Ferdinand, weil sie dort auch umgeräumt hat."

„Das wollte ich dir schon lange sagen. Das hat ein Ende. Ich lasse es nicht mehr zu, dass sie hier alles auf den Kopf stellt. Ticks von reichen Frauen hin oder her. Das ist immer noch mein Schloss und unser Heim."

„Reg dich bitte nicht auf. Ich bin völlig deiner Meinung, dass es zu weit geht, wenn sie hier alles umstellt. Mich stört das genauso sehr wie dich. Darüber sind wir uns einig. Ich hätte allerdings erwartet, dass du das Mamon schon längst einmal sagst."

„Um des lieben Friedens willens habe ich es bis jetzt unterlassen. Aber nun ist Schluss."

„Gut, dann können wir darüber sprechen, was ich mit diplomatischer meinte. Karl weiß doch, dass Mamon überall im Mittelpunkt stehen muss. Sie ist nun mal so. Das hat wohl mit ihrem Sternzeichen zu tun, vermute ich."

„Was für ein Sternzeichen?"

„Jeder Mensch ist unter einem Sternzeichen geboren. Das ist Astrologie. Mamon ist unter dem Sternzeichen Löwe geboren."

„Bist du das nicht auch?"

„Ja, aber ich habe einen anderen Aszendenten."

„Was hat das zu bedeuten? Kenne ich ihn? Wer oder was ist dein Assistent?"

„Ach Hein, davon hast du keine Ahnung, nicht wahr?", lachte Elisabeth.

„Nein, gebe ich zu. Astrologie hat mich noch nie interessiert."

„Das kann manchmal ganz hilfreich sein, weißt du."

„Was soll daran hilfreich sein? Ich weiß, wo die Sterne sind und ob das Wetter umschlägt oder nicht. Das reicht. Um den anderen Kram kann sich dein Assistent kümmern. Wie heißt der überhaupt und wo wohnt er?"

Elisabeth lachte laut los.

„Lisa, du weckst Bernhard auf!"

„Entschuldige, ich kann nicht anders. „Wie heißt dein Assistent und wo wohnt er?“ Einfach zu komisch! Liebling, das führt heute zu weit. Mein Aszendent ist kein menschliches Wesen. Überhaupt kein Wesen. Ich werde dir ein Buch darüber geben, wenn es dich interessiert.“

„Lieb von dir, aber wenn das Ding kein menschliches Wesen ist, interessiert es mich wirklich nicht. Ich möchte jetzt gern wissen, was Karl falsch gemacht haben soll. Und dann gehe ich ins Bett.“

„Gut. Er hätte Mamon mit einbeziehen sollen. Sie um Rat fragen.“

„Also, das geht jetzt wirklich zu weit. Wie alt soll Karl denn noch werden, bis er selbst über sein Leben bestimmen darf?“

„Natürlich kann er über sein Leben selbst bestimmen. Mamon möchte nur mit einbezogen werden.“

„E i n b e z o g e n?“ Heinrich zog das Wort in die Länge. „In seine Ehe, in seine Wohnung, oder was?“

„In sein Vorhaben. Es gehört sich so. Schließlich verändert sich für Mamon auch einiges.“

„Ja, ihr Stiefsohn heiratet, nach fünfzehn Jahren, endlich seine große Liebe. Seine Frau zieht in sein Heim ein und Beatrice wird auch noch gefragt, wo sie lieber wohnen möchte: rechts oder links. Für Karl ein bisschen Verständnis aufzubringen, ist wahrscheinlich von Beatrice zu viel verlangt“, meinte Heinrich ironisch.

„Ach, du verstehst das einfach nicht.“

„Anscheinend nicht. Eines kann ich dir aber versprechen: Egal, wer es jemals wagen sollte, sich in unsere privaten Angelegenheiten zu mischen, bekommt einen riesigen Ärger. Ich werde immer für unsere Liebe kämpfen. Nur jetzt bin ich einfach zu müde. Kommst du auch ins Bett, Süße?“

„Ja, ich liebe dich“, Elisabeth sah Heinrich gerührt an.

„Und ich liebe dich.“

„Hein, warte bitte. Ich muss dir was erzählen“, hielt Hermine ihn morgens auf.

„Dauert es lange? Ich habe heute jede Menge zu erledigen.“

„Nein, nein, geht ganz schnell. Ihr habt heute Abend Gemeinderatssitzung, deswegen, es könnte wichtig sein.“

„Tante Hermine, ich sagte doch, ich habe es eilig.“

Das passte Hermine nicht. Wenn sie Ihre Neuigkeiten schnell erzählen sollte, konnte sie es nicht richtig spannend machen. Aber sie erzählte Heinrich trotzdem die Kurzfassung von dem fremden Mann, den Friedel beobachtet hatte.

„Hört sich nicht gut an. Wer hat den Mann gesehen?“

„Sag ich nicht.“

„Warum nicht? Vielleicht ist das nur erfunden?“ Heinrich wusste ganz genau, dass Hermine das nicht erfunden hatte. Er wollte ihre Quelle wissen.

„Wenn du mich weiter löcherst, erzähle ich dir gar nichts mehr.“

„Nichts für ungut, Tantchen. Hin und wieder ein Versuch, kann ja nicht schaden. Danke, dass du es mir erzählt hast.“ Heinrich drückte ihr einen Kuss auf ihr Kopftuch.

„Hein, ihr habt heute Abend Ratssitzung. Habt ihr schon über einen Nachfolger für Rudolf gesprochen?“, wollte Elisabeth wissen, nachdem sie mit der Buchhaltung fertig waren.

„Nein, sind wir noch nicht dazu gekommen. Warum fragst du?“

„Wie wäre es mit Alexander?“

„Alexander Rotermann?“

„Ich habe dich erst neulich gefragt, wie viele Alexander du kennst. Außer *Alexander* Rotermann gibt es keinen weit und breit.“

„Ich war in Gedanken woanders, entschuldige. Also Alexander als Rudolfs Nachfolger im Gemeinderat. Das macht Sinn. Dann haben wir einen Pastor, einen Arzt, den Wirt, einen Lehrer und mich. Ja, das passt. Ich schlage ihn heute vor. Sonst noch was? Ich wollte mit Titan zu den Ställen. Habe ich ihm gestern zugesagt.“

„Ja. In dem Brief von Karl stand, dass sich Titan verändern will. Ich wünsche mir, dass er hier bleibt. Wir brauchen einen guten Mann als Nachfolger für Georg. Mich wundert, dass Georg überhaupt noch hier ist, wo er so dringend in der Ziegelei benötigt wird.“

„Er ist nur mir zuliebe hier. Er fragt mich jeden zweiten Tag, ob ein Nachfolger für ihn in Aussicht ist. Ich habe schon ein ganz schlechtes Gewissen.“

„Na, dann bietet sich Titan doch regelrecht an, nicht wahr? Vorausgesetzt es gefällt ihm hier. Oder magst du ihn nicht?“

„Doch. Ich mochte ihn schon in Braunschweig.“

„Habe ich dir schon einmal erzählt, dass er Rosalie und mich vor dem Ertrinken gerettet hat?“ Elisabeth spielte ihren Trumpf aus.

„Nein, erzähl.“

„Heute Abend. Du hast es eilig. Bitte sei besonders nett zu Titan.“

„Werde ich.“

„Herr Wucht, Karl hat geschrieben, dass Sie sich verändern wollen. Schwebt ihnen da eine bestimmte Stelle vor?“, erkundigte sich Heinrich, als er mit Titan auf dem Weg zu den Ställen war.

„Nein, Herr Baron. Ich bin da ganz offen für Neues. Aber bitte sagen Sie Egon zu mir. `Herr Wucht` bin ich nicht gewöhnt.“

„Dürfte ich Sie auch `Titan` nennen, wie Elisabeth?“

„Elisabeth nennt mich seit ihrer Kindheit so und ich darf Lizzi zu ihr sagen. Das ist was anderes.“

„Und wenn Sie mich Heinrich nennen würden. So, wie bei Elisabeth, wenn wir unter uns sind?“

„Hein - rich?“

„Na gut `Hein`.“

„Damit wäre ich einverstanden. Ja, das wäre gerecht.“

Heinrich reichte ihm seine Hand darauf. Obwohl es ganz gegen seine Erziehung verstieß, sich mit Untergebenen zu duzen.

„Unter uns, Hein. Mit Baron Karl halte ich es auch so. Er nennt mich Titan und ich sage Karli zu ihm.“

Das beruhigte Heinrich enorm. „Titan, mein Kutscher und bester Freund Georg muss schnellstens in den elterlichen Betrieb zurückkehren. Die Ziegelei ist nicht weit von hier. Dort haben sie alle Hände voll zu tun. Außer, dass er sich um die Wagen, Kutschen, die Zugpferde und was damit alles zusammenhängt, kümmert, erledigt Georg Berger viele andere Dinge für uns. Meistens kontrollieren wir zusammen, vom Frühjahr bis nach der Ernte, fast täglich die Felder und treiben die ausstehenden Abgaben der Pächter ein. Das wäre es erst einmal im Groben. Selbstständige Arbeit, tägliche Besprechung, was anliegt. Ja, eine Art `Mann für Alles` könnte man sagen. Eine ganze Menge also. Hättest du Interesse daran?“

„Das hört sich gut an. Das Letzte, was ich jetzt gebrauchen könnte, wäre Langeweile.“

„Am besten, du unterhältst dich selbst mit Georg. Ich will jetzt gleich zu ihm. Wir müssen heute noch einen Pächter besuchen, bei dem die Abrechnung nicht mit dem übereinstimmt, was er uns letztes Jahr angegeben hatte."

„Gut. Ich hole die Pferde. Brauchen wir sonst noch was?"

„Ich hole die Abrechnungen aus der Bibliothek und sage Lizzi Bescheid, dass wir unterwegs sind."

Wie jeder Mensch, der Titan zum ersten Mal zu Gesicht bekam, war auch Georg von dem Riesen beeindruckt. Dem Pächter erging es genauso. Er holte sehr schnell die korrekte Abrechnung und das fehlende Geld aus seinem Haus. Weder Heinrich noch Georg brauchten etwas zu sagen.

Der Pächter starrte die ganze Zeit Titan an. Ohne, dass dieser ein Wort von sich gab, erklärte der Pächter zitternd: „Ich bitte vielmals um Entschuldigung, Baron Heinrich. Ich weiß nicht, wie das passieren konnte. Es wird nicht wieder vorkommen. Das verspreche ich." Dabei sah er nicht Heinrich, sondern Titan an.

„Ich denke, das war ein richtig guter Einstand." Georg klopfte Titan auf die Schulter. Sie verabredeten sich für den nächsten Tag, damit Titan Georgs tägliche Arbeit kennenlernen konnte.

Bei der Gemeinderatssitzung schlug Heinrich Alexander Rotermann als Nachfolger für Rudolf vor. Der Vorschlag wurde begeistert aufgenommen. Danach sprach er die Geschichte von dem fremden Mann an, die Hermine ihm erzählt hatte, der sich auffällig die Brandzeichen der Kühe seiner Pferde angesehen hatte. Pastor Boreen erklärte, er hätte bereits davon gehört. Sie beschlossen, alle Pächter und Bauern zu warnen, damit sie die Augen offen halten sollten.

Doktor Röder äußerte seine Bedenken wegen den umquartierten Außenseitern. „Meine Herren, nicht nur, dass ich Bedenken wegen der jahrzehntelangen Inzucht unter den Neuen habe. Es könnte sogar sein, dass wir sie durch diese Umquartierung umbringen könnten."

Das löste unter den Herren zunächst eine Welle der Empörung aus. Bis Pastor Boreen klingelte und um Ruhe bat. „Meine Herren, lassen Sie bitte Doktor Röder erklären, was er damit meint."

„Meine Herren, bitte schenken Sie mir Gehör. Ich meinte damit auf keinen Fall einen vorsätzlichen Mord. Wir tun unser Bestes, indem wir ihnen ein menschenwürdiges Leben ermöglichen. Lassen Sie uns dabei aber nicht vergessen, dass diese Familien jahrelang oder jahrzehntelang nur unter sich gelebt haben. Ich berufe mich hier auf Studien anerkannter Wissenschaftler und auf meine Erfahrungen. Ich gebe Ihnen selbstverständlich die schriftlich niedergelegten Studien dieser Experten, möchte Ihnen aber in einfachen Worten erklären, worum es sich dabei handelt. Nehmen wir eine ganz normale gesunde Familie aus unserm Dorf. Sie zum Beispiel, Baron Heinrich. Sie und Ihre Frau haben einen kleinen kerngesunden Sohn."

Heinrich nickte, Doktor Röder raufte sich die Haare. „Außerdem befinden sich in ihrem täglichen Umfeld weitere, sagen wir einmal, acht bis zwölf Personen." Heinrich nickte wieder. „Alle Personen einschließlich Ihnen, Ihrer Frau und Ihrem Sohn haben untereinander Kontakt. Aber auch zu Personen, die nicht in Ihrem täglichen Umfeld leben, so zum Beispiel beim Einkaufen oder bei Besuchen der Pächter. Können Sie mir bis hier folgen, meine Herren?"

Die Ratsherren nickten zur Bestätigung.

„Gut. Hat nun einer dieser Menschen, bei denen Sie eingekauft haben, eine infektiöse Krankheit, wie eine Grippe, so kann sich die Grippe, nur beim Einkaufen, auf Sie übertragen und Sie stecken zu Hause ihre Familie damit an. Diese wiederum weitere im Schloss befindliche Menschen und diese wieder weitere. Fragen?" Doktor Röder sah sich in der Runde um. „Jetzt überlegen Sie einmal, warum wir hier in unserm Dorf noch nie einen Fall von Pest hatten? Könnte es daran liegen, dass niemand von uns Kontakt mit einem, der an der Pestilenz erkrankt war, hatte? Genau, daran liegt es. Wir alle waren schon zig Mal erkältet, hatten die Grippe oder andere ansteckende Krankheiten. Unsere Körper haben sich dagegen in gewisser Weise immun gemacht. So immun, dass wir bei einem kleinen Schnupfen nicht gleich hohes Fieber bekommen oder womöglich daran sterben könnten. Unsere Körper haben sich daran gewöhnt, würde man so sagen."

„Ist ja alles gut und schön, Herr Doktor. Ich wollte heute Abend keinen stundenlangen medizinischen Vortrag hören. Dafür bin ich ehrlich gesagt nach sechzehn Stunden Arbeit zu müde", beschwerte sich Wolfgang Walter und rutschte unruhig auf seinem Stuhl hin und her. Die anderen nickten zustimmend mit ihren Köpfen, sie waren auch nicht erpicht darauf.

„Ich bin gleich fertig. Ich wollte nur sagen, dass diese Menschen vielleicht noch nie in ihrem Leben eine Erkältung gehabt haben und wir anderen sie anstecken könnten. Da ihre Körper das nicht gewöhnt sind, könnten sie daran sterben."

„Können wir da vorbeugen?", erkundigte sich Heinrich.

„Das Einzige, was wir machen können, ist: Hände waschen, Hände waschen und nochmals Hände waschen. Auch ein Mundschutz aus sauberem Leinen ist angebracht. Nicht mehr und nicht weniger. Und das nicht zuletzt zu unserem eigenen Schutz."

Wolfgang dachte: *Wenn jetzt noch einer eine einzige Frage stellt, dann scheiße ich mir in die Hose.* Er stand auf und brummte: „Meine Herren, ich bitte um Vertagung. Ich muss dringend da hin, wo der Kaiser zu Fuß hingeht."

Auf Wolfgangs Antrag hin, wurde das Thema vertagt. Die Herren waren allesamt müde. Die Sitzung wurde geschlossen. In der Schenkstube fiel Heinrich beim Bezahlen seiner Zeche auf, dass einige Männer vor dem Abort standen. Sie schienen unruhig zu sein. „Was ist da los?", fragte er Doktor Röder, der ebenfalls bezahlen wollte.

„Wo?"

„Da vorm Abort."

„Tja, es scheint, die Herren müssen sich dringend erleichtern. Sie treten auf der Stelle hin und her und kneifen die Beine zusammen", Doktor Röder grinste Heinrich an.

Pastor Boreen verließ als Letzter die Ratsstube, kam aber nicht, wie üblich, zum Bezahlen an die Theke, sondern hetzte mit zusammengekniffenen Lippen grußlos zum Ausgang.

„Merkwürdig." Heinrich schüttelte seinen Kopf.

„Äußerst merkwürdig", stimmte Doktor Röder zu. „Es sei denn …"

„Es sei denn *was*?" Heinrich und Doktor Röder sahen sich an. „Nichts wie raus hier, Doktor! Das Wechselgeld schreiben Sie mir bitte gut, Wilma!", rief Heinrich, während er fluchtartig die Dorfschenke verließ.

„Mir auch!", rief Doktor Röder und folgte Heinrich auf dem Fuß.

„Merken Sie schon was?", erkundigte sich Doktor Röder vor der Tür.

Heinrich überlegte. „Nein.“
„Kein Rumoren oder Zwicken im Darm?“
„Kein bisschen.“
„Ich auch nicht. Haben Sie heute Abend den Abort hier aufgesucht?“
„Nein, kein Bedarf gehabt.“
„Ich auch nicht. Vielleicht haben wir Glück gehabt.“
„Hoffentlich.“
„Als Vorsichtsmaßnahme würde ich Ihnen empfehlen, sich sofort gründlich die Hände zu waschen, bevor Sie im Schloss irgendetwas berühren.“ Doktor Röder machte Heinrich ohne Wasser vor, wie er sich gründlich die Hände waschen sollte. Erst die Fingernägel in den Handflächen reinigen, dann die Finger ineinander verschränkt putzen, zum Schluss bis fast zum Ellenbogen alles gründlich und lange abspülen.“
„Das dauert ganz schön lange, Herr Doktor.“
„Ja, mindestens eine Minute lang. So viel Zeit muss sein, sonst werden Ihre Hände nicht von ansteckenden Keimen befreit. Weiter sollten Sie sich heute von Ihrem Sohn und Ihrer Frau fernhalten. Am besten morgen und übermorgen auch. Ebenso von allen anderen Bediensteten im Schloss. Und gehen Sie auf einen separaten Abort. Sonst infizieren sich die anderen dort, falls Sie die Darmkrankheit haben.“
„Wann weiß ich, dass ich sie habe?“
„Nachdem, was in der Schenke los war, könnte es schon morgen bei Ihnen und mir losgehen. Normalerweise dauert die Ansteckung drei Tage. Wir müssen abwarten.“
„Danke für Ihren Rat, Herr Doktor.“
„Bevor ich es vergesse: Natürlich müssen sich auch alle anderen im Schloss daran halten. Die werden wohl in den nächsten Tagen, mit dem einen oder anderen in Kontakt kommen, die schon die Scheißerei haben. Ich muss mich jetzt sputen, bei mir fängt es an zu zwicken. Gute Nacht, Herr Baron.“ Eiligen Schrittes entfernte sich der Medikus.

Im Schloss angekommen wusch sich Heinrich zunächst gründlich die Hände. Dann schrieb er mit großen Buchstaben auf ein Blatt:

Dies ist ein Befehl!!!
Keiner betritt das Schloss,
ohne sich vorher *nach Vorschrift* GRÜNDLICH die HÄNDE GEWASCHEN zu haben!!!
Immer wieder, nach dem Reinkommen!!!
Im Ort herrscht die Scheißerei!
Vielleicht habe ich mich auch angesteckt.
Morgen weiß ich es.
Nicht in mein Zimmer kommen!!!
Dies ist ein BEFEHL!!!
Unbedingt ein Tuch vor den Mund halten!!!
Baron Heinrich

Er legte das Blatt gut sichtbar mitten auf den Küchentisch. Zufrieden, alle Vorkehrungen getroffen zu haben, ging Heinrich ohne Beschwerden zu Bett.

Elisabeth war morgens um sechs vor Hermine in der Küche. Sie reichte Hermine den schriftlichen Befehl. Hermine nahm ihren Becher Tee und setzte sich, mit einem Besen bewaffnet, vor die Küchentür.

Elisabeth war mitten in der Nacht von den Geräuschen aus Heinrichs Zimmer wach geworden. Er verbot ihr, sein Zimmer zu betreten. Sie solle sich das Schreiben auf dem Küchentisch durchlesen. Nachdem sie dies getan hatte, konnte sie nicht mehr einschlafen.

Jeder, der von draußen die Küche betreten wollte, musste sich unter Hermines Argusaugen die Hände gründlich waschen. Sie beschlossen, gemeinsam im Gesindehaus nachzufragen, ob dort schon Infizierte unter der Darmkrankheit litten. Titan hatte den Auftrag, Georg und seine Familie zu warnen, Georg und er beschlossen weder ins Dorf zu fahren, noch Pächter zu besuchen. Vorerst war allgemein Hygiene und Abwarten angesagt.

Heinrich litt nur einen Tag unter der Scheißerei, wie er zu sagen pflegte. Er meinte, ihn würde sonst keiner verstehen. Heinrich war der Meinung, die meisten Menschen wüssten noch nicht einmal, dass sie im Besitz eines \`Darmes\` waren. Er selbst konnte und wollte sich auch nicht wirklich vorstellen, was das für ein Ding in seinem Inneren war, aus dem nur Dreck herauskam. Aufgrund der intensiven Hygiene-Maßnahmen blieben Elisabeth, Bernhard, die Schlossfamilie und fast das gesamte Gesinde von dieser Epidemie verschont. Dagegen war innerhalb einer Woche das halbe Dorf, inklusive Pastor Boreen, richtig schwer erkrankt. Die andere Hälfte hatte gar keine oder nur leichte Beschwerden. Dazu gehörten auch die neu integrierten Familien. Doktor Röder meinte später, dies hätte einzig und allein daran gelegen, dass sie keinen nennenswerten Kontakt zu der anderen Dorfbevölkerung gehabt hätten.

Im `Schloss Waldegg`, im schönen Bayern, saß Gräfin Beatrice in einem ihrer prunkvollen Räume und dachte nach. Zunächst hatte sich alles gut angelassen. Sie kam rechtzeitig auf Schloss Waldegg an, um ihrer Tochter Rosalie-Sophie bei ihrer ersten Entbindung zur Seite zu stehen. Die Geburt verlief unkompliziert, wie bei Elisabeth. Der kleine Leopold war ein Prachtexemplar. Ferdinand vergötterte Rosalie nach der Geburt noch mehr, wenn dies überhaupt möglich war. Rosalie erholte sich schnell und sie konnten den Sommer über nutzen, um kleine Ausflüge in die wunderschöne Umgebung zu unternehmen. Außer den bewaldeten Hügeln gab es einige glasklare Seen in der Nähe. Eines Tages betrat ihr Schwiegersohn Ferdinand die Gemächer seiner Schwiegermutter und fragte sie aus heiterem Himmel, warum sie die neu hergerichteten Räumlichkeiten, ohne sein Wissen, umgeändert hätte. Beatrice war sich keiner Schuld bewusst. Sie hatte getan, was sie immer tat, wenn sie für längere Zeit andern Orts weilte. Sie hatte die Räume nach ihrem Geschmack und ihren persönlichen Bedürfnissen umgestaltet. Schließlich plante sie, bis Weihnachten zu bleiben, um Rosalie in den ersten Monaten zur Seite zu stehen. Also teilte sie Ferdinand mit, dass sie es schlichtweg besser fand, wie es nun war. Ferdinand machte grußlos kehrt und beschwerte sich bei Rosalie. Diese brach in Tränen aus, verteidigte aber ihre Mutter. Das passte Ferdinand überhaupt nicht, er wurde wütend. Er verlangte von Rosalie, dass sie mit ihrer Mutter darüber reden sollte. Er würde seiner Dienerschaft umgehend den Auftrag geben, die Möbel und alles andere wieder an ihre angestammten Plätze zurückzustellen. Schließlich habe er nicht Unsummen für einen Architekten ausgegeben, die Prunkräume wieder in den Originalzustand zu bringen. Egal, was Rosalie ihm entgegenhielt, Ferdinand ließ es nicht gelten. „Wenn deine Mutter nicht weiß, wie sie sich hier in unserem Schloss zu verhalten hat, sollte sie abreisen oder sich irgendwo ein Quartier suchen. Das kann sie dann meinetwegen nach Herzenslust umräumen! Das ist mein letztes Wort! Ich erwarte von dir, dass du das umgehend klärst. Sonst tue ich das, meine Liebe. Eins kannst du glauben, *das* wird sehr unangenehm für alle Beteiligten werden."

Nachdem Rosalie sich beruhigt hatte, ging sie zu ihrer Mutter. Beatrice überschüttete sie mit einem Wortschwall und verlangte von ihr, sofort mit Ferdinand zu sprechen und die Sache aus der Welt zu schaffen. Rosalie hatte keine Möglichkeit, ihrer Mutter mitzuteilen, dass Ferdinand bereits die Dienerschaft angewiesen hatte, die Dinge wieder an ihren Platz zurückzuräumen. Rosa verließ tränenüberströmt ihre Mutter.

Als die Dienerschaft zum Zurückräumen erschien, schmiss Beatrice diese kurzerhand raus und schloss sämtliche Zimmer ab. Die Diener teilten das Benehmen der Gräfin natürlich Ferdinand mit. Daraufhin geriet dessen ruhiges bayerisches Blut in Wallung. Er wollte nochmals mit Rosalie darüber sprechen, doch diese hatte sich ebenfalls, mit dem kleinen Leopold, in ihre Gemächer eingeschlossen. Sie teilte ihm durch die Tür mit, dass sie erst wieder herauskäme, wenn die gute Stimmung wieder hergestellt sein würde. So würde sie krank werden und das auf ihren Sohn, den sie stillte, übertragen. Weder Ferdinands Stolz, noch der von Beatrice ließen es zu, aufeinander zuzugehen. In den nächsten Tagen nahmen die drei sämtliche Speisen für sich alleine ein.

Ferdinand, dem Rosalie und der kleine Schreihals fürchterlich abgingen, klopfte ständig an Rosalies Tür. Sie wies ihn jedes Mal ab, wenn er ihr berichtete, dass er sich mit Beatrice noch nicht versöhnt hatte.

Am fünften Tag hielt es Rosalie nicht mehr aus. Sie öffnete ihrem geliebten Ferdi die Tür. Sie fielen sich in die Arme und versöhnten sich unter Tränen. Ohne weiter über Beatrice zu sprechen, nahmen Ferdinand und Rosalie-Sophie ihren gewohnten Tagesablauf wieder auf.

Beatrice verließ nicht mehr ihre Gemächer. Sie hatte, wie sie zugeben musste, die schönsten der Schlossräume zugewiesen bekommen. Von ihren sechs Zimmern führten drei Balkone nach Osten, Süden und Westen hinaus, die ihr eine weite Sicht über die wunderschöne Landschaft boten. Nur langweilig wurde ihr, grenzenlos langweilig. Darüber half ihr die Stunde, in der sie Ferdinands Vater, dem todkranken Fürsten, täglich an seinem Bett vorlas, auch nicht hinweg. Nun saß sie wütend über dem Brief, den ihr Karl geschrieben hatte. Er schwärmte geradezu von seiner zukünftigen Frau Polly. Beatrice wusste alles über diese Person. Seit fünfzehn Jahren pflegte Karl intensiven Kontakt zu Polineira. Beatrice hatte vor über dreizehn Jahren einen verschwiegenen zuverlässigen Spion engagiert. Karl, als verhältnismäßig junger Mann, verbrachte ihrer Ansicht nach zu viele Abende mit seinen Freunden beim Kartenspielen, statt jungen Damen den Hof zu machen. Um sicherzugehen, dass er nicht Haus und Hof verspielte, ließ sie ihn beobachten. Sie empfand kein schlechtes Gewissen bei der Sache. Viele Menschen in der sogenannten `besseren Gesellschaft` beauftragten Spione. Besonders wenn es um Geld ging, wie bei ihr und Karl. Beatrice selbst hatte von ihrem ersten verstorbenen Mann ein Vermögen geerbt. Bevor sie den Vater von Karl heiratete, hatte sie darauf bestanden, dass ihr Vermögen nach der Eheschließung nicht in das neue gemeinsame Vermögen einfloss. Karls Vater fand das lächerlich, hatte aber trotzdem zugestimmt. Diese Abmachung wurde notariell beglaubigt.

Im Zuge der Ermittlungen über Karl kam zutage, dass Karl weder ein Spieler noch ein Mann war, der sich für das gleiche Geschlecht interessierte. Beatrice fiel ein Stein vom Herzen und sie begann, sich Hoffnungen zu machen, dass Karl ihr in Bälde eine passende junge Frau aus gutem Hause vorstellen würde.

Die Jahre vergingen, nichts tat sich. Beatrice ließ Karl abermals beschatten. Zu ihrer Verblüffung verkehrte Karl immer noch im Haus von Polineira Schwelg. Diese war zwischenzeitlich dem Bankrott nahe, weil sich ein spielsüchtiger Cousin ihrer Geschäfte angenommen hatte. Karl hatte Polineira finanziell unterstützt und ihr einen kompetenten Geschäftsführer besorgt. Innerhalb von fünf Jahren stand Polineira besser da als jemals zuvor. Was Beatrice nicht erfuhr, war, dass Polly ihre Schulden bei Karl auf den letzten Groschen zurückgezahlt hatte.

Dann heiratete Polineira ihren Geschäftsführer. Beatrice war erleichtert und hoffte nun abermals, dass Karl eine junge Frau aus gutem Haus heiraten würde. Wieder wartete sie umsonst. Wieder ließ sie Karl beschatten. Wieder erfuhr sie, dass Karl dort immer noch viel Zeit verbrachte. Polineiras zweiter Mann verstarb nach kurzer Ehe. Für Beatrice stand jetzt fest, dass diese Person äußerst geldgierig war. Sie verstand nicht, was Karl an dieser kleinen, blonden, quirligen Person fand und stufte sie als Verführerin ein. Dass Polineira sich inzwischen einen hervorragenden Ruf als angesehene Geschäftsfrau erworben hatte, nahm Beatrice nicht zur Kenntnis.

Nachdem Beatrice sich im Mai, direkt von Eldingen aus, auf die Reise zu Rosalie-Sophie nach Bayern begeben hatte, bekam sie nicht mehr viel von den Geschehnissen in Braunschweig mit. Von Elisabeth hatte sie erfahren, dass Karl sich spontan in einer Herberge mit dieser `Polly` verlobt hatte. Das war schlichtweg ein ungehöriges Benehmen.

Zunächst hätte Karl ihr diese Person vorstellen müssen. Und dann auch noch eine spontane Verlobung in einer Herberge! Sie konnte es kaum glauben. Aufgrund seiner geschäftlichen Beziehungen und dem gesellschaftlichen Stand hätte er einen großen Ball geben müssen. Sie selbst hätte die Zeit bis dahin nützen können, ihren Stiefsohn von einem fatalen Fehler abzubringen. Beatrice musste sich eine neue Strategie einfallen lassen, um diese Hochzeit zu verhindern. Durch Polineira Schwelg, so war sie sich sicher, würde Karl um sein Vermögen gebracht werden.

Nun erreichte sie dieser Brief, in dem ihr Karl von seiner angebeteten Polly vorschwärmte. Noch dazu teilte er so nebenbei mit, dass er nicht mehr lange mit der Hochzeit warten wolle, bis dahin das Haus umbauen beziehungsweise die Räumlichkeiten neu aufteilen wollte.

Frechheit!, dachte Beatrice zum wiederholten Male. *Was denkt er sich eigentlich dabei? Es ist genauso gut mein Haus, wie das seinige!* Was nicht ganz stimmte. Beatrice hatte für sich und ihre Töchter zwar ein lebenslanges Wohnrecht. Karl aber gehörte das Haus. *Trotzdem, was fällt ihm ein, ohne mein Zutun irgendwelche Pläne zu schmieden! Da steckt dieses Miststück von Polly dahinter! Ganz sicher! Von selbst würde er niemals auf dieses infame Vorhaben kommen. Natürlich, eine schnelle Hochzeit will sie, dieses berech-*

nende Frauenzimmer! Die Gräfin weit weg, das passt geradezu perfekt! Beatrice steigerte sich in ihre Wut hinein. Sie überlegte, wohin sie reisen könnte, hier sprach keiner mehr mit ihr. Ihre Gesellschafterin `Komtesse zu Ahrensfelde hatte gekündigt. Sie hatte ihr schriftlich mitgeteilt, sie könne Beatrice' Launen nicht mehr ertragen und ihr eine Adresse hinterlassen, an die Beatrice ihren ausstehenden Lohn senden sollte. Selbst die Dienerschaft sprach nur noch das Nötigste mit der Gräfin.

Beatrice entschloss sich, zu Elisabeth und Heinrich nach Eldingen zu fahren. Nach Braunschweig wollte sie erst zurückkehren, wenn Karl sich besonnen und sich bei ihr entschuldigt hätte. Ihr Entschluss stand so gut wie fest, als der Brief von Elisabeth eintraf. Da Elisabeth ebenfalls in den höchsten Tönen von Karls Auserwählten schwärmte, vermutete Beatrice, dass Elisabeth mit Karl unter einer Decke steckte. Zu Elisabeth konnte sie nun also auch nicht mehr. Sie schrieb Elisabeth einen oberflächlichen, kurzen Brief, in dem sie dieser mitteilte, dass es auf Schloss Waldegg allen gut ginge. An Karl schrieb sie noch weniger, sie teilte ihm lediglich mit, dass sie nicht zu Weihnachten heimkehren würde. Aus lauter Verdruss und Langeweile fing sie an, die Dienerschaft zu malträtieren. Sie befahl ihnen, unter anderem, ihr einen passenden Löffel zu bringen, der Löffel, den sie hatte, wäre nicht handlich genug. Oder sie goss absichtlich etwas Flüssigkeit auf den Boden, damit er gewischt werden musste. Sie forderte dies und jenes, was sie auch beim vorherigen Mal hätte ordern können. Hin und wieder gab sie in Auftrag, exotische Dinge zu besorgen, von denen sie wusste, dass sie niemals in diesem kleinen Ort Waldegg zu bekommen wären, sie aber für ihr Wohlbefinden dringend benötigen würde. Ihre Schikanen spitzten sich so zu, dass die ersten Diener sich bei Ferdinand beschwerten und mit ihrer Kündigung drohten.

Da Mutter und Tochter inzwischen wieder einige Worte miteinander wechselten, bat Ferdinand seine Frau auf Knien, Beatrice zur Rückkehr nach Braunschweig zu bewegen. Rosalie versuchte ihr Möglichstes, doch Beatrice wechselte sofort das Thema, wenn Rosa davon anfing. Rosalie, der Verzweiflung nahe, schrieb ebenfalls an Karl und Elisabeth. Sie bat beide um Hilfe, da Beatrice nun ernsthaft ihre Ehe zu gefährden schien. Ganz abgesehen von der Dienerschaft, die ständig unzufriedener wurde. Sie flehte Elisabeth regelrecht an, sich etwas einfallen zu lassen, damit ihre Mutter, so schnell wie möglich, abreisen würde. Rosalie schämte sich ein wenig dafür. Aber nachdem alle ihre Versuche, mit Beatrice zu reden, gescheitert waren, schien es ihr die einzige Möglichkeit zu sein. Jeden Tag betete Rosalie, dass Gott ein Einsehen mit ihrer Mutter hatte und sie zur Vernunft bringen würde.

Elisabeth und Heinrich luden Beatrice widerwillig ein, das Weihnachtsfest auf Schloss Eldingen zu verbringen. Worauf Beatrice ihnen eine kurze Notiz zurückschickte, dass sie schon anderes geplant habe.

Mitte Dezember ließ Beatrice ihre Koffer packen und verließ, ohne großartige Verabschiedung, Schloss Waldegg. Auf Rosalies Nachfrage, wohin sie reisen wollte, gab sie ausweichend zur Antwort: „Ich melde mich."

Rosalie und Ferdinand konnte ihr junges Familienglück nun endlich ungestört genießen.

12

Ein Ungar in Soskie

Sieben Wochen waren seit der Abreise von Rudolf, Katharina und dem kleinen Michael vergangen. Langsam wurde Sergej ungeduldig.

„Onkel, was denkst du, wann sie zurückkehren?“

„Ich kann es dir nicht sagen, mein Junge. Ich habe auf einer alten Landkarte nachgesehen. Aufgrund der Entfernung könnten sie bald wieder hier sein. Wenn sie allerdings irgendwo auf ihrer Reise aufgehalten wurden, kann es auch dauern. Reitest du heute zu Lazlo?“

„Ja, wir sind verabredet. Brauchst du mich noch?“

„Nein, du solltest jetzt los, wenn du Lazlo nicht warten lassen willst.“

„Du hast recht. Bis später.“

Auf dem Weg zur alten Jagdhütte dachte Sergej darüber nach, wie er sich mit Lazlo angefreundet hatte und was in den letzten sieben Wochen alles geschehen war.

Einige Tage nach Rudolfs Abreise hatte er sich zur Jagdhütte aufgemacht, um den stummen Mann zu fragen, ob er ihm bei der Suche nach den gesichteten Pferden, Ziegen und Schafen behilflich sein würde. Vorsichtshalber hatte er sich mit einem handlichen Messer und einem dicken Ast ausgerüstet.

Der bärtige Mann saß auf dem Holzstapel vor der Hütte und schnitzte an einem dünnen, langen Stück Holz herum. Er sah nicht einmal auf, als sich Sergej mit einem Hüsteln näherte.

„Du setzen.“ Kam die knappe Anweisung.

Perplex, dass der Mann sprechen konnte, fragte Sergej: „Wer ich?"
„Du sehen noch Mann?"
„Ähm, nein. Entschuldigung. Du sprichst ja."
„Du auch."
„Ich auch, ja." Sergej wusste nicht weiter.
Der Mann stand auf und winkte Sergej, dass er ihm in die alte Jagdhütte seines Vaters folgen sollte. Sergej zögerte an der Türschwelle. Kurz hatte er das grausame Bild der verstümmelten Leichen auf dem Boden vor sich.
„Du keine Angst. Ich zeigen." Der Mann zeigte ihm sichtlich stolz die blitzblanke Hütte. Er musste tagelang geschrubbt haben. Von der Decke bis in die kleinste Ecke war die Hütte reinlich. Die Fenster waren geputzt. Er hatte sogar Vorhänge aufgehängt. Es duftete sauber und frisch.
„Du setzen. Tee?"
„Ja, bitte."
Woher hat er das ganze neue Zeug nur?, überlegte Sergej. *Die Vorhänge, die Decken, das Geschirr, die Lampe? Er sieht nicht aus, als wenn er dafür Geld hätte.*
„Du denken: Woher ich haben das?", der Mann zeigte auf die neuen Gegenstände.
„Ja, ich denken", antwortete Sergej verblüfft.
„Ich nix gestohlen. Ich arbeiten und sparen."
„Ach, du arbeiten und sparen?"
„Ja. Du brauchen auch Arbeiter?"
„Ja, ich brauchen auch Arbeiter. Ich dich fragen wollen. Du arbeiten bei mir?"
„Ich Lazlo. Du heißen?"
„Ich heißen Sergej."
„Und?"
„Was *und*?"
„Ich: \`Lazlo von Ehsterlie\`, Graf."
„Woher du wissen?"
„Ich nix wissen. Ich sein \`Graf Lazlo von Ehsterlie\`. Der Mann zeigte mit dem Finger auf Sergej. „Du?"
„Das ist ja …? Du \`Graf Lazlo von Ehsterlie\`? Ehrlich?"
„Was ist „ährrrlich"?"

„Vergiss es. Ich: Sergej Graf von Soskie.“ Sergej zeigte auf sich. Lazlo fing an zu lachen und schlug sich dabei auf seine Schenkel.

„Was lachen du?“

„Du `Graf Sergej von Soskie`? Wie Dorf?“

„Ja, wie Dorf.“

„Graf Soskie reich und alt. Du jung und arm. Pferd von arme Mann. Du nicht Graf. Du lügen!“, sagte Lazlo plötzlich ernst. Er sah Sergej in die Augen, legte den Kopf zur Seite und musterte ihn eindringlich. „Du nicht ganz richtig im Kopf. Du plemplem.

„Wie? Was? Ich plemplem?“

„Ja, du nicht richtig sprechen können.“

„Ich nicht richtig sprechen können?“ Sergej wusste nicht, was Lazlo von ihm wollte.

„Da, – wieder falsch!“

„Was mache ich denn?“

„Jetzt richtig. Vorher du sprechen wie ich. Falsch. Du Deutschmann, ich Ungarrrmann.“ Lazlo rollte das `r` intensiv.

„Was ist ein `Ungarrrmann`?“

„Ich weit her, aus Ungarrrn. Du musst sprechen richtig. Ich lernen kann.“

„Verstehe ich.“

„Du noch `Sergej Graf von Soskie`?“, fragte ihn Lazlo wieder.

„Ja, bin ich immer noch. Aber wenn du „`Graf Lazlo von Ehsterlie` aus Ungarn bist, warum wohnst du hier in dieser alten Hütte und nicht in einem großen Haus in Ungarn?“

„Das lange Geschichte. Ich erzählen später. Du legen vorher Messer auf Tisch. Hier.“ Lazlo klopfte mit der Hand auf den Tisch.

„Woher weißt du, dass ich ein Messer habe?“

„Ich höre. Du gehst, Messer macht Geräusch. Los, legen auf Tisch.“

Sergej zog sein Messer aus dem Stiefel und legte es auf den Tisch. „Ich habe kein Geräusch gehört.“

„Du kein Husarrr. Ich Husarrr, früher.“

„Das können Husaren?“

„Nicht alle. Nur gute.“

„Bringst du mir das bei?“

„Ja. Sag, wo habe ich Messer?“

„Auch im Stiefel."
Lazlo zog sein Messer heraus. „Weiter. Wo Messer?"
„Du hast noch mehr Messer? Wozu? Eins reicht doch."
„Man nie wissen. Du immer aufpassen."
„Wie viele hast du denn?"
„Acht. Los sagen."
„Acht? … du meine Güte!"
„Los sagen!"
„Im anderen Stiefel."
Lazlo legte das zweite Messer auf den Tisch. „Weiter!"
„In deinen Hosentaschen." Auch da befanden sich zwei Messer.
„Das ist ja einfach."
„Soll einfach. Da suchen jederrr Mann. Weiter!"
„Was weiß ich … in deinem Wams?"
„Falsch."
Sergej hatte keine Ahnung. „Na sag schon."
„Hier und hier und hier und hier." Blitzschnell zog Lazlo die Messer aus seinem Kragen, aus den oberen Hemdsärmeln und das letzte unter seinem Hosenbein hervor. „Du sagen was", forderte er Sergej auf.
„Mann, Mann, das ist unglaublich. Habe ich noch nie gesehen."
„Du nicht sollen sehen. Feind nicht sollen sehen. Du hier?" Lazlo tippte mit seinem Zeigefinger an seine Schläfe.
„Ja, ich habe verstanden. Der Feind soll denken, er hätte schon alle Messer von dir. Er soll glauben, er hätte dich entwaffnet."
„Richtig."
„Du verstehst mich ganz gut, Lazlo?"
„Ich verstehen alles, fast. Sprechen nicht gut."
„Ich schlage dir ein Geschäft vor. Ich bringe dir unsere Sprache bei und du bringst mir das mit den Messern bei."
„Auch werfen mit Messer?"
„Klar."
„Klar heißen gut? Ist `Ja`?"
„Ja."
„Dauert lange mit Messer werfen. Fangen morgen an."
„Ja."
„Du mehr sagen, ich lernen wollen."

„Gut, du musst sagen: „Du musst mehr sagen. Ich will mehr lernen“.“

„Ich sagen: „Ich muss mehr sagen. Du wollen mehr lernen.“

„Falsch. Du musst zu mir sagen, dass ich mehr sagen soll, weil du mehr lernen willst.“

„Schwer, sehrrr schwer. Was soll machen ich?“

„Du sollst zuhören und mir nachsprechen. Das wird schon werden“, tröstete ihn Sergej.

„Du meinen?“

„Ja, ich meine das. Messer werfen wird wohl auch nicht so einfach sein?“

„Schwer, sehrrr schwer. Du viel üben müssen. Wenn du wollen Feind nicht Freund treffen“, lachte Lazlo.

„Lazlo, wie sieht es aus? Kannst du mir helfen? Ich bezahle dich natürlich.“

„Was ich sollen machen?“

„Hier sind in der Gegend eine Herde wilder Pferde, Schafe und Ziegen gesehen worden. Die gehören wahrscheinlich uns. Hilfst du mir sie einzufangen?“

Lazlo legte den Kopf wieder schief. „Wer seien `uns`?“

„Na, mein Bruder und ich. Uns eben. Du hast ihn gesehen. Er war mit dabei, als wir die –, hm, also, die Leichen hier vergraben haben.“

„Mann von Kirche?“

„Nein, nicht Pastor Stengel, das ist mein Onkel. Der andere ist mein Bruder. Er heißt Rudolf von Soskie.“

„Onkel?“

„Ja, der Bruder von meiner Tante.“

„Wo Tante?“

„Meine Tante ist tot.“

„Schade.“

„Ja. Hilfst du mir nun?“

„Ich dirrr helfen, wenn du mirrr zeigen Pferde sind von dirrr.“

„Morgen bringe ich dir unseren Siegelring mit. Die Pferde müssen unser Brandzeichen haben.“

„Ich gesehen Pferde, Schafe und Ziegen. Sie hier noch. Nicht weit.“

„Ist ja prima!“

„Was du zahlen für fangen ein Pferd?"
„Wieso für ein Pferd? Wenn sie uns gehören, zahle ich für alle zusammen."
„Nein, nein. Ich will hundert für sehr gutes Pferd, neunzig für gutes, achtzig für normales, siebzig für sehr gute Stute, sechzig für gute Stute und fünfzig für Fohlen."
„Hundert was?"
„Hundert Golddukaten."
„Hundert Golddukaten? Kannst du vergessen. Dann mache ich es alleine."
„Du machen, ich sehen."
„Ja, darauf kannst du einen lassen, Lazlo. Morgen fange ich an."
„Gut, ich sehen. Vor Pferd fangen, Messer werfen? Zehn Uhr?"
„Ja, ich bin um zehn hier. Ich muss jetzt los. Mein Onkel David macht sich sonst Sorgen."
Auf dem Weg zum Pfarrhaus überschlug Sergej kurz die Forderung von Lazlo. *Der hat doch nicht mehr alle Tassen im Schrank! Da können wir uns gleich neue Pferde anschaffen. Nee, das mache ich selbst. Dem werde ich es zeigen! Der wird Augen machen!*
Onkel David war anderer Meinung. „Er ist ein ungarischer Husar, sagst du?"
„Ja, war er mal, hat er gesagt."
„Das sollen die besten Reiter Europas sein. Männer, die sich allerbestens mit Pferden auskennen. Sie verbringen fast ihr ganzes Leben auf dem Rücken der Pferde. Gesehen hat er die Herde Pferde auch schon?"
„Ja, die Schafe und Ziegen auch."
„Ich denke, er weiß ganz genau, wovon er spricht und was die Pferde wert sind. Du solltest auf ihn hören. Ich kann dir zwar nicht vorschreiben, was du tun sollst und verbieten schon gar nicht. Aber Du solltest davon Abstand nehmen, die Pferde selbst oder alleine einzufangen. Vergiss nicht, das sind keine zahmen Gäule, wie wir sie kennen. Sie leben jetzt schon seit Jahren in freier Wildbahn und werden es sich nicht gefallen lassen, so einfach schwuppdiwupp gefangen zu werden. Wenn dir etwas passiert, dann hatte ich einmal einen zweiten Neffen. Rudolf wird kein Wort mehr mit mir sprechen. Ich könnte es ihm noch nicht einmal verdenken. Also, denke bitte gründ-

lich nach, ob du es selbst tun willst. Weißt du übrigens, was ein einigermaßen gutes Pferd kostet?"

„Nein."

„Ich auch nicht so genau, aber mit Sicherheit das Vielfache von dem, was dieser Lazlo für das Einfangen der Tiere haben möchte. Nun ja, vielleicht sind es auch gar nicht eure Tiere, dann hätte sich die Sache von selbst erledigt."

Sergej träumte in der Nacht davon, wie in einem rasanten Ritt, einen wilden Hengst nach dem anderen ganz einfach einfing und zähmte. Danach wurde er, in einer goldenen Husarenuniform, mit Orden für seinen Mut vom König behängt.

Die Wirklichkeit sah am nächsten Tag völlig anders aus.

Zur verabredeten Zeit bog Sergej mit seiner Stute in den kleinen Waldweg ein, der zur Hütte führte. Plötzlich hörte er ein zischendes Geräusch an seinem rechten Ohr. Einige Meter weiter an seinem linken Ohr. Er sah sich nach allen Seiten um, konnte aber keinen Vogel entdecken. Auch am Himmel war keine Wolke erkennbar. *Ach, dann waren es sicher ein paar Tannenzapfen, die heruntergesaust sind*, tat er die Sache ab. Wieder sauste es an seinen Ohren vorbei, rechts, links, rechts. Dann fiel sein Hut vom Kopf. Sergej hielt an, stieg vom Pferd, nahm seinen Hut auf und sah einen Riss darin. In dem Moment, als er den Hut wieder aufsetzen wollte, wurde dieser ihm mit einem Messer aus seiner Hand gerissen. Sergej sprang hinter einen Busch und verhielt sich still. Er wagte kaum zu atmen. Sein Pferd gab ihm Deckung, aber nahm ihm auch die Sicht. Plötzlich wieherte seine Stute, hob die Vorderbeine an und preschte los. Sergej dachte sofort an die Mörder der Frau und ihrer drei kleinen Töchter in der Waldhütte. Da er jahrelang hier allein im Wald gelebt hatte, wusste Sergej Fährten zu lesen und sich geräuschlos zu bewegen. Er zählte bis dreihundert, richtete sich sehr langsam auf, bis er sich in einer gebückten Position befand und zählte wiederum bis dreihundert. Dann setzte er den ersten Schritt in die Richtung, aus der er gekommen war. Keinesfalls wollte er dem Messerwerfer direkt in den Weg laufen. So schlich er langsam und geräuschlos Schritt für Schritt einige Meter weiter, bis ein Apfel vor seine Füße fiel. Sergej wusste, dass an dieser Stelle keine Apfelbäume wuchsen. Und Mitte

November fielen keine Äpfel mehr von den Bäumen. Er blickte auf.

Einige Meter vor ihm stand Lazlo an einem Baum gelehnt und kaute auf einem Stück Holz herum.

„Du jetzt schon siebzehn Mal tot sein können."

Sergej richtete sich auf. Er sah Lazlo fragend an.

„Nicht sehen wie ein Idiot. Du tot, weil zu laut, zu langsam. Du gehen in falsche Richtung. Du nicht gut sehen, hören, riechen und du stinken."

„Sonst noch was?", fragte Sergej beleidigt und ironisch.

„Ja, gute Nachricht: Du kannst lernen alles. Nicht jeder kann lernen. Ich dir zeigen."

„Na, wenigstens etwas. Dann leg mal los, Ungarrrmann."

„Anfangen?"

„Ja, ich bitte darum", meinte Sergej überzogen höflich.

„So nicht gehen. Du wollen von Herzen oder nicht wollen. Dann hier Ende", sagte Lazlo, dem Sergejs Ton nicht gefiel.

„Entschuldigung. War nicht so gemeint. Nur ein bisschen viel auf einmal, was ich nicht kann. Aber stinken tue ich ganz bestimmt nicht. Ich habe noch nie gestunken. Ich hasse Menschen, die stinken. Das wollte ich dir nur mal sagen!", wehrte sich Sergej. Er war stolz darauf, sich jeden Tag zu waschen, im Gegensatz zu anderen Männern, die das nur einmal in der Woche oder im Monat taten.

„Du stinken nicht für Menschen. Du stinken für Tiere. Die laufen weg oder greifen an und töten dich. Ganz einfach."

„Verstehe. Mit was hast du auf mich geschossen?"

„Ich nicht geschossen auf dich. Du jetzt tot. Ich mit Pfeil an Ohren vorbei, ganz dicht."

„Ich bin geritten, so gut zielen kann keiner."

„Ich kann. Du auch lernen." Lazlo hielt ihm die vier Pfeile unter die Nase. „Da, ich habe gehoben. Du nicht gehört."

Sergej sah, dass die Stelle keine zehn Meter entfernt war, an der Lazlo die Pfeile aufgehoben hatte. „Scheiße, ich habe dich tatsächlich nicht gehört und nicht gesehen."

„Das ich meinen. Du lernen."

„Ich werde es lernen", heißt das. Er zeigte dabei auf sich.

„Du wirst das lernen?", wiederholte Lazlo unsicher.

„Ja."

Sie gingen zu Lazlos Hütte, dort stand Sergejs Stute angebunden an einem Baum.

„Ich gefangen Pferd. Du nicht gehört?“

„Nein.“

Sie übten eine gute Stunde lang, die Messer zu werfen. Lazlo stellte für sich fest, dass Sergej ein recht gutes Talent dafür besaß, sagte es ihm aber nicht.

„Wollen wir jetzt zu den Pferden?“, fragte Sergej ungeduldig.

„Immer langsam junger Mann. Die Pferde sind hier, ganz nah. Du nicht hören?“ Er zeigte Richtung Süden.

„Wie denn, wenn wir die ganze Zeit reden?“

„Dazwischen. Du wirst lernen, alles zu hören.“

Sergej lief los.

„Halt!“

Sergej stoppte, drehe sich um und zischte Lazlo wütend an. „Was ist denn jetzt schon wieder los?“

„Du vertreiben Pferde“, flüsterte Lazlo. „Du nach mir gehen, langsam und leise.“ Er ging vor.

„Das ist die falsche Richtung. Du hast gesagt, sie sind südlich von hier.“

„Pssst. Wind kommt aus Nord-Osten. Wir müssen herum um Pferde. Sonst riechen uns und weg. Immer gegen den Wind zu Tier.“

Sie schlichen leise vorwärts.

„Du scheiß Stiefel!“

„Ich was?“, Sergej war sehr stolz auf seine neuen Stiefel aus Rindsleder.

„Laut knirschen. Stiefel müssen sein wie meine. Die gut.“

„So alte dreckige Dinger ziehe ich nicht an“, zischte Sergej zurück.

„Wir Husaren – Stiefel aus Ziegenleder, ganz weich und leicht. Nicht knirschen. Pferd riechen und denken nix schlimm, nur klein Ziege. Schmutzig gut, mit Pferdemist. So denken andere Tiere, Pferd kommen. Jetzt wir bald da. Pssst.“

In der Ferne sahen sie die Herde grasen. Sergej hatte in seinem Leben noch nie so viele Pferde auf einen Haufen gesehen. Nach einer Weile fragte ihn Lazlo flüsternd. „Schön?“

Sergej nickte.

„Welches du nehmen? Nicht zeigen, nur sagen.“

„Das da vorne, den großen schwarzen."
„Warum?"
„Er ist der größte und der Leithengst."
„Falsch. Der kleine, der ganz allein, ist Leithengst. Ist viel kräftiger und schneller als alle anderen. Du glauben?"
„Du musst es ja wissen. Dann nehme ich den."
„Was du wollen mit Leithengst?"
„Wenn ich ihn eingefangen habe, dann folgen ihm alle anderen von selbst."
„Denken du. Nix wird passieren. Du tot, bevor du da bist. Er dich zertreten wie Wurm."
„Du übertreibst."
„Wenn nicht glauben, du gehen mit dein Spielzeugseil. Bitte. Ich sagen schon mal Kirchenmann, du sein tot. Ich will nicht sehen, wie Pferd dich zertreten."
„Du könntest mir helfen, wenn ich dir bezahle, was du verlangst."
„Ich dann habe Geld und bin tot, weil Bruder mich erschießt. Nein, danke."
„Was willst du jetzt eigentlich?" Sergej war genervt. Er machte eine heftige Bewegung und brach dabei einen Ast ab. Sofort hörten die Pferde auf zu grasen, hoben die Köpfe und spitzten die Ohren. Der Leithengst drehte den Kopf in ihre Richtung. Er blähte die Nüstern und preschte in die andere Richtung davon. Auf die Sekunde folgten ihm die anderen Pferde. Ein ohrenbetäubendes Geräusch wurde zu Sergej und Lazlo hinübergetragen. Die Erde unter ihren Füßen bebte.
Nachdem sich die aufgewirbelte Erde gelegt hatte, sahen sie auf der Lichtung ein Fohlen stehen.
„Zu klein. Heute auf Welt? Ein Tag auf Welt? Nicht schnell laufen können."
„Wo ist die Mutter?"
„Wir warten, ob kommt zurück."
Sie setzten sich ins Gras, warteten und beobachteten die Lichtung. Das weiße Fohlen begann, nach seiner Mutter zu rufen. Mit der Zeit tat es Sergej leid. „Was habe ich da angerichtet? Das ist meine Schuld. Tut mir leid."
„Dieses Mal du schuld, kann sein morgen Wildsau schuld. Wer weiß? Ist normal."

„Wenn die Mutter nicht zurückkommt, wird es sterben, nicht wahr?"

„Ja. Wir nehmen mit."

„Wirklich?" Sergejs Gesicht hellte sich auf.

„Ich sagen, du machen. Wenn Mutter kommt zurück, gefährlich. Wir lassen Fohlen los, schnell! Mutter erfahren, sie uns töten. Wenn Mutter jung, noch schwach von Geburt, wir Glück. Gib Spielzeugseil. Komm. Du sehen in alle Richtungen nach Mutter."

Sie näherten sich vorsichtig dem Fohlen. Mit einem gekonnten Wurf hatte Lazlo das Fohlen eingefangen. Er ging langsam auf das Fohlen zu und sprach ununterbrochen mit leiser Stimme darauf ein. Das Fohlen scheute zurück, zerrte an dem Seil. Es biss und trat nach Lazlo. Ein zermürbender Kampf um seine Freiheit begann. Langsam wurde das Fohlen schwächer. Lazlo ließ es an seinem Handrücken schnuppern, während er weiter leise auf das Fohlen einredete.

Sergej beobachtete aufmerksam rundum die Lichtung. „Ich glaube, da bewegt sich etwas", flüsterte er.

„Du glauben oder wissen?", fragte Lazlo ganz auf das kleine Fohlen konzentriert.

„Ich bin sicher. Da hinter dir, ganz links."

Lazlo sah kurz hin. In dem Moment trat ihn das kleine Fohlen mit aller Kraft gegen sein Schienbein. Lazlo stöhnte laut auf, ließ die Leine los, hielt sich das Bein und setzte sich.

Sergej vermutete eine schlimmere Verletzung, eilte zu Lazlo, bückte sich und fragte ihn, ob er ihm helfen könne.

Lazlo zischte ihn wütend an: „Haben nicht gesagt du aufpassen wegen Mutter! Nicht kümmern um mich!"

Es war zu spät. Die Stute kam volles Kanonenrohr auf die beiden zugaloppiert. Lazlo schubste Sergej zur Seite, sodass dieser hinfiel und zog gleichzeitig zwei Messer aus dem Kragen und seinem Stiefel. Die Stute näherte sich wild schnaubend in rasantem Tempo.

Lazlo schrie Sergej an. „Auf Boden! Liegen! Nicht rühren!" Er selbst entfernte sich rollend von Sergej und dem Fohlen. Die Stute wusste instinktiv, wer ihr größter Feind war und konzentrierte sich auf Lazlo. Lazlo griff als Erster an. Er zielte mit seinem Messer auf Kopf und Hals der Stute. Er traf sie zwischen den Augen und am Hals, als sie sich aufbäumte, um ihn zu zertrampeln. Ein Kampf

Mann gegen Tier entbrannte. Die Stute bäumte sich wieder und wieder auf, während Lazlo sich schnell weiter rollte, sodass sie ins Leere trampelte. Er wartete auf eine günstige Gelegenheit, um weitere Treffer zu landen. Sergej sah entsetzt diesem Schauspiel auf Leben und Tod zu. Vorsichtshalber hatte er das Seil vom Fohlen getrennt und einen Knoten, wie Lazlo es ihm gezeigt hatte, gebunden. Die Stute hatte sich einige Meter zurückgezogen. Sergej kam es vor, als wenn die Stute schwächer wurde. Er hatte sich getäuscht. Sergej fürchtet jetzt ernsthaft um das Leben seines neuen Freundes. Mit enormer Kraft bäumte die Stute sich erneut auf, änderte noch im Fall ihre Richtung, und preschte auf Sergej zu. Sergej stand wie angewurzelt da. Ein perfektes Ziel für die Stute, als er einen Schuss hörte. Dann einen zweiten. Die Stute bäumte sich vor ihm auf. Kurz bevor sie auf ihn niedersauste, um ihn zu zertrampeln, sprang Sergej zur Seite und rollte sich weg. Die Stute brach um Haaresbreite neben ihm zusammen. Sergej traute sich nicht, eine Bewegung zu machen. Er blieb starr liegen und hielt die Luft an. Da hörte er einen dritten Schuss.

„Du atmen. Sonst umsonst Stute tot", hörte er Lazlo sagen, der sich neben ihn gesetzt hatte.

Sergej zitterte am ganzen Körper. Er fing hemmungslos an zu weinen. Lazlo kannte solche Gefühlsausbrüche, nach einem Kampf auf Leben und Tod, nur zu gut. Nach einer Weile sprach er auf Sergej mit ruhiger leiser Stimme ein, wie vorher auf das Fohlen. „Richtiger Mann muss weinen. Sonst nicht richtig lachen können, von Herzen. Du richtiger Mann. Ich richtiger Mann. Alles werden gut. Morgen alles guter." Sergej beruhigte sich langsam. „Du atmen gaaanz laaangsaaam ein. Du atmen gaaanz laaangsaaam aus." Lazlo machte es ihm einige Male vor, bis Sergej es nachmachte. „Immer weiter: Ein … und aus …". Als er sich sicher war, Sergej allein lassen zu können, stand er auf und holte das geschwächte Fohlen. Es stand bei seiner toten Mutter und versuchte, an deren Zitzen zu saugen. Dazwischen weinte es herzzerreißend. Lazlo legte ihm das Seil um, der kleine Hengst wehrte sich kurz, dann ließ er sich wegziehen.

„Wir los, Sergej. Fohlen schwach, sterben, wenn nicht bald Milch. Hier nimm Seil."

Benommen stand Sergej auf, nahm das Seil und ging mit dem Fohlen sehr langsam in Richtung Waldhütte. Sergej schämte sich fürchterlich, weil er Lazlo und sich in so eine lebensgefährliche Situation gebracht hatte. Er sah bedrückt vor sich auf den Boden. „Lazlo, es tut mir leid, dass ich vorhin nicht richtig aufgepasst und dich in so eine Lage gebracht habe. Wirklich. Ich werde ab jetzt auf jedes Wort hören, was du mir sagst. Versprochen. Ich werde mein ganzes Leben in deiner Schuld stehen, weil du mir das Leben gerettet hast. Danke! – Ich reite zu Onkel David und hole eine Ziege, damit wir Milch für den kleinen Hengst haben. Ich denke, ich bin dann in einer Stunde wieder zurück. Hmm, was meinst du? Wollen wir das so machen?" Da Lazlo nicht antwortete, redete Sergej einfach weiter. „Du bist immer noch sauer auf mich, nicht wahr? Wäre ich an deiner Stelle auch. Ja, ich habe wirklich Mist gebaut. Tut mir leid. Was soll ich jetzt machen? Gut, du kannst mich in den Arsch treten, das habe ich verdient. Aber sagen könntest du auch ruhig mal was. Oder sprichst du jetzt nie wieder mit mir?" Sergej sah zur Seite, wo er Lazlo neben sich und dem Fohlen vermutete. Lazlo war nicht da, auch nicht an seiner anderen Seite oder hinter ihm.

„Lazlo?– Laazloo? – Laaazlooo? – Verdammt! – Laaazlooo?" Keine Antwort. Nichts. Sergej wurde mulmig. *Das hätte ich jetzt nicht gedacht. Sich einfach so zu verpissen, ohne mir die Leviten zu lesen? Nein, das passt nicht zu ihm*, überlegte er. *Er muss hier irgendwo sein. Vielleicht will er mir einen Schrecken einjagen, so wie gestern. Ja, das wird es sein. Er will mich sicher prüfen. Habe ich auch verdient.* Sergej band das Seil locker um einen Busch und beschloss zurückzugehen, um sich die Messer zu holen, die in der toten Stute steckten. Er hatte wie immer nur eines dabei. Auf dem halben Weg zur Stute sah er Lazlo am Boden liegen. Lazlo rührte sich nicht. Aus der Stelle, an der ihn der kleine Hengst getreten hatte, sickerte Blut, viel Blut. Sergej versuchte, Lazlo wachzurütteln, was ihm nicht gelang. Er lief zur toten Stute, zog angewidert die Messer, rannte zurück und schnitt sich ein Hosenbein ab. Als er Streifen daraus gerissen hatte, schnürte er Lazlos Bein oberhalb des Knies fest ab. Die Blutung ließ nach. Während er Lazlo rechts und links auf die Wangen schlug, um ihn wach zu bekommen, überlegte er fieberhaft, was er nun machen sollte. Lazlo brauchte Hilfe, schnell. Er konnte ihn nicht dort zurücklassen. Die Gefahr, dass die Herde Pferde zurückkehrte oder ein anderes wildes Tier Lazlos Blut roch und ihn zerfleischte, war zu groß. Sergej beschloss, zur Hütte zurückzukehren, sein Pferd zu holen und Lazlo irgendwie auf seine Stute zu hieven. Lazlo gab inzwischen einige Geräusche von sich.

Ruhig sprach Sergej auf Lazlo ein. Ganz so, wie es Lazlo zuvor bei dem Fohlen und ihm getan hatte. „Lazlo, hör mir zu und schlafe nicht ein. Ich laufe schnell zur Hütte und hole meine Stute. Du darfst nicht wieder einschlafen, Lazlo. Ich bin gleich zurück. Ich lege dir jetzt deine Pistolen in die Hände. Wenn etwas ist, schießt du. Hörst du mich? Du musst schießen! Du bist verletzt! Es gibt hier Bären und Wölfe. Du musst unbedingt schießen. Und nicht wieder einschlafen!"

Dann rannte er los. Er lief, so schnell es ihm möglich war, durch das dichte Unterholz.

Seine Stute hatte ihn kommen hören. Sie scharrte nervös mit den Hufen. Sergej lief in die Hütte, dort hatte er eine Feldflasche gesehen. Er füllte sie mit Wasser, schnappte sich zwei weitere Seile, die an der Wand hingen, sowie Lazlos Säbel. Hinter der Hütte, standen einige alte Dielenbretter, die Sergej sich damals zum Ausbessern der Hütte besorgt hatte. Er griff sich drei. Er ritt einen gängigeren Weg zurück, der zwar einen leichten Umweg bedeutete, aber für das Pferd besser passierbar war. Kurz bevor er die Lichtung erreichte, hörte er den Schuss. Er stieg ab und schlich sich gebückt, mit dem Säbel in der Hand, vorwärts. Auf der Lichtung war nichts zu sehen. Sergej holte seine Stute und ritt vorsichtig in Lazlos Richtung. Neben Lazlo lag ein toter Wolf. Nun arbeitete Sergej hoch konzentriert. Ihm war klar, dass Wölfe selten allein unterwegs waren. Das Rudel musste in der Nähe sein. Er band die Bretter zusammen, rollte Lazlos schweren leblosen Körper darauf und zurrte ihn mit dem zweiten Seil fest. Die Seile waren lang genug, sodass er sie durchschneiden konnte. Mit den Resten befestigte er die provisorische Liege am Zaumzeug seiner Stute. Er hatte sich die zwei Pistolen von Lazlo nachgeladen und in seinen Hosenbund gesteckt. Dann trieb er seine Stute an, holte das Fohlen und machte sich auf den Heimweg. Bevor er die Lichtung verließ, drehte er sich noch einmal um. Ein Rudel Wölfe machte sich an der toten Stute und dem erschossenen Wolf zu schaffen. Für den Heimweg musste er wieder einen Umweg nehmen, weil er mit dem kleinen Fohlen und Lazlo auf den Brettern, hinter der Stute, nicht durch das Unterholz kam.

Nachdem er gut Zweidrittel des Weges zurückgelegt hatte, hielt er an und träufelte dem stöhnenden Lazlo Wasser ein. Dann goss er sich Wasser in seine Handfläche und hielt es dem Fohlen hin. Es wollte nicht. Sergej befürchtete, dass es das Fohlen nicht mehr bis nach Hause schaffen würde. Er band es los und ging mit seiner Stute langsam weiter. In der Ferne konnte er die ersten Häuser von Soskie erkennen, als Kinder aus dem Wald gestürmt kamen. Die Kinder aus Soskie erkannten Sergej, der sich schleppend vorwärts bewegte.

Ein größerer Junge rief ihm zu, dass er Hilfe holen würde und lief los. Als Onkel David, Anneliese Kunze und einige weitere Dörfler bei ihm eintrafen, lag auch Sergej ohnmächtig auf der Straße.

Sergej schlief eineinhalb Tage durch. Als er aufwachte, saßen Onkel David, Matthias, Marcus und Manuel an seinem Bett.

„Großvater David, der andere Mann wacht auch auf. Sieh einmal", deutete der neunjährige Matthias auf Lazlo.

„Das wird auch Zeit, ich habe schon befürchtet, er schafft es nicht mehr."

„So wie Mutter?", fragte der sechsjährige Marcus.

„Ja, so wie eure Mutter."

„Dann hätte er Mutter oben im Himmel getroffen, Großvater. Er hätte ihr bestimmt erzählt, dass er bei uns war und dass wir jetzt einen richtigen Großvater und einen Onkel haben."

„Das hätte er bestimmt. Was ist mit Rudolf, ist das nicht auch euer neuer Onkel?", fragte David die drei.

„Nein, wir haben beschlossen, dass Rudolf unser neuer Vater wird und Katharina unsere neue Mutter. Wir haben unsere Mutter im Himmel gefragt. Sie hat nichts dagegen", sagte Matthias beherzt, aber bestimmt.

„So, so. Habt ihr das?", David konnte sich ein Schmunzeln nicht verkneifen.

„Ja, haben wir. Du kannst sie ja selbst fragen, wenn du in der Kirche bist. Da haben wir sie gefragt und sie hat nichts dagegen gesagt", nickten Marcus und Manuel.

„Ja, wenn das so ist, wird es wohl seine Richtigkeit haben. Kinder. Sagt jetzt bitte Oma Kunze Bescheid und holt frisches Wasser für Onkel Sergej und seinen Freund."

„Willkommen zurück, mein Junge.“ Onkel David hatte sich über Sergej gebeugt. „Gleich bringen dir deine Neffen frisches Wasser. Ich sehe inzwischen nach deinem Freund.“

Sergej hörte Lazlo stöhnen.

„Guten Tag, junger Mann. Ich freue mich, Sie wach zu sehen. Gleich kommt frisches Wasser. Ihre Wunde fängt langsam an, sich zu verschließen. Ist das nicht eine gute Nachricht? Jetzt wird alles wieder gut. Ein paar Tage noch und Sie können wieder reiten.“ Onkel David lachte über seinen eigenen Scherz. Lazlo stöhnte. „Nein, nein, das war nur ein Scherz. Ein wenig länger wird es wohl dauern. Ich möchte mich ganz herzlich bei Ihnen bedanken, dass Sie meinen Großneffen nicht auf die Pferde losgelassen haben. Ich weiß zwar nicht, was passiert ist, aber das hat ja auch noch Zeit. Inzwischen gehe ich davon aus, dass sie Sergej beschützt haben, weil Sie schwerer verletzt sind als er. Eigentlich hat er bis auf einige blaue Flecken, Prellungen und Abschürfungen gar nichts. Ah, da kommt ja unsere liebe Frau Kunze. Jetzt gibt es frisches Wasser und später noch eine richtig gesunde Brühe, nicht wahr, Frau Kunze?“

„Ja, Hochwürden. Wenn Sie die beiden gewaschen haben.“

„Ich?“

„Wer sonst? Ich wasche keine erwachsenen Männer, nur Kinder. Also …“

„Tja, wenn Sie das sagen, werden wir das wohl mit vereinten Kräften schaffen, nicht wahr, Kinder?“

„Ja, Großvater, wir helfen dir dabei. Dürfen wir Onkel Sergej füttern?“, fragte Manuel.

„Ich zeige euch noch einmal, wie das geht, dann könnt ihr es versuchen. Sergej, hörst du mich?“

Sergej hielt die Augen geschlossen. „Hmm.“

„Würdest du uns bitte sagen, wie dein Freund heißt? Ich habe es leider vergessen“, wollte Onkel David wissen.

„Lazlo, Graf von Ehsterlie“, presste Sergej heraus.

„Wie sollen wir ihn ansprechen?“

Sergej gab keine Antwort, er war eingeschlafen.

„Was meint ihr Kinder? Wie sollen wir ihn ansprechen?“

Die Kinder steckten die Köpfe zusammen und tuschelten. Matthias ergriff das Wort, wie er es meistens tat, weil er der Älteste war. „Er ist doch ein Freund von Onkel Sergej, oder?"

„Ja, das würde ich so sagen."

„Dann sagen wir `Onkel Lazlo` zu ihm."

„Nicht Graf von Ehsterlie?"

„Nö, die Kinder im Dorf, sagen zu allen `Onkel` und `Tante`. Wir machen das jetzt auch so. Außerdem denken wir, dass er nett ist. Sonst wäre er kein Freund von Onkel Sergej."

„Wenn das so ist, ist es wohl so", lachte David. *Kind müsste man noch einmal sein,* dachte er. *Da ist alles so schön einfach und klar. Mögen oder nicht mögen. Kein `Wenn` und kein `Aber`. Herrlich!"*

„Jetzt lassen wir die beiden eine Runde schlafen. Kommt, Kinder, das Fohlen muss auch gefüttert werden."

„Dürfen wir dem kleinen Hengst einen Namen geben?"

„Nein, Kinder. Das ist Sache eurer Onkel. Sie haben das Fohlen gefunden. Ihr dürft darauf so lange aufpassen. Ich habe euch doch erklärt, dass immer nur einer zu ihm darf. Daran müsst ihr euch unbedingt halten. Es bekommt sonst Angst. Und ihr dürft auch nur in den Stall, wenn Oma Kunze oder ich dabei sind. Auch so kleine Hengste können sich nämlich schon wehren. Versprecht ihr mir das?" David sah alle nacheinander an.

„Ja, Großvater David", antworteten Matthias und Marcus.

„Und du, Manuel? Versprichst du es nicht?"

Widerstrebend sagte Manuel. „Doch."

„Doch gilt nicht. Du musst es schon richtig sagen", beharrte Onkel David auf die korrekte Antwort.

„Ich verspreche es dir."

„Hoch und heilig?"

„Großvater, das heißt doch nicht hoch und heilig!" Die Kinder amüsierten sich.

„Wie heißt es dann?"

„Das heißt: Ehrenwort. Ich gebe dir mein Ehrenwort."

„Gut, gebt ihr mir alle euer Ehrenwort?"

Das taten sie. „Jetzt müssen wir uns noch in die Hände spucken und die Hände schütteln, sonst ist es ungültig, Großvater."

„Ganz schön schwierig. Hoch und heilig geht ohne spucken." Sie lachten zusammen, spuckten in die Hände und schüttelten sie einander.

Sergej erholte sich schnell. Bereits am nächsten Nachmittag sah er nach dem kleinen Hengst. Der war noch schwach, aber dank der Pflege, hatte er das Gröbste überstanden. Einige Ziegen hatten genug Milch, um ihn auch noch zu ernähren. Sergej schlief ab jetzt bei dem kleinen Hengst. Das hatte er, als er kleiner Junge, zusammen mit Rudolf, auch getan. Obwohl der kleine Hengst noch sehr schwach auf den Beinen war, gab er ihm den Namen „Blitz“.

Lazlo erholte sich langsamer. Außer seinem hohen Blutverlust durch die Platzwunde, hatte er einige geprellte Rippen und einen verstauchten Fuß. Welche Verletzung nun vom Kampf mit der Stute oder dem Transport herrührte, war nicht eindeutig. Es war ihm völlig egal. Lazlo war nur heilfroh, dass es Sergej gut ging.

„Lazlo, ich möchte mich bei Dir bedanken. Ich werde für den Rest meines Lebens in deiner Schuld stehen. Danke. Ich hoffe, ich kann es wieder gutmachen.“

„Du nicht gutmachen. Ich schuld an allem, was passiert.“

„Blödsinn. Ich hätte auch ohne dich versucht, die Pferde einzufangen. Allerdings würde ich dann jetzt nicht hier sitzen. Also danke, dass du mir das Leben gerettet hast.“

„Wenn so ist, du stehen ganz viel in mein Schuld. Du nie wieder gutmachen können. So viel du können nicht leben“, sagte Lazlo todernst.

„Oh Mann! Was kann ich tun, dass du mir verzeihst?“, Sergej war ernsthaft geknickt.

„Nichts.“ Um Lazlos Augen bildeten sich kleine Lachfalten.

„Das meinst du doch nicht im Ernst, nicht wahr?“

„Nein“, schmunzelte Lazlo. „Aber, was ich jetzt sagen sein sehrrr ernst. Hör zu: Ich dir retten Leben, stimmt. Jetzt ich für immer aufpassen müssen auf dich. Das bei uns in Ungarrrn so Brauch. Wenn ich muss aufpassen, mein Leben lang auf dich, du musst hören auf mich, immer. Sonst geht nicht. Verstanden?“

„Verstanden. Aber eigentlich muss ich doch jetzt auf dich aufpassen.“

„Ich dir sagen so, dann so. Fertig! Verstanden? Du schwören bei

…, egal!“

„Ich schwöre, bei meiner Mutter.“

Sie gaben sich die Hände darauf. Ohne Spucke.

Lazlo musste sich noch zwei Wochen schonen. Das stank ihm tierisch. Es nutzte aber nichts, weil ihm jede Bewegung starke Schmerzen verursachte. Die Kinder vertrieben ihm die Zeit. Sie lehrten ihn deutsche, er lehrte ihnen ungarische Lieder. Sergej gab ihm Deutschunterricht. Alles in allem ging die Zeit recht schnell herum.

David und Sergej sahen sich die nach dem Bauernaufstand verlassenen Häuser im Dorf an. Einige waren abbruchreif. Einige waren mit viel Arbeit noch zu retten. Drei Häuser waren im guten Zustand. Allerdings hatten sich, im Laufe der Jahre, Viecher aller Art dort wohnlich eingerichtet.

„Sergej, wir müssen überlegen, welches Haus wir für euch herrichten wollen. Es sollte fertig sein, wenn Rudolf und Katharina wieder zurück sind. Hier wird es auf Dauer zu eng für uns alle.“

„Du hast recht, Onkel. Noch geht es mit dem Wetter. Aber wir alle über den ganzen Winter hier bei dir, das ist wirklich zu eng. Ich habe keine Ahnung, Onkel David, wie wir das machen sollen. Ich kann das alleine nicht schaffen.“

„Wie ist es mit Lazlo?“

„Ja, vielleicht? Ich werde ihn fragen.“

„Ich frage Oma Kunze, ob sie Leute kennt, die bereit sind zu helfen.“

Sie setzten sich zu viert zusammen. Oma Kunze schlug vor, jedes Haus in Soskie und Umkreis abzuklappern und dort um Hilfe zu bitten. Lazlo schlug vor, nach Wittenberg zu fahren und dort nach Handwerkern Ausschau zu halten. Er gab zu bedenken, dass zudem die Zäune hergerichtet werden sollten, um die eingefangenen Ziegen und Schafe zu sichern. David fragte, was mit den Pferden werden sollte.

„Ich erst gesund, dann Pferde einfangen. Mit vielen Männern auf vielen Pferden, wir eintreiben Pferde und sperren in Koppel. Nix allein mit Sergej. Pferde zu viele, zu wild und zu stark. Sehrrr schöne Pferde. Ich denken, gut für Zucht.“

David und Sergej machten sich auf den Weg, die Dorfbewohner

um Hilfe zu bitten. Sehr erfolgreich waren sie nicht dabei. Sie erzählten Oma Kunze und Lazlo von den verschlossenen Gesichtern der Dörfler. „Woran kann das liegen, Onkel David? Die müssten doch froh sein, wenn sich hier wieder was tut. Dann haben sie später Arbeit und ihr Auskommen."

„Ich weiß es nicht genau, Sergej. Anneliese Kunze und ich denken, einige hatten vielleicht Angst vor deiner und Rudolfs Rache."

„Wie? Welcher Rache? Was meinst du, Onkel David?"

„Na ja, als nach dem Krieg der Bauernaufstand war, haben zwar nicht alle mitgemacht, aber weggesehen. Sie hätten sowieso nichts dagegen tun können."

„War ja auch gut, dass sie nicht mitgemacht haben. Sonst wären sie ebenfalls gehängt worden, nicht wahr? Also warum sollten wir uns an ihnen rächen wollen?"

„Sie hätten vielleicht das Schlimmste verhindern können."

„Dass das Schloss abgebrannt ist und die ganzen anderen Gebäude und Ställe? Ich glaube kaum, dass die paar Leute hier den Brand hätten löschen können, Onkel."

„Nein, dass wohl nicht", David sah zu Boden.

Tante Anneliese stand auf und legte Holz im Ofen nach. Ihr war dieses Thema sehr unangenehm.

Sergej merkte, dass sein Onkel noch etwas sagen wollte. „Was denn dann?"

„Es ist –, es war –, also ich – …"

„Was denn, Onkel? Nun sag schon."

Oma Kunze mischte sich ein. „Was dein Onkel sagen will, es war nicht so, wie du denkst."

„Nicht so wie ich denke? Wie denn sonst? Die Aufständischen sind zum Schloss marschiert und haben alles angezündet. Dabei sind meine Eltern und Brüder ums Leben gekommen. So habt ihr es mir erzählt. Stimmt doch, oder nicht?"

Ein betretenes Schweigen machte sich breit. Lazlo beobachtete die drei aufmerksam.

„Nicht ganz", sagte David, ohne Sergej anzusehen.

„Also jetzt sag schon, Onkel."

„Das muss dir Rudolf erzählen. Das steht mir nicht zu."

„Aber du weißt doch mehr. Warum soll ich noch wochenlang auf

Rudolf warten? Ich möchte das *jetzt* wissen, bitte."

„Ich weiß, du lässt nicht locker. Ich mache das nur sehr widerwillig und einzig und allein, damit du verstehst, warum die Menschen hier so reagieren, wie sie reagieren."

Lazlo ahnte, dass jetzt etwas Schreckliches kommen würde. Er spannte seinen Körper an.

„Herr vergib mir", Pastor David bekreuzigte sich. „eure Familie ist nicht beim Brand umgekommen. Sie sind ermordet worden." Jetzt war es raus.

Sergej wurde kalkweiß im Gesicht. „E r m o r d e t?", wiederholte er langsam.

David nickte.

„Wie ermordet?", fragte Sergej mit gepresster Stimme.

Lazlo dachte: *Gleich geht es los.* Er kannte die unbändige Wut, die das Denken und den Körper beherrschen konnten. Sergej zeigte alle Anzeichen dafür.

„Geköpft."

„Ge – köpft? – Geköpft. Also, die Köpfe wurden ihnen abgeschlagen." Das war keine Frage, Sergej musste es wiederholen, damit er es begreifen konnte. Plötzlich sprang er auf und schrie aus Leibeskräften. „W a r u m ???"

„Ich weiß es nicht, mein Junge."

„Sie haben keinem was getan! Warum?", schrie Sergej weiter.

Tante Anneliese war aus dem Zimmer zu den vier Jungen geflüchtet. Sergej schrie und schrie und schrie. Alles was sich in den ganzen Jahren in ihm aufgestaut hatte, brach aus ihm heraus. „Deswegen mussten wir zu dieser Frau! Deswegen wurde meine Schwester an Männer verkauft! Deswegen ist sie elendig zugrunde gegangen! Deswegen geht Rudolf Holzhacken! Deswegen musste ich allein in der Jagdhütte leben! Alles nur wegen einigen Idioten und Feiglingen! Ich werde Ihnen zeigen, was sie angerichtet haben! Sie bekommen es mit mir zu tun! Niemals werde ich sie um Hilfe bitten! Niemals werden sie einen Fuß auf meinen Grund und Boden setzen! Niemals werden sie auch nur einen einzigen Groschen bei mir verdienen! Verrecken sollen sie! Alle! Ich werde ihnen ihre Hütten abfackeln, so wie sie unser Heim vernichtet haben!" Sergej sprang auf und rannte zur Tür. Lazlo sprang ebenfalls auf. Er hielt Sergej fest und haute ihm eine runter. Sergej wehrte sich. Lazlo schlug kräftiger zu. Er sah in die hasserfüllten Augen seines jungen Freundes. „R u h e !!“, schrie Lazlo. Sergej erhielt eine weitere Ohrfeige. „R u h e! Hör auf!“

Es hatte keinen Sinn. Sergej raste vor Wut. Lazlo warf Sergej mit einer einzigen Bewegung bäuchlings zu Boden und hockte sich auf seinen Rücken. Sergej hämmerte mit den Fäusten auf den Boden und strampelte mit den Beinen. „Hör auf! Lass mich los! Ich bringe sie um!“

An den Haaren zog Lazlo Sergejs Kopf so weit nach hinten, dass er ihm von oben in die Augen sehen konnte und herrschte ihn an: „Du hören! Du machen nichts! Ich dich erst lassen los, wenn du ruhig. Ich sonst fesseln und schlagen dich! Verstanden?“

Sergej zuckte mit seinem Kopf hin und her.

Mit ruhiger Stimme sprach Lazlo weiter:„ Du verstanden? Ich haben Zeit. Viel Zeit. Mein Leben lang Zeit. Du überlegen was tun. Ruhe oder Fesseln wollen?“

Nach einer Weile beruhigte sich Sergej etwas. Lazlo blieb weiterhin auf seinem Rücken sitzen. Er wusste, dass es noch nicht vorbei war.

„Du kannst runtergehen“, sagte Sergej mit gepresster Stimme.

„Nein, du noch nicht fertig. Ich warten bis du fertig.“

Sergej stellte sich ruhig. Es brodelte immer noch in ihm.

„Los schreien weiter. Oder schimpfen. Egal. Alles muss raus“, forderte Lazlo ihn auf.

„Pah! Was gibt es über diese Schweine noch zu sagen!“

„Mörder?“

„Ja, verdammte Mörder. Hängen sollte man sie!“

„Sergej, Mörder tot, schon lange.“

„Woher willst du das wissen? Vielleicht leben noch welche von den Scheißkerlen. Ich bring sie alle um! So war ich `Sergej, Graf von Soskie` heiße!“

„Du brauchen nicht tun. Alle tot.“

„Mann, du kannst das nicht wissen! Vielleicht hat sich irgendwo einer versteckt! Den kriege ich auch noch!“

„Nix versteckt! Alle tot, ich sagen!“

„Du tust ja gerade so, als wärst du dabei gewesen.“

„Ich war."
„Du warst …?"
„Sie waren …?", fragten David und Tante Anneliese, wie aus einem Mund.
„Ich war."
„– dabei, als sie hingerichtet wurden?", fragte Sergej ungläubig.
„Ja. Du nix mehr töten müssen. Du jetzt ruhig? Ich erzählen euch, wenn du ruhig. Wenn du machst Zicken, ich fesseln dich. Verstanden?"
„Ist ja gut. Lass mich los. Mein Rücken tut mir weh. Geh runter", Sergej hatte sich nun beruhigt. Seine Neugierde war geweckt.
„Was du denken, was mir tun alles weh, hmm?" Lazlo stand auf und setzte sich stöhnend auf einen Stuhl. „Ich brauchen Tokaier, jetzt."
„Meinen Sie einen Brand?", fragte Tante Anneliese.
„Jarrr! Bitte!"
„Ich auch, Sie auch Hochwürden?" Tante Anneliese schenkte ihnen die Gläser ein. Pastor David nickte und tupfte sich sein schweißnasses Gesicht ab.
„Ich auch", verlangte Sergej.
„Später, vielleicht. Wenn du bist ruhig. Jetzt trinken Wasser", befahl Lazlo. „Ich erzählen, nun."
Vor acht Jahren hatte der König die ungarischen, kroatischen, serbischen und rumänischen Husaren um Hilfe gebeten, ihm bei der Bekämpfung des Bauernaufstandes zu helfen. Nach dem Dreißigjährigen Krieg hatte er nicht mehr genügend Soldaten, um die Bauern niederzuschlagen. Leider trafen die Husaren viel zu spät ein. Nur die letzten Aufstände konnten niedergeschlagen werden. Die Husaren hatten die Aufgabe, alle Häuser nach Aufständischen zu durchsuchen. Jeder, der verdächtig war, wurde verhaftet. In Bausch und Bogen wurden anschließend die Bauern und teilweise ihre Frauen verurteilt. Richtige Prozesse fanden nicht statt. Es waren tausende, unter denen sich mit Sicherheit viele Unschuldige befunden hatten. Lazlo und seine Truppe waren davon ausgegangen, dass jeder Einzelne einen Prozess bekommen sollte. Erst später erfuhren sie, dass dem nicht so war.
„Wir viele mitgenommen, die vielleicht nicht getan Böses. So ist

Krieg. Und wir wollen nach Hause. Hier nicht unser Volk. Egal“, verteidigte er sich. „Dafür Deutschmann zuständig. „Meine Truppe bleiben müssen, bis alle tot. Viele gehängt. Dann geköpft, weil gehen schneller.“ Lazlo kippte einen zweiten, dreifachen Brand hinunter. David und Tante Anneliese ebenfalls. „Als Frauen geköpft und Kinder, zehn, zwölf Jahre, ich gegangen von Truppe. Ich nicht sehen können. Ich verstecken. Bleiben in Versteck viele Wochen. Husaren suchen mich. Eines Tages sie weg. Ich hier für immer. Wenn ich gehen nach Ungarrrn, ich erschossen wegen Flucht.“ Lazlo war mit seiner Geschichte zu Ende. Sie tranken schweigend. Sergej hatte sich vollkommen beruhigt.

„Geht es dir jetzt wieder gut, Sergej?“, fragte Tante Anneliese mitfühlend.

„Ja. Und wenn ich ehrlich sein soll, bin ich froh, dass ich jetzt keinen Menschen mehr töten muss.“

„So ist es recht, mein Junge. Danke, Lazlo, dass Sie uns Ihre Geschichte erzählt haben. Ich denke, jetzt können wir mit den Menschen hier reden.“

„Ja, Sie keine Angst mehr haben brauchen, vor `Grafen von Soskie`. Ist richtig, Sergej?“

„Ja, das ist richtig. Ich werde es ihnen sagen. Die Menschen hier, haben genug durchgemacht. Ohne Väter, ohne genügend Essen. Ja, ich werde mit ihnen sprechen. Ich werde ihnen sagen, dass nun alles besser wird. Dass sie Arbeit haben können. Ein besseres Leben haben können. Nur tun müssen sie was dafür.“

„Sag mal, Sergej, wie wäre es, wenn du am Sonntag nach dem Gottesdienst mit ihnen sprechen würdest. In der Kirche erreichst du die meisten“, bot David an.

„Onkel David“, Sergej konnte wieder lachen, „du willst ja nur, dass ich zum Gottesdienst komme.“

„Ja, ich gebe es zu. Das wünsche ich mir. Aber in diesem speziellen Fall geht es um die Dörfler. Sonntags sind die meisten in der Kirche und sie können nicht weglaufen, bevor ich ihnen den Segen gegeben habe. Notfalls stelle ich mich vor die Kirchentür“, lächelte Pastor David.

„Mit einem Besen?“

„Auch das, wenn es sein muss!“

Nach dem Gottesdienst stellte Pastor David seiner Gemeinde Sergej und Lazlo vor. Sergej übernahm das Wort von seinem Onkel. „Ich habe das Gefühl, dass es unter euch noch Menschen gibt, die ein schlechtes Gewissen wegen dem brutalen Mord an meinen Eltern und meinen Brüdern haben könnten. Ich gebe zu, dass ich unbändig wütend auf viele von euch war, als ich davon gehört habe. Mittlerweile habe ich, dank meines Onkels, unserem geschätzten Pastor Stengel und meinem Freund hier, Graf von Ehsterlie, eingesehen, dass dies Blödsinn ist. Ihr wart damals gar nicht in der Lage, euch gegen die Überzahl der wütenden Aufständischen zu wehren, geschweige denn sie zu überwältigen und meine Familie zu retten. Die Aufständischen hätten euch auch umgebracht. Ihr braucht kein schlechtes Gewissen mehr zu haben. Ich möchte euch hiermit ein für alle Mal sagen, dass weder mein Bruder noch ich irgendeinen Groll gegen euch hegen. Gott da oben ist mein Zeuge. Wir möchten mit euch unser Dorf wieder aufbauen, so wie es früher einmal war. Dass jeder Mensch wieder ein anständiges Dach über dem Kopf und Arbeit hat.“ Die Dörfler hörten verhalten, aber aufmerksam zu. Weiter bat Sergej die Kirchenbesucher um ihre Mithilfe jedweder Art. Er versprach, auch im Namen von Rudolf, dass sie Arbeit hätten, wenn sie sich anstellig zeigen würden. Geduld, Ausdauer und Fleiß würde er erwarten. Sergej berichtete ihnen außerdem, dass der Dresdner Fürst, Johann Georg II., jede Menge Arbeiter schicken wolle und redete ihnen zu, sich bald zu entscheiden, da womöglich die guten Stellen sonst vergeben wären. „Wer sich von euch entschließt, beim Aufbau von Soskie mitzuhelfen, der kann sich bei meinem Onkel, Tante Anneliese, Graf von Ehsterlie oder mir melden. Falls die Jüngeren unter euch meinen, sie könnten noch nicht viel, macht euch darüber keine Gedanken. Jeder muss mal anfangen zu lernen. Ich danke euch, dass ihr mir zu gehört habt.“

„Na, wie war ich? Meint ihr, die Leute haben mich verstanden?“, fragte Sergej.

David lachte. „Wenn sie mir im Gottesdienst nur halb so aufmerksam zuhören würden, wäre ich glücklich. Leider schlafen da sonntags die meisten. Du hast es gut gemacht.“

„Ich schließe mich deinem Onkel an, Sergej. Ich denke, sie haben dein Angebot verstanden.“

„Und du, Lazlo?"

„Du sagen `Freund` zu mir. Ich stolz, dein Freund sein." Lazlo war tatsächlich gerührt gewesen, als Sergej ihn vor allen Menschen so vorgestellt hatte. „Ich haben verstanden, was du gesagt. Wenn ich verstanden, dann alle anderen auch verstanden. Also sehrrr gute Rede, mein Freund. "

„Dann könnten ja bald welche kommen, nicht wahr?"

„Sie erst müssen denken, überlegen. Wir warten müssen."

„Vielleicht kommt morgen schon einer oder zwei. Lazlo hat recht. Ich glaube, sie müssen sich erst sicher sein, dass sie dir vertrauen können", stimmte Tante Anneliese zu.

„Was machen wir bis dahin?"

„Wir können machen Plan", schlug Lazlo vor.

„Ja, das ist eine sehr gute Idee", pflichtete Tante Anneliese ihm bei. „Wenn sich bei mir Frauen melden, weiß ich momentan gar nicht, was ich mit ihnen anfangen soll."

„Mir geht es auch so", überlegte Pastor David.

„Tja, ehrlich gesagt, wüsste ich jetzt auch noch nicht, was ich mit ihnen anfangen sollte. Was meinst du, Onkel David?"

„Überlegen wir, was das Wichtigste ist. Ein Dach über dem Kopf haben alle, mehr oder weniger. Jetzt steht der Winter vor der Tür."

„Tiere, wie Schafe und Ziegen einfangen. Wir Ställe bauen für Tiere", schlug Lazlo vor.

„Aber wenn es doch nicht unsere Tiere sind?"

„Egal, sie auf dein Grund und Boden. Sie fressen alles weg. Wir machen zu dein Tier. Brandzeichen. Du verstehen."

„Das ist doch Diebstahl, oder Onkel?"

David stützte sein Kinn in die Hand. „Tja, da muss ich erst drüber nachdenken. Seit Jahren werden sie immer wieder auf eurem Grund gesehen und weiden dort. Kein anderer kümmert sich um sie. Also will sie keiner. Sollen sie womöglich da draußen erfrieren, während hier die Menschen vor Hunger sterben? Ich glaube, wenn sie nicht sowieso euch gehören, dann hat sie Gott hierher geschickt, damit sie uns ernähren. Ja, so sehe ich das."

„Ich auch", nickte Tante Anneliese.

„Ich auch", nickte Lazlo.

„Ich auch", nickte Sergej. „Also müssen wir die Tiere erst einfangen, bevor wir weitersehen.“

„Wir müssen erst Zäune machen. Dann einfangen.“

„Ich habe keine Ahnung, wie man Zäune baut“, gab Sergej zu.

„Das ist nicht schwer. Das kann ich auch. Nur die dicken Stämme in die Erde schlagen kann ich nicht“, sagte Tante Anneliese.

„Zuerst müssten wir Stämme haben“, stellte Pastor David in den Raum.

„Gut, dann fangen wir ganz von vorne an. Ich hole was zu schreiben.“

Sie überlegten, zeichneten und verwarfen ihre Pläne, bis Sergej der Kopf vor Müdigkeit nach vorne fiel.

„Großvater, da steht ein Mann vor der Tür, der spricht so komisch.“ Kamen Manuel und Matthias aufgeregt angelaufen.

„Spricht komisch? Wie denn?“

„Der sagt alle Wörter ganz oft, immer wieder.“

„Ach, das ist Gottlieb, der stottert.“

„Warum macht er das?“

„Das weiß nur der liebe Gott, Kinder. Kommt, wir fragen was er möchte.“

„Guten Tag, Gottlieb. Schickt deine Mutter dich?“

„Nnnn, nnnnn, nein. Iiii,Iiii, Ich biii, biii, bin alll, alll, allleine hhh, hhh, hhhier her gegege, gegege, gekommen, Hooo, Hooo, Hochwürden“, antwortete dieser mit rotem Kopf.

„Gottlieb, wir haben uns doch geeinigt, dass du singst, wenn du sprichst“, lächelte Pastor David ihn an.

„Jjj, jjj, ja“, mit Glocken klarer Stimme fing Gottlieb an zu singen. „Ich möchte bei dem Grafen arbeiten. Wenn er mich nimmt.“

„Gottlieb, natürlich nimmt er dich. Er freut sich über jeden Menschen, der mithelfen will. Komm rein.“

„Ich will nicht stören, Hochwürden. Ich kann hier warten“, sang Gottlieb weiter.

„Nein, nein, komm nur rein.“

Inzwischen waren Sergej und Lazlo auf den Gesang aufmerksam geworden.

„Wer singt denn hier so schön?“, erkundigte sich Sergej.

„Das ist Gottlieb. Er möchte bei dir arbeiten, nicht wahr, Gottlieb?“

„Jjj, jjj, ja“, bestätigte dieser.

„Gottlieb, bitte sing. Das ist für alle einfacher, bitte. Du hast eine so wunderbare Stimme.“

Gottlieb sang. „Ja, ich möchte bei Ihnen arbeiten, Graf von Soskie. Ich kann aber noch nicht viel. Sie haben gesagt, das ist egal, jeder muss einmal anfangen.“

„Ja, das ist richtig. Ich freue mich, dass du da bist. Wie soll ich dich ansprechen?“ Gottlieb war ungefähr im selben Alter wie Sergej. Allerdings überragte er Sergej um eine ganze Kopflänge.

„Wie Hochwürden es tut. Einfach Gottlieb.“

„Was möchtest du denn lernen?“

„Vielleicht etwas mit Tieren? Und mit Holz. Holz ist schön. Daraus kann man viel machen. Tische, Stühle, Schränke, eine ganze Menge Dinge.“

„Tja, das ist unser Problem, Gottlieb. Uns fehlt das Holz. Wir müssen erst Bäume schlagen. Dann müssen wir Zäune für die Tiere bauen. Danach die Häuser ausbessern und zum Schluss kannst du die ganzen schönen Dinge tischlern, von denen du gesprochen hast. Willst du uns dabei helfen?“

„Ja, wann kann ich anfangen?“

„Sofort, wenn du willst.“

„Ich muss erst meiner Mutter Bescheid sagen.“

„Sie weiß nicht, dass du hier bist?“

„Nein, das ist eine Überraschung, sie hat heute Geburtstag“, strahlte Gottlieb über das ganze Gesicht.

„Was hältst du davon, wenn ich mitkomme. Ich kann ihr gratulieren und sie zu einem mutigen Sohn beglückwünschen. Du bist nämlich der Allererste, der sich meldet.“

„Ehrlich?“

„Ehrlich, Gottlieb. Los, lass uns gehen. Ich freue mich, deine Familie kennenzulernen.“

Stolz, mit hocherhobenem Haupt, führte Gottlieb den jungen Grafen durch das Dorf. Sergej konnte das am Anfang nicht verstehen, bis Gottliebs Mutter fast auf die Knie fiel, als sie einen Hofknicks machen wollte. Sergej konnte sie gerade noch auffangen.

„Eure Königliche Hoheit, verzeihen Sie mir die Unordnung hier.

Ich bin auf so hohen Besuch nicht vorbereitet."

Sergej war es furchtbar unangenehm, dass er die Frau in Verlegenheit gebracht hatte. „Gute Frau, an mir ist es, mich zu entschuldigen. Ich wollte Sie nicht so überfallen. Ich habe nicht nachgedacht. Verzeihen Sie mir bitte." Sergej verbeugte sich vor der einfachen Frau. „Ich bleibe nicht lange. Darf ich mir erlauben, Ihnen zu Ihrem Ehrentag und zu Ihrem mutigen Sohn zu gratulieren? Er ist der erste Mann aus dem Dorf, der mir seine Hilfe angeboten hat. Das werde ich niemals vergessen. Ab morgen kann er bei mir arbeiten, wenn Sie es gestatten."

Gottliebs Mutter schlug vor Freude die Hände zusammen. „Das hast du getan? Du bist ganz allein zum Grafen gegangen? Ich bin wirklich sehr stolz auf dich, mein Junge." Sie zog Gottliebs Gesicht zu sich herunter und küsste ihn auf die Stirn. „Das ist das schönste Geburtstagsgeschenk, das ich jemals bekommen habe, Königliche Hoheit."

„Graf Soskie ist vollkommen ausreichend, gute Frau. Ich werde jetzt gehen. Kommst du morgen früh zum Pfarrhaus, Gottlieb? Wir werden in den Wald gehen und gute Bäume zum Fällen aussuchen."

„Ja – haha, ja – haha, ja – haha", sang Gottfried vor Freude.

Bereits von Weitem sah Sergej eine Menschenschlange vor dem Pfarrhaus stehen.

„Gut, dass du da bist, Sergej. Dein Onkel und Lazlo schaffen das nicht alleine. Ich habe genug mit den Frauen zu tun, die hinter dem Haus warten", empfing ihn Tante Anneliese aufgeregt.

„Die wollen alle arbeiten?" Sergej konnte es nicht glauben.

„Ja, nun mach schon. Ich muss nach hinten."

Sein Onkel und Lazlo waren in Gespräche verwickelt, als Sergej dazukam. „Was kann ich tun, Onkel?"

„Setz dich und schreib ihre Namen und was sie machen wollen oder können auf."

Eine Stunde später, war die Menschenschlange abgearbeitet. Es hatten sich fast ausschließlich junge Männer gemeldet, die bei dem Bauernaufstand vor acht Jahren noch Kinder gewesen waren, sowie sechs Männer im Alter zwischen dreißig und vierzig Jahren und vier Männer um die fünfzig. Allen wurde mitgeteilt, dass sie morgen früh wegen der Arbeitseinteilung Bescheid bekommen würden. Sie sollten sich selbst in Gruppen zusammenfinden, die Bäume fällen, zersägen, transportieren und Zäune aufstellen.

„Puh, war viel Männer. Denke, gute Männer dabei", stöhnte Lazlo. Die Gespräche hatten ihn wegen seiner mangelnden Sprachkenntnisse angestrengt.

„Ja", bestätigte Pastor David, „ich bin sehr zuversichtlich, dass wir gute Leute darunter finden werden, die die jüngeren Burschen anleiten können."

„Sagt mal, ist Tante Anneliese immer noch nicht fertig mit den Frauen?", überlegte Sergej. Die drei sahen sich an. Sie öffneten die Tür zur Diele, von der es in die Küche ging. Das Lauschen an der Küchentür konnten sie sich ersparen. Die Stimmen von durcheinandersprechenden Frauen waren auch so deutlich zu hören.

„Jetzt reicht es mir! Das mache ich nicht mehr mit! Seitdem ihr hier seid, quasselt ihr durcheinander. Wenn das so weiter geht, sind wir in einer Woche noch nicht fertig. Wollt ihr nun arbeiten oder nicht? Wenn ja, dann haltet endlich mal eure Mäuler. Gequasselt wird nachher, wenn wir fertig sind!" Tante Anneliese schaffte es, die Frauen zur Ruhe zu bringen.

„Onkel, sollen wir ihr helfen?", fragte Sergej im Flüsterton.

„Nein, lass sie das allein machen. Sie meldet sich schon, wenn sie Hilfe braucht", flüsterte Pastor David zurück.

Mit abstehenden Haaren und völlig fertig kam Tante Anneliese in die Stube geschlürft. Sie ließ sich auf einen Stuhl fallen und lachte. „Ich wusste gar nicht, dass Reden so anstrengend sein kann. Mann oh Mann, – ihr Männer habt es gut. Klipp und klare Frage, klipp und klare Antwort. Warum müssen wir Frauen bloß so umständlich sein?"

„Das bleibt wohl ein ewiges Geheimnis", meinte der Pastor ebenfalls lachend.

„Tante Anneliese, hast du einige Frauen, die uns helfen können?"

„Einige? Alle, die da waren, können helfen! Jede Frau hat mehrere Fähigkeiten, die uns nützlich sein können."

„Erzähl bitte."

„Unmöglich. Es ist einfach zu viel. So viel kann ich aber schon sagen, dass morgen an die zehn Frauen hier auftauchen werden, die mit beim Zäunebauen anfassen wollen. So, jetzt gibt es schnell Abendbrot, dann muss ich mir erst mal die ganzen Sachen durch den Kopf gehen lassen."

„Wir helfen dir, nicht wahr, Lazlo? Jungs, ihr könntet schon einmal den Tisch decken."

„Ja, Onkel Sergej." Er liebte es, wenn die Kinder ihn Onkel nannten.

Nachdem sie gegessen und die Küche gemeinsam aufgeräumt hatten, brachten sie die Kinder zu Bett und sangen gemeinsam ein Schlaflied. Das hatte sich eingespielt. Auch Lazlo beteiligte sich daran, er hatte im Gegensatz zu Sergej, der nicht einen einzigen Ton traf, eine schöne tiefe Baritonstimme. Während des gemeinsamen Singens stellte sich Pastor David einen riesigen Kirchenchor vor. Davon träumte er seit seinem Priesterseminar.

Sie hatten soeben das Frühstück beendet und besprochen, wie sie die Arbeiter bezahlen wollten, als Gottlieb an die Küchentür klopfte. „Guten Morgen, sie sind schon alle versammelt und wollen beginnen", sang er mit seiner glockenklaren Stimme.

„Wir kommen", sagte Sergej mit einem Seitenblick auf Lazlo.

„Verzeihung, Graf Sergej. Die Leute wollen wissen, wie hoch ihr Lohn sein wird", sang Gottfried weiter.

„Das ich jetzt sagen werde zu ihnen." Sie hatten beschlossen, dass Lazlo die Lohnverhandlungen führen sollte. Sergej war zunächst nicht begeistert davon. Tante Anneliese und David hatten ihm jedoch erklärt, dass es auch unter den Dörflern durchaus Schlitzohren geben könnte. Sergej, meinten sie, sei vielleicht zu gutherzig und würde sich überreden lassen, mehr als üblich zu bezahlen. Dank Tante Anneliese und Onkel David wussten nun Lazlo und Sergej, dass hier in der gesamten Gegend der Lohn niedriger war als in Eldingen. Auch waren sie der Meinung, dass der Lohn zunächst zweimal in der Woche ausbezahlt werden sollte, damit es nicht zu viel auf einmal wäre und die Leute am nächsten Tag wiederkommen würden, um den Rest zu verdienen.

Sergej begrüßte die Versammelten freundlich. Lazlo baute sich mit ernstem Gesicht vor den Dörflern auf. „Guten Morgen Leute. Bevor Arbeit, ihr sollt wissen, wann gibt Lohn und wie viel." Er erklärte es ihnen einfach und verständlich. „Fragen?“

„Graf Lazlo, warum bekommen wir nicht mehr? Die Menschen in Wittenberg verdienen mehr“, wollte ein junger Mann wissen.

„Wittenberg Stadt, Soskie Dorf. Wenn du willst mehr, gehen in Stadt. Wissen aber auch, dass Leben da teurer. Hier billiger. Noch Fragen?“

„Warum bekommen wir unseren ganzen Lohn nicht auf einmal?“, wollte ein anderer wissen.

„Weil viel Geld auf einmal. Du haben lange Jahre nicht gehabt. Du versaufen Lohn, wenn Händler kommen. Zwei Mal besser, du nur kannst versaufen halbe Lohn. Verstanden?“ Eigentlich wollte Lazlo es nicht so drastisch sagen, aber dann war es ihm einfach rausgerutscht. Leises Murren aus der Menge war zu hören.

„Wer so nicht will, kann gehen nach Hause, andere teilen auf in Gruppen. Hier Graf Sergej gehen in Wald, Bäume schlagen. Bei mirrr gehen Schafe und Ziegen suchen. Pastor Stengel und Tante Anneliese schreiben Vertrag für alle. Heute Abend unterschreiben. Jetzt kommen mit uns.“

Lazlo und Sergej gingen voran. Sie trauten sich nicht, sich umzusehen. Gottlieb tippte Lazlo auf die Schulter. „Kann ich trotzdem mit Ihnen gehen, Graf Lazlo?“, fragte er singend.

„Warum *trotzdem*? Du wollen doch helfen mit Tieren.“

Statt zu antworten, zeigte Gottlieb grinsend hinter sich. Lazlo traute seinen Augen nicht, in seiner Schlange waren ausschließlich nur Frauen zu sehen. Ohne Sergej anzusehen, zischte er ihm zu: „Wenn du jetzt sagen ein einziges Wort. Du toter Mann.“

Sergej kniff die Lippen zusammen, konnte aber vor unterdrücktem Lachen kaum an sich halten.

„Lieber Gott, warum ich? Warum nicht Sergej? Habe nicht gebüßt genug in mein Leben?“, stöhnte Lazlo. „Machen Geschäft Freund Sergej: Ich nehmen dein Gruppe mit Männer, du mein Gruppe mit Frauen“, grinste er nun auch.

„Wo ist dabei das Geschäft? Da springt nichts raus für mich.“

„Doch. Ich sehr gute Laune heute Abend. Gut für dich. Wenn nur Frauen, kein gute Laune.“

Sergej drehte sich noch einmal um. „Ach, weißt du Lazlo, ich denke, das kann ich ertragen. Ich werde früh ins Bett gehen. Dann kannst du deine schlechte Laune so lange haben, wie du willst. Außerdem hast du noch Gottlieb an deiner Seite. Du schaffst das schon." Sergej klopfte ihm aufmunternd auf die Schulter.

Lazlo fügte sich nun in sein Schicksal. Er sagte sich, dass andere Männer sonst was dafür geben würden, Herr über so viele Frauen zu sein. Er hatte aber auch Glück mit den Frauen. Statt lange durch die Wälder streifen zu müssen, machten ihn einige Frauen auf die Tiere aufmerksam, die sie erst vor ein paar Tagen beim Kräutersammeln gesehen hatten. Sie einigten sich darauf, erst die Ziegen zusammenzutreiben.

„Wohin sollen Ziegen? Wir kein Zaun für Tiere", bemerkte Lazlo.

„Wer sagt denn so was? Natürlich haben wir genügend kleine eingezäunte Flächen. Einige Frauen und Männer sind im Dorf geblieben und reparieren die Löcher. Sie warten jetzt sicher schon auf uns", protestierte eine Frau um die dreißig.

„Ährrrlich?"

„Sicher. Wir können nur nicht alle Ziegen und Schafe auf eine Weide sperren, dazu sind sie zu klein. Wir müssen sie teilen", erklärte die nächste Frau.

„Gut wir teilen."

„Es ist besser, Sie ruhen sich erst einmal aus, Graf Lazlo. Sie humpeln ein wenig. Ihr Bein ist noch nicht ganz verheilt, habe ich recht?", schlug eine rassige Rothaarige vor. „Wir schaffen das auch ohne Sie, nicht wahr, Frauen?"

Lazlo gab sich geschlagen. Er beobachtete die Frauen unterschiedlichsten Alters. Sie stellten sich geschickt an. Das musste er zugeben. Lazlo genoss den Anblick der umherlaufenden Frauen. *Ist ja auch kein Wunder nach der langen Abstinenz,* dachte er sich. *„Ich habe nun schon acht Monate keiner Frau mehr beigewohnt. Wenn die letzte nicht unbedingt hätte heiraten wollen, wäre es bestimmt noch eine Weile mit uns gegangen. Wird Zeit, dass ich mir eine Neue suche.* Nicht, dass Lazlo Probleme gehabt hätte, eine Frau für sich zu gewinnen, nein, die Frauen flogen auf ihn. Das machte ihm am meisten zu schaffen. Er war einfach noch nicht der Richtigen begegnet. Der Frau, mit der er sein ganzes Leben verbringen wollte und mit der er Kinder haben wollte. Im Grunde war er sehr romantisch. Er wollte die Frau seines Lebens erobern. Er wollte keine, die ihm hinterherlief. Seine Mutter hatte ihn vor solchen Frauen gewarnt. *Sei auf der Hut, Junge, bei solchen Frauen weißt du nie, ob sie dich lieben oder den Grafentitel. Ich wollte deinen Vater zuerst nicht. Das hat ihn gereizt, mich zu erobern. Irgendwann hat sich mein Stolz in Liebe verwandelt. Du siehst täglich, wie glücklich wir miteinander sind.* Ja, das waren sie. Er vermisste sie schrecklich. Sie waren leider viel zu früh der Pest erlegen.

Auch Sergej hatte mit seiner Truppe Männer Glück. Sie folgten ihm in die Wälder, die er kannte. Leider machte keiner der Männer eine Bemerkung zu den Bäumen. Überhaupt sagte keiner von ihnen ein Wort. Sergej selbst kannte natürlich alle Baumarten, wusste aber nicht, welche Bäume sich zum Fällen eigneten.

„Wollen wir eine kurze Rast einlegen, Männer?“

Sie nickten, aber sagten nichts.

„Hat jemand von euch Ahnung von Bäumen, die sich zum Fällen eignen? Ich muss gestehen, dass ich sie nicht habe. Ich bin aber genauso bereit zu lernen, wie alle anderen, die keine Ahnung davon haben.“ *So jetzt war es raus,* dachte Sergej.

„Ja, wenn das so ist, Graf, dann können wir offen mit Ihnen reden“, ergriff einer der älteren Männer das Wort. „Wir warten die ganze Zeit auf Ihre Befehle.“

„Was soll ich befehlen? Wir haben den Auftrag, geeignete Bäume zu fällen. Ich habe gedacht, Sie kennen sich damit aus?“ Sergej sah in die Runde.

„Tun wir auch, Graf Soskie. Wir fragen uns nur, warum wir gute Bäume fällen sollen, wenn doch genügend Stämme seit Jahren darauf warten, verarbeitet zu werden.“

„Wo liegen die? Ich habe noch keine entdeckt.“

„Hinten beim alten Steinbruch.“

„Beim alten Steinbruch?“ Sergej und seine Geschwister hatten von ihren Eltern strengstes Verbot bekommen, in den Steinbruch zu gehen. Es waren damals mehrere Männer und Kinder bei einem Steinschlag ums Leben gekommen. Als Sergej die zwei Jahre allein in der Waldhütte gelebt hatte, war er deshalb auch nie auf den Gedanken gekommen, in den Steinbruch zu gehen. „Na los dann Männer, auf zum Steinbruch!“

Tatsächlich lagen oberhalb des Steinbruches riesige Stapel geschlagener Stämme, die nur abtransportiert werden mussten.

Sie beratschlagten, dass es am einfachsten wäre, wenn sie die Stämme den Abhang hinunter bis zum Fluss rollen würden. Mit der Strömung der `Slomka` könnten sie die Stämme bis Soskie leiten. Dafür fällten sie einige Bäume, die auf dem Abhang im Weg standen. Als sie bei Einbruch der Dunkelheit ins Dorf zurückkehrten, wurden sie von einigen umherlaufenden Ziegen empfangen. Lazlo kam ihnen fröhlich pfeifend entgegen.

„Ihr habt schon Ziegen eingefangen?“, staunte Sergej.

„Ja, fast fertig“, lachte Lazlo.

„Komm, du willst mich doch auf den Arm nehmen. In den paar Stunden hast du mit den Frauen, ohne Holz, die Zäune geflickt und die Ziegen eingefangen. Dass ich nicht lache!“

„Du nicht glauben? Du sehen selbst!“, grinste Lazlo. Sergej war begeistert, allerdings auch ein wenig neidisch über den Erfolg den Lazlo vorweisen konnte.

Dieser konnte nicht umhin, Sergej zu foppen. „Na, du Männer-Mann, wo sein Holz? Frauen besser und schneller.“

„Ich dachte, du hättest heute Abend schlechte Laune, weil du bis auf Gottlieb nur Frauen in deinem Trupp hattest.“

„Ich anders überlegt. Frauen gut! Ich gute Laune“, pfiff Lazlo vor sich hin.

In den nächsten Tagen schafften sie es, die Baumstämme ins Dorf zu bringen und außer den Ziegen auch die Schafe einzufangen. Nun war ein Teil der Arbeiter dabei, Unterstände für die Tiere zu bauen und zwei verlassene Wohnhäuser wieder instandzusetzen. Die Dörfler waren, wie Sergej und Onkel David, voller Zuversicht.

13

Der Biologieunterricht

„Weißt du, Polly, ich mache mir langsam ernsthaft Sorgen um Beatrice." Graf Karl hielt den letzten Brief von Rosalie-Sophie in seinen Händen.

„Was ist? Hast du Neuigkeiten von deiner Stiefmutter?" Polly sah von den Stoffproben auf, die sie von einem Innenarchitekten bekommen hatte.

„Hier, lies selbst. Der Brief ist von Rosa."

Lieber Karl,

jetzt finde ich endlich die Zeit und Muße, Dir zu schreiben. Ferdinand und ich haben uns nach Mamons Abreise wieder vollkommen ausgesöhnt.

Am besten ich beginne mit der Ankunft von Mamon im Juni dieses Jahres. Ich habe voller Freude auf sie gewartet, da es nur noch wenige Wochen bis zu meiner Niederkunft waren. Ich war froh, Mamon an meiner Seite zu wissen, da ich hier noch keine tiefergehenden Freundschaften geschlossen habe. Die Geburt verlief ohne Komplikationen, ich habe mich schnell erholt und unser kleiner, süßer Leopold ebenfalls. Unser Glück schien vollkommen. Die Taufe fand übrigens in unserer Schlosskapelle in einem sehr kleinen Rahmen statt, das ist in der Fürstenfamilie derer von Waldegg so Tradition. Außerdem liegt mein Schwiegervater schon lange danieder. Wir fürchten, dass er Weihnachten wohl nicht mehr bei uns weilen wird.

Als es mir besser ging, konnten wir zusammen mit Mamon und ih-

rer Gesellschafterin, Komtesse zu Ahrensfelde, kleinere Ausflüge unternehmen. Alles war gut.

Anscheinend fing Mamon an, sich zu langweilen. Sie räumte mal wieder um. Sie räumte aber nicht irgendein Zimmer um, sondern die Prachträume des Schlosses. Ferdinand hat diese Räume nach alten Vorlagen von einem Architekten wieder herstellen lassen. Bis auf wenige wertvolle Stücke, sind sie wieder so hergerichtet, wie sie vor fast einhundert Jahren ausgesehen haben. Es war der Herzenswunsch seines Vaters und Ferdi hat ihn mit viel Liebe und viel Geld erfüllt.

Mein lieber Ferdi dachte nun, dass diese Prunkräume, in denen früher Könige, hochrangige Adelige, Bischöfe, Kardinäle sogar der Erzbischof von Rom zu Gast waren, der angemessene Rahmen für Mamons Aufenthalt hier wären. Überdies hat man von den sechs Räumen einen wunderbaren Blick von den Balkonen über die Täler, Flüsse und Seen, bis hin zu dem weit entfernt liegenden Voralpengebirge. Nun stell Dir bitte Ferdinands Augen vor, als er eines Tages Mamon aufsuchte und die Prunkräume vollkommen umgeräumt vorfand. Zunächst war er nur in ihrem Privatsalon, aber dann wollte er sich vergewissern, dass wenigstens die anderen Räume noch in dem Originalzustand waren. Leider war dem nicht so. Ich weiß wirklich nicht, wie es Mamon geschafft hat, hinter unserm Rücken die Dienerschaft zu überzeugen, diese Umräumerei durchzuführen. Ich befürchte fast, dass sie es nur aus Angst oder zu viel Respekt vor Mamon getan haben. Wir wissen ja alle, wie sie auf fremde Menschen wirken kann. Weißt Du noch, wie wir uns und Mamon selbst darüber amüsiert haben, wenn sie für eine Königin gehalten wurde? Einfach köstlich war das früher.

Nun, wie dem auch sei, der Schaden war angerichtet und mein gutmütiger Ferdinand forderte seine Schwiegermutter unmissverständlich auf, sofort wieder alles rückgängig zu machen. Das tat sie selbstverständlich nicht. Im Gegenteil, sie hat sich und Komtesse zu Ahrensfelde eingeschlossen. Ja, du liest richtig: eingeschlossen! Sie ließ die Dienerschaft einfach nicht hinein und uns auch nicht. Ferdi forderte mich natürlich auf, mit Mamon zu sprechen. Sie wollte nicht. Ferdinand sagte mir später, er hätte nicht gedacht, dass er jemals so wütend werden könnte. Das war er tatsächlich.

Ich muss zugeben, ich war mit der Situation überfordert. Ich stand nun zwischen Mamon und meinem geliebten Mann. Dazu noch der wenige Monate alte Leopold. Ich habe mich ebenfalls eingeschlossen, weil ich befürchtete, dass meine Milch, durch diese Zwietracht, sauer werden würde. Nach ein paar Tagen haben Ferdi und ich uns ausgesprochen und versöhnt. Wir beschlossen, Mamon vorerst in Ruhe zu lassen. Dennoch, ich bin immer wieder zu ihrer Tür gegangen, um die Sache zu klären. Sie hat mir nicht geöffnet, sondern mich nur mit ein paar unverbindlichen höflichen Worten durch die Tür abgefertigt. Schließlich habe ich aufgegeben. Meinen Schwiegervater hat sie auch nicht mehr besucht, um ihm an seinem Bett vorzulesen. Darauf hatte er sich täglich gefreut.

Eines Tages teilte uns die Dienerschaft mit, Komtesse zu Ahrensfelde hätte fluchtartig das Schloss verlassen. Wie das für uns unbemerkt bleiben konnte? Du kannst Dir nicht vorstellen, wie groß das Schloss ist. Es ist riesig, gigantisch und unüberschaubar. Wenn man sich hier nicht begegnen will, ist es keine Schwierigkeit, dies zu vermeiden. Ich lebe jetzt über ein Jahr hier und kenne noch nicht alle Räume. Von den Kellern und Türmen ganz zu schweigen. Manchmal, wenn ich meinen Gedanken nachhänge, verlaufe ich mich sogar. Ich hoffe, du kannst Dich von den Ausmaßen hier bald selbst überzeugen.

Tag für Tag haben wir darauf gewartet, dass Mamon sich wieder zu uns gesellt. Wir hätten ihr keine Vorwürfe mehr gemacht. Es wäre sowieso sinnlos gewesen. Dann fing die Dienerschaft an, sich über Mamon zu beschweren. Sie schickte unsere Diener unnötig durch die Gegend, um irgendwelche Dinge zu besorgen, die sie unbedingt für ihr Wohlbefinden benötigen würde. Oder sie ließ etwas fallen, was sie ohne Probleme hätte selbst aufheben können. Oder sie mochte dies oder das nicht mehr essen, obwohl es auf ihren Wunsch hin extra zubereitet worden war. Sie befahl, die Räume gründlich zu wischen, obwohl sie erst am Tag zuvor gründlich gewischt worden waren, oder ihr Bett war nicht richtig gemacht worden. Nur um einige Beispiele zu nennen.

Es kam der Tag, an dem einer der treuesten Diener und seine Frau, die in der Küche arbeitet, mit ihrer Kündigung drohten. Du kannst dir vorstellen, dass ich befürchtete, Ferdinand würde wieder wütend werden. Wurde er aber Gott sei Dank nicht. Mir war es schrecklich peinlich, wie sich Mamon aufgeführt hat und ist es immer noch. Ab da habe ich jeden Tag gebetet, sie würde endlich abreisen und uns in Frieden lassen. Ich hätte niemals vermutet, dass ich so etwas je denken würde.

Vor ein paar Tagen wurde mein Gebet erhört. Zufällig war ich in der Bibliothek, neben der Empfangshalle, als ich Mamons Stimme hörte. Voller Freude, dass sie endlich aus ihrem selbstgewählten Gefängnis gekommen war, lief ich zu ihr und wollte sie in die Arme schließen. Ich wurde eines Besseren belehrt. Als sie mich sah, drehte sie mir den Rücken zu und murmelte kühl, sie würde uns eine Adresse zukommen lassen.

Nachdem Mamon abgereist war, brachte mir ein Hausmädchen einen zerknüllten Briefumschlag. Er enthielt die Kündigung von Komtesse zu Ahrensfelde. Sie beschwerte sich über die Launenhaftigkeit und die Schikanen von Mamon und bat darum, ihren ausstehenden Lohn an ihre Adresse zu senden. Ich füge sie Dir bei. Bitte erkundige Dich nach ihrem Wohlbefinden und begleiche die ausstehende Summe von Mamons Geld.

Lieber Karl, jetzt weißt Du Bescheid. Da Mamon so geheimnisvoll mit ihrem Zielort umgegangen ist, gehe ich davon aus, dass sie nicht zu Weihnachten in Braunschweig sein wird.

Nach wie vor ist Ferdi bodenlos enttäuscht von ihrem unmöglichen Benehmen und hegt nicht den Wunsch, sie sobald wieder hier zu begrüßen. Ich im Übrigen auch nicht. Ich musste mich zwischen meinem Mann und meiner Mutter entscheiden. Das werde ich ihr so schnell nicht verzeihen können. Es tut mir leid, ist aber momentan nicht zu ändern. Ich wünschte, ich wüsste, warum Mama sich so verändert hat.

Du und Polineira, sowie Elisabeth, Heinrich und der kleine Bernhard, seid jederzeit herzlich willkommen. Ihr müsst unbedingt nächstes Jahr zu Besuch kommen, es ist hier in der bergigen Gegend wirklich wunderschön.

Ich vermisse Dich. Sei umarmt.

Deine Rosa

Selbstverständlich auch die herzlichsten Grüße an Dich und Polineira von Ferdinand und mir.

Ich schreibe Elisabeth auch ausführlich, sodass ihr beide auf dem gleichen Stand der Dinge seid.

„Das hört sich nicht gut an, mein Lieber. Da hast du recht. Ich würde mir auch Sorgen machen“, stimmte Polly zu.

„Was soll ich jetzt unternehmen? Was würdest du tun?“

„Ich denke, ich würde abwarten. Deine Stiefmutter ist alt genug, um zu wissen, was sie tut. Wie alt ist sie eigentlich?“

„Lass mich nachrechnen. Ich werde nächstes Jahr achtunddreißig und sie ist sieben Jahre älter. Ja, sie wird im August fünfundvierzig.“

„Das sieht man ihr hier auf den Bildern nicht an. Sie ist wunderschön und elegant. Sie könnte auch für fünfunddreißig durchgehen.“

„Jetzt übertreibst du. Vergiss nicht, dass die Porträts immer geschönt sind. Beatrice hat schon ein paar Fältchen, wenn ich auch zugeben muss, recht kleine.“

„Dazu die nahezu schlanke Taille einer jungen Frau. Wirklich eine auffallend schöne Frau. Du kannst stolz sein, so eine Stiefmutter zu haben.“

„Ja, bin ich auch. Besser gesagt, war ich es bis vor Kurzem. Es ist in der Tat so, dass so gut wie jeder Mann von ihr beeindruckt ist. Sie ist außerdem charmant, witzig und vor allem sehr klug. Einmal hat ein glühender Verehrer über sie geschrieben, sie würde keinen Raum *betreten*, sie würde *erscheinen*. Ja, sie schafft es, die Blicke aller auf sich zu ziehen, ohne irgendein Geräusch zu machen. Einfach weil sie da ist.“

„Warst du einmal in sie verliebt?“

„Was soll die Frage? Nein, niemals. Ich habe sie von Anfang an nur als meine Stiefmutter betrachtet. Nein, es wäre mir nicht in den Sinn gekommen, sie als Frau zu sehen.“

„Auch nicht ein klitzekleines bisschen?“, neckte Polly ihn.

Karl griff sie um ihre Taille, zog sie auf seinen Schoß und gab ihr einen Kuss. „Nein, auch kein klitzekleines bisschen. Wie du weißt, gefallen mir ganz natürliche, herzhafte, erfrischende junge Damen, wie du. Denen ich ansehen kann, wie sie sich fühlen. Das kann man bei Beatrice nicht. Sie hält immer die Contenance. Sie würde niemals die Beherrschung verlieren. Dachte ich zumindest bis jetzt.“

„Wenn ich mir ihre Portraits so ansehe, kann ich mir nicht vorstel-

len, wie sie so in der Liebe ist."
„Du meinst im Bett?"
„Ja, meine ich", kicherte Polly.
„Süße, das will ich mir überhaupt nicht vorstellen. Sie hat keine körperliche Liebe zu haben. Sie ist meine Stiefmutter, mit Betonung auf `Mutter`. Mütter jeglicher Art sollten über diese Dinge erhaben sein", lachte Karl. „Lass uns über was anderes sprechen."
„Über was? Die neuen Vorhänge vielleicht?"
„Wenn es unbedingt sein muss. Eigentlich überlasse ich dir doch die neue Einrichtung im Herrenhaus."
„Ansehen könntest du sie dir trotzdem. Sieh einmal. Diese hier dachte ich für unseren privaten Salon. Und diese hier für …"
Polly wurde unterbrochen.
„Erwartest du Besuch?", fragte Karl erstaunt.
„Nein. – Herein."
„Madame, ein Herr wünscht Graf Karl in einer dringenden persönlichen Angelegenheit zu sprechen."
„Führen Sie ihn bitte in das Empfangszimmer, danke", ordnete Polly an.
Dringende persönliche Angelegenheit? Um diese Zeit? Merkwürdig? Es wird doch auf dem Gut nichts passiert sein?, überlegte Karl.
„Am besten du gehst gleich hinunter. Dann weißt du Bescheid, Knalli. Ich sehe mir in der Zwischenzeit die anderen Stoffe an."

„Sie wünschen, Herr …?"
Der Mann, mittleren Alters verbeugte sich kurz und überreichte Karl seine Karte. „Rattenstett, mein Name. Entschuldigen Sie die späte Störung, Graf von Heimtraut. Ich war zunächst auf Ihrem Anwesen. Dort hat man mich hierher verwiesen."
Der von Kopf bis Fuß in Schwarz gekleidete Mann war Karl unbekannt.
Karl sah auf die Karte. Auf geschmackvollem Büttenpapier stand in eleganten Buchstaben:

`Rattenstett und Kompagnons`
seit drei Generationen Ihr verlässlicher Partner bei
Umzügen, Hausräumungen, Entrümpelungen, Pfändungen, Verstei-

gerungen, An – und Verkauf. Diskret – Zuverlässig – Schnell
In- und Ausland, Übersee

„Herr Rattenstett, wie Sie selbst festgestellt haben, ist es schon sehr spät. Lassen Sie uns deshalb sofort zu Ihrem Anliegen kommen."

„Sehr wohl, Graf von Heimtraut. Ihre Stiefmutter, Beatrice, Gräfin von Heimtraut, hat mich durch ihren Advokaten beauftragt, ihre persönlichen Dinge aus dem gemeinsamen Herrenhaus auf Gut Heimtraut zu holen. Gestatten?" Rattenstett stellte seine Aktentasche auf den Tisch. „Hier die Bestätigung des Auftrages, hier meine Legitimation, hier die Liste, der persönlichen Dinge der Gräfin." Er legte dem verblüfften Karl ein Papier nach dem anderen auf den Tisch.

„Die Möbel, Bilder und dergleichen werden später abgeholt. Dafür diese Aufstellung." Rattensteck zog weitere Papiere aus seiner Aktentasche. „Außerdem möchte Gräfin Beatrice von ihrem gemeinsamen Konto sämtliche Einlagen plus Zinsen sofort abheben, die Sie mir bitte bis morgen Mittag um zwölf Uhr in bar auszahlen. Ja, das wäre jetzt vorläufig das Dringendste, was die Gräfin wünscht. Hier sämtliche Vollmachten, die selbstverständlich von einem Advokaten beglaubigt worden sind." Er legte weitere Papiere auf den Tisch.

„Sie sehen mich sprachlos, Herr Rattenstett."

„Möchten Sie, dass ich Sie kurz allein lasse? Ich kann mir einige Minuten vor dem Haus die Beine vertreten."

„Ich, – ja, – nein, – ich wäre Ihnen sehr verbunden, wenn Sie mich einige Minuten entschuldigen würden, Herr Rattenstett. Der Butler bringt Ihnen sofort eine Erfrischung."

„Selbstverständlich, Graf Heimtraut. Ich muss Sie allerdings darauf hinweisen, dass es sich wirklich nur um wenige Minuten handeln darf. Sie können sich denken, dass meine Auftraggeber ihre Dinge so schnell wie möglich erledigt wissen möchten."

Atemlos riss Karl die Tür zu Pollys privatem Salon auf. „Komm mit, schnell! Was ich gerade gehört habe, schlägt alles, was sich Beatrice bis jetzt geleistet hat. Bitte schnell."

So blass hatte Polly ihren Karl noch nie gesehen. Wortlos folgte sie ihm, unterwegs überflog sie die Karte von Herrn Rattenstett.

Karl stellte Polly kurz vor. Polly erinnerte sich. „Guten Abend, Herr Rattenstett. Wir haben uns schon einmal kennengelernt. Damals waren die Umstände nicht sehr angenehm für mich."

„Ja, Madame Schwelg, ich erinnere mich." Rattenstett erinnerte sich an jeden Menschen, den er in seinem Leben begegnet war. Er hatte damals die Zwangsräumung bei Polly durchführen müssen und diese bildhübsche junge Frau war in Tränen aufgelöst gewesen.

„Rattenstett und Kompagnons", las Polly noch einmal von der Karte ab. „Zu Ihrem Unternehmen gehört auch das Auktionshaus und das Raritätengeschäft?"

„Sehr wohl, Madame. Wir haben das Raritätengeschäft erst kürzlich eröffnet", er blickte unsicher zu Karl.

„Liebes, Herr Rattenstett hat mich mehrfach darauf hingewiesen, dass seine Zeit sehr begrenzt ist. Herr Rattenstett dürfte ich Sie bitten, Ihr Anliegen meiner Verlobten kurz zu schildern?"

„Ja, aber wirklich sehr kurz, ich habe noch einen weiteren Termin."

Nachdem Rattenstett geendet hatte, ließ sich Polly auf einen Stuhl sinken.

„Ich danke Ihnen, Herr Rattenstett. Ich werde mir Ihre Unterlagen durchsehen und melde mich in einigen Tagen bei Ihnen, verabschiedete ihn Karl.

„Leider muss ich Ihnen mitteilen, dass Sie nur zwölf Stunden Zeit haben, dies zu tun." Er sah auf seine Taschenuhr. „Also genau bis um acht Uhr morgen früh."

„Das geht –, das ist doch – …", Karl konnte nicht in Worte fassen, was er dachte.

„Ja, es geht sehr schnell. Das liegt daran, dass es einen Paragraphen gibt, der verhindern soll, dass etwaige Gegenstände verschwinden könnten." Rattenstett legte ein weiteres Papier auf den Stapel.

„Sie wollen mir doch nicht etwa unterstellen, dass ich mich an dem persönlichen Hab und Gut meiner Stiefmutter bereichern will?", fragte Karl mit schneidender Stimme.

„Keinesfalls, Graf von Heimtraut. Ich denke schon einmal von vornherein gar nichts. Das steht mir nicht zu. Meine Firma ist lediglich für die Durchführung des Auftrages zuständig. Mit sämtlichen anwaltlichen und gesetzlichen Dingen haben wir nichts zu tun. Dennoch müssen wir uns genau an die Vorgaben halten. Wie Sie hier in dem Schreiben des Advokaten Ihrer Stiefmutter sehen können“, er zeigte mit dem Finger auf den Absatz, „beruft er sich auf eben jenen Paragraphen. Sie können natürlich gerichtlich dagegen angehen, schreibt er weiter. Abholen muss ich die Dinge so oder so morgen.“

„Das bedeutet, ich kann nichts dagegen unternehmen?“

„Hier steht weiter, dass Sie sich an Ihren Advokaten wenden sollen. Mehr kann ich leider nicht dazu sagen.“ Einmal mehr in seinem Leben war Rattenstett dankbar, dass er wirklich nur mit der Durchführung der Aufträge zu tun hatte und keine Verhandlungen führen durfte.

„Wissen Sie vielleicht zufällig, wie ich meine Stiefmutter erreichen kann?“

„Auch da kann ich Ihnen leider nicht weiterhelfen, Graf.“ – *Gott sei Dank!,* fügte er für sich hinzu.

„Aber das Hab und Gut meiner Stiefmutter werden Sie ihr doch bringen?“

„Nein, ich habe lediglich die Aufgabe, die Dinge ordentlich zu verpacken und zu einem Kontor zu bringen. Was damit weiter geschieht, geht mich nichts mehr an. Und wenn Sie an das Bargeld und den Schmuck Ihrer Stiefmutter denken, das habe ich morgen an den Advokaten der Gräfin zu übergeben.“

„Jetzt ist es gleich halb neun, Graf von Heimtraut. Wären Sie bitte so freundlich, mir die Aushändigung aller Papiere zu quittieren?“ Rattenstett stellte sein Tintenfass auf den Tisch und hielt Karl die Feder hin.

Karl zögerte einen Moment. „Wenn ich das jetzt nicht unterschreibe, was passiert dann?“

„Dann steht innerhalb kürzester Zeit die Gendarmerie vor der Tür und zwingt Sie zur Herausgabe des Eigentums der Gräfin.“

Solch einen Aufstand in seinem Haus wollte Karl nicht riskieren. Er hatte auf seinen guten Ruf zu achten. Widerstrebend unterzeichnete er die Papiere.

„Auf Ihrer Karte, Herr Rattenstett, steht diskret. Darauf kann ich mich verlassen?“

„Absolut. Wir arbeiten leise, unauffällig, schnell und diskret. Wenn uns keine Steine in den Weg gelegt werden. Sind alle Dinge, die wir abholen sollen sozusagen griffbereit, werden wir voraussichtlich morgen –“ Rattenstett sah abermals auf seine Taschenuhr, „in einer guten Stunde fertig sein. Ihre Anwesenheit und die des Advokaten Ihrer Stiefmutter ist morgen zwingend. Falls Sie es wünschen, so handhaben es die meisten Klienten, wäre die Anwesenheit Ihres Advokaten sicher angebracht. Wenn ich Ihnen, aufgrund meiner langjährigen Erfahrung, einen Rat geben dürfte?“

Karl stöhnte innerlich. „Ich bitte darum.“

„Es wäre sinnvoll, ihrer Dienerschaft und sonstigen Arbeitern auf Ihrem Gut morgen Vormittag einige Stunden freizugeben. Damit vermeiden Sie unnötige Aufregung und Gerede. So ganz unauffällig geht die Sache nicht ab. Wir kommen mit mehreren Wagen, um die Dinge zu verladen.“

„Danke, Herr Rattenstett.“

„Madame, Graf von Heimtraut.“ Rattenstett deutete eine Verbeugung an. „Ich finde selbst hinaus.“

Karl setzte sich nun ebenfalls. „Was soll ich jetzt machen?“

„Wir, Liebling. Das heißt jetzt *wir*. Ich lese mir schnell den Auftrag von Rattenstett durch. Mir wird schon etwas einfallen.“

Polly wäre nicht Polly gewesen, wenn ihr nicht etwas einfallen würde. Sie hatte bis jetzt alle Probleme, die andere Menschen betrafen, gelöst. Bei ihren eigenen war dies nicht immer der Fall gewesen.

Karl starrte stumpf vor sich hin. Er war nicht in der Lage, einen klaren Gedanken zu fassen. Zu sehr hatte ihn diese Art und Weise von Beatrice getroffen. *Sie hätte doch mit mir reden können. Was habe ich ihr nur getan? Ist sie womöglich nicht mehr ganz richtig im Kopf? Wo mag sie sein? Geht es ihr gut?* Diese und andere Gedanken schwirrten durch seinen Kopf.

„Komm, Karl. Zieh deinen Mantel über. Ich habe anspannen lassen. Komm, steh auf, bitte.“

Karl hatte nicht bemerkt, dass Polly mit dem Lesen fertig war und das Zimmer verlassen hatte. Mechanisch stand er auf und ließ sich von ihr in den Mantel helfen.

„Ich setze dich bei dir auf dem Gut ab. Du kannst deinem Butler die freudige Nachricht überbringen, dass alle im Haus ab sofort bis morgen Abend freihaben. Erkläre ihnen einfach, dass im Zuge der

Umgestaltung des Herrenhauses morgen etliche Handwerker und Architekten kommen werden. Dabei wäre jeder andere im Haus nur im Weg. Außerdem erklärt das die verschiedenen Wagen, die vor dem Haus stehen werden. Die Ställe sind weit genug entfernt. Ich denke, darum brauchst du dich nicht kümmern."

„Kommst du nicht mit?"

„Ich komme bald nach. Mit meinem Advokaten."

Polly war bewusst, dass es sich für eine feine Dame nicht gehörte, den Aufenthaltsort ihres Advokaten aufzusuchen. Das war ihr aber im Moment egal, schließlich ging es um den Mann, den sie über alles liebte. Sie ließ sich an der Hintertür eines stadtbekannten Hauses absetzen und wies ihren Kutscher an, dort auf sie zu warten. Ihre Kapuze tief in die Stirn gezogen, klopfte sie an der Tür. Ein grobschlächtiger, sehr gut gekleideter junger Mann öffnete ihr.

„Sie wünschen?" Der Mann verzog keine Miene.

„Ich möchte Madame Monique sprechen. Würden Sie ihr bitte ausrichten, es sei eilig." Sie überreichte dem Türsteher ihre Karte.

Er las kurz ihre Karte durch und führte sie in ein Nebenzimmer. „Möchten Sie in der Zwischenzeit ein Glas Champagner, Madame?"

„Nein danke, es ist wirklich eilig." Polly nahm Platz und sah sich um. Es schien hier irgendwie alles anders zu sein. Das Mobiliar war in rotem, plüschigem Stoff gehalten. *Geschmackssache*, dachte Polly. Die Wände waren mit großen goldumrahmten Spiegeln und Bildern versehen, die Bilder – Polly musste zwei Mal hinsehen, – zeigten nackte Menschen in eindeutigen Positionen. Männer mit Frauen, Frauen mit Frauen, Männer mit Männern, viele Männer mit vielen Frauen. Polly konnte kaum ihren Blick abwenden. Solche Bilder hatte sie noch nie gesehen. Sie hatte davon gehört, aber nicht geglaubt, dass sich jemand so abbilden lassen würde. Polly wandte ihren Blick ab und sah sich die Lampen und die Gegenstände im Zimmer an. *Auch ein sehr ausgefallener Geschmack,* stellte sie fest. *Von Kunst verstehe ich etwas, aber mir so ein Ding als Tischbein oder Lampenständer hinzustellen, darauf würde ich nicht kommen.* Polly hatte festgestellt, dass sämtliche Tisch- und Stuhlbeine, sowie Lampenständer, Aschenbecher, Zierkästen, Vasen, einfach alle Gegenstände in irgendeiner Form, die weiblichen und männlichen Geschlechtsteile von winzig klein bis riesenhaft darstellten. *Nein, das hat mit gutem Geschmack wirklich nichts mehr gemein.* Um nicht mehr dorthin schauen zu müssen, klappte sie eine rote Mappe auf, die vor ihr auf dem Tisch lag. Und klappte sie sofort wieder zu. Das war zu viel. *Das ist geradezu skandalös! Wenn das jemand sehen würde, nicht auszudenken!* Sie konnte nicht widerstehen und klappte die Mappe erneut auf. *Nun ja, wenn man das aus der künstlerischen Perspektive sehen würde, ist es womöglich unter Kennern sogar eine anerkannte Art der kunstvollen Körperakrobatik von Mann und Frau,* überlegte sie und drehte die geöffnete Mappe auf dem Tisch hin und her. Nachdem sie die Bilder der ausgefallenen erotischen Stellungen von Mann und Frau, in die Kategorie `Moderne Kunst` eingestuft hatte, konnte sie ohne Probleme die akrobatischen Darstellungen interessiert ansehen. Schließlich hielt sie sich für eine moderne, aufgeschlossene Frau.

„Madame Monique“ kam mit strahlendem Lächeln herein. Es war Hauptgeschäftszeit und sie sah augenblicklich die Goldmünzen vor ihrem inneren Auge, die sie heute Nacht zählen würde. „Was kann ich für Sie tun, Madame Schwelg? Ich sehe, Sie haben sich bereits informiert. Womit kann ich dienen? Welche Vorlieben haben Sie oder möchten Sie sich überraschen lassen? Ich habe gerade zwei entzückende Jünglinge eingestellt. Die werden Ihnen gefallen. Sie haben atemberaubende Körper. Und – oh la la, sonst sind sie auch mit stattlichen einunddreißig Zentimetern ausgestattet.“

Polly wusste nicht, wo sie hinschauen sollte.

„Oh, ich merke schon, Madame, Jünglinge sind nicht nach ihrem Geschmack. Meine Zwillingsmädchen, werden in ein paar Minuten frei. Sie sind wahre Künstlerinnen im Verwöhnen und Massieren. Ich werde Ihnen inzwischen eine Flasche Champagner bringen lassen.“

Polly riss sich zusammen. „Madame Monique, es geht nicht um meine persönlichen Bedürfnisse. Ich bin hier, weil ich unbedingt und sehr schnell meinen Advokaten sprechen muss. Es ist ein Notfall. Könnten Sie ihm bitte ausrichten, dass ich hier auf ihn warte?“

„Selbstverständlich Madame, bitte nennen Sie nicht seinen Namen, sondern flüstern Sie ihn mir ins Ohr. Hier haben alle Kunden einen anderen Namen und tragen eine Augenmaske, damit sie nicht erkannt werden können. Diskretion ist das `Ah` und `Oh` in meinem Geschäft."

Polly flüsterte ihr den Namen ihres Advokaten ins Ohr.

„Madame, da dies ein Notfall ist, werde ich sehen, was ich erreiche. Wenn er allerdings mitten bei der Sache ist, müssen Sie sich gedulden. Es könnte sonst verheerende Folgen für ihn haben."

„Oh, was meinen Sie damit, Madame Monique?"

Madame Monique sah Polly prüfend an. Sie kam zu dem Ergebnis, dass Polly eine aufgeschlossene Frau sei, sonst hätte sie sich nicht ohne männliche Begleitung zu ihr gewagt. „Madame, für einige Männer ist es nicht so leicht, eine stabile Erektion zu bekommen, da müssen Hilfsmittel zum Einsatz kommen."

„Ach." Polly hörte aufmerksam zu. In dem Ton, in dem Madame Monique über diese intimen Details sprach, hätte sie sich auch mit Damen aus ihrem Bekanntenkreis über die neueste Hutmode unterhalten können. Es war ganz natürlich und hatte nichts Ordinäres an sich.

„Wenn es dann zu einer erfolgreichen Stabilisierung des männlichen Gliedes gekommen ist, muss unbedingt darauf geachtet werden, dass die Schwellung langsam und vollständig zurückgeht. Sonst läuft dieser Mann Stunden, manchmal tagelang mit einem Steifen herum."

„Ich verstehe nicht: Schwellung? Steifen?"

„Verzeihung. Das Blut des Mannes schießt in sein Glied ein, wenn er etwas sieht oder berührt, was ihm gefällt und angenehm erregt. Das nennt man Schwellung. Im Volksmund sagt man: „Er hat einen Steifen."

„Oh –, ah – ja, jetzt verstehe ich das, Blut also. Ich wusste das nicht." Polly wurde rot, weil sie so wenig darüber wusste.

„Madame, das braucht Ihnen in keiner Weise peinlich zu sein. Die wenigsten Frauen wissen darüber Bescheid. Leider, muss ich sagen. Es würde das Liebesspiel für beide wesentlich einfacher und abwechslungsreicher gestalten, wenn die Damen der Schöpfung mehr darüber wüssten."

„Danke. Eine Frage habe ich noch."

„Nur zu."

„Wenn der `Steife` nicht zurückgeht. Was dann?"

„Der Mann hat auf Dauer unerträgliche Schmerzen. Abgesehen davon, dass er keine Hose mehr anziehen kann, ist er auch nicht in der Lage, zu urinieren, was wiederum seine Blase belastet."

„Meine Güte, Madame! Bitte versprechen Sie mir, meinen Advokaten erst zu entlassen, wenn er vollständig wieder geschrumpft ist."

„Selbstverständlich trage ich dafür Sorge. Ich möchte schließlich, dass alle meine Kunden wohl und zufrieden mein Haus wieder verlassen. Sonst könnte ich wahrscheinlich bald zusperren." Madame Monique lächelte und drückte auf einen Knopf am Ende des Tisches. Einige Bilder verschoben sich an den Wänden und ließen kleine Öffnungen sehen. „Ich werde jetzt nach ihm sehen. Wenn Sie sich, in der Zwischenzeit, biologisch noch etwas weiterbilden möchten, sehen Sie einfach durch die Öffnungen. Vergessen Sie aber nicht, eine der Masken anzulegen." Bevor sie den Raum verließ, schenkte sie Polly ein Glas Champagner ein.

Warum nicht. Bildung hat noch niemandem geschadet. Biologie kann man immer gebrauchen, dachte Polly und wählte sich eine Maske aus. Sie sah durch eine der Öffnungen. Direkt auf ein Bett. Ein Mann und eine Frau lagen nicht in der üblichen Stellung, die sie kannte, beieinander. Sondern mit den Köpfen jeweils an den Füßen des Partners. *Was soll das? Sie werden sich doch nicht gegenseitig die Füße küssen?* Gerade als sie sich der nächsten Öffnung zuwenden wollte, sah die Frau plötzlich in ihre Richtung und hob lächelnd die Hand. Der Mann spreizte die Beine der Frau so, dass Polly einen ungehinderten Blick auf deren Scham hatte und sah Polly ebenfalls lächelnd an. Die Frau machte eine einladende Geste in Pollys Richtung. Polly trat erschrocken einen Schritt zurück. Sie hätte nicht vermutet, dass die Personen sie vom Bett aus sehen konnten. *Puh, ein Schluck Champagner kann jetzt nicht schaden.* Polly trank einen kleinen Schluck. *Was soll es? Ich bin ja inkognito. Also, was ist schon dabei? Es ist schließlich reine Biologie.* Polly sah durch die nächsten Öffnungen. Sie entdeckte immer neue akrobatische Übungen, mit zwei, drei oder mehr Personen. Einige Male wurde sie mit einer unmissverständlichen Geste zum Mitmachen aufgefordert. Sie winkte lächelnd zurück und schüttelte verneinend ihren Kopf. Was sie durch die letzte Öffnung in der Wand sah, schien ihr widernatürlich. Ein nackter Mann kroch an einer Leine gebunden auf allen Vieren durch das Zimmer. Eine Frau im Nonnengewand, die ihn an der Leine führte, schien ihn zu beschimpfen. Mit einer Gerte schlug sie auf sein blankes Hinterteil ein. Polly hatte genug gesehen. Sie legte die Maske zurück und verschloss mit einem Knopfdruck die Öffnungen.

Nach einigen Minuten kam Madame Monique mit Pollys Advokaten zurück.

„Madame, was kann ich für sie tun?", strahlte er sie an.

Mit einem schnellen Blick auf seine zugeknöpfte Hose, war Polly erleichtert, in wohlauf zu sehen. Sie berichtete ihm von dem Besuch Rattenstetts und bat ihn, mit ihr zu kommen.

Im Herrenhaus war es fast vollständig dunkel, als sie dort ankamen. Polly hatte mittlerweile einen Schlüssel für die Eingangstür. Aus der Bibliothek drang ein schwacher Lichtschein. „Karl, bist du da?"

„Ja." Er kam aus der Bibliothek auf sie zu.

„Sind alle ausgeflogen?"

„Ja, du kannst dir nicht vorstellen, wie schnell sie weg waren. Fast wie bei einer Flucht", schmunzelte Karl.

Gott sei Dank, er hat sich wieder gefangen, freute sich Polly.

Schnell klärten sie mit Pollys Advokaten die weitere Vorgehensweise. Sie verabredeten sich für sieben Uhr in der Früh im Herrenhaus.

„Wo warst Du die ganze Zeit, Liebes? Musstest du so lange auf deinen Advokaten warten?"

„Ja, musste ich. Du glaubst mir niemals, wo ich war!", lachte Polly. „Ich hatte heute Biologieunterricht."

„So, so. Biologieunterricht. Bei wem und wo, wenn ich fragen darf?"

Polly hatte sich ihre Antwort vorher zurechtgelegt. „In dem Haus, in dem ich auf meinen Advokaten warten musste. Er hatte dort etwas Dringendes zu erledigen. Als ich auf ihn wartete, kam ich mit der Dame des Hauses ins Gespräch. Sie hat mich über verschiedene Dinge aufgeklärt."

„War es wenigstens interessant?" Karl konnte sich unter Biologieunterricht nur das vorstellen, was er selbst in der Schule darüber gelernt hatte. Von allem was in der Natur wächst, über Tiere und einige geläufige Krankheiten.

„Ja, – doch. Es hat mir einige neue Einblicke in die Natur ermöglicht. Möchtest du, dass ich dir bei Gelegenheit etwas darüber erzähle?“

„Liebes, wenn wir gar keine anderen Sorgen und sehr viel Zeit haben, erweitere ich gerne meinen Horizont in dieser Richtung. Momentan steht mir nicht der Sinn nach biologischer Weiterbildung. Das verstehst du doch, nicht wahr?“

„Selbstverständlich, Knalli. Wir haben Wichtigeres zu tun. Außerdem ist aufgeschoben nicht aufgehoben.“

„Du sagst es. Wollen wir jetzt schlafen gehen? Wir müssen morgen sehr früh raus.“

„Ja, das ist wohl das Beste.“

In dieser Nacht träumte Karl davon, dass das gesamte Herrenhaus ausgeräumt und er ganz oben, auf einem Kleiderschrank stehend, durch die Braunschweiger Straßen kutschiert wurde. Die Menschen auf den Straßen überhäuften ihn mit Spott und Häme, weil er bankrott war.

Polly hingegen träumte von weiteren akrobatischen Übungen, bei denen sie sich den kleinen Zeh verstauchte und einen Hexenschuss bekam.

Sie trafen sich pünktlich, um sieben Uhr in der Früh mit Pollys Advokaten im Herrenhaus der Grafen von Heimtraut. Sie hatten kaum die Schränke und Schubladen in Beatrice’ privaten Räumen geöffnet, damit die Packer ihre Arbeit zügig verrichten konnten, als Rattenstett mit seinem Gefolge eintraf. Hocherfreut über die bereitwillige Mitarbeit Karls und dessen Advokaten, lief die Arbeit wie geschmiert. Jedes einzelne Stück der persönlichen Habe von Beatrice wurde sorgfältig verpackt und korrekt von den Listen gestrichen. In kaum einer Stunde war alles verpackt.

Auf Anraten seines Advokaten, hatte Karl den wertvollen Familienschmuck, den er sonst in einem geheimen Schrank verborgen hielt, bereitgelegt.

„Bevor Sie diesen Schmuck mitnehmen, möchte ich Ihnen diese von Graf Karls Vater ausgestellte Urkunde zu Ihrer Kenntnis übergeben. Sie ist beglaubigt und von Gräfin Beatrice gegengezeichnet“, informierte Karls Advokat den gegnerischen Notar.

Dieser las sich die beglaubigte Urkunde durch und wies anschließend auf die mit Juwelen und Perlen besetzten Schmuckstücke. „Also laut Liste sind diese Stücke hier vollzählig. Laut Gräfin von Heimtraut hat sie diese Stücke zur Eheschließung überreicht bekommen. Laut dieser Urkunde befindet sich der Schmuck nunmehr seit über zweihundert Jahren im Familienbesitz. Er ist ausschließlich an die jeweiligen Frauen, der ältesten männlichen Erben zu übergeben, nicht zu verschenken oder zu veräußern. Gräfin Beatrice hat dieser Vereinbarung zugestimmt. Demnach gehört ihr dieser Familienschmuck nicht. Herr Kollege, wollen wir beide uns kurz unter vier Augen beraten?“, wandte sich Karls Advokat an Beatrice’ Advokat.

„Das würde ich in diesem Fall auch vorschlagen.“

Karl, Polly und Herr Rattenstett verließen das Zimmer.

„Graf von Heimtraut, Frau Schwelg, nach reiflicher Überlegung und unter Berücksichtigung der Gesetzeslage, sind wir einvernehmlich zu dem Schluss gekommen, dass dieser Schmuck zunächst weder Gräfin Beatrice ausgehändigt wird, noch in Ihrer Obhut verbleibt, Graf. Unsere Begründung ist folgende: Da Gräfin Beatrice zurzeit keinen festen Wohnsitz angegeben hat, sehen wir es als zu gefährlich an, diese Objekte sozusagen durch die Lande zu schicken. Es wäre anders, wenn sie den Familienschmuck persönlich in Empfang nehmen und quittieren würde. Diese Juwelen wurden damals auf über fünfzehn Millionen Golddukaten geschätzt und dürften nicht an Wert verloren haben. Im Gegenteil. Jetzt ist es aber notariell so bestimmt worden, dass Ihre zukünftige Gemahlin diesen Familienschmuck bei der Verehelichung übergeben bekommen soll. Wir unterbreiten Ihnen folgenden Vorschlag: Ihr Advokat und meine Wenigkeit werden für dreißig Tage diesen Schmuck in unsere Obhut nehmen und sicher verwahren. Wir werden Gräfin Beatrice darüber informieren und sie bitten, sich persönlich diese Objekte abzuholen. Das ist ein Zeitraum, in dem sie bequem von ihrem letzten bekannten Aufenthaltsort bis hierher reisen kann. Falls Sie, Graf von Heimtraut, innerhalb dieser Frist heiraten, so wird der Familienschmuck Ihrer Gattin ausgehändigt. Länger als insgesamt sechzig Tage sind wir nicht befugt, diese

Gegenstände zurückzuhalten. Bitte überlegen Sie es sich – , sagen wir zehn Minuten. Mehr Zeit können wir leider nicht erübrigen, weil uns noch weitere Klienten erwarten, nicht wahr, Herr Kollege?" Karls Advokat nickte zustimmend. Beide verließen den Raum.

„Warum gehst du auf den Balkon?" Karl sah Polly erstaunt nach.

„Weil ich mich aus dieser Angelegenheit heraushalte."

„Aber es betrifft dich doch auch."

„Nein, tut es nicht. Es ist ganz alleine deine und Beatrice' Sache. Ich habe nichts damit zu tun und werde mich nicht dazu äußern. Ich möchte nicht unterstellt bekommen, dass ich es auf diesen Familienschmuck abgesehen haben könnte. Bis vorhin wusste ich noch nicht einmal von dessen Existenz. Wenn ich dich heirate, dann einzig und allein, weil ich dich liebe und mit dir mein Leben verbringen möchte. Ganz bestimmt nicht, um mich mit unbezahlbaren Juwelen zu behängen. Mein Schmuck reicht mir völlig aus. Also entscheide dich, du hast noch sieben Minuten Zeit."

Karl atmete einmal tief durch, dann bat er die Herren, wieder hereinzukommen. „Ich nehme Ihr Angebot an. Ich hoffe sehr, dass meine Stiefmutter sich bald meldet. Und sei es nur um diesen Schmuck abzuholen. Dann weiß ich wenigstens, dass es ihr gut geht."

Die Papiere wurden für dieses Abkommen ausgefertigt, beglaubigt und unterschrieben. Der Familienschmuck sorgfältig verpackt. Nachdem die Herren gegangen waren und Herr Rattenstett mit seinem Gefolge verschwunden war, stieß Karl einen tiefen Seufzer aus. „Irgendwie bin ich richtig froh, dass dieser Schmuck jetzt nicht mehr im Haus ist. Kannst du das verstehen?"

„Das kann ich sehr gut verstehen. Ich hätte übrigens genauso gehandelt. In erster Linie steht das Wohlergehen von Beatrice. Nur so kannst du erfahren, wie es ihr geht. Lass uns jetzt nicht mehr daran denken. Wir essen eine Kleinigkeit, dann musst du zur Bank und das verlangte Geld auszahlen lassen. Um zwölf Uhr holt es Herr Rattenstett ab."

„Du hast wie immer recht, meine Liebe."

„Ich möchte gar nicht wissen, um welchen Betrag es sich bei Beatrice' Einlagen in deinen Gutsbetrieb handelt. Mich würde nur interessieren, ob das Geld in Münzen ausgezahlt wird?", fragte Polly beim Essen.

„Du, ich weiß noch nicht einmal, auf welche Summe sich der genaue Betrag beläuft. Ein Haus wie deines, in der besten Lage der Stadt, könnte sie sicher viermal davon erwerben. Dazu noch die monatlichen Zinsen. Um deine Frage zu beantworten: Nein solche Beträge werden nicht in Münzen ausgezahlt. Dafür gibt es Papiere. Diese Papiere können dann, so gut wie an jedem Ort dieser Welt, in Geld eingetauscht werden. Natürlich muss man sich entsprechend ausweisen, denn auf den Papieren steht der Eigentümer."

„Ich könnte also nicht so ein Papier in Bares eintauschen?"

„Nur wenn dein Name darauf steht. Beziehungsweise der Name des ursprünglichen Besitzers *und* deiner. Er muss dir dieses Papier übertragen. Bevor der Betrag ausgezahlt wird, wird bei der Bank um Bestätigung gebeten, ob der Betrag überhaupt gedeckt ist."

„Es wird also nach allen Seiten auf Sicherheit überprüft."

„Ja, es sind schon viele Betrügereien damit versucht worden. Ich habe es zwar lieber, wenn ich Bares bei mir habe, aber bei höheren Beträgen ist es nicht sinnvoll."

„Wenn ich so darüber nachdenke, ist Beatrice eine reiche Frau, nicht wahr?"

„Reich? Nein, Liebes, sie war schon vor der Heirat mit meinem Vater reich. Nach seinem Tod ist sie noch um ein Vielfaches reicher geworden, obwohl sie immer davon spricht, nur wohlhabend zu sein. Vergiss nicht, dass sie hier als Witwe auf Gut Heimtraut Wohnrecht auf Lebenszeit hat. Das kostet sie weder Personal noch Essen und Trinken. So ist es damals alles festgelegt worden. Sie muss lediglich alle ihre privaten Ausgaben davon begleichen und ihre Gesellschafterinnen bezahlen. Das ist ein Taschengeld für sie. Selbst die Hochzeiten und die Aussteuern, die sie für Polly und Elisabeth bezahlt hat, hat sie in dem einen Jahr allein durch die Zinsen wieder hereinbekommen."

„Hat sie außer dem Geld, was sie hier in den Betrieb gesteckt hat, noch irgendwo etwas angelegt?"

„Ja, sie hat noch verschiedene Konten. Darum habe ich mich aber nie gekümmert. Das hat alles ihr Advokat für sie übernommen."

Polly blickte nachdenklich auf ihre Scheibe Brot.

„Worüber denkst du nach?"

„Ob es schön ist, so reich zu sein."

„Nach meinem Tod wirst du es wissen. Dann bist du noch vermögender als Beatrice“, lachte Karl.
„Über so etwas macht man keine Scherze. Ich möchte nicht, dass du jemals wieder in meiner Gegenwart das Thema anschneidest“, bat Polly traurig.
„Oh, ich Trottel. Ich vergaß. Bitte verzeih mir. Ich werde es niemals wieder tun.“ Karl hätte sich ohrfeigen können. Er hatte nicht daran gedacht, dass Polly schon zweimal verwitwet war.
„Ich verzeihe dir. Komm, wir müssen los.“ Polly stand auf.

Das Abholen und die Übergabe der Papiere an Herrn Rattenstett gingen zügig vonstatten. Karl war allerdings erstaunt, auf welche hohe Summe Beatrice’ Einlage in den Gutsbetrieb, innerhalb des letzten halben Jahres, angewachsen war. Deshalb ließ er sich gleich bei dem Direktor anmelden.
„Wir haben soeben die Einlagen und Zinsen meiner Stiefmutter von meinem Betriebskonto abgehoben. Ich möchte gern wissen, auf welchen Betrag sich das Konto jetzt beläuft.“
Karl war mehr als angenehm überrascht, als er die Höhe der Summe erfuhr.

Auf dem Rückweg zu Pollys Haus nahmen sie einen Umweg und fuhren die Hafenstraße entlang. Hier gab es ein Gebäude neben dem anderen, in denen Waren aller Art gelagert wurden. Polly kannte sich dort ganz gut aus, weil sie für ihr Handelsgeschäft hin und wieder Waren aus Übersee abgeholt hatte.
„Du, die letzten dort, das sind die Gebäude, in denen Möbel gelagert werden. Vielleicht stehen die Wagen mit Beatrice’ persönlichen Dingen ja dort?“, überlegte Polly.
Keine Wagen waren zu sehen, alle Gebäude geschlossen und kein Mensch, den sie hätten fragen können, weit und breit. Sie beschlossen, nach Hause zu fahren und sich von den Strapazen zu erholen.

Die nächsten Tage gingen Karl und Polly ziemlich träge ihren täglichen Pflichten nach.
„Knalli, ich habe es satt, dass uns dieses ganze Theater, was Beatrice veranstaltet, so aufs Gemüt schlägt. Wir machen hier lustlos

unsere Arbeit. Ich habe keine Freude mehr daran, die Stoffe für unsere neuen Räume auszusuchen. Du schon gar nicht. Das Gespräch mit dem Architekten verschieben wir täglich auf den nächsten Tag. Wir planen nichts mehr. Dabei ist es doch so eine schöne Vorweihnachtszeit und Weihnachten wollten wir ursprünglich heiraten. Wie es aussieht, steht uns beiden nicht mehr der Sinn danach. Ich hatte letzte Woche noch nicht einmal Lust, mein Hochzeitskleid anzuprobieren und habe den Termin auf unbestimmte Zeit verschoben. So kann es doch nicht weitergehen."

„Nein, Liebes. Ich habe es auch bemerkt. Beatrice hat früher schon unser Leben beherrscht und tut es noch immer, obwohl sie nicht hier ist", meinte Karl missmutig.

„Wie meinst du das?"

„Alles, wirklich alles hat sie organisiert und bestimmt. Das meiste war sinnvoll und gut, muss ich zugeben. Aber jetzt bestimmt sie immer noch und sie ist noch nicht einmal hier. Ich denke, das ist Absicht. Wir sollen auf sie warten, bis sie sich irgendwann bequemt, wieder zurückzukehren."

„Mit *was* sollen wir auf ihre Rückkehr warten?"

„Mit dem Umbau, unserer Hochzeit und was noch alles so dazugehört."

„Denkst du? Das kann ich mir nicht vorstellen. Vielleicht will sie ja nur jetzt endlich auch einmal ihr Leben leben, ohne für euch alles mitbestimmen zu müssen? Vielleicht sollt ihr jetzt mal ohne sie klarkommen? Außerdem hätte sie dann wohl kaum ihre Sachen abholen lassen und ihr Geld von der Bank abgehoben."

„Tja, ich weiß es nicht. Ich habe mir den Kopf darüber zerbrochen und bin zu keinem Ergebnis gekommen", resignierte Karl. Er schenkte sich einen Brand ein. „Möchtest du einen Likör, Liebes?"

„Nein, danke. Ich denke, wir sollten damit aufhören, uns Sorgen um sie zu machen. Das Ganze ist irgendwie kindisch. Erwachsene sollten darüber reden und sich nicht verdrücken", beendete Polly das Thema.

„Soll ich dir noch etwas anderes sagen?"

„Bitte, Knalli."

„Ich fühle mich im Herrenhaus nicht mehr wohl. Nicht mehr zu Hause. Das Haus war schon leer genug, nachdem Elisabeth und Rosalie ausgezogen waren. Jetzt ist es richtig einsam dort, ohne Beatrice. Ich bin nicht mehr gerne dort. Und ich weiß auch nicht, ob wir beide so ein riesiges Haus überhaupt benötigen oder wollen. Wir sind nur zu zweit. Das Haus ist für mindestens drei Generationen erbaut, mit einem Haufen Kinder. So wie das damals war, als mein Vater Beatrice geheiratet hat. Wir waren insgesamt zehn Kinder. Dazu die Gouvernanten, Lehrer und sonstiges Dienstpersonal. Brauchen wir das wirklich? Du willst doch keine Kinder oder hast du deine Meinung geändert?“

„Wie kommst du darauf? Ich wollte immer einen ganzen Stall voller Kinder.“

„Warum hast du dann keine mit deinen verstorbenen Männern bekommen?“

„Bei meinem ersten Mann hat es einfach nicht geklappt, obwohl mir die Ärzte bescheinigt haben, dass ich völlig gesund bin. Mein zweiter Mann war, wie soll ich das ausdrücken –, nun ja, er fand das Liebesspiel mit mir nicht so reizvoll.“

„*Den* Mann kann ich mir nicht vorstellen, der das Liebesspiel mit dir nicht reizvoll findet.“

„Ich will nicht lange drum herum reden. Er hat bei mir keinen Steifen bekommen. Es haben ihn nur junge Männer gereizt.“

Karl stutzte leicht, als Polly das Wort `Steifen` benutzte, beugte sich aber interessiert vor. „Nicht wahr! Warum hat er dich dann geheiratet?“

„Da war es ihm noch nicht bewusst, nicht klar, dass er andersrum war.“

„Das ist wohl sehr enttäuschend für dich gewesen?“

„Sehr. Das kannst du mir glauben.“

Karl schenkte sich nach. „Möchtest du jetzt einen Likör?“ Er wusste nicht, was er dazu sagen sollte.

„Nein, danke.“

„Noch einmal zurück zu den vielen Zimmern im Herrenhaus. Ich habe darüber nachgedacht, dass wir doch Kinder annehmen könnten. Es gibt genügend Waisen. Die wären sicher glücklich, bei uns aufwachsen zu können. Was hältst du davon?“

Polly gerührt: „Ist das wirklich dein Ernst? Das würdest du für mich tun?“

„Ja, selbstverständlich, mein Engel. Ich weiß doch, dass Kinder dein sehnlichster Wunsch sind.“

„Früher hast du keine Kinder gewollt.“

„Da wusste ich noch nichts von deinem Wunsch. Ich dachte, du wärst mit deinem Geschäft und deinen gesellschaftlichen Vergnügungen vollkommen glücklich. Seitdem der kleine Bernhard auf der Welt ist und Sergej sich uns als Tante und Onkel ausgesucht hat, interessieren mich Kinder immer mehr. Diese entzückende Maria und der kleine Michael aus Soskie, einfach zum Knuddeln sind die.“

„Du gerätst ja richtig ins Schwärmen, Knalli.“ Polly sah ihn erstaunt an.

„Kinder sind ja auch etwas zum Schwärmen, nicht wahr?“

„Kinder sind Kinder und bestimmt nicht nur zum Schwärmen und Knuddeln da. Sie können einem auch gehörig auf die Nerven gehen. Sie bereiten einem genauso, oder noch mehr, Probleme und Sorgen wie Erwachsene.“

„Das schaffen wir. Das haben andere vor uns auch geschafft.“

„Fühlst du dich nicht ein bisschen zu alt dafür?“ Polly wollte Karl testen.

„Für Kinder?“

„Knalli, wovon sprechen wir gerade? Ja, für Kinder.“

„Ich bin erst siebenunddreißig und du bist immer noch nicht erwachsen.“

„Danke für das Kompliment“, lachte Polly. „Ich werde zweiunddreißig Jahre alt, wie du weißt.“

„Na und? Das ist doch kein Alter! Denk doch mal an Magdalena!“

„Welche Magdalena?“

„Na die aus der Bibel, die war doch uralt nicht wahr? Oder war es eine andere, die Sarah? Ist ja auch egal, da gab es jedenfalls so eine Frau, die in hohem Alter noch ein Kind bekommen hat.“

Polly kringelte sich vor Lachen. „Hör auf! Ich kann nicht mehr. Ich weiß jetzt vor lauter Lachen auch nicht mehr, wie sie hieß. Aber es ist schön, dass du mich mit einer Frau aus der Bibel vergleichst. Jetzt fehlt mir nur noch der Heiligenschein. Den bekomme ich sicher in diesem Leben nicht mehr. Wenn wir Kinder bekommen, Knalli, dann müssen wir wirklich noch einmal Religionsunterricht nehmen. Das ist ja fürchterlich peinlich. Wenn uns jemand hören würde! Nicht auszudenken!“

„Tut aber keiner. Du hättest also nichts dagegen, fremde Kinder aufzunehmen?“

„Ich möchte dir vorher etwas zeigen, was ich dir eigentlich schon vor einigen Tagen zeigen wollte. Komm bitte mit.“

Obwohl Karl gerade so richtig gemütlich in seinem Ohrensessel saß, stand er auf und folgte Polly zum Tisch. „Können wir das mit den Vorhängen nicht morgen machen, Liebes?“

„Nein. Erst sagst du mir, wie du diese Stoffmuster findest.“ Sie legte ihm drei rote und drei blaue Stoffproben vor.

Karl sah kurz hin. „Witzig. Vielleicht ein wenig zu verspielt für uns, findest du nicht?“

„Das ist alles?“

Pollys Ton zwang ihn, genauer hinzusehen.

„Das könnte für …“

„Genau, – für Kinderzimmer passen.“

„Woher wusstest du, dass ich dich fragen werde, ob wir Kinder aufnehmen wollen?“

„Wusste ich nicht. Bitte sieh mich an, Karl. Wir brauchen vorerst keine fremden Kinder aufnehmen. Wir bekommen eigene Kinder.“

Karl sah ihr in die Augen. „Sicher?“

„Ganz sicher.“

Karl küsste Polly zärtlich. „Du machst mich unsagbar glücklich. Ich liebe dich mehr als mein Leben.“

„Ich liebe dich mindestens genauso.“

„Geht es dir gut?“, fragte er besorgt.

„Sehr gut, Liebling. Ich muss dir noch etwas sagen.“

„Was kannst du mir noch Schöneres sagen, als dass wir ein Kind bekommen?“

„Dass wir mindestens zwei Kinder bekommen.“

„Ist nicht wahr!“

„Doch. Der erste Arzt meinte zwei. Der zweite Arzt meinte drei und der dritte Arzt ist sich fast sicher, dass es Vierlinge werden.“

„Unmöglich! Ich fasse es nicht! Das glaubt uns keiner!“ Karl war außer sich vor Freude.

„Ich konnte es selbst nicht glauben. Deshalb bin ich zu mehreren Ärzten gegangen“, lachte Polly mit.

Karl hob Polly hoch und trug sie zu seinem Ohrensessel. Er setzte sich auf den Hocker zu ihren Füßen, legte ihre Beine über seine Schenkel und massierte ihre Füße. „Gut so?“

„Ja, wie immer sehr angenehm. Danke.“

„Ab jetzt wird alles anders“, sagte Karl ernst. „Du trittst ab sofort kürzer mit deiner Arbeit und allem anderen. Wir gehen jeden Tag ausgiebig spazieren. Das muss sein. Ich trinke keinen Alkohol mehr. Und nehme mir mehr Zeit für dich.“

„Schöne Vorsätze, Knalli. Aber bitte alles der Reihe nach. Ich bin bereits mit meiner Arbeit kürzergetreten. Alle drei Ärzte haben mir gesagt, ich sei völlig gesund. Ich soll alles tun, was mir Freude bereitet. Ich würde schon von selber merken, was mir zu viel werden wird. Aber warum willst du keinen Alkohol mehr trinken?“

„Weil ich genauso darauf verzichten werde wie du. Mir ist aufgefallen, dass du seit einiger Zeit keinen Likör und keinen Wein mehr trinkst. Ich habe gedacht, du machst das wegen …“, Karl wurde verlegen.

„Weil ich zu dick geworden bin?“, lachte Polly.

„Dick würde ich nicht sagen. Etwas runder vielleicht.“

„Lass gut sein, Knalli. Ich bin *sehr viel* runder geworden und werde in ein paar Monaten wie eine Kugel aussehen. Ist das schlimm?“

„Ich liebe Kugeln“, lachte Karl mit.

„Ja, aber bisher nur die aus Kuchenteig.“

„Wann heiratest du mich endlich?“, fragte Karl plötzlich todernst.

„Weihnachten, wie geplant?“

„Und wo? Möchtest du immer noch hier in der Stadtkirche heiraten?“

„Du nicht?“ Polly war erstaunt über seine Frage.

„Ich möchte dir einen Vorschlag machen: Was hältst du davon, wenn wir in Eldingen heiraten. In der `Sankt Marienkirche`. Wir wollten eine kleine Hochzeit. Die Kirche ist recht klein. Der dortige Pastor Boreen ist sehr sympathisch. Nicht so ein aufgeblasener Pastor wie der hier. Und wir würden endlich Elisabeth, Heinrich und Klein-Bernhard wieder sehen. Vorausgesetzt natürlich, dein Arzt hat nichts gegen eine Reise einzuwenden.“

„Dein Vorschlag ist einstimmig, nein, vierstimmig angenommen. Mein Arzt hat nichts gegen eine Reise einzuwenden. Wir sollten nur nicht alle Schlaglöcher durchfahren, die auf dem Weg liegen."

„Danke, Liebes. Das freut mich sehr. Es ist wunderschön dort. Habe ich dir heute schon gesagt, dass ich dich bis zum Irrsinn liebe?"

„Nein."

„Ich liebe dich irrsinnig, Polineira Schwelg, zukünftige Gräfin von Heimtraut."

14

Der Galan

Beatrice war von Schloss Waldegg nach München gereist. Sie hatte den Kontakt zu ihrer Schulfreundin nie abreißen lassen. Von Waldegg aus, hatte sie sich bei ihr angekündigt und geplant, dort einige Zeit zu verbringen, bis sie ihren Hausrat erhalten hatte. In der Zwischenzeit wollte sie sich in aller Ruhe nach einer passenden Wohnung umsehen. Ihre Schulfreundin machte ihr leider einen Strich durch ihren Plan. Diese hatte es noch allzu gut in Erinnerung, wie Beatrice ihr Heim vor fünfzehn Jahren, durch ihre Umräumerei, zu dem ihrigen gemacht hatte. Ihr Gemahl hatte sich geweigert, Beatrice jemals wieder aufzunehmen. Ihre Schulfreundin hatte daher für Beatrice in einer Luxusherberge die besten Zimmer auf unbestimmte Zeit angemietet. Zunächst war Beatrice darüber sehr enttäuscht. Aber nach ein paar Tagen hatte sie ihre völlige Unabhängigkeit zu schätzen gelernt. Was nicht zuletzt an einigen Kavalieren lag, die dort logierten. Es waren verheiratete Männer darunter, die sich kurzfristig amüsieren wollten, aber sehr schnell merkten, dass Beatrice nicht auf ein kleines Abenteuer aus war. Einige Gigolos streiften ebenfalls täglich durch die Herberge, denen allzu deutlich anzumerken war, dass sie nur auf Damen mit Geld aus waren. Das störte Beatrice nicht weiter, sie genoss einfach die anerkennenden Blicke und Komplimente der Herren.

Täglich ging sie ins nahegelegene Schwimmbad, ließ sich massieren, sich im Fiaker durch die schönsten Stadtteile Münchens kutschieren und wandelte im Park umher. Dort wurde man gesehen und schloss bei einem wärmenden heißen Punsch Bekanntschaften. Man verabredete sich zu einem Tee, einer Partie Bridge, einem Theaterbesuch oder einfach zum Essen.

Beatrice lernte in kürzester Zeit Menschen ihres Standes kennen. Diese wiederum fanden die Gräfin aus dem hohen Norden so interessant, dass sie sich gern mit ihr zeigten. Sie bildete eine willkommene Abwechslung in der üblichen Gesellschaft. Schön, sichtlich sehr wohlhabend, kultiviert, charmant, geistreich und nicht kleinlich. Das war es, was sie verkörperte.

Der erste Schnee war gefallen und tauchte den Park in eine glitzernde Winterlandschaft. Beatrice' neue Bekannte waren soeben gegangen. Sie wollte noch einige Minuten den schönen Park genießen und dem Treiben der ersten Schlittschuhläufer auf dem zugefrorenen See zuschauen. Das Lachen der Schlittschuhläufer und die winterliche Landschaft versetzten sie in ihre Jugendzeit zurück. Sie gab sich ihren schönen Erinnerungen hin, in der die Welt für sie noch voller Frohsinn und Ausgelassenheit gewesen war.

„Gestatten, gnädige Frau? Ist hier noch ein Platzerl frei?"

Ein junger Mann war an ihren Stehtisch getreten.

„Wie bitte?"

„Verzeihen Sie, gnädige Frau. Ich wollte Sie nicht stören. Wie unachtsam von mir."

„Nein, nein. Es ist schon in Ordnung. Ja, sicher ist hier noch Platz für Sie." Es wäre unhöflich gewesen, ihn abzuweisen. Auch wenn sich bereits andere Tische geleert hatten. Sie war ebenfalls an einem dieser Tische mit ihren neuen Bekannten ins Gespräch gekommen.

„Ich kann mich auch an einen anderen Tisch stellen, wenn Ihnen das lieber ist. Nur hat man von diesem Platzerl hier die schönste Aussicht auf den See."

Das stimmt, dachte Beatrice, e*s wäre egoistisch von mir, die Aussicht nicht zu teilen.* „Bitte bleiben Sie, ich wollte ohnehin soeben aufbrechen." Sie nickte dem jungen Mann kurz zu und verließ den Tisch. Die Winterluft war herrlich. Sie beschloss, sich noch eine Weile am See auf einer Bank niederzulassen. Beatrice amüsierte sich köstlich über die Versuche der Schlittschuhläufer, als sich plötzlich ein ungepflegter, offensichtlich betrunkener Mann rülpsend neben sie setzte. Sie rutschte bis zum Ende der Bank, um Abstand von dieser jämmerlichen Figur zu bekommen. Der Mann rückte näher. Gerade als sie sich empören wollte, kam der junge Mann den Weg entlang. Schnell erfasste er die unangenehme Lage Beatrice'. Er kam auf die Bank zu und bat den heruntergekommenen Mann aufzustehen. Dieser stellte sich zunächst stur, bis der junge Mann ihm einen Groschen hinhielt. Daraufhin stand er murrend auf und verschwand.

„Vielen Dank, Herr …?"

„Von Radeberg, Xaver", er verbeugte sich perfekt. Nicht zu tief, nicht zu wenig, einfach perfekt. Beatrice zog ihre rechte Hand aus ihrem Pelzmuff, reichte sie ihm. Er deutete einen Handkuss an.

„Herr von Radeberg, diese Situation hier ist mir unangenehm. Der, … ehem, der arme Mann hatte schließlich das Recht, sich hier genauso aufzuhalten wie ich."

„Sehr wohl, gnädige Frau, das hatte er. Er hatte aber nicht das Recht, sie in Bedrängnis zu bringen. Beinahe wären sie von der Bankkante gefallen."

Beatrice blickte an ihrer rechten Seite vorbei auf die Sitzfläche. Durch ihren dicken Wintermantel hatte sie nicht bemerkt, dass sie wirklich schon über die Kante hinweg saß. „Mein Gott, ja!" Sie stützte sich mit der Hand ab, um einen besseren Halt zu haben und rutschte schnell ein Stück auf die Bank zurück, bis sie sicher saß.

„Darf ich ihnen behilflich sein, Frau …?"

„Beatrice, Gräfin von Heimtraut. Nein, danke, es geht schon. Möchten Sie sich nicht einen Moment setzen, Herr von Radeberg?" Das gebot die Höflichkeit.

„Gerne, gnädige Frau."

Sie beobachteten gemeinsam die Schlittschuhläufer. Lachten hier und da über die ungelenken Versuche der kleinen Kinder. Dabei musterten sie sich gegenseitig unauffällig. Beatrice registrierte: *Er kommt aus gutem Hause. Seine Kleidung entspricht zwar nicht der allerneuesten Mode, aber sehr gutes Material und steht ihm ausgezeichnet. Die Haare voll und gepflegt, klassische Nase, große Augen, offener Blick, markantes Kinn, schön geschwungene Lippen, makellose weiße Zähne. Kein Siegelring, schöne lange Finger, kein Ehering. Leichter Herrenduft, der in den oberen Gesellschaftsschichten bevorzugt wird. Angenehmes, herzliches, tiefes Lachen.*

Xaver stellte fest: *Sie ist reich, nicht nur wohlhabend. Allerneuster Schick, hervorragende Qualität. Für ihr Alter bemerkenswert wenig Falten. Kleine Nase, leicht geöffnete Nasenflügel, wacher aufmerksamer Blick. Sehr dezentes Rouge, Kussmund, kleine weiße Zähne, kleine Ohrläppchen. Angenehmes dunkles Lachen. Schmuck dezent, aber umso wertvoller, kein Ehering. Unaufdringliches Parfüm, leicht, etwas blumig, angenehm.*

Beide schnitten in den Augen des anderen gut, bis sehr gut ab.

„Ich denke, ich werde das Schlittschuhlaufen morgen selbst einmal ausprobieren. Dort hinten ist ein Schlittschuhverleih. Hätten Sie auch Interesse, gnädige Frau?"

„Oh nein, ich denke, das ist nichts mehr für mich. Obwohl ich es als Kind geliebt habe. Das letzte Mal bin ich mit meinen Kindern Schlittschuh gelaufen, da war ich ungefähr in ihrem Alter", winkte Beatrice lachend ab.

„Das kann ja noch nicht lange her sein. So etwas verlernt man nicht, gnädige Frau."

„Reizen würde es mich schon, wenn ich ehrlich bin", gab Beatrice zu. „Ich trau mich einfach nicht. Die Landung könnte sehr unsanft ausfallen."

„Nicht, wenn Sie mich zur Stütze haben. Überlegen Sie es sich." Er griff in seinen Mantel und holte seine Taschenuhr heraus. „Ich muss leider los. Ich werde erwartet. Einen schönen Abend wünsche ich Ihnen noch, gnädige Frau. Auf Wiedersehen oder Servus, wie man bei uns zu sagen pflegt." Wieder machte er seine perfekte Verbeugung und deutete einen Handkuss an.

Beatrice sah ihm nach. *Galant. Er erinnert mich ein wenig an meinen ersten Mann. Seine Statur, sein beschwingter Gang, so voller Leben und Kraft. Ich überlege es mir. Wenn ihm die Gesellschaft einer älteren Frau nicht unangenehm ist, warum sollte es mir dann unangenehm sein? Es geht schließlich nur um ein wenig Spaß.*

Mit sich und ihrer neuen Welt zufrieden, schlenderte sie zurück zu ihrer Herberge.

Am nächsten Tag traf sie sich zur gewohnten Zeit mit ihren neuen Bekannten zum heißen Punsch. Beatrice blieb bis zum Schluss, setzte sich dann auf die Bank und sah den Schlittschuhläufern zu. Etwas enttäuscht wollte sie sich gerade auf den Heimweg machen, als Xaver von Radeberg auf sie zugelaufen kam. Er strahlte sie an und schwang in jeder Hand ein Paar Schlittschuhe.

„Servus, gnädige Frau. Ich habe die letzten passenden Schuhe ergattert. Ich habe sie einem Ehepaar weggeschnappt. Leider konnte ich nicht eher, es ging ihr heute nicht so gut. Aber jetzt habe ich ein Stündchen Zeit, bis ich wieder zurück muss. Kommen Sie, ich helfe Ihnen beim Wechseln der Schuhe."

Überwältigt von seinem erfrischenden Charme ließ sie ihn gewähren. Beatrice stellte sich nicht so ungelenk an, wie sie befürchtet hatte. Er bot ihr seinen Arm und sie drehten einige Runden. Es machte ihr Spaß, sie fühlte sich frei und jung. Dann kam sie ins Schlingern. Wie auch immer es der junge Graf von Radeberg angestellt hatte, kam sie, statt auf das harte Eis zu fallen, auf ihm zu liegen. Sie hatten Mühe, unter Lachen, auf die Beine zu kommen.

„Es ist fast dunkel, Gräfin Beatrice. Ich sollte die Schlittschuhe zurückbringen. Der Verleih schließt bald."

„Ja, schade. Es hat mir Spaß gemacht. Darf ich Sie zu einem Glas heißen Punsch einladen, Herr von Radeberg? Als Dank dafür, dass Sie mich so sanft haben landen lassen", lachte Beatrice.

Nach einem Blick auf seine Taschenuhr lehnte er ihre Einladung dankend ab. „Leider habe ich keine Zeit mehr, gnädige Frau. Die Zeit ist so schnell vergangen. Ich habe ihr versprochen, in einer Stunde zurück zu sein. Ich muss mich sputen, wenn ich mich nicht verspäten will. Ich gebe die Schlittschuhe auf dem Rückweg ab. Servus und küss die Hand, gnädige Frau. Wir sehen uns bestimmt irgendwann einmal wieder."

Beatrice schlenderte summend nach Hause.

Über Nacht hatte es erneut zu schneien begonnen. Der junge Herr von Radeberg tauchte am nächsten Tag mit einem Schlitten auf. Von einem nahe gelegenen Hügel fuhren sie zu zweit auf dem Schlitten hinunter.

Tags darauf bauten sie zusammen einen Schneemann. Dann wiederum brachte er ihr das Eisstockschießen bei. Jeden Tag ließ er sich etwas Neues einfallen. Leider war seine Zeit immer knapp bemessen.

Sieben Tage trafen sie sich im Park. Dann kam er nicht mehr. Beatrice wartete den ersten, den zweiten und den dritten Tag auf ihn. Sie wollte es sich nicht eingestehen, aber sie hatte seine Gesellschaft wirklich genossen und sich jeden Tag aufs Neue auf ihn gefreut. Sie vermisste ihn. Um sich abzulenken, nahm sie sich vor, einen anderen Heimweg zu nehmen. Das schaffte sie nur an einem Tag. Tags darauf saß sie wieder auf der Bank und wartete auf ihn. *Albern, kindisch. Es war doch nur eine Frage der Zeit, dass er sich mit einer Frau, die seine Mutter sein könnte, langweilte. Ich mache mir da wirklich etwas vor. Von wegen er hätte meine Gesellschaft ebenso genossen, wie ich die seinige. Was bin ich doch für ein Kindskopf! Ich sollte Ausschau nach einem Begleiter in meinem Alter halten. Los, mach dich schick und gehe heute Abend strahlend zu der kleinen Adventsfeier, zu der du geladen bist. Das bringt dich auf andere Gedanken. Los! Hopp – Hopp. Amüsiere dich! Du lebst nur einmal!*

„Gnädige Frau, ich habe Sie vermisst“, hörte sie Xavers angenehme Stimme von hinten in ihr Ohr flüstern. „Drehen Sie sich bitte nicht um. Bitte sagen Sie nichts. Ich muss Ihnen etwas gestehen. Ich habe Sie nicht nur vermisst. Ich habe mich nach Ihnen gesehnt. Verzehrt habe ich mich nach Ihnen. Schlaflose Nächte haben Sie mir bereitet. Heute habe ich mir den Mut gefasst, Ihnen meine Gefühle zu gestehen. Ich weiß, ich bin Ihrer nicht würdig. Sie werden sicher denken, was will der junge Kerl von mir? Er kann mir nicht das Wasser reichen. Nicht wahr, so denken Sie? Es ist mir egal. Ich habe mich in Sie verliebt. Ich war wohl immer auf der Suche nach Ihnen. Jetzt, da ich Sie gefunden habe, werde ich alles dafür tun, dass sie mich erhören. Vorausgesetzt Sie mögen mich auch ein wenig, Beatrice. Liebe entzückende Beatrice“, seine Stimme wurde flehentlich. „Ich bitte Sie, geben Sie mir ein Zeichen. Drehen Sie sich bitte zu mir um, wenn ich mir Hoffnungen machen darf. Wenn nicht, werde ich auf der Stelle verschwinden und Sie werden mich nie wieder sehen. Das verspreche ich Ihnen.“

Beatrice Herz raste bis zum Hals. *Oh mein, Gott! Was soll ich bloß tun? Das wollte ich nicht! Bitte hilf mir! Ich kann doch nicht ..., nein, nein. Nein! Das ist verrückt! Total verrückt! Warum rast mein Herz so? Es kann nicht sein, dass ich mich verliebt habe! Nein, das will ich nicht. Dreh dich nicht um! Hörst Du? Dreh dich um Gottes willen nicht um!* Ihre Finger hatten sich in ihren Mantel gekrallt. *Er könnte dein Sohn sein! Womöglich sogar dein Enkelsohn! Lass ihn gehen! Lass ihn einfach gehen! Atme tief ein und aus. Steh auf, dreh dich um, bedanke dich für sein Geständnis und mach ihm unmissverständlich klar, dass du seine Gesellschaft genossen hast, aber es jetzt vorbei ist. Ja, genauso machst du es. Es ist das Vernünftigste. Los, mach schon!*

Beatrice wollte sich erheben, als ein dicker Schneeball auf ihr Gesicht zugeflogen kam. Instinktiv drehte sie ihren Kopf zur Seite, um ihm auszuweichen. Sie sah direkt in seine wunderschönen Augen.

„Bea! Oh Bea!“ Er nahm ihr Gesicht in seine Hände und küsste sie unendlich sanft. Sie ließ es zu. Sie dachte keinen Augenblick daran, ihn abzuwehren. Sie genoss den wohl zärtlichsten, verrücktesten Kuss ihres Lebens.

„Verzeih mir, liebste Bea.“ Xaver kam um die Bank herum. Er setzte sich neben sie und nahm sie in die Arme.

Beatrice wehrte sich nicht. Sie hatte das Gefühl, nicht sie selbst zu sein. Neben sich zu stehen. Er lächelte sie an, sie lächelte zurück.

„Wir sind verrückt geworden, nicht wahr?“, fragte sie ihn leise.

„Hast du mich vermisst?“

Sie nickte mit dem Kopf.

„Sehr vermisst?“

„Ja“, hauchte sie.

„Hast du morgens beim Aufstehen und abends beim Einschlafen an mich gedacht?“

„Ja.“

„Hast du die Stunden, die Minuten, gezählt, bis wir uns endlich wiedersehen.“

„Ja.“

„Wenn das nicht die Liebe ist, weiß ich es auch nicht, Bea.“

„Ach Xaver, bitte sprich nicht von Liebe. Das ist verrückt.“ Etwas Vernunft schlich sich in Beatrice Gefühle wieder ein.

Lange saßen sie einfach nur da. Beatrice beobachtete die Menschen auf dem zugefrorenen See und dachte unentwegt nur das eine Wort: verrückt.

Xaver ließ Beatrice nicht aus den Augen. *Es war zu schnell, mein*

Gerede von Liebe. Ich habe sie überrumpelt. Und doch habe ich nicht gelogen. Etwas übertrieben vielleicht, aber sie bedeutet mir wirklich sehr viel. Mehr als mir lieb ist.

„Musst du heute gar nicht los?“, fragte sie ihn plötzlich.

„Nein, heute habe ich Zeit. Eine Nachbarin kümmert sich liebenswürdigerweise um sie.“

„Wer ist `Sie`?“

„Meine Tante, genauer gesagt meine Adoptivtante. Habe ich dir das nicht gesagt? Sie ist sehr alt. Ich bin bei ihr aufgewachsen. Meine Eltern sind ums Leben gekommen, als ich acht Jahre alt war. Sie hat mir Vater und Mutter ersetzt. Ich bin es ihr schuldig, dass ich mich um sie kümmere.“

„Das ist selten, dass sich junge Männer um ihre alten kranken Tanten kümmern.“

„Findest Du?“

„Sonst hört man nur von Frauen, die ihre Angehörigen pflegen.“

„Vielleicht weil Männer das, was sie tun, nicht an die große Glocke hängen. Wir tun es einfach.“

„Kann sein. Ich finde es trotzdem sehr schön von dir. Was hat deine Tante denn?“

„Sie ist nicht krank, nur alt und benötigt bei den meisten Dingen Hilfe. Sie ist fast blind und liegt im Bett, weißt du. Und es ist wichtig, dass sie wegen ihrem Herzen die Medikamente pünktlich einnimmt. Aber lass uns die Zeit nutzen, um über uns zu reden.“

„Gut.“ Beatrice wollte wirklich wissen, was Xaver zu dieser spontanen Liebeserklärung getrieben hatte.

„Ich liebe dich. Ich möchte mehr für dich sein.“

„Was meinst du mit: mehr?

„Dein Begleiter, dein Beschützer, dein Liebster, einfach alles, Bea“, erklärte Xaver enthusiastisch.

„Mein lieber Xaver“, Beatrice bemühte sich um einen nüchternen Tonfall, „so geht das nicht. Du hast mich mit deiner Erklärung überfallen. Ich gebe zu, ich fühle mich geschmeichelt. Aber du erwartest von mir, dass ich genauso empfinde. Das tue ich nicht. Und das ist gut so. Ich mag dich sehr und sicher habe ich dich vermisst. Ich genieße deine Gesellschaft. Und ich würde mich freuen, wenn wir Freunde werden würden. Aber Liebe? Nein, Liebe empfinde ich nicht. Ich habe meinen zweiten Ehemann über alles geliebt, deswegen weiß ich, was Liebe für mich bedeutet. Du bist noch so jung. Eines Tages triffst du die Richtige, Xaver. Ich wünsche dir von Herzen, dass du auch einmal so glücklich werden darfst, wie ich es war. *Ich lüge. Ich lüge ihm ins Gesicht, ohne dabei rot zu werden. Dabei empfinde ich doch etwas anderes für ihn. Bea! Bea! Du bist die Ältere! Du bist die mit der Lebenserfahrung. Du musst vernünftig sein! Auch wenn du es nicht sein willst. Schluss! Aus! Denk nicht einmal daran!*

„Du hast ja recht, Bea. Ich habe dich mit meinem Geständnis überfallen. Und es reicht mir völlig, wenn ich erst einmal dein Begleiter und Beschützer sein darf. Ich werde meine Gefühle im Zaun halten. Ich verspreche es dir.“

„Bist du sicher, du schaffst das, Xaver?“

„Ja. Wir müssen nicht alles planen. Lass uns beide unsere Gesellschaft einfach genießen. Es wird sich alles finden.“

„Meinst du nicht, die Leute werden `Gott weiß was` über uns denken, wenn sie uns so häufig zusammen sehen? Womöglich werden sie über uns lachen? Das wäre mir äußerst unangenehm.“

„Was scheren mich die anderen Menschen? Lass sie denken, was sie wollen! Lass sie lachen und tuscheln! Mir ist das schnurz. Hauptsache wir fühlen uns wohl.“

„Wenn das so einfach wäre, Xaver.“

„Es ist einfach. Glaub es mir. Wir müssen es nur wollen. Erzähl mit etwas von dir, Bea“, bat Xaver.

Beatrice erzählte ihm von ihren zwei verstorbenen Ehemännern, Töchtern und Stiefsöhnen.

„Ich werde dich jetzt nach Hause begleiten, Bea. Deine Händerl sind schon ganz kalt und deine Nasenspitze ist etwas rot. Du erkältest dich womöglich noch.“

„Ich habe es nicht bemerkt, Xaver.“

„Umso wichtiger, dass ich jetzt auf dich aufpasse, Bea.“

Vor Beatrice Herberge angekommen, waren sie sich einig, dass ihre Bekanntschaft zunächst geheim bleiben sollte.

„Bis morgen, Bea. Träume etwas Schönes. Ich warte auf dich bei unserer Bank, ja?“

Am folgenden Nachmittag machten sie zusammen einen ausgiebigen Spaziergang durch die herrliche Winterlandschaft.

„Warum bist du nicht in der Nähe von deinen Töchtern und deinem Stiefsohn? Besuchst du hier Freunde?“

Beatrice erzählte ihm von dem entstandenen Zwist innerhalb ihrer Familie.

„Und nun denkst du, alle hätten sich gegen dich verschworen?“

„Ja. Ich bin absolut sicher, dass es so ist“, erwiderte Beatrice trotzig.

Xaver wechselte das Thema. „Ich bin jetzt noch fünf Tage hier, dann muss ich wieder fort.“

„Fort? Wohin?“

„Wenn ich das so genau wüsste. Meistens erfahre ich es erst am Morgen des Tages.“

„Ich verstehe nicht?“

„Ich versuche, es dir zu erklären. Durch die Adoption habe ich den Grafentitel geerbt.“

„Ist nicht wahr!“

„Doch. Denke jetzt bitte nicht, dass ich wohlhabend bin. Nein, das Gegenteil ist der Fall. Durch den Dreißigjährigen Krieg hat meine Tante alles verloren. Vor einigen Jahren hatte ich eine Havarie, seitdem bin ich nicht mehr beim Militär. Durch Beziehungen konnte ich danach wieder in den Dienst ihrer Majestät eintreten. Nun bin ich Kurier. Ich werde eingesetzt um, – sagen wir, geheime Dokumente von einem Ort zum andern zu bringen. Verstehst du?“

„Ja, davon habe ich gehört. Aber was ist eine `Havarie`?“

„Ach, süße kleine Beatrice“, lachte Xaver. „Eine Havarie ist nichts weiter als ein Zusammenstoß oder Unfall.“

„War es sehr schlimm?“

„Es ging. Ich erinnere mich ungern daran. Nun, da ich als Kurier ihrer Majestät arbeite, habe ich einerseits das Glück, dass ich nicht ständig unterwegs sein muss. andererseits verdiene ich nur an jedem einzelnen Auftrag. Mal mehr, mal weniger. Das ist so üblich. Je brisanter der Auftrag ist, desto mehr Lohn bekomme ich.“

„Dann ist es auch gefährlich?“

„Manchmal. Nun mach dir bitte keine Sorgen um mich. Bis jetzt ist ja alles gut gegangen. Nun, wie gesagt, wir haben weitere fünf wundervolle Nachmittage, an denen wir zusammen sein können. Was möchtest du unternehmen?“

„Ich habe mir keine Gedanken darüber gemacht.“

„Dann werde ich dich überraschen, einverstanden?“

Xaver war mit sich zufrieden. Dieses Mal wollte er es anders machen. Den Anfang hatte er ganz gut hinbekommen. Er hatte weniger gelogen als sonst. Tatsächlich war er adoptiert worden und wurde dadurch in den Grafenstand erhoben. Es war ein Ehepaar gewesen, welches sich damals sehnlichst ein Kind gewünscht hatte. Sie hatten ihn aus dem Waisenhaus geholt. Er hatte eine glückliche Kindheit. Seine Adoptiveltern waren weder reich noch wohlhabend. Aber sie hatten ihr Auskommen und es mangelte ihm an nichts. Er wurde mehr verwöhnt, als gut für ihn war. Jede Stelle, die er später annahm, langweilte ihn nach kurzer Zeit oder war ihm zu anstrengend. Seine Mutter nahm ihn jedes Mal in Schutz, wenn sein Vater ihm die Leviten las. Um des lieben Friedens willen tat er so, als wenn er eine Arbeit angenommen hätte. Seine Mutter kam ihm aber schnell auf die Schliche, weil er niemals Lohn mit nach Hause brachte. So lebte er in den Tag hinein.

Bis in die Nachbarschaft eine gut situierte Witwe einzog. Diese suchte nach einem Sekretär. Er bewarb sich und bekam die Stelle. Bereits nach kurzer Zeit machte die Witwe ihm ziemlich eindeutige Angebote. Zunächst lehnte er charmant ab. Als sie Xaver drohte, ihn durch einen anderen willigeren jungen Mann zu ersetzen, tat er, was sie verlangte. Er sollte ihr zunächst nicht wirklich beiwohnen, aber sie auf alle erdenklichen Arten befriedigen. Das tat er wohl zu ihrer vollsten Zufriedenheit, denn sie stockte seinen Lohn auf. Die Witwe schien unersättlich. Je mehr Mühe er sich gab, desto mehr wollte sie von ihm befriedigt werden. Dann kam der Tag, als sie ihn aufforderte, mit ihr Verkehr zu haben. Um das durchzustehen, fing er an zu trinken. Zunächst nur, um sich zu überwinden. Bald wurde es zur Gewohnheit. Es wurde so schlimm, dass sein kleiner Mann nicht mehr funktionierte und die Witwe ihn kurzerhand rauswarf.

Xaver versuchte es mit verschiedenen normalen Tätigkeiten. Wegen seinem mangelnden Interesse, seiner Unpünktlichkeit und der fehlerhaften Ausführung seiner Tätigkeiten wurde er oft nach kurzer Zeit rausgeworfen. Er kam zu der Einsicht, dass herkömmliche Arbeit nichts für ihn war. Im Nachhinein überlegte er sich die Vorteile seiner Tätigkeit bei der Witwe. Er hatte dort nichts weiter auszustehen gehabt. Sie hatte ihn entlohnt, zu essen und zu trinken gegeben, sogar einige seiner Kleidungsstücke hatte sie ihm geschenkt. Nur funktionieren musste er. Er beschloss, es das nächste Mal professioneller anzugehen und nicht mehr zu tief ins Glas zu schauen.

Nach kurzer schwerer Krankheit verstarb sein Adoptivvater vor elf Jahren. Seine Adoptivmutter vor Gram über seinen Tod einige Monate danach. Er konnte sich mit dem geerbten Geld eine Zeit lang über Wasser halten. Dann machte er sich auf den Weg in die nächstgrößere Stadt. Er erkundete die Herbergen, die Geschäfte und die Orte, an denen sich gut situierte Damen der Gesellschaft aufzuhalten pflegten.

Eines Tages wurde er von einem seriös aussehenden Herren, um die vierzig, angesprochen. Dieser sagte ihm auf den Kopf zu, dass Xaver sein Revier verlassen sollte. Er würde Schande über das Geschäft bringen und die Damen misstrauisch werden lassen. Xaver verstand ihn zunächst nicht und sah nicht ein, die Gegend zu verlassen. Abermals wurde er von dem seriösen Herrn angesprochen. Er erklärte Xaver, dass er nichts gegen ihn unternehmen könne. Und bot ihm an, wenn er ihn schon nicht los werden könne, ihn ausbilden zu wollen, damit er den Ruf der galanten Männer nicht schädigen würde. Sein Meister bildete ihn hervorragend aus. Unermüdlich übte er mit Xaver die geistreiche Konversation, das Benehmen in allen Lebenslagen, Gehen, Stehen, Tanzen. Tischmanieren, Getränkekunde und gute zeitgenössische Literatur. Künstler aller Art und Epochen waren Xavers Lieblingsfächer. Zwischendurch suchte sein Meister ihm einige Damen aus, an denen er sein Erlerntes ausprobieren konnte.

Zum Schluss wurde er im Fach der körperlichen Liebe ausgebildet. Dazu engagierte sein Meister eine erfahrene Hure, die in der feinen Gesellschaft verkehrte. Er lernte schnell und wissenschaftlich, welche Berührungen und Stellungen Frauen bevorzugten und wie er sie am glücklichsten machen konnte. Mit genügend Ratschlägen, wie er sich beim körperlichen Liebesspiel mit einer unattraktiven Frau verhalten und trotzdem standhaft bleiben könne, schloss er die Ausbildung ab.

Nun stand Xaver in der Schuld seines Meisters, der ihm nicht nur alles beigebracht hatte. Er hatte auch die Kosten getragen. Sie kamen überein, zusammenzuarbeiten. Ein wundervolles Leben begann für Xaver. Es machte ihm Spaß, die Damen zu umgarnen und zu verführen, bis sie ihm freiwillig alles gaben, was er von ihnen suggerierte. Sein Meister und er nahmen die Damen nie so aus, dass sie ruiniert waren. „Sie sollen uns immer als ein wunderbares Erlebnis in Erinnerung behalten. Es nützt uns nichts, sondern schadet nur unserem Ruf als Galan, wenn wir sie bis auf den letzten Groschen ausnehmen. Immer die Würde der Damen achten. Nie etwas verlangen. Geschenke nach entsprechend kleinem Widerstand annehmen. Hier und da eine kleinere, aber erlesene Aufmerksamkeit zurückschenken. Niemals den Damen das Gefühl geben, wir würden sie beherrschen. Sie sind die Königinnen, wir nur ihre Diener. Wenn auch die teuersten Diener der Welt. Vergiss niemals, diskret zu handeln, Junge. Diskretion ist das oberste Gebot unseres Berufsstandes. Und hüte dich davor, dich ernsthaft zu verlieben. Sobald du bemerkst, dass es bei dir über das berufliche Interesse hinausgeht, musst du sofort die Auserwählte verlassen. Das geht immer schief. Ich habe genügend Gallane beobachtet und kennengelernt, denen dies widerfahren ist. Die Damen werden über dich genauso Erkundigungen einziehen, wie du über sie. Vergiss das niemals! Wenn du sie einen Moment unterschätzt, haben sie dich in der Hand und machen dich fertig. Soweit kannst du gar nicht reisen, wie dein schlechter Ruf dir hinterher eilt. Dafür werden sie schon sorgen. Also leg dir eine gute, nicht zu übertriebene Vergangenheit zurecht, die ohne Weiteres glaubhaft erscheint. Mit der Zeit wirst du sie verinnerlichen und selbst davon überzeugt sein. Dies waren die Ratschläge und die Devise seines Ausbilders. Sie lebten hervorragend damit. Nach jedem gelungenen Projekt reisten sie in die nächste Stadt. Je nachdem, wer eher mit seiner Auserwählten fertig wurde, sondierte das neue Gebiet. Vor zwei Jahren trennten sich ihre Wege. Sein Meister hatte seine Meisterin gefunden. Wie Xaver inzwischen erfahren hatte, waren sie sogar verheiratet. Kurz nach der Trennung von seinem Meister beging Xaver einen folgenschweren Fehler. Er hatte das Dienstpersonal seiner neuen Auserwählten nicht gründlich genug überprüft. Ein unscheinbares Zimmermädchen hatte er nicht beachtet. Die ihn aber umso mehr. Sie verfolgte und beobachtete ihn.

Wie meistens hatte sich Xaver vorerst ein Zimmer in einer billigen Herberge genommen. In der Woche, in der er angeblich als Kurier seiner Majestät unterwegs war, hatte er aus lauter Langeweile ein zweites Projekt angefangen. Es lief sehr gut, bis dieses Zimmermädchen ihn abpasste und ihn erpresste. Sie wollte ihn auffliegen lassen oder an dem Geschäft beteiligt werden.

Xaver verfluchte sich heute stärker denn je dafür, dass er sich auf diese `Lola` eingelassen hatte. Sie hatte versprochen, ihm bei der erfolgreichen Durchführung seiner Projekte behilflich sein zu wollen. Das tat sie auch. Sie besorgte ihm die nötigen Informationen, um schneller an sein Ziel zu kommen. Leider hatte er sie unterschätzt. Nach Beendigung dieser zwei Projekte klammerte sie sich an ihn. Er wurde sie nicht los.

In der nächsten Stadt suchte Lola ihm die Damen aus. Sie verschaffte sich eine Arbeit in den entsprechenden Haushalten. Entweder als Zimmermädchen oder Putzfrau. Sie sondierte die Situation im Haus und gab ihm wertvolle Hinweise, für die er sonst Wochen gebraucht hätte. Leider wusste dies Lola nur zu gut und verlangte einen entsprechend höheren Anteil. Bekam er ein Geschenk von seinem Opfer, so bestand Lola darauf, das nächste Geschenk zu Barem zu machen und ihr das Geld auszuhändigen. Das wiederum brachte ihn in unnötige Erklärungsnöte den Damen gegenüber. Zudem kommandierte und kritisierte Lola täglich an ihm herum. Sie ging ihm teilweise sehr auf die Nerven. Aber noch überwog bei ihm die Bequemlichkeit.

Vor Wochen nun, hatte Lola sein erstes Projekt in München aufgetan. Eine wohlhabende Witwe, die sich nach Gesellschaft sehnte. Lola bewarb sich dort als Zimmermädchen. Sie wurde eingestellt und unterstellte nach ein paar Tagen dem Sekretär des neuen Opfers, dass er sich an ihr vergriffen hätte. Der Sekretär wurde fristlos entlassen. Xaver bewarb sich um die Stelle und wurde genommen.

Er hatte dort nicht sehr viel zu tun, ein bis zwei belanglose Briefe täglich, dann wollte die Dame unterhalten werden. Das teilte sie ihm eindeutig am ersten Tag mit. Es wäre eine leichte Tätigkeit gewesen, hätte sie nicht darauf bestanden, dass er sie schlug und erniedrigte.

Es war ihm zuwider. Xaver hatte zuvor niemals eine Frau geschlagen. Seiner Überzeugung nach, sah er in seinen Diensten an erster Stelle das Verwöhnen der Damen. Er wollte zunächst kündigen, doch mit teuren Geschenken überzeugte sie ihn, ihr Gewalt anzutun, damit sie ihre Befriedigung fand.

Durch sein Opfer war er auf den Treffpunkt der Schönen und Reichen im Park aufmerksam geworden. Sie selbst war dort nicht mehr gerne gesehen, weil sie zu sehr mit ihrem Reichtum prahlte. Die wirklich vornehmen Leute sprachen nicht darüber. Xaver hatte sich vorgenommen, diese Dame solange zu beglücken, bis er genügend Geld zusammenhatte, um längere Zeit zu pausieren. Viel fehlte ihm nicht mehr dazu. Er hatte all die Jahre gut verdient und lebte aufgrund des Zeitmangels recht sparsam. Nun hatte er Beatrice kennengelernt. Niemals hätte Xaver gedacht, dass er sich in eines seiner Opfer verlieben könnte. Er war auf dem besten Weg dazu. Es irritierte ihn. Er hatte keinen konkreten Plan mehr. Beatrice schien ihm zu vertrauen und hatte bis jetzt nicht im Geringsten angedeutet, dass sie mehr von ihm wollte. Sie wirkte mit sich und der Welt zufrieden. Das übte eine ungeheure Anziehungskraft auf Xaver aus. Alle Damen, die er in seinem Leben umgarnt hatte, waren in irgendeiner Form unzufrieden. Sie beschwerten sich ständig über ihre verstorbenen Männer oder über das Leben im allgemeinen. Beatrice tat nichts dergleichen, sie schien jeden Tag ihres Lebens zu genießen und freute sich, ohne Forderungen an ihn zu stellen, mit ihm zusammen zu sein. In ihrer Gesellschaft fühlte er sich sauber und gut. Er hatte nicht vorgehabt, sie mit seiner Liebeserklärung so zu überfallen. Es war ihm einfach über seine Lippen gekommen. Nach und nach war er sogar selbst davon überzeugt, dass er sich ein wenig in sie verliebt hatte. Xaver nahm sich vor, nicht großartig darüber nachzudenken, sondern die Zeit mit ihr einfach zu genießen. Seine Gefühle würden sich mit der Zeit schon in Luft auflösen.

So ähnlich dachte auch Beatrice. Sie nahm seine Liebeserklärung nicht wirklich ernst. Xaver war galant, charmant, witzig und sah sehr gut aus. Es war für sie völlig klar, dass seine Gefühle durcheinandergeraten waren. Bei Gelegenheit würde sie Xaver eine junge Dame aus ihrem neuen Bekanntenkreis vorstellen, die im Alter zu ihm passen würde. Bis dahin wollte sie die Zeit mit ihm genießen.

Die Zeit verging. Beatrice gewöhnte sich an die sieben Tage, an denen Xaver im Dienst seiner Majestät unterwegs war. Es machte ihr nichts aus, wenn sie ihn in dieser Woche nicht sah. Sie hatte mehr Zeit für sich und vertiefte ihre neuen Bekanntschaften.

Zu Weihnachten und Silvester wurde sie mit Einladungen überhäuft. Das war genügend Abwechslung, um nicht übermäßig unter der Trennung von ihrer Familie zu leiden. Der Groll auf Elisabeth, Rosalie und vor allem Karl hielt sie ohnehin davon ab, vor Sehnsucht nach ihnen zu vergehen.

Inzwischen waren ihre persönliche Habe sowie ihr Geld aus Braunschweig eingetroffen. Sie hatte ein Häuschen gemietet und fühlte sich schon fast heimisch in München.

15

Eine schaurige Entdeckung

Elisabeth saß in der Bibliothek und sah die Post durch, als Heinrich vor sich hin brummelnd hereinkam. „Was ist eigentlich los mit dir? Seit Tagen kommst du mit miesepetriger Laune morgens zum Arbeiten herein."

„Ach, ist doch wahr! Sie macht das extra."

„Wer macht bitte *was* extra?"

„Hermine, wer denn sonst."

„Und würdest du mir jetzt bitte liebenswürdigerweise erklären, was Hermine extra macht?", lächelte Elisabeth.

„Na riechst du das etwa nicht? Im ganzen Haus riecht es danach", Heinrich verzog zerknirscht sein Gesicht.

„Nein, ich rieche nichts Besonderes. Bitte sag mir jetzt, was du meinst, damit wir endlich mit der Post anfangen können. Ich möchte heute noch Weihnachtsgeschenke einpacken und zu Tante Soffie bringen, damit sie pünktlich in Braunschweig sind."

„Sie riecht es nicht! Wie kann man so etwas nicht riechen? Hermine lässt doch extra die Küchentür auf, damit es bloß überall nach Keksen duftet. Das macht sie jedes Jahr, so lange ich denken kann, nur um mich zu ärgern."

„Nur um dich zu ärgern?", lachte Elisabeth.

„Natürlich, warum denn sonst?"

„Weil es uns vielleicht alle in Weihnachtsstimmung bringen soll?"

„Nein, da kennst du Hermine aber schlecht. Sie macht die Tür nur wegen mir auf."

„Das ist Unsinn, Hein. Was hätte sie davon?"

„Mein enttäuschtes Gesicht. Das hat sie davon. Sie weiß ganz genau, dass ich den Duft nur ein paar Tage lang aushalte. Dann kann ich nicht mehr widerstehen und schleiche mich in die Küche. Jedes Jahr stellt sie eine Schachtel in die Küche, bevor sie ins Bett geht. Wenn ich dann die Schachtel öffne und sehe, dass sie leer ist, steht sie neben mir und lacht mir ins Gesicht. Sie lacht mich aus, weil ich jedes Jahr darauf hereinfalle."

„Warum tust du Hermine dann jedes Jahr den Gefallen?"

Heinrich musste jetzt auch lachen. „Du weißt doch: Die Hoffnung stirbt zuletzt."

„Frag Hermine doch einfach, ob sie einige Vorweihnachtskekse für dich hat."

„Nein, das geht nicht. Weihnachtskekse isst man an Weihnachten, oder etwa nicht? Außerdem macht das keinen Spaß. Es ist dann keine Spannung dabei, ob nicht doch ein Keks in der Schachtel ist."

„Das verstehe, wer will."

„Habe ich mir gleich gedacht, dass du das nicht verstehst."

„Soll das heißen, ich verstehe keinen Spaß?"

„Nein, sicher verstehst du Spaß. Nur dieses Spiel zwischen Hermine und mir nicht."

„Ich gebe zu, mir leuchtet der tiefere Sinn von eurem Spiel nicht ein."

„Den gibt es ja auch nicht."

„Können wir jetzt anfangen?"

„Bitte sehr."

Elisabeth sprang auf und lief aufgeregt, mit einem Brief wedelnd, im Zimmer umher. „Ich glaube es nicht! Ich fasse es nicht! Ich habe noch so viel zu tun! Ich weiß gar nicht, wo ich anfangen soll!"

„Wie wäre es damit, wenn du damit anfangen würdest, mir zu erklären, was dich so aus dem Häuschen bringt?"

Elisabeth fuchtelte mit dem Brief vor seiner Nase herum. „Ich freue mich ja so! Das errätst du nie!"

„Will ich auch gar nicht." Heinrich schnappte sich das Papier aus ihren Fingern. „Das ist wirklich ein Grund zur Freude, Liebes. Morgen sind sie schon hier."

„Ja! Ja! Ja! Morgen ist mein Bruderherz nebst seiner Verlobten da." Sie gab Heinrich einen Schmatzer auf die Wange. „Das muss ich sofort Hermine sagen.“ Schwuppdiwupp war sie aus der Tür hinaus.

Heinrich sah ihr liebevoll hinterher. *Das wars wohl mit der Post für heute. Meine Frau sehe ich frühestens zum Mittagessen wieder.* Er freute sich von ganzem Herzen mit Elisabeth. Der Brief von Rosalie hatte sie tagelang betrübt.

Heinrich zog die unterste Schreibtischschublade auf, wählte sich einen der köstlichen Kekse von Hermine aus und ließ ihn genüsslich auf seiner Zunge zergehen. Dann sah er noch einmal auf den Brief von Karl. Ganz unten, etwas kleiner stand: *Bitte erkundigt euch, ob euer Pastor an Weihnachten eine Trauung dazwischenschieben kann?*

Heinrich schmunzelte. Vor Freude hatte Elisabeth den Brief nicht bis zum Schluss durchgelesen. Er nahm sich noch einen Keks.

Es duftete himmlisch in der Schlossküche. Hermine und Max waren beim Weihnachtskeksebacken.

„Hermine, mein Stiefbruder mit seiner Verlobten reist morgen an“, strahlte Elisabeth. „Ich gebe Melli Bescheid, dass sie mit Anja die Gästezimmer herrichtet.“

„Kommt Gräfin Beatrice nach?“, erkundigte sich Hermine, die nichts von dem Familienzwist wusste.

„Leider nicht. Sie ist noch in Bayern“, erwiderte Elisabeth. Sie setzte voraus, dass ihre Mutter sich dort aufhielt, weil sie mit Sicherheit sonst längst in Eldingen aufgetaucht wäre.

Hermine machte innerlich drei Kreuze. *Gott sei Dank, bleibt die Gräfin uns erspart. Die mit ihrem Umräumtick. Das ist ja nicht auszuhalten. Jedes Mal das gleiche Durcheinander.* „Haben Baronin besondere Wünsche wegen dem Essen?“

„Nein danke, Hermine. Alles so, wie wir es besprochen haben, bitte. Hmm, die Kekse sehen verführerisch aus, geradezu zum Anbeißen.“ Elisabeth hatte ihre Lieblingskekse entdeckt, die Hermine extra für sie gebacken hatte. Elisabeth lief das Wasser im Mund zusammen, sie konnte den zarten Schokoladenschmelz förmlich auf ihrer Zunge fühlen. Sie schnüffelte in der Luft herum.

„Möchten Sie probieren?“, bot Hermine an. Seit Tagen kam ständig jemand herein, schnüffelte in der Luft herum und lobte ihre Kekse. Ob Melli, Anja, Titan oder Bartel, sogar Tante Soffie, die

Postfrau, hatte sich erkundigt, ob sie Kekse bäckt. Als wenn sie das nicht riechen würde! „Nein, du irrst dich, Lucie, ich habe einen Schweinsbraten im Ofen!“, hatte Hermine frech geantwortet. Tante Soffie zog beleidigt ab. Friedel hat vor der Küchentür geschnüffelt und auf die Küchentür geschielt. Dem musste sie natürlich einige Kekse heimlich in die Hand drücken, schließlich war er ihre geheime Quelle.

„Ach, ich würde ja zu gerne probieren, danke. Aber nein, ich lasse es lieber. Ich leide meinem Mann zuliebe mit ihm. Er muss ja noch bis Weihnachten warten, das werde ich dann wohl auch müssen.“

„Wer sagt, dass Heinrich bis Weihnachten warten muss?“, fragte Hermine erstaunt.

„Er selbst. Er hat mir vorhin gesagt, dass es hier im Schloss vor Weihnachten keine Kekse gibt.“

Hermine schmunzelte. „So, hat er das?“ Heinrich hatte Hermine in seinen Racheplan eingeweiht. Er hatte sie vorgewarnt, dass Elisabeth irgendwann in die Küche käme, liebend gerne einen ihrer Kekse probieren würde, aber Heinrich zuliebe darauf verzichten würde.

„Ja, und er hat mir von dem Spiel zwischen Ihnen und ihm erzählt.“

„Hmm, es ist mir momentan entfallen, Baronin. Wenn Sie mir einen Hinweis geben würden?“ Davon hatte Heinrich nichts erwähnt.

„Na, das mit der leeren Keksschachtel, die Sie jedes Jahr in die Küche stellen, bevor Sie schlafen gehen.“

„Ich weiß immer noch nicht genau …?“

„Heinrich hat mir erzählt, er schleicht dann nachts in die Küche und ist jedes Mal fürchterlich enttäuscht, weil die Dose leer ist. Sie würden ihn dabei überraschen und sich an seinem enttäuschten Gesicht erfreuen.“

„Ach, *das* meinen Sie, Baronin.“ Hermine hatte begriffen.

„Ist ja auch irgendwie gemein von Ihnen, finden Sie nicht?“

„Tja, jetzt wo Sie es sagen.“

„Wie dem auch sei, ich will mich da nicht einmischen. Jedenfalls verzichte ich schweren Herzens ebenfalls darauf, Kekse vor Weihnachten zu probieren.“

„Wie Sie wünschen, Frau Baronin.“ *Na, den Lausejungen knöpfe ich mir vor!,* dachte Hermine und schmunzelte vor sich hin.

Elisabeth summte Weihnachtslieder, während sie Weihnachtsgeschenke für Karl und Polly einpackte. Heinrich schlich unbemerkt mit seinem Keksteller an ihrer offenen Tür vorbei. Außer Hermine war niemand in der Schlossküche.

„Die Kekse waren wieder himmlisch, Tante Hermine. Keiner kann so köstliche Kekse backen wie du!"

„Du kannst dir deine Komplimente sparen. Du bekommst vor Weihnachten keine mehr", Hermine hatte ihre strenge Miene aufgesetzt.

Heinrich schlich um sie herum und gab ihr einen Kuss auf die Wange. Sie drehte den Kopf zur Seite.

„Och, bitte, bitte, Tantchen."

„Hör auf damit. Es gibt keine mehr."

„Warum denn nicht? Was habe ich denn gemacht?"

„Weil du deine Frau quälst."

„Ich quäle meine Frau. Wer erzählt denn so einen Mist?"

„Ich."

„Wie kommst du darauf?"

„Du mit deinem `Racheplan`!"

„Hat es geklappt? War sie hier? Hat sie deine Kekse mir zuliebe abgelehnt?"

„Ja, ja und ja. Sie hat sich regelrecht gequält, ihre Lieblingskekse nicht zu probieren."

Heinrich klatschte vor Freude in die Hände. „Wie schön."

„Sag mal, was bist du für ein Heuchler. Warum machst du das mit ihr?"

„Ich habe ihr im Sommer Rache geschworen. Sie hat mich mit Otto zusammen reingelegt. Die beiden haben mir erzählt, dass dieser Monsieur Jacques darauf bestanden hätte, in meinem Zimmer zu schlafen. Ich habe es ihnen geglaubt und eine fürchterliche Nacht bei Elisabeth und Bernhard verbringen müssen. Ständig ist Bernhard wach geworden und hat herumgequengelt."

„Na so schlimm ist das nun auch wieder nicht."

„Wenn Elisabeth mir nicht ständig die Bettdecke weggezogen und im Schlaf gelacht hätte, wäre es ja auszuhalten gewesen", beschwerte sich Heinrich.

Hermine musste jetzt auch lachen. „Gut, ich gebe zu, das schreit nach Rache."

„Tja, an Otto habe ich mich damals gleich gerächt."

„War es die Sache, als er nackt durch den Park laufen musste, weil du ihm seine Kleider weggenommen hattest?" Hermine lachte.

Heinrich ebenfalls. „Ja, und Monsieur Jacques mit offenem Hausmantel nackt hinter Otto hinterher."

Hermine hielt sich den Bauch. „Hör auf, ich kann nicht mehr. Bitte hör auf, Hein!"

Durch das Lachen angezogen, betrat Elisabeth die Küche. „Verpasse ich hier was?"

Hermine und Heinrich sahen sich an und prusteten erneut los.

„Nein!", antworteten sie gleichzeitig. „Es ist alles in Ordnung!"

„Na, dann lasse ich euch wieder allein." Sie schielte auf ihre Lieblingskekse und ging.

„Wie lange willst du sie in dem Glauben lassen?"

„Nur ein paar Tage. Es geht hier um bittere Rache. Das mit der Bettdecke und mit dem Lachen im Schlaf von Elisabeth bleibt aber unter uns, Tantchen?"

„Sicher. Das mit dem Schnarchen von Elisabeth wissen mittlerweile alle."

„Ich dachte, das wüsste keiner."

„Das hört man bis auf den Flur. Das kann man einfach nicht überhören, Hein."

„Wenn Lisa das wüsste! Das wäre ihr fürchterlich unangenehm. Sie meint, Damen schnarchen nicht, nur Männer."

„Du hast ihr das nicht gesagt?"

„Nein, ich habe ihr erzählt, dass ich schnarche und sie nicht im Schlaf stören will. Darum schlafe ich in meinem Zimmer."

„Ach Hein, du bist wirklich ein richtig Lieber. Soll ich dir den Keksteller wieder in die untere Schublade stellen?"

„Ja bitte, Tante Hermine. So wie jeden Tag." Er drückte ihr noch einen Schmatzer auf die Wange. „Danke. Ich hab dich lieb."

Otto, Karl und Polly trafen nahezu gleichzeitig auf Schloss Eldingen ein. Obwohl es nur drei Personen waren, herrschte im ganzen Schloss aufgedrehtes Durcheinander.

Hermine freute sich ganz besonders für Elisabeth, endlich hörte sie ihr ungezwungenes Lachen wieder bis in die Küche. Sie wusste immer noch nicht, was vorgefallen war, und hatte sich wegen einer erneuten Ehekrise zwischen Elisabeth und Heinrich ihre Gedanken gemacht.

Melli, die neue Hausdame und Nichte von Hermine, Anja, das neue Hausmädchen und Max wurden den Gästen vorgestellt.

Nach dem Abendessen saßen Heinrich und Elisabeth mit ihren Gästen gemütlich im roten Salon vor dem Kamin zusammen.

„Wie ich sehe, ist eure Schlossfamilie wieder so gut wie komplett. Melli ist eine entzückende junge Dame und die kleine Anja scheint mir einen quirligen Eindruck zu machen. Wie sieht es mit dem Küchenjungen aus?“, erkundigte sich Otto.

„Max, heißt er. Er ist ein aufgeweckter Junge. Hermine ist ganz begeistert von seiner Auffassungsgabe. Ich muss sagen, er lernt scheints wirklich sehr schnell“, antwortete Elisabeth.

„Max und Anja sind übrigens die Kinder von Bartel, unserem neuen Oberstallmeister“, fügte Heinrich hinzu.

„Wie seid ihr an ihn gekommen?“, wollte Karl wissen.

„Eigentlich ganz einfach. Ich habe Georg, meinem Freund, über den Weggang von Lennard mein Leid geklagt. Daraufhin hat Georg mich auf Bartel aufmerksam gemacht. Das war sozusagen in der letzten Minute. Bartel war bereits vor Lennard bei uns. Mein Vater hat ihm Lennard einfach vor die Nase gesetzt. Ich habe das damals nicht mitbekommen. Jedenfalls hat Bartel mittlerweile einen so guten Ruf, dass er Angebote von anderen Gutsbesitzern bekommen hatte. Nur weil seine Frau wegen der Verwandtschaft nicht aus Eldingen weg wollte, war er noch hier. Glück im Unglück, könnte man sagen“, erklärte Heinrich. Er sah Elisabeth an. „Mit Titan sind wir komplett. Wir fühlen uns jetzt wieder richtig wohl mit unserer Schlossfamilie, nicht wahr, Lisa?“

„Ja, das war ebenfalls Glück. Titan wollte sich verändern und dass es ihm gefällt hier bei uns.“

„Was ist das für ein merkwürdiger Name: `Titan`? Von wem sprecht ihr?“, hakte Otto.

„Titan heißt mit richtigem Namen Egon Wucht, er war auf Gut Heimtraut, seitdem ich denken kann, als Kutscher beschäftigt“, erklärte Karl.

„Und wieso nennt ihr ihn Titan?“, hakte Otto weiter nach.
„Weißt du es?“, Elisabeth sah ihren Stiefbruder Karl fragend an.
„Nein, ich habe keine Ahnung. Ich kenne es nicht anders. Der Spitzname trifft aber genau zu. Er ist riesig und hat gewaltige Kräfte. Er hat sogar Elisabeth und Rosalie-Sophie einmal das Leben gerettet.“
Bis auf Elisabeth beugten sich die anderen interessiert vor.
„Lisa und Rosalie haben unten am Fluss gespielt. Dann sind sie wohl die Böschung hinuntergerutscht. Sie waren damals etwa fünf und sechs Jahre alt. Ihr konntet euch wohl gerade noch an einem Baumstamm festklammern, als Titan euch schreien hörte. Das war an sich schon ein Wunder, weil der Fluss eine ziemlich starke Strömung hat und dementsprechend laut ist. Titan muss ganz in der Nähe gewesen sein. Titan ist hineingesprungen und hat die beiden Mädchen in letzter Minute herausgeholt. Rosa war sogar schon bewusstlos, als er sie ans Ufer brachte. Du warst ja schon immer die Robustere von euch beiden, Lisa, obwohl du ein Jahr jünger bist als Rosa. Trotzdem hat der Arzt gesagt, dass auch du am Ende deiner Kräfte gewesen bist. Titan hat die beiden auf seine Arme genommen und ist schnurstracks zum Arzt gelaufen, der hat damals nicht weit von uns gewohnt. Ihr könnt euch vorstellen, was für ein Gesicht mein Vater und Beatrice anschließend gemacht haben. Das Ende vom Lied war, dass niemand mehr von uns Kindern ohne Titan am Fluss spielen durfte.“
„Gott sei Dank ist alles gut ausgegangen.“ Heinrich drückte Elisabeths Hände.
„In diesem Fall müsste es wohl eher: `Titan sei Dank` heißen, nicht wahr?“, meinte Polly trocken.
„Nun zu euch, wie geht es euch beiden?“, erkundigte sich Elisabeth mit Blick auf ihren Stiefbruder und dessen zukünftige Gemahlin.
Polly und Karl warfen sich einen Blick zu. „Die Frage sollte eher lauten: „Wie geht es euch *Fünfen* bis *Sechsen*?“, lächelte Karl.
„Was? Wie? Mein Gott das ist ja wunderbar!“ Elisabeth stand auf und umarmte Polly und Karl. „Das ist ja unglaublich!“
„Könnte mich bitte jemand aufklären?“, fragte Heinrich konsterniert. „Uns hat keiner so umarmt, als wir über unsere neue Schlossfamilie gesprochen haben.“

„Ach, Liebling! Es geht doch nicht um Pollys und Karls Schlossfamilie. Hast du nicht gehört? Sie sind bald zu fünft oder sechst!“

„Doch das habe ich gehört. Ja und?“ Heinrich hatte es immer noch nicht verstanden.

„Du bist und bleibst ein Blitzmerker, Heini!“, lachte Otto. „Schon einmal was davon gehört, dass auch andere Menschen Nachwuchs bekommen könnten, außer euch?“

„Nachwuchs? – Kinder? Ihr meint, ihr bekommt fünf bis sechs Kinder?“, fragte Heinrich erstaunt.

„Nicht so ganz, Heinrich. Ich erkläre dir es noch einmal langsam: Ich erwarte drei bis vier Kinder. Die Ärzte sind sich noch nicht ganz sicher“, erklärte ihm Polly.

Heinrich sah Polly fassungslos an. „Du meinst, die sind da drin? In deinem Bauch?“

„Wo sonst?“, lachte Polly.

„Das gibt es nicht! Das ist ja –, man o man, Karl! Wie hast du das denn gemacht?“

„Er hat es! Er hat es begriffen!“, klatschte Otto in die Hände. „Endlich!“

„Wie ich das gemacht habe? Das solltest du langsam selber wissen. Du wirst zum zweiten Mal Vater.“

„Jetzt lasst euch erst einmal herzlich gratulieren! Heinrich, sieh nicht so ungläubig drein! Wo bleiben deine Glückwünsche?“, forderte Otto seinen Bruder auf.

Heinrich stand verwirrt auf. „Selbstverständlich, Polly, Karl meine herzlichsten Glückwünsche. Ich wünsche euch fünf bis sechs alles erdenklich Gute. Darauf müssen wir anstoßen! Ich möchte aber doch gern wissen, wie das geht mit so vielen Kindern“, meinte Heinrich trocken.

„Tja, genau weiß ich das auch nicht. Die Ärzte meinen, das liegt in der Familie. In jeder zweiten Generation könnten Mehrlingsgeburten vorkommen. Sofern es schon einmal welche gab“, erklärte Polly.

„Das bedeutet, in deiner oder Karls Familie muss schon einmal bei euren Urgroßeltern so etwas vorgekommen sein?“

„Ja, genau“, bestätigte Polly.

„Bei wem von euch beiden war es der Fall?“

„Also, ich weiß davon nichts und du Polly?“ Karl sah sie fragend an.

„Nein, mir ist auch nichts bekannt."

„Otto, weißt du, ob es bei uns schon vorgekommen ist?"

„Nicht genau, wir müssten einmal in der alten Familienchronik nachsehen. Darin sind die Geburten aufgezeichnet", antwortete Otto.

„Elisabeth weißt du, ob es seitens deiner Mutter da irgendetwas gab?", Heinrich sah sie fragend an.

„Nein, aber ich werde Rosa schreiben und fragen, ob sie etwas weiß. Ich finde, das ist wirklich interessant."

Melli servierte Schaumwein. Elisabeth und Polly lehnten dankend ab. „Der wird schon nicht schlecht, unsere Männer können unseren Wein mittrinken."

„Ich trinke auch keinen Alkohol mehr, solange wir schwanger sind", sagte Karl, sehr zum Erstaunen von Heinrich und Otto.

„Sagtest du gerade, solange *ihr* schwanger seid?", fragte Otto.

„Ja, habe ich gesagt."

Heinrich lachte. „Bis jetzt habe ich immer geglaubt, dass die Frauen die Kinder austragen."

„Gott sei Dank, ist das so", lachte Karl. „Nein, im Ernst, Polly muss auf so viel verzichten, da habe ich mir gedacht, ich tue es zumindest mir dem Trinken. So leiden wir zusammen ein wenig, nicht wahr, meine Liebe? Du weißt schon: Geteiltes Leid ist halbes Leid."

„Das ist wirklich lieb von dir, Karl. Ich halte es genauso mit den Keksen", meinte Elisabeth.

Heinrich hatte geahnt, dass *das* jetzt kommen würde. Er zwinkerte Otto zu.

„Welche Kekse?", zwinkerte Otto zurück.

„Da ist doch dieses Spiel zwischen Hermine und Heinrich. Es gibt hier im Schloss keine Vorweihnachtskekse und Heinrich leidet so sehr darunter. Hermine stellt dann manchmal eine leere Keksschachtel in die Küche, bevor sie so tut, als wenn sie weggeht. Heinrich schleicht sich daraufhin in die Küche, weil er glaubt, dass darin Kekse sind. Hermine überrascht ihn dabei und erfreut sich an seinem enttäuschten Blick. So ist es doch ungefähr, nicht Hein?"

Heinrich zwinkerte bei Elisabeths Erzählung ständig Otto zu. Der sah zwischen Elisabeth und Heinrich hin und her.

„Heinrich, das ist doch richtig so?", wollte Elisabeth die Bestätigung.

„Ja, das ist richtig."

„Hast du etwas im Auge? Du zwinkerst ständig. Lass mich einmal sehen." Elisabeth wollte sich erheben.

„Ist schon wieder gut, danke Lisa."

„Ja, jedenfalls tut Heinrich mir richtig leid. Und darum verzichte ich schweren Herzens auch vor Weihnachten darauf, Kekse zu naschen."

„Oh, das ist aber schade, ich habe mich schon auf selbstgebackene Kekse von Hermine gefreut", bedauerte Karl lächelnd. Er hatte die Zwinkerei von Heinrich zu Otto bemerkt.

„Das gilt aber nicht für unsere Gäste, nicht wahr, Heinrich?"

„Nein, nein, selbstverständlich nicht. Ihr dürft so viel Kekse naschen, wie ihr wollt."

„Wollen wir nicht endlich einmal anstoßen. Ach, du trinkst ja jetzt wohl auch nichts mehr, Heinrich oder? Da bleibt ja jede Menge für mich", tat Otto ganz harmlos.

Elisabeth sah Heinrich erwartungsvoll an.

„Ich? Ja –, nein –, ich trinke jetzt selbstverständlich auch nichts mehr. *Wir* sind ja auch schwanger." *Das wirst du mir büßen, lieber Bruder,* nahm Heinrich sich vor.

„Ich war heute Morgen bei Pastor Boreen." Heinrich genoss den fragenden Blick von Elisabeth. Sie hatte ihm schließlich die Abstinenz eingebrockt. Er hatte ihr absichtlich nichts von Karls und Pollys Heiratsplänen erzählt. Es sollte eine Überraschung werden.

„Ja und? Hat er noch einen Termin frei?", fragte Karl aufgeregt.

„Ja, hat er, am fünfundzwanzigsten, wenn es unbedingt sein muss oder an Silvester."

„Was für einen Termin?" Elisabeth konnte ihre Neugier nicht zurückhalten.

„Wir möchten hier heiraten. Wir wollten nie eine große Hochzeit. Ich habe Polly erzählt, wie schön eure Hochzeit in der kleinen Sankt Marienkirche war. Wir würden uns schon sehr verloren vorkommen, wenn wir in der riesigen Kirche in Braunschweig heiraten würden, nicht wahr, Liebes?" Karl sah Polly liebevoll an.

„Wundervoll! Ihr seid wirklich mit euren Überraschungen nicht zu übertrumpfen! Ich freue mich sehr für euch, trotz all dieser merkwürdigen Dinge, die unsere Mutter leider zurzeit anstellt", fügte Elisabeth leiser hinzu.

„Weißt du Lisa, wir haben beschlossen, Beatrice Beatrice sein zu lassen. Es kann doch nicht sein, dass die ganze Familie sich den Kopf darüber zerbrechen muss, was wir falsch gemacht haben könnten. Ich will das nicht mehr. Wenn Beatrice unauffindbar sein will, bitte, dann respektiere ich ihren Wunsch. Ich möchte aber gerne mein eigenes Leben so leben, wie ich es mir mit Polly vorstelle und nicht bei jeder Handlung darüber nachdenken, was Beatrice wohl dazu sagen würde. Sie hat unser gesamtes Leben bestimmt und organisiert. Damit ist nun Schluss. Ich wünsche ihr alles erdenklich Gute und wünsche mir wirklich, dass sie eines Tages unversehrt zurückkommt. Vielleicht sieht sie später einmal ein, was sie uns angetan hat. Mich hat sie als richtigen Idioten hingestellt. Das lasse ich mir nicht noch einmal bieten."

„Karl, entschuldige bitte, ich wollte dich nicht aufregen. Ich wusste ja nicht, dass noch etwas passiert ist", beschwichtigte Elisabeth ihren Bruder.

Polly übernahm das Wort. Sie schilderte sachlich und korrekt, was sie durch Beatrice' beauftragten Advokaten erlebt hatten.

„Das ist ja unglaublich!", konnte Heinrich sich nicht verkneifen. „Keine einzige Zeile von Beatrice persönlich? Alles über diesen Advokaten und diesen Herrn Rattenstett & Kompagnons?"

„So ist es", bestätigte Polly. „Wir mussten sogar meinen Advokaten einschalten und ihn dafür bezahlen, dass er Karls Rechte in der Sache vertritt. Es war zudem für Karl ziemlich unangenehm, dass fremde Menschen in seinem Haus und Beatrice' privaten Räumen zugange waren und all ihre Dinge begutachtet, angefasst und eingepackt haben."

„Ja, das war sehr unangenehm. Ich kam mir wie ein Verbrecher vor, dem Beatrice ihr Hab und Gut nicht mehr anvertraut. Aber nun gut, es ist vorbei. Ich möchte nicht mehr daran denken. Es gibt jetzt viel schönere und wichtigere Dinge in meinem Leben", er nahm zur Bekräftigung seiner Worte Pollys Hände und küsste sie.

„Sagt mal, hört ihr das auch?", fragte Heinrich plötzlich. „Das hört sich an, als wenn eine Kutsche oder ein Wagen näherkommt."

Jetzt hörten es die anderen auch. Otto, Karl und Heinrich traten ans

Fenster und versuchten, im Dunkel der Nacht etwas zu erkennen. Das Geräusch kam näher. Polly und Elisabeth blieben still sitzen. Heinrich öffnete das Fenster. Das Geräusch kam näher.

„Jetzt sind sie beim Kutscherhäuschen“, flüsterte Otto.

„Ja“, bestätigte Heinrich.

„Wer könnte das sein? Und was wollen sie um diese Uhrzeit hier?“ Otto sah auf die Uhr, es war kurz vor zehn Uhr.

„Ich weiß nicht“, überlegte Heinrich. „Es ist wohl besser, wir legen unsere Waffen zurecht.“

Otto und Karl nickten zustimmend.

„Ihr bleibt hier und verhaltet euch ruhig“, befahl Karl den beiden Frauen. „Wenn ihr Geräusche hört, die euch merkwürdig vorkommen, verschließt ihr sofort die Tür. Hört ihr?“

Otto und Heinrich waren aus der Tür hinaus.

„Meine Güte, warum machen die Männer uns so eine Angst? Kurz vor zehn, das ist doch noch nicht so außergewöhnlich spät“, flüsterte Elisabeth und stand auf.

„Wo willst du hin?“, fragte Polly leicht nervös.

„Ans Fenster. Ich will sehen, was sich da unten tut.“

„Meinst du nicht, dass das zu gefährlich ist?“

„Polly, wir werden von drei Männern beschützt. Und Titan ist mit Sicherheit auch wach geworden. Wer um alles in der Welt sollte uns etwas antun wollen? Und das auch noch mit Anmeldung? Da schleicht man sich doch an, oder nicht?“

„Ich denke, da hast du recht.“ Polly stellte sich neben Elisabeth an das geöffnete Fenster.

Es klopfte leise an der Salontür. Melli kam am ganzen Körper schlotternd herein. „Ich habe die Männer hinunterlaufen gehört. Sie schienen sehr aufgeregt zu sein. Sie sprachen von Gewehren und Pistolen.“

„Kommen Sie her zu uns, Melli. Sie brauchen keine Angst zu haben. Die Männer sind nur übervorsichtig. Sehen Sie, es nähert sich eine Kutsche. Sie hat an jeder Ecke eine Fackel. Ich glaube nicht, dass die Menschen darin eine Bedrohung für uns darstellen. Dann würden sie nicht mit Beleuchtung vorfahren, nicht wahr?“ Elisabeth legte Melli einen Arm um ihre Schulter.

„Wer das wohl sein mag?“, überlegte Polly laut.

„Sieh mal, da ist Titan. Da, gleich ist er in der Höhe der Kutsche."

„Der ist ja riesig", stellte Polly fest.

„Haben wir doch gesagt. Warte mal ab, bis du vor ihm stehst und seine Hände siehst. Da macht sich jeder Fremde in die Hose", kicherte Elisabeth.

Die Kutsche kam zum Stehen. Heinrich, Otto und Karl standen mit einem Gewehr, einem Säbel und einer Bratpfanne bewaffnet auf der Treppe.

„Was will Karl denn mit der Pfanne?", kicherte nun auch Polly.

„Keine Ahnung, aber es sieht zum Schießen aus!", lachte Elisabeth jetzt laut.

Titan hatte sich vor die drei Männer auf die unterste Stufe der Treppe gestellt. Dadurch konnten Heinrich und Otto nicht sehen, wer aus der Kutsche stieg.

„Servus miteinander!", hörte Elisabeth, drehte sich um und lief, so schnell sie konnte, den Flur und die Treppe hinunter.

Polly rief ihr hinterher, doch vor Freude hielt Elisabeth nichts mehr davon ab, ihren Schwager zu begrüßen.

Inzwischen konnten Otto und Heinrich erkennen, wen Karl da umarmte.

„Würde uns freundlicherweise jemand aus der Kutsche helfen?", hörte Elisabeth die Stimme von Rosalie-Sophie. Otto nahm den kleinen Leopold im Empfang, Heinrich half Rosalie aus der Kutsche. Die Schwestern fielen sich in die Arme und weinten Freudentränen. Karl umarmte seine beiden Stiefschwestern und weinte mit. Selbst Heinrich, Otto und Ferdinand waren gerührt.

„Jetzt aber rein in die warme Stube! Hopp, hopp!", hörten sie Hermines Stimme. „Es hat angefangen zu schneien! Los! Bevor sich hier draußen noch alle den Tod holen!"

Die Grafen und Barone ließen sich Hermines herzlichen Befehlston gefallen. Sie wussten, dass sie es nur gut mit ihnen meinte.

Auf dem Weg ins Schloss fragte Heinrich: „Tantchen, wo kommst du denn her? Hast du einen siebten Sinn?"

„Ich komme von zu Hause. Alexander war gerade auf dem Weg aus der Dorfschenke nach Hause. Da hat er die Kutsche gesehen, wie sie langsam durchs Dorf fuhr. Klar habe ich den siebten Sinn. Ich habe zu Alex gesagt: *„Die wollen sicher zum Schloss"*, also sind wir hinterher."

„Wo ist Alexander jetzt?"

„Der steht noch draußen, mit dem Prinzen, bei Titan."

In der Tat stand Titan dort und wurde von Ferdinand zunächst von oben bis unten begutachtet und anschließend umrundet. Ferdinand schüttelte ungläubig den Kopf und murmelte etwas vor sich hin. Alexander fand es ungehörig, dass Ferdinand Titan so musterte und winkte hilfesuchend zu Hermine.

„Ich glaube, da bist du gefragt", stupste diese Heinrich an.

Heinrich rief nach Ferdinand. Dieser konnte sich von dem Anblick des Riesen nicht losreißen. „Ferdi, nun komm schon! Unsere Frauen warten auf uns!"

„Scho recht, i kim gleich."

„Herr Wucht, entschuldigen Sie bitte, dass Sie mein Schwager so bewundert", wandte Heinrich sich jetzt an Titan.

„Ist in Ordnung, Herr Baron. Ich bin es gewohnt. Außerdem interessiert mich dieser Mann hier genauso. Ich habe noch nie einen Menschen getroffen, der einen so schweren Sprachfehler hat. Es scheint mit seiner Zunge etwas nicht in Ordnung zu sein", er zwinkerte Heinrich zu und starrte Ferdinand an. „Wären Sie so freundlich und würden sie ihren Mund einmal weit öffnen? Ich möchte einmal sehen, wie Ihre Zunge aussieht." Titan sagte das freundlich, aber so bestimmt, dass Ferdinand gehorchte und seinen Mund weit öffnete. Heinrich traute seinen Augen nicht.

„Tja, wie ich es vermutet habe. Eine wirklich arme Kreatur, Ihr Schwager. Schade, sehr schade."

„Woas hab i denn?"

Titan schüttelte nachdenklich seinen großen Kopf. „Nichts."

„Wia nichts?"

„Ich kann nichts sehen. Es ist zu dunkel."

„Wir können ja reingehen", bot Ferdinand an."Da is a Leuchten."

Heinrich, der sich vor Lachen krümmte, machte dem Spiel ein Ende. „Es reicht jetzt! Titan, hör bitte mit dem Unsinn auf. Du verunsicherst meinen Schwager. Nachher glaubt er dir womöglich. Komm jetzt endlich, Ferdinand."

„Ja, i ..."

„Nix „i", du kommst sofort mit, bevor du dich noch mehr bla-

mierst."
„Wieso? Woas is`n?"
„Erkläre ich dir morgen. Jetzt müssen wir nach oben, damit du dich aufwärmen kannst. Du bist voller Schnee", grinste Heinrich noch immer.
„Ja schö, gell? Foast wie daheim", schwärmte Ferdinand.

Die lustige Gesellschaft wärmte sich bei heißer Milch mit Honig auf. Danach wollten sie das Gepäck von Rosalie und Ferdinand auf die Zimmer bringen und sich zu Bett begeben.
„Das Gepäck hat Titan hochgebracht", berichtete Melli. „Die Zimmer sind hergerichtet. Brauchen Sie mich heute noch?"
„Nein, danke Melli. Richten Sie bitte Hermine und Titan einen schönen Gruß von uns aus. Wir bedanken uns morgen bei den beiden."
„Sehr wohl Baronin."

Heinrich graute vor der kommenden Nacht. Nebenbei hatte er mitbekommen, dass in seinem Zimmer Rosalie und Ferdinand, mit dem kleinen Leopold, Quartier bezogen haben. Er legte sich trotzdem mürrisch auf die ihm zugedachte Seite und zog die Decke über seinen Kopf.
„Was machst du hier?", fragte Elisabeth, die aus ihrem Ankleidezimmer kam.
„Was schon? Ich versuche, hier zu schlafen."
„Aber doch nicht hier, du Dummerchen."
„Wo sonst? In der Küche oder im Stall? Wo bin ich denn erwünscht?", brummte Heinrich.
„Hör auf Heinrich, du schläfst nebenan, im Kinderzimmer."
„Das soll wohl ein Witz sein? Wie soll ich bitteschön in Bernhards Kinderbett passen?"
Elisabeth lachte: „Komm mit, ich zeige es dir. Du passt da wunderbar hinein."
Heinrich zog sich die Decke höher über den Kopf. „Nö, ich habe mich gerade richtig schön eingekuschelt. Hier bekommt mich keiner wieder raus."
„Du musst es ja wissen, Liebster. Aber beschwere dich morgen

nicht."

„Mache ich nicht. Wenn du mir die Decke nicht wegziehst."

„Habe ich nicht vor, Liebling. Ich liebe dich. Schlaf gut."

„Ich dich auch. Schlaf gut."

Heinrich bekam kein Auge zu. Elisabeth schnarchte nicht und keiner zog ihm die Decke weg. Aber er getraute sich nicht, eine Bewegung zu machen, weil sein Sohnemann zwischen ihm und Elisabeth lag. Heinrich hatte Angst, er könnte Bernhard im Schlaf mit seinem Gewicht erdrücken oder ihn aus Versehen ersticken. Es war ihm schleierhaft, wie Elisabeth seelenruhig schlafen konnte. Wenn ihm doch vor Müdigkeit die Augen zufielen, zwang er sich wieder wach zu werden. Nach einer Stunde, gefühlten zehn Stunden, in denen er kaum gewagt hatte zu atmen und sich zu bewegen, stand er leise auf. Seine Glieder waren eingeschlafen und kribbelten. Sein Nacken und sein Rücken taten ihm weh.

„Geh jetzt endlich rüber, Titan hat dir dort ein komfortables Bett hineingestellt. Ich will jetzt endlich meine Ruhe haben", flüsterte Elisabeth.

Heinrich erschrak dermaßen, dass er mit seinem großen Zeh gegen den Bettpfosten prallte. Ihm traten die Tränen in die Augen, trotzdem humpelte er mit zusammengebissenen Zähnen ins Kinderzimmer. Dort stand es, das Ziel seiner Träume: ein großes breites Bett, ganz für ihn alleine. Beim Einschlafen nahm er sich vor, das nächste Mal gleich auf seine Frau zu hören.

Mehr oder weniger gut ausgeruht, aber trotzdem in allerbester Laune, traf sich die Familie zu einem ausgiebigen Frühstück. Hermine verwöhnte sie mit frischgebackenen Butterhörnchen, verschiedenem Brot und Brötchen, Käse, Wurst, Schinken, Rührei, gebratenem Speck, süßen Brotaufstrichen, Kompott, Kakao, Tee und Säften.

Karl und Polly brachen als Erste auf, sie wollten ihren Hochzeitstermin mit Pastor Boreen besprechen. Ihre Abwesenheit nutzten die anderen, um die Hochzeitsfeierlichkeiten zu planen. Auch wenn Polly und Karl kein Aufhebens um ihre Hochzeit machen wollten, so war der Rest der Familie sich doch einig, dass diese Hochzeit genauso schön werden sollte, wir ihre eigenen. Jeder von ihnen übernahm eine andere Aufgabe. Heinrich und Ferdinand ritten zu Heinrichs

Freund Georg in die Ziegelei. Dort fragte Heinrich Georgs Frau Erika, ob sie die Kirche so schön schmücken würde, wie sie es bei seiner und Elisabeths Hochzeit getan hatte und ihre Töchter, Betunia und Manella, das Blumenstreuen übernehmen würden.

„Selbstverständlich, Herr Baron, die Kirche ist sogar noch von Weihnachten geschmückt. Ich werde einige Zweige erneuern, dann passt das schon. Aber mit den Blumen, da sieht es schon schwieriger aus. Wenn ich schmale bunte Stoffstreifen hätte, könnte ich mit einigen Frauen kleine Blumen basteln. Den Kranz vor der Kirchentür und der Schlosstür fröhlicher schmücken. Ja, das wäre möglich."

„Wunderbar, bitte schreiben Sie genau auf, was Sie benötigen. Wir geben das an unsere Frauen weiter."

Während Erika, die Anzahl, Länge und Breite der Bänder notierte, bot Georg den beiden Männern einen Humpen Bier an.

„Tut mir leid, Georg, wir haben unseren Frauen gesagt, dass wir, solange sie schwanger sind, auf Alkohol verzichten, weil sie auch auf so viel verzichten müssen", erklärte Heinrich seinem Freund zerknirscht. Ferdinand hatte sich überrumpeln lassen und dem Alkoholverzicht zugestimmt. Er sah ebenso mit Bedauern zu den Bierhumpen hinüber.

„Hmm, wenn ihr meint." Georg überlegte. „Also, ihr wisst ja, dass Bier eigentlich nicht dazu zählt, zum Alkohol meine ich. Im Grunde genommen ist Bier sozusagen *reine Medizin*. Da könnt ihr jeden Arzt fragen. Stimmt doch, nicht wahr, Erika?", rief er in Richtung Küche.

Erika antwortete, genau konnten sie aber nicht verstehen, was sie antwortete.

„Da habt ihr es: Sie hat „Ja" gesagt, habt ihr das auch gehört?"

„Ja ganz deutlich, du a Heini?", pflichtete Ferdinand eifrig bei.

Heinrich war sich fast sicher, dass Erika gesagt hatte: „Ja, aber nur ein kleiner Schluck." Das behielt er aber lieber für sich. Zu groß war die Versuchung vor ihm auf dem Tisch. Er nickte zustimmend mit dem Kopf.

„Na, dann zum Wohl Männer! Auf die Gesundheit unserer Frauen!", prostete Georg ihnen zu.

Sie stießen an und weil man auf einem Bein nicht stehen kann, folgte der zweite Humpen. Dann der dritte und weil Bier ja so gesund ist, der vierte Humpen. Der fünfte war der Becher vor dem

Aufbruch. Ferdinand nannte ihn den `Scheidebecher`. Heinrich sah auf die Uhr. Sie mussten wirklich die Heimkehr antreten. Aber nicht ohne eine Verabredung mit Georg zutreffen, bei der sie die neuen Brennöfen in der Ziegelei besichtigen wollten. Dazu würden sie auch Karl und Otto mitbringen.

Otto hatte sich bereit erklärt, sich um die Getränke zu kümmern. Er tat dies, indem er beim Dorfwirt Wolfgang Walter ausgiebig das frisch gebraute Bier mit den älteren Sorten verglich. Dazu mussten die diversen Brände probiert werden. Auch hier galt das Prinzip: Auf einem Bein kann man nicht stehen. Das Angebot Wolfgangs, diverse Weine zu kosten, schlug Otto aus. Er wollte nicht volltrunken ins Schloss zurückkehren. Er beabsichtigte, Karl an den Hochzeitsvorbereitungen teilhaben zu lassen und ihn das nächste Mal zur Weinprobe mitzunehmen.

Elisabeth und Rosalie bereiteten die Einladungskarten vor. Da Heinrich seiner Frau im Sommer versprochen hatte, einen Ball zu Weihnachten zu geben, der wegen ihrer erneuten Schwangerschaft ausfiel, war Elisabeth mit ihm so verblieben, dass Überraschungsgäste eingeladen werden sollten. Auf der Liste standen:

1. der komplette Gemeinderat:
   Pastor Boreen mit seiner Nichte Magda 2 Pers.
   Doktor Röder mit seiner Frau Helene 2 Pers.
   Wolfgang & Wilma Walter 2 Pers.
   Alexander & Hermine Rotermann 2 Pers.

2. der Beedenbosteler Vogt Hans-Hermann von Bergdorf mit Frau
   2 Pers.

3. Georg mit seiner Erika 2 Pers.

4. Hans von Mollenstein, der Advokat der Barone von Eldingen
   nebst Begleitung 2 Pers.

4. Joseph, der frühere Kammerdiener & seine Frau Hildegard
   2 Pers.

5. als Ehrengast, Karls bester Freund „Graf von Bergen“, Leiter des herzöglichen Marschstalls aus Celle, nebst Gattin 2 Pers.

6. das Brautpaar, Polly und Karl 2 Pers.

7. Rosalie & Ferdinand 2 Pers.

8. Elisabeth & Heinrich 2 Pers.

9. Otto 1 Pers.

„Summa summarum: fünfundzwanzig Personen. Ich hätte nicht gedacht, dass wir so viele werden“, meinte Elisabeth erstaunt.

„Nur, wenn alle wirklich kommen. Die Hochzeit ist sehr kurzfristig. Sei bitte nicht enttäuscht, wenn sie schon etwas anderes vorhaben. Polly und Karl wären sicher nicht enttäuscht, weil sie eigentlich nur mit der Familie rechnen. Außerdem könnte es nur klappen, wenn sie an Silvester heiraten. Am ersten Weihnachtstag steht bei allen die eigene Familie an erster Stelle“, überlegte Rosa.

„Wie dem auch sei, wenn sie vom Pastor zurückkehren, wissen wir mehr. In der Zwischenzeit können wir den Text für die Einladungen entwerfen.“ Elisabeth ging in die Bibliothek, um Briefpapier und Tinte zu holen.

Das Tintenfässchen auf dem Schreibtisch war fast leer, daher durchsuchte sie die Fächer und Schubladen und entdeckte den Keksteller. *Ah, sie mal einer an, dieser Lausejunge! Von wegen: „In diesem Haushalt gibt es vor Weihnachten keine Kekse! Wenn das so ist, brauche ich mich ja auch nicht daran zu halten. Danke mein Schatz, das werden wir sofort ändern.* Sie setzte sich auf Heinrichs Stuhl und aß genüsslich einen Keks nach dem anderen. *Meine Güte, sind die lecker! Eine wahre Sünde ist das!* Dann kam ihr plötzlich eine Idee. Sie nahm einen ganz hellen Keks, legte diesen zwischen zwei Bögen Briefpapier und zermalmte ihn in kleine Krümel. Die restlichen Kekse auf Heinrichs Teller zerrieb sie ebenfalls schweren Herzens. Sie schloss den Schreibtisch sorgfältig ab, faltete das Papier mit dem zerkrümelten Keks zusammen und ging in Bernhards Kinderzimmer. Dort schlug sie die Bettdecke von Heinrichs Lager zurück und verteilte die Krümel auf dem gesamten Bettlaken. Anschließend legte sie die Bettdecke wieder darüber und strich sie glatt. So sah Heinrichs Bett wie frisch gemacht aus. Gut gelaunt ging sie in die Schlossküche hinunter. Dort traf sie niemanden an. Sie belegte einen großen Teller mit Hermines Keksen und schlenderte fröhlich summend zu ihrer Schwester zurück.

„Du strahlst ja so, Schwesterherz. Ist dir unterwegs etwas Schönes begegnet?"

Elisabeth stellte den riesigen Teller mit Keksen vor Rosalie auf den Tisch. „Ja, etwas ganz Köstliches ist mir begegnet." Sie weihte Rosalie in ihre Entdeckung und ihren kleinen Racheplan ein.

„Da wirst du heute Nacht wohl kein Auge zumachen, Lisa. Wenn Heinrich die ganze Zeit flucht."

„Das macht nichts, das ist die Sache wert. Außerdem habe ich mir im Sommer kleine Stöpsel aus Wachs für die Ohren gekauft. Damit höre ich keinen Piepser."

„Lisa, zurück zur Gästeliste. Otto steht hier als Einziger ohne Begleitung. Kennst du nicht eine passende Tischdame für ihn?", bemerkte Rosalie.

„Lass mich überlegen. So auf Anhieb fällt mir keine Frau passenden Alters ein. Sie sind zu jung, zu alt oder vergeben. Warte einmal, da war doch …? Es liegt mir auf der Zunge."

„Wer? Nun sag schon."

„Jetzt ist es wieder weg. Ach, es fällt mir wieder ein, ganz sicher. Lass uns die herrlichen Kekse von Hermine probieren. Ich sage dir, die sind ein Gedicht, Rosa!"

Heinrich und Ferdinand tranken in der Schlossküche ein Glas Milch und steckten sich einige Stücke Käse in den Mund, bevor sie unter die Augen ihrer Liebsten traten.

„Servus Weibis", strahlte Ferdinand Rosalie und Elisabeth an. „Was habt ihr zwoa Hübschen in der Zeit angestellt?"

„Wahrscheinlich nicht so was Verbotenes wie ihr *zwoa* weniger Hübschen", lachte Rosalie. Ferdinand nannte sie nur `Weibi`, wenn er angeschickert war. Rosa verriet dies aber nicht.

„Wir haben nichts Verbotenes getan, nicht wahr, Ferdi?" Heinrich sah Ferdinand fragend an. „Im Gegenteil, wir waren sehr erfolgreich. Hier, da hat Frau Berger aufgeschrieben, was sie benötigt, um die

Kirche, die Kränze … und was noch Ferdi?“

„Ähm, ich glaub kleine Blümerl oder so.“

„Ja, genau, kleine Blümchen für die Kinder zum Streuen.“ Heinrich war erleichtert, dass sie noch alles zusammenbekommen hatten. „Dann lassen wir euch beide am besten ungestört weitermachen. Wir sind in der Bibliothek, falls ihr uns sucht.“

„Die waren doch nicht mehr ganz alleine“, stellte Elisabeth fest.

„Was meinst du mit *ganz alleine*?“

„Das sagt man hier so, wenn jemand getrunken hat, aber nicht volltrunken ist. Mir kam vor, dass sie angeschickert waren.“

„Ich habe nicht darauf geachtet. Du, ich höre die Stimmen von Polly und Karl. Lass sie uns wegen ihrem Termin fragen“, lenkte Rosa ab.

Sie hatten den Hochzeitstermin auf den einunddreißigsten Dezember gelegt.

„Ich gehe in die Bibliothek und gebe Heinrich Bescheid“, erklärte Karl. Dort fand er Heinrich und Ferdinand dösend in Sesseln vor.

„Was ist denn mit euch los? War der Ausritt zur Ziegelei so anstrengend?“

„Na“, brummte Ferdinand: „Oans von den Bierchen war scheints nicht in Ordnung.“

„Aha, das war wohl nichts mit eurem Versprechen, keinen Alkohol während der Schwangerschaft zu trinken, was? Hat ja lange gehalten, von gestern Abend bis heute Mittag.“

„Geh weida, Schwager, erstens bin net *i* schwanger und zwoatens ist so a kloans Bierlie koa Alkohol, sondern Medizin“, winkte Ferdinand ab.

Karl lachte: „Das ist ja ganz neu! Wer sagt denn so etwas?“

„Ja mei, die neueste Wissenschaft halt. Hat sich bis zu dir noch nicht herumgesprochen, wie? Wir in Bayern wissen dös scho lang. Nix is g’sünder als a g’scheite Maß Bier.“

„Wenn das so ist, werde ich mich wohl ab und zu auch der Wissenschaft beugen müssen.“

„Ganz recht. Jetze sag auch mal woas, Heini!“, forderte Ferdinand ihn auf.

„Du hast vollkommen recht. Vielleicht sollten unsere Frauen das nicht unbedingt mitbekommen. Ich vermute, sie würden das nicht verstehen“, nuschelte Heinrich träge.

„Nein, das glaube ich auch nicht“, lachte Karl. „Das ist reine Männersache.“

„Sehe ich auch so.“

„Wann ist der nächste Termin für die Medizin?“, wollte Karl jetzt wissen.

„Wenn wir die neuen Brennöfen in der Ziegelei besichtigen. Das haben wir extra wegen dir und Otto verschoben.“

„Das ist weit genug weg vom Schuss, nicht wahr?“

„Was ist weit genug weg vom *Schuss*?“, Otto war hereingekommen. Er wankte ein wenig.

„Du bist ja betrunken“, lachte Heinrich.

„Na wenn schon. Ich darf. Außerdem habt ihr mich im Stich gelassen. Ich musste literweise Bier und Schnaps probieren. Beim Wein habe ich nicht mehr mitgemacht. Also was ist jetzt weit genug weg vom Schuss?“

„Unser Ausflug zur Ziegelei, da kommen die Frauen nicht mit. Wir vier müssen nur einen Termin für die Besichtigung der neuen Brennöfen ausmachen.“

„Höchst *interessant,* so neue Brennöfen. War ich schon immer ganz wild drauf“, meinte Otto ironisch.

„Vielleicht interessiert dich das Bier dort mehr als die Öfen.“

„Das hört sich schon besser an“, lachte Otto. Er wankte zum Schreibtisch. „Warum ist die untere Schublade abgeschlossen?“

„Darum“, antwortete Heinrich patzig.

„Gib die Schlüssel her, sonst verpfeife ich dich“. Heinrich warf ihm seinen Schlüsselbund zu.

Otto schloss auf und zog die Schublade heraus. „Was ist denn hier los? Habt ihr Mäuse?“

„Was?“ Heinrich, Karl und Ferdinand setzten sich aufrecht hin.

„Hier seht selbst.“ Otto hielt ihnen den Keksteller vor ihre Nasen. „Nichts wie Krümel darauf.“

Ferdinand sah auf den Teller. „Woas war drauf?“

„Kekse“, lachte Otto.

„Wieso? Ich denke, du naschst vor Weihnachten keine Kekse, Hein?“, fragte Karl.

„Tja, also. Das stimmt nicht ganz. Ich räche mich an Elisabeth für das, was sie mir im Sommer angetan hat.“ Er erzählte die ganze Geschichte.

„Und du bist wirklich nackt durch den Park gelaufen, Otto?“, amüsierte sich Karl.

„Ja, das war Heins Rache für mich. Ich habe Elisabeth gewarnt: Die Rache von Heinrich kann lange auf sich warten lassen. Bei mir hat er sich einmal erst nach einem Jahr gerächt. Da wusste ich zunächst nicht, was das sollte.“

„Otto, woher weißt du eigentlich, dass Hermine mir Kekse in die untere Schublade stellt?“ Heinrich kam langsam wieder durch.

„Das ist nicht neu. Das hat sie schon bei Vater getan.“

„Jetzt dachte ich tatsächlich, das macht sie nur bei mir.“

„Nein, da irrst du dich gewaltig. Ich hatte auch immer einen kleinen Teller bei mir im Schreibtisch und Mutter in ihrem auch.“

„Warum ich nicht?“

„Weil du ständig in der Küche Kekse stibitzt hast. Das hat Hermine geärgert.“

„Männer, sollten wir nicht nach der Maus schauen?“, schlug Ferdinand vor.

Auf der Suche nach der Maus, beziehungsweise deren Hinterlassenschaften, krabbelten die vier Männer auf dem Boden um den Schreibtisch herum. Cockie, der das als Spiel betrachtete, schwanzwedelnd mittendrin. Elisabeth und Rosalie wollten ihre Männer von der Gästeliste berichten. Beim Anblick der vier Männer fingen sie an zu kichern.

„Woas gibt`s da zu kichern?“, murrte Ferdinand.

„Ein Bild für Götter! Wenn ihr euch sehen könntet! Was treibt ihr da?“

„Otto ist was runter gefallen“, behauptete Heinrich geistesgegenwärtig.

„Mir?“

„Ja, du Idiot“, zischte Heinrich ihn an.

„Nein mir“, wollte Ferdinand die Situation retten.

„Wem denn nun?“, fragte Elisabeth, die den leeren Keksteller entdeckt hatte, den Cockie genüsslich abschleckte. Sie stieß Rosalie an, die Bescheid wusste.

„Ja, also uns“, erklärte jetzt Otto.

„Ach so. Ich vermutete schon, ihr seid auf der Suche nach einer Maus“, tat Elisabeth scheinheilig.

„Maus, wieso Maus? Blödsinn. Hier gibt es keine Mäuse, nicht wahr, Heinrich?“, behauptete Karl, der wusste, dass Rosalie Angst vor Mäusen und keine Lust auf ihr Gekreische hatte.

„Nöh, auf gar keinen Fall gibt es hier Mäuse. Hat es noch nie gegeben, nicht wahr, Otto?“

„Nein niemals, so wahr ich Otto heiße!“

Die Frauen lachten. Elisabeth versuchte, ernst zu werden. „Wenn ihr uns erzählen würdet, was dir, Otto, oder dir, Ferdi, heruntergefallen ist, könnten wir euch helfen“, bot sie an.

Sie bekam gleichzeitig vier verschiedene Antworten: „Nein, ist schon gut.“ – „War nicht so wichtig.“ – „I hoabs gleich.“ – „Hat Zeit bis später.“

„So, so, na gut. Rosalie und ich brauchen euch jetzt *sofort*. Wir warten an der Bodentreppe auf euch. Polly hat nach dir gefragt, Karl. Sie ist bei Leopold und Bernhard.“

Die Frauen gingen lachend hinaus.

„Das hat ja wunderbar geklappt“, freute sich Elisabeth.

Die Suche nach Stoffresten auf dem Dachboden für den Kirchenschmuck fiel mäßig aus. Bis auf die altrosa Vorhangstoffe aus den früheren Räumen von Heinrichs Mutter und den blauen und grünen Stoffen aus Ottos und Heinrichs ehemaligen Räumen wurden sie nicht fündig. In einer Truhe entdeckten sie verschiedenfarbige Tischdecken, Läufer und Servierten, aber so richtig fröhlich wirkte das alles nicht.

„Schade“, meinte Elisabeth. „Hast du Stoffe gefunden, Otto?“

„Hier in dieser Truhe liegen lauter eingepackte Holzbretter. Ich frage mich, warum Vater die wohl eingepackt hat?“ Otto hatte an den Seiten das Papier aufgerissen.

„Lass sehen“, meinte Elisabeth. Sie riss das Papier weiter auf. Zum Vorschein kam ein goldener, glänzender Stoff. „Wenn das richtig ist, was ich vermute, dann sind das alles Stoffballen. Hilf mir mal, Rosa.“ Sie kamen aus dem Staunen nicht mehr heraus. Allesamt edle, glänzende Stoffe.

„Die müssen auf alle Fälle mit runtergebracht werden. Am besten in den Spiegelsaal. Ich denke, wir sind soweit fertig."

Sie sahen sich nach Heinrich, Otto und Ferdinand um, die vor einer anderen Truhe hockten. „Wir gehen schon einmal vor. Beeilt euch bitte."

„Hmm, – wir kommen gleich nach."

Aus dem \`gleich\` wurde eine gute halbe Stunde. Seitdem Rosa und Elisabeth den Dachboden hinuntergegangen waren, hatten die drei Männer kein einziges Wort mehr miteinander gesprochen. Sie räumten die Stoffe in den Spiegelsaal und setzten sich zum Abendbrot zu den anderen, die sich angeregt unterhielten.

„Gesprächig seid ihr nicht gerade. Auch ein wenig blass um die Nasen", stellte Karl fest. „Habt ihr eine Maus entdeckt oder gar ein Gespenst gesehen?"

Bei dem Wort \`Gespenst\` zuckten Heinrich, Otto und Ferdinand innerlich zusammen.

Otto fand als Erster die Sprache wieder. „Wir haben den Dachboden fest verriegelt. Es darf ihn keiner mehr betreten. Wir hatten Glück, dass wir nicht durch die Decke gestürzt sind. Die Bodenbretter sind teilweise morsch. Sie müssen feucht geworden sein." Etwas Besseres fiel Otto auf die Schnelle nicht ein.

„Ach, deswegen hat es dort oben so unangenehm gerochen", überlegte Elisabeth. „Ich dachte, das Dach wäre beim Umbau repariert worden. Hattest du nicht gesagt, dass es geplant war?"

„Ja, natürlich. Wahrscheinlich war die Feuchtigkeit schon vor der Reparatur in die Bodenbretter gezogen", stieg Heinrich in die Notlüge ein.

„Das hätten die Handwerker doch sehen müssen", meinte Polly.

„Nicht unbedingt, wenns woarm war und die Sonne die Oberfläche der Bretteln getrocknet hatte", erklärte Ferdinand.

„Ja, es war schon warm, als sie am Dach zugange waren", erinnerte sich Heinrich. „Wir werden die Sache im Frühjahr überprüfen lassen."

„Was anderes, Ferdi, täusche ich mich oder sprichst du jetzt gepflegter Deutsch. Ich kann dich sehr viel besser verstehen, als bei eurer Hochzeit", lenkte Otto ab.

Ferdinand richtete sich stolz in seinem Sessel auf. „Nein, du täuschst dich nicht. Rosa übt mit mir jeden Tag, dafür bringe ich ihr Bayerisch bei, gell Spatzerl?", erklärte Ferdinand langsam und deutlich.

„Das hat sich gelohnt, es ist für uns wesentlich einfacher."

Elisabeth hatte die drei Männer aufmerksam beobachtet. Sie waren wirklich blass um die Nase und wirkten ungesellig. Sie stieß Polly in die Seite und zwinkerte Rosa zu. „Was haltet ihr davon, wenn ihr Männer heute ausnahmsweise einen kleinen Herrenabend einlegt? Wir Frauen haben uns recht viel zu erzählen, nicht wahr?"

Polly und Rosa nickten mit ihren Köpfen. Die Männer sahen sich an.

„Na, zu einem gescheiten Männerabend gehört schon a gepflegtes Bierchen und a kleines Schnapserl. Na, na, so ohne macht das koa Sinn net. Da bleib i lieber doa und hör euch Madeln zu", stellte Ferdinand fest.

„Da hat er recht. Ein Männerabend in der Bibliothek mit Tee und Saft, ist auch nicht nach meinem Geschmack", stimmte Heinrich ihm zu.

„Nein, dazu habe ich auch keine Lust", kam es von Otto.

„Mich müsst ihr heute außen vor lassen. Ich bin müde und werde mich bald zurückziehen." Karl war tatsächlich erschöpft.

„Und wenn ihr einen Spaziergang machen würdet und zufällig in der Dorfschenke einkehren und ein gepflegtes Bierchen trinken würdet oder zwei, mit einem kleinem Schnapserl dazu, würde euch das guttun?", schlug Elisabeth vor.

„Ihr wollt uns wohl los werden?" Heinrich wurde stutzig.

Irgendwie schon. Bevor wir die Müffelmänner den ganzen Abend ertragen müssen. Sollen sie doch morgen einen Kater haben. Stoffe! Ja, die Stoffe, das treibt sie sicher zum Dorfwirt, dachte Elisabeth, sagte aber liebenswürdig: „Nein. Im Gegenteil, ihr könntet uns bei den Stoffen helfen und sie mit in Streifen reißen, die Erika haben möchte."

Bevor die Damen es sich eventuell anders überlegen oder sich noch weitere Beschäftigungen einfallen lassen würden, reagierte Otto schnell: „Also, wenn ich mir das so recht überlege, Jungs. Da wäre doch gegen einen Spaziergang nichts Gravierendes einzuwenden, oder?"

Otto, Heinrich und Ferdinand waren sich einig und machten sich nach dem Abendbrot auf den Weg. An der frischen Winterluft atmeten sie befreit auf.

„Wir sollten *es* ihnen nicht sagen“, meinte Otto.

„Auf keinen Fall!“, stimmte Ferdinand zu.

„Nein, niemals! Das würde Elisabeth nicht verkraften“, war auch Heinrich der Meinung. „Was sollen wir jetzt tun?“

„Das Beste wäre, mit Pastor Boreen zu sprechen, glaube ich“, überlegte Otto.

„Und dann?“

„Dann könnte er etwas arrangieren.“

„Wenn nicht, machen wir drei es. Wir müssen nur die Frauen los werden.“

„Die müssen wir so oder so los werden, wenn sie davon nichts mitbekommen sollen.“

„Wisst ihr was? Mir sitzt der Schreck noch so in den Gliedern, ich moag net drüber nachdenken“, stellte Ferdinand fest. „Woll`n ma net erst a schöne Weihnachtszeit verbringen? Es uns richtig gemüatlich tun mit der Familie?“

„Ich denke, du hast recht. Die Hochzeit steht noch an. Die Frauen freuen sich schon so darauf. Ich mich auch. Wir sollten uns von dem Fund nicht die Laune verderben lassen“, meinte Heinrich.

„Ja, wenn wir weiterhin so ungesellig sind wie heute Abend, vermiesen wir den anderen auch die Laune. Kommt, lasst uns den Schrecken niedersaufen und uns des Lebens freuen. Wer weiß, wann wir das nächste Mal Ausgang bekommen?“, meinte Otto.

„Saufen und morgen einen Kater haben?“, fragte Heinrich.

„Eh kloar!“, lachte Ferdinand. „Hab I euch scho verzählt, dass ihr es mit einem waschechten Fürsten zu tun habt?“

„Das bedeutet, dein Vater ist eingeschlafen, nicht wahr? Mein Beileid, Ferdinand.“ Heinrich meinte es aufrichtig.

„Meines auch, Ferdi“, schloss sich Otto an.

„Dank recht schön. Ihr wisst doch, dass er scho so lang schwer krank war. Im Grunde war es a Erlösung für ihn. Mein Vater hat regelrecht drum gebetet, sterben zu dürfen. I war bis zur letzten Minute bei ihm und er schlief mit einem Lächeln ein. So möchte i amoil gehen dürfen. Sicher vermisse i ihn. Auch unsere Dienerschaft und die Menschen in unserem Fürstentum. Er war recht beliebt. Das haben wir bei seiner Beisetzung g'sehn. Unser Pastor schätzte über fünfhundert Personen, die gekommen waren, um ihm das letzte Geleit zu geben."

„Ja, das spricht für ihn", meinte Heinrich, der nicht wusste, was er sagen sollte.

„Männer, lassen wir mein Vater in Frieden ruhen. Wir trinken ein, zwei Bierchen und Schnapserl auf ihn, das tät ihm gefoalln."

Das taten die drei. Sie tranken auf ihre Frauen und Kinder, ihre Verwandten, Freunde und auf das Leben im Allgemeinen. In der Nacht, als sie untergehakt durch den frisch gefallenen Schnee nach Hause taumelten, dachten sie nicht mehr an den grausigen Fund auf dem Dachboden.

Auch die Frauen hatten einen illusteren Abend, was nicht zuletzt an Hermines herrlichen Keksen lag, die sie nach Herzenslust genießen konnten. Sie schrieben die Einladungen fertig, die am nächsten Tag per Eilboten verteilt werden sollten. Als Tischdame für Otto hatten sie die Nichte des Beedenbosteler Vogtes, Hans-Hermann von Bergdorf, Sophia Fröhlich, eingeladen.

Heinrich war dermaßen betrunken, dass er sich in voller Montur ins Bett legte und nichts von den Kekskrümeln bemerkte.

Weihnachten verbrachte die Familie entspannt und sehr gemütlich. Es war perfekt: die schöne winterliche Landschaft, das hervorragende Essen, die Stimmung, einfach alles.

16

Der Treck kommt an

In Soskie warteten sie sehnlichst auf die Rückkehr von Rudolf und Katharina. Eines Nachts wurde Pastor David, vom Gewieher einiger Pferde, aus dem Schlaf gerissen. Ihre Stuten waren es nicht, da war er sich sicher. Es schien aus weiterer Entfernung zu kommen. Er wartete eine Zeit lang, es wurde wieder ruhiger. Pastor David kam zu dem Schluss, dass sich eventuell einige der wilden Pferde in der Nähe des Dorfes herumtrieben. Er kuschelte sich in seine Decke ein. Einige Minuten später vernahm er ein knirschendes Geräusch. Widerwillig stand er auf, um nach dem Rechten zu sehen. Von seinem Schlafzimmerfenster konnte er, wegen der Eisblumen am Fenster, nichts erkennen. Er warf sich seinen Hausmantel über, entzündete eine Lampe und schlurfte in die Küche. Auch hier konnte Pastor David nichts durch die vereisten Scheiben sehen. Ab und zu blieb er stehen und lauschte. Das knirschende Geräusch wiederholte sich. Er hörte einige Stimmen, die sich leise unterhielten, und weckte Sergej.

Im Pfarrhaushalt gab es keine Waffen, deshalb nahmen sie sich Besen und Schürhaken zur Verteidigung. Sie schlichen von Fenster zu Fenster. Hier und da erkannten sie schemenhafte Gestalten. Sergej hatte keine Furcht. Lazlo hatte mit ihm in den letzten Wochen intensiv den Umgang mit Messern geübt. Sergej stattete sich schnell mit sechs Messern aus, so wie er es gelernt hatte. Er deutete seinem Onkel, zu den schlafenden Jungs zu gehen. Er selbst wollte weiter Wache halten.

Plötzlich hörte Sergej, wie jemand die Stufen zum Pfarrhaus hochstieg. *Angriff ist die beste Verteidigung, wenn man nicht fliehen kann!*, dachte Sergej, nahm sich einen Schemel, riss die Haustür auf und traf mit voller Wucht den Bösewicht. Der fiel prompt rückwärts die Stufen hinunter.

„Ho! Ho! Ho! – Immer langsam, junger Mann! Wir sind aus Eldingen! Und der da im Schnee ist Rudolf, Graf von Soskie!“, rief ein Mann.

Sergej sah in die Richtung, aus der die Stimme gekommen war. Er erkannte einige Gestalten. Dahinter reihte sich ein großer Wagen an den andern. Er sprang die Stufen hinunter, ließ sich auf die Knie fallen und umarmte seinen benommenen Bruder.

„Na, das nenne ich mal eine Begrüßung!“, stammelte Rudolf.

„Ich dachte, ihr wärt Diebe! Tut mir leid.“

„Passt schon, hilf mir lieber auf! Ist arschkalt hier unten.“

Durch die ungewohnten Geräusche in dieser Nacht, gingen nach und nach die Lichter in den umliegenden Häusern an. Einige Neugierige kamen mit einfachen Werkzeugen bewaffnet heraus. Sergej klärte die Dörfler kurz auf, dass es sich nicht um Feinde, sondern seinen lang erwarteten Bruder mit Gefolge handelte. Innerhalb kürzester Zeit war das Dorf auf den Beinen. Trotz der bitteren Kälte halfen sie alle zusammen. Es ging nicht nur um die normale menschliche Hilfe, es ging auch um ihre Zukunft. Sergej, der jüngere der Landgrafen, hatte sich bisher als zupackend und wohlwollend erwiesen. Doch wussten sie, dass mehr dazugehörte, um das Dorf wieder zu dem zu machen, was es vor dem Tod des verstorbenen Landgrafen gewesen war. Alle ihre Hoffnungen hingen von Rudolf Graf von Soskie und seinen Leuten ab. Also packten sie, ohne weiter darüber nachzudenken, mit an.

Frauen und Kinder wurden aus den Wagen in die Häuser gebracht. Wärmende Feuer wurden entfacht, heißer Tee und Brote zubereitet, die Pferde und Ochsen versorgt. Strohlager in den verschiedenen Ställen vorbereitet. Nach ein paar Stunden hatten sich die Neuankömmlinge gestärkt und aufgewärmt. Langsam wurde es ruhig in Soskie. Bevor sich Rudolf, Katharina mit Maria und dem kleinen Michael erschöpft auf ihrem Strohlager niederließen, dankten sie Gott, dass sie wohlbehalten in Soskie angekommen waren.

Sergej fand kaum Schlaf. Er war aufgekratzt und voller Freude über das Wiedersehen. Er stand früher als gewohnt auf, um das Pfarrhaus gut einzuheizen und ein ausgiebiges Willkommensfrühstück für seine Familie vorzubereiten. Tante Anneliese und Onkel David erging es ebenso. Sie trafen sich zum ersten Tee in der Pfarrhausküche und sprachen über den bevorstehenden Tag.

„Wenn sie richtig gut ausgeschlafen haben, frühstücken wir alle zusammen, nicht wahr, Onkel?"

„Sicher, mein Junge. Das wird aber dauern, sie müssen völlig erschöpft sein. Vier Wochen sind eine lange Zeit."

„Gut, dann werde ich Lazlo die gute Nachricht überbringen. Er wäre nicht begeistert, wenn er als Letzter die Neuankömmlinge begrüßen dürfte", überlegte Sergej.

„Mach das. Wie weit seid ihr in der alten Dorfschenke gekommen? Sind da jetzt schon einige Zimmer bewohnbar?", erkundigte sich Tante Anneliese.

„Ja, nur sind noch keine Möbel drinnen, das weißt du ja. Wir haben zuerst den Gastraum und die Küche einigermaßen hergerichtet, damit wir dort Versammlungen abhalten können. So, wie du es vorgeschlagen hattest, Tante Anneliese."

„Die Öfen funktionieren auch?", erkundigte sie sich.

„Nicht alle, aber die reichen aus. Holz ist auch genügend da. Warum fragst du?"

„Weil wir nicht mit so vielen Menschen aus Eldingen gerechnet haben. Wir sollten so viele wie möglich, bald in die zwei hergerichteten Häuser und die Dorfschenke umquartieren. Die Menschen hier sind zwar hilfsbereit, aber sie sind nicht gewohnt, ihre Häuser mit anderen Menschen zu teilen, noch dazu mit Fremden. Ein paar Tage wird es gehen, aber zu lange darf es nicht dauern. Außerdem könnten wir, in der Dorfschenke so eine Art Gemeinschaftsküche einrichten, damit die Dörfler nicht zu sehr belastet werden. Sie haben auch nur das, was sie selbst über den Winter für ihre Familien benötigen."

„Da hast du recht. Nicht für jeden ist es selbstverständlich, Fremden im eigenen Haus eine Unterkunft anzubieten", stimmte Pastor David zu.

Nachdem Sergej mit Lazlo ins Dorf zurückgekehrt war, sahen sie zu ihrer Verwunderung das halbe Dorf auf den Beinen. Die Fahrt des

Trecks hatte sich in die Länge gezogen. Die Pferde und Ochsen benötigten ausgiebigere Ruhephasen. Der Winter war hier im Osten schneller angebrochen, als sie vermutet hatten. Darum hatten die Pferde und Ochsen sich mit dem vollbeladenen Wagen abgeplagt. Weitere Zwangspausen ergaben sich durch die verschiedenen Reparaturen an den vollbeladenen Wagen. Dennoch waren die überwiegend jungen Leute körperlich nicht ausgelastet. Sie hatten sich genug geschont und waren nun voller Tatendrang.

„Sergej, das wird wohl nichts mit gemütlichen Frrrühstück im Familienkrrreis“, lachte Lazlo.

„Wohl kaum, aber wir beide frühstücken auf alle Fälle ausgiebig. Sonst ist mit mir nichts anzufangen“, bestimmte Sergej.

In der Pfarrhausküche saßen Rudolf, Katharina, Lennard und Anna mit Onkel David beisammen. Maria und der kleine Michael spielten in einer Ecke. Die anderen drei M’s (Matthias, Marcus und Manuel) hatten mit Annas Kindern, Victoria und Levin, im Dorf Freunde gefunden.

Sergej stellte seinen Freund Lazlo vor und sie frühstückten zusammen mit den anderen zu Ende.

„Onkel David wollte uns nicht erzählen, was sich hier in den ganzen Wochen getan hat. Er meinte, das obliegt euch beiden.“

Sergej hatte immerzu davon gesprochen, was Rudolf wohl zu all den Veränderungen sagen würde. Onkel David wollte ihm die Freude nicht nehmen.

Sergej und Lazlo machten es spannend. „Kommt, wir wollen erst einmal durch das Dorf gehen.“

Bei jedem Haus erklärten sie Rudolf, Katharina, Lennard und Anna, welche Familie darin wohnen würde.

„Sagt einmal, habt ihr die Ziegen und Schafe eingefangen?“, fragte Rudolf erstaunt, weil er Geblöke und Ziegengemeckere vernahm.

„Ja, haben wir“, antwortete Sergej stolz. „Genauer gesagt, hat es eigentlich Lazlo mit einigen Frauen getan. Toll was?“

„Unglaublich! Herzlichen Dank, Graf Ehsterlie. Damit werden wir wohl über den Winter kommen, nicht wahr?“

„Da gibt es keine Prrobleme, Graf Soskie. Derrr Dank gilt allerdings mehrrr den Frauen als mirrr. Sie haben sich sehrrr geschickt angestellt. Ich habe fast nichts dazu beigetragen.“

„Wer wohnt in diesem Haus? Es sieht recht hübsch aus. Das daneben auch. Haben wir neue Siedler in Soskie bekommen?“, wollte Rudolf wissen.

„Ja, so kann man es sagen!“, lachte Sergej, der seine Vorfreude gänzlich auskosten wollte.

„Sind sie freundlich und passen sie hierher? Nach den Häusern zu urteilen, sind sie nicht arm“, überlegte Rudolf.

„Wahrscheinlich Menschen aus der besseren Gesellschaft“, vermutete Lennard.

„Ja, ihr habt mit allem recht. Und sie passen hervorragend hierher. Sie haben quasi in Soskie noch gefehlt“, grinste Sergej.

„Ich klopfe einfach an und stelle uns vor“, entschloss sich Rudolf. „Komm, Katharina. Das gehört sich so.“

Rudolf klopfte mehrmals. Es rührte sich nichts.

„Die lassen die Tür meistens auf. Ihr könnt ruhig hineingehen.“

„Das gehört sich doch nicht!“, warf Katharina empört ein.

„Das ist in Ordnung. Ihr werdet erwartet“, ermunterte Sergej die beiden.

Rudolf öffnete vorsichtig die Tür. Er rief mehrmals nach den Bewohnern. Dann kam er wieder raus. „Ein anderes Mal. Heute ist keiner da.“

„Geht ja auch nicht, wenn der Hausbesitzer draußen vor der Tür steht!“, konnte Sergej sich nicht mehr zurückhalten.

„Wer?“

„Der Hausbesitzer? – Ich denke, Rudi, Sergej meint dich“, überlegte Lennard.

„Ja, ich meine dich und hier ist dein Schlüssel, Bruder.“ Sergej warf ihm den Schlüssel zu.

„Nein!“

„Doch! Nun geht schon rein! Es ist euer neues Zuhause!“ Sergej und die anderen folgten Katharina und Rudolf.

Mit offenem Mund bestaunte Rudolf sein Haus. Er konnte nicht fassen, was sein kleiner Bruder mit der Hilfe von Lazlo und den Dorfbewohnern zuwege gebracht hatte.

Katharina brach vor Freude in Tränen aus, nachdem sie das gesamte Haus besichtigt hatte. „Meine Güte, kleiner Bruder! Du hast ja wirklich an alles gedacht!“ Sie umarmte ihn schniefend. „Es ist ein

Traum! So wunderschön! Kneif mich bitte einmal, damit ich weiß, dass ich wach bin!“

„Du bist wach. Es ist wirklich dein neues Zuhause. Nicht ich allein, Lazlo, die Männer und Frauen aus dem Dorf, Tante Anneliese und nicht zu vergessen der singende Gottlieb, wir haben das alles zusammen hinbekommen“, erklärte Sergej. „Sag du doch auch mal was“, wandte er sich an Lazlo.

„Warum? Du machst das sehrrr gut so, mein Freund.“ Lazlo freute sich mit Sergej.

„Wie viele Zimmer sind das?“, erkundigte sich Lennard bei Lazlo.

„Ein großes Wohnzimmerrr, ein Arbeitszimmerrr für Graf Rudolf und Sergej, zwei Kinderzimmerrr für die fünf M's, ein Elternschlafzimmerrr, ein Zimmerrr für Gräfin Katharina, und ein Notzimmerrr“, erklärte Lazlo.

„Was ist ein Notzimmer? Und wer sind die fünf „M's“?“, wollte Anna wissen.

„Notzimmer haben wirrr uns ausgedacht“, lachte Lazlo. „Die fünf „M's“ sind die Jungs aus dem Wald und die kleine Maria.“

Sie lachten über die Erklärungen und den Akzent von Lazlo.

„Sergej, wo ist jetzt dein Zimmer?“

„Tja, ich habe mir erlaubt, das Haus nebenan für mich herzurichten. Es ist noch nicht ganz fertig. Ich wollte nah bei euch sein, aber nicht euer Familienleben stören. Außerdem brauche ich endlich Platz zum Malen. Wollen wir rübergehen?“

Sergejs Haus war innen genauso schön mit Holz verkleidet wie Rudolfs Haus. Die Küche war kleiner und ein Zimmer weniger vorhanden. Sichtlich stolz führte Sergej die Ankömmlinge herum. Als alles besichtigt war, herrschte plötzlich betretenes Schweigen.

„Was ist denn? Ist irgendwas nicht in Ordnung?“, erkundigte sich Sergej unsicher.

„Nein, es ist alles wunderbar“, versicherte Katharina eine Spur zu schnell.

„Komm mit, mein Freund, wir reden müssen“, forderte Lazlo ihn auf.

Auf dem Hof fragte ihn Sergej leicht gereizt: „Was gibt es, was die anderen nicht hören dürfen?“

„Ruhig Blut, Sergej. Nichts Schlimmes. Ich glauben, geht um

Lennard und Familie. Wo sollen wohnen? Lennard bester Freund von dein Bruder, nicht wahr? Glauben Rudolf möchten, Lennard bleiben in Soskie. Er viel wissen über Tiere und Pferde. Er Viehdoktor. Er wichtig für euch."

„Ja, ist er. Was denkst du, soll ich jetzt tun?"

„Lass wohnen in dein Haus, bis sie selbst haben. Was du allein wollen in so großes Haus?"

Sergej wurde rot. „Ehrlich gesagt, weiß ich es auch nicht. Am liebsten bin ich sowieso bei Onkel David. Aber ich muss jetzt endlich wieder malen, ich werde sonst verrückt."

„Wirrr können bauen bei Rudolf Schuppen Zimmerrr mit viel Licht. Du sehen besserrr, was du malen. Später, wenn Schloss fertig, wir bauen dirrr Turm mit Licht von allen Seiten. Das perfekt. Was meinen Du? Onkel David sicherrr glücklich, du weiter wohnen bei ihm."

Sergejs Gesicht fing an zu leuchten. „Du hast doch die besten Einfälle! Komm, wir sagen es Lennard."

„Nicht wir, du sagen. Du Graf von Soskie. Hierrr dein Haus."

„Ja, ist ja gut."

Drinnen strahlte Sergej alle an. „Ich habe es mir überlegt. Lennard und Anna, ihr bekommt mein Haus."

„Nein, das können wir nicht annehmen, Sergej", sagte Lennard.

„Klar könnt ihr das. Ich bin auch Graf und das ist mein Haus. Ich kann damit machen, was ich will. Punkt. Da gibt es nichts mehr zu reden. Also nehmt ihr mein Angebot an oder nicht?"

„Oh Sergej, danke! Das ist wirklich sehr großzügig von dir!", freute sich Anna schnell, bevor sich Lennard stur stellen konnte.

„So ganz uneigennützig bin ich nun auch wieder nicht. Ich möchte jetzt wirklich endlich einen Raum zum Malen haben. Lazlo hat den Vorschlag gemacht, da draußen bei Rudolfs Schuppen ein Zimmer für mich anzubauen. Hier drin ist es sowieso nicht hell genug."

Rudolf war sichtlich stolz auf seinen jüngeren Bruder. „Das dürfte kein Problem sein. Und wo willst du wohnen? Hier bei uns?"

„Nein, ich bleibe vorerst bei Onkel David. Er wird sich freuen, wenn wenigstens noch einer dort bleibt."

„Bist du dir sicher?", vergewisserte sich Rudolf.

„Ganz sicher."

„Komm, lass dich umarmen. Danke für all das hier. Das hätte ich nicht besser machen können.“ Rudolf nahm Sergej in die Arme und flüsterte ihm ins Ohr: „Ich bin so stolz auf dich. Du hast mir gefehlt. Kein Tag ist vergangen, an dem ich nicht an dich gedacht habe. Ich liebe dich, Bruder.“ Das trieb Sergej die Tränen in die Augen.

„Ich dich auch. Ich habe mir schreckliche Sorgen um dich gemacht. Ich bin so froh, dass du endlich wieder hier bist. Ein wenig viel war es schon manchmal.“

„Das glaube ich dir. Nun wird alles gut. Ich werde dich nicht mehr alleine lassen. Nur, wenn es nicht anders geht. Versprochen.“

„Versprochen?“

„Ehrenwort.“

„Spucke drauf?“

„Spucke drauf!“

Sie gaben sich die Hände und bemerkten, dass sich Lennard, Anna, Katharina und Lazlo diskret zurückgezogen hatten.

„Einen guten Freund hast du in Lazlo gefunden“, meinte Rudolf.

„Ja, das stimmt. Rudi, bevor ihr hier einzieht, möchten wir euch noch etwas zeigen.“

„Noch eine Überraschung? Das nimmt ja kein Ende!“, lachte Rudolf.

„Ich bin gespannt, was du davon hältst. Komm.“

Die kleine Gruppe ging zur ehemaligen Dorfschenke. Der damalige Besitzer war nach dem Bauernaufstand mit seiner Frau ebenfalls hingerichtet worden. Er galt als vermeintlicher Anführer der Bauern in Soskie.

Als sie die Schenke betraten, waren einige Handwerker, darunter auch der singende Gottlieb, mit dem Aufbau von Tischen und Bänken beschäftigt.

„Was genau, soll das hier werden? Haben wir einen neuen Wirt?“, erkundigte sich Rudolf interessiert.

„Nein, noch nicht. Tante Anneliese und Onkel David haben den Vorschlag gemacht, dass dies unser Dorfhaus werden könnte. Bis jetzt haben alle Gespräche auf der Straße geführt, manchmal in der Kirche. Hier wäre es viel besser, oder nicht? Einen großen Ofen gibt es auch, wie du siehst. Was hältst du davon?“

„Das ist ein hervorragender Einfall! Perfekt! Was ist mit den Zimmern oben?“

„Du meinst, wegen dem Gefolge von euch? Wenn wir zusammen helfen, können wir in einigen Tagen Zimmer fertig haben. Alle können wir hier aber nicht unterbringen.“

Rudolf sah sich um und nickte. „Was meinst du, wollen wir morgen eine Versammlung abhalten? Ich möchte mich bei allen bedanken.“

„Wenn du meinst? Doch, ja. Ich denke, so erreichen wir die meisten Menschen. Vorher sollten wir mit Tante Anneliese und Onkel David reden, die kennen die Einheimischen am besten und Geld holen. Das, was ich hatte, ist nämlich weg. Onkel David hat in den letzten zwei Wochen die Dörfler vom Kirchengeld bezahlt. Das war eigentlich für die Reparatur des Kirchturms gedacht. Ich wollte nur nicht alleine zum Schloss.“

„Gut, dann laden wir jetzt gemeinsam ab, reiten anschließend zum Schloss und besprechen danach mit Onkel und Tante alles weitere.“

Lennard hatte inzwischen mit einigen kräftigen Männern begonnen, Rudolfs und seine Wagen abzuladen. Katharina und Anna waren dabei, die mitgebrachten Hühner in den Stall zu bringen und zu füttern. Ansonsten herrschte geschäftiges Treiben auf der Dorfstraße und den Höfen.

„Ist dir aufgefallen, wie dich die Dörfler heimlich mustern, Rudi? Sie haben das bei mir am Anfang auch gemacht. Da hatten sie noch Angst vor mir. Sie befürchteten, ich würde mich wegen dem Tod unserer Familie an ihnen rächen wollen“, erklärte Sergej.

„Warum hättest du das tun sollen? Die Verbrecher sind damals hingerichtet worden, sagt Onkel“, erwiderte Rudolf.

„Ja, das stimmt. Lazlo kann es sogar bezeugen. Er war dabei. Er war Husar und hat die Verbrecher mit abgeführt. Nachdem Onkel mir erzählt hatte, dass unsere Eltern geköpft wurden, war ich trotzdem kurz davor, mich an ihnen zu rächen. Ich war der Meinung, dass sie es hätten verhindern können.“

„Das hätten sie glaube ich nicht gekonnt. Die Mörder waren damals so aufgeheizt, die hätten sie wahrscheinlich gleich mit getötet. Warum hat Onkel David dir das erzählt?“

„Weil ich ihn dazu gedrängt habe. Er konnte nicht anders.“

„Hat er sonst noch was gesagt?“ Rudolf hatte das Bild seiner verstümmelten Eltern und Brüder vor Augen: Die aufgespießten Köpfe, abgetrennten Gliedmaßen und die Stangen, die in ihren Leibern steckten.

„Was soll er *noch* gesagt haben?“

„Weiß nicht, vielleicht … wann wir ihnen ein richtiges Grab herrichten?“, lenkte Rudolf ab.

„Nein, darüber haben wir nicht gesprochen. Es gab so viel andere Dinge.“

„Ist auch nicht eilig. Wir machen das ganz in Ruhe und richtig schön. Jetzt müssen wir uns um die Lebenden kümmern.“

„Sehe ich auch so. Willst du eigentlich nicht wissen, woher das ganze Holz ist?“, fragte Sergej.

„Doch, natürlich. Ich wollte nur nicht so oberlehrerhaft rüberkommen.“

„Das bist du so oder so. Du brauchst dir keine Mühe zu geben. Du kannst gar nicht anders“, lachte Sergej ihn aus.

„Ich und oberlehrerhaft! Da hört sich doch wohl alles auf!“ Rudolf knuffte Sergej in die Seite. „Das nimmst du sofort zurück!“

„Tu ich nicht!“

„Dann muss ich dir wohl die Ohren langziehen, du Lausejunge?“ Sie kabbelten sich wie kleine Kinder.

Katharina, Lennard, Lazlo und Anna sahen zu und freuten sich mit den Brüdern.

„Sag schon, was ist mit dem Holz?“

„Tja, Lazlo und ich haben uns vor einigen Wochen die Aufgaben geteilt. Er wollte die Schafe und Ziegen einfangen und ich wollte mit einer Gruppe Bäume fällen gehen. Zu Lazlos Überraschung bestand seine Gruppe fast nur aus Frauen. Meine aus Männern. Wir sind dann so durch die Wälder gelaufen, bis einer mich gefragt hat, was wir da eigentlich suchen. Ich habe natürlich gesagt: Geeignete Bäume, deren Holz sich zum Bauen eignen würde. Ich hatte nur darauf gewartet, dass die Männer die Bäume aussuchen. Ich habe doch gar keine Ahnung davon. Jedenfalls haben sie gesagt, wir bräuchten keine Bäume fällen, weil hinten beim alten Steinbruch reichlich Stämme liegen würden. So war es auch. Wir haben die Baumstämme bis zum Hang gezogen, sie hinunterrollen lassen und auf der Slomka bis zum

Dorf getrieben. Das war eine tolle Sache. Hat richtig Spaß gemacht. Einige der Männer haben die Stämme gesägt, andere haben sie verarbeitet. Das Resultat kennst du ja. Lazlo hat mit seinen Frauen die Zäune geflickt und das Vieh untergebracht. Einige alte Ställe haben sie auch repariert. Aber dadurch, dass ihr mit so viel Pferden und den Hühnern angekommen seid, reichen die Ställe nicht mehr aus."

„Bruder, ich weiß langsam wirklich nicht mehr, was ich sagen soll! Ich komme aus dem Staunen nicht heraus!"

„Lass gut sein, Rudi", winkte Sergej lässig ab. „Es gibt übrigens einige kleine familiäre Änderungen, falls es dir noch nicht aufgefallen ist."

„Hast du dich verlobt?", witzelte Rudolf.

„Nein, keine Sorge, Mann! Die Jungs haben dich und Katharina in der Zwischenzeit zu ihren Eltern auserkoren. Sie sprechen nur von Vater und Mutter, wenn es um euch geht. Zu mir sagen sie Onkel, zu Lazlo auch. Und Onkel David nennen sie Großvater David und zu Frau Kunz sagen wir jetzt alle Tante Anneliese. Eine richtige große Familie. Fast so wie früher", freute sich Sergej.

„Ja, was soll ich dazu noch sagen?", schmunzelte Rudolf. „Der kleine Michael hat schon auf der Fahrt angefangen, uns Ma' und Pa' zu nennen. Das hat er von Maria übernommen. Sie muss das von Elisabeth und Heinrich gehört haben. Die beiden haben übereinander immer von Mamon und Papa gesprochen.

„Also hast du nichts dagegen und die Jungs bleiben bei uns?"

„Ich denke, Katharina wird es ebenso wenig übers Herz bringen, sie wegzuschicken, wir beide. Es würde den Jungs wahrscheinlich, das zweite Mal, das Herz brechen. Nein, gar nicht daran zu denken! Dann haben wir eben fünf Findelkinder. Es ist so, wie es ist."

„Maria war ja auch ein Findelkind, das hatte ich ganz vergessen. Es ist so natürlich, wenn ihr drei zusammen seid."

„Ja, finde ich auch. Ich habe Maria auf der Schlosstreppe gefunden. Gleich an meinem ersten Arbeitstag. Wir haben lange versucht, ihre Eltern oder zumindest die Mutter ausfindig zu machen. Sogar Pastor Boreen und Doktor Röder haben sich bemüht. Es war ergebnislos. Sollte wohl so sein. Ehrlich, in Maria kann man sich auch nur verlieben. Sie ist wirklich entzückend."

„Ja, das ist wahr. Also ist es mit den Jungs abgemacht?", wollte

Sergej bestätigt haben.

„Von mir aus ja. Ich frage Katharina sicherheitshalber. Wie ich sie kenne, wird sie mich ganz entrüstet ansehen und sagen: „Was ist denn das für eine überflüssige Frage, Rudolf?“, lachte er.

Während des gemeinsamen Mittagessens kam die Frage auf, warum bis jetzt keine Arbeiter vom Dresdner Fürst eingetroffen waren.

„Das Fest war im August, wenn ich mich recht erinnere“, überlegte Onkel David.

„Ja, wir haben das fest vereinbart. Sogar schriftlich festgehalten“, erklärte Rudolf. „Momentan ist es wohl ganz gut, dass sie noch nicht hier sind. Wir hätten keine Unterkünfte für sie. Die Lebensmittel würden auch sehr knapp werden.“

„Weißt du, wie viele Männer der Fürst schicken wollte?“, erkundigte sich Lennard.

„Nein, er deutete nur an, dass es *viele* sein würden. Schließlich liegt hier alles seit Jahren brach und er will schnell zu seinen Steuern kommen. Da brauchen wir jede Menge Hände, die zupacken können.“

„Was haltet ihr davon, wenn ich an meinen Zwillingsbruder Caspar schreibe. Er ist doch nahe am Fürsten dran. Vielleicht hat er etwas erfahren?“, schlug Pastor David vor.

„Ich denke, das wäre eine gute Sache. Aber bitte weise ihn darauf hin, dass wir jetzt über den Winter keine Menschen zusätzlich in Soskie gebrauchen können. Erst wenn die Felder wieder zu beackern sind. Vielleicht hat dein Bruder ja tatsächlich etwas gehört?“, überlegte Rudolf weiter. „Was denkt ihr? Sollten wir morgen, im neuen Dorfhaus, alle alten und neuen Bürger zu einer Versammlung bitten? Ich würde mich gerne bei den Einheimischen bedanken und die Neuen willkommen heißen.“

„Finde ich gut“, meinte Tante Anneliese. „Als Erstes sollten wir die Unterbringung und Verpflegung der Leute aus Eldingen klären. Damit sie wissen, woran sie sind. Wenn das geklärt ist, wird es normaler in Soskie werden. Jeder Mensch braucht seine eigenen vier Wände und wenn sie noch so klein sind. Ich würde ebenfalls noch eine Familie aufnehmen, aber nur vorübergehend, nicht auf Dauer. Das ist nichts für mich. Ich brauche abends meine Ruhe. Außerdem könnte ich mit einigen Frauen im Dorfhaus die Gemeinschaftsverpflegung übernehmen. Ich finde, dass die Verpflegung für jede Person genau notiert werden sollte. Das summiert sich mit der Zeit und die Leute wollen ja auch Lohn, also können sie auch dafür bezahlen. Ebenso wie für die Unterkunft und das Holz, nicht wahr?"

„Du gehst ja ganz schön scharf ran, Tante Anneliese", kommentierte Sergej.

„Ja was denn? Wollt ihr auf eure Kosten das halbe Dorf mit verpflegen und obendrauf noch bezahlen?", entrüstete sie sich.

„Nein, Tante Anneliese, so meinte ich das nicht. Es hörte sich nur so, so, so …", Sergej fehlte das passende Wort.

„Berechnend?", ergänzte sie. „Da hast du recht. Die Dinge sollten von vornherein genau abgeklärt werden. Dann weiß jeder, woran er ist. Später wird es schwierig, den Leuten zu erklären, warum sie für irgendetwas bezahlen müssen. Ihr wisst ja: Reicht man jemanden den kleinen Finger, so wird oft genug die ganze Hand genommen. Oder wollt ihr ihnen in einigen Monaten eine Rechnung präsentieren? Das wird nix, das kann ich euch jetzt schon sagen", erklärte sie resolut.

„Weißt du, Tante Anneliese, ich könnte mir sehr gut vorstellen, dass du das mit der Verpflegung und der Miete übernimmst. Hättest du Lust dazu? Sergej und ich würden dich natürlich unterstützen. Überlege es dir. Für diese Arbeit wirst du natürlich auch entlohnt", fügte Rudolf hinzu.

„Ich helfen, wenn Ärgerrr", bot sich Lazlo an.

„Ich werde es mir überlegen. Übermorgen ist wieder Zahltag, denk bitte daran, Lazlo", erinnerte ihn Tante Anneliese.

„Ist Geld da?", fragte er zurück.

„Nein, nicht genug für alle", antwortete Onkel David.

Die Blicke richteten sich auf Rudolf. „Bis dahin haben wir genug. Onkel David, hast du dir aufgeschrieben, wie viel du ausgelegt hast?", fragte Rudolf.

„Ja, das heißt Tante Anneliese hat das übernommen. Sie rechnet mit Lazlo ab, der verteilt das Geld an die Arbeiter und die Frauen. Die unterschreiben jedes Mal den Empfang des Geldes. Zweimal in der Woche. Wir haben mit jedem einen Vertrag gemacht, damit alles seine Richtigkeit hat."

„Ihr habt wirklich an alles gedacht!", lobte Rudolf. „Warum *zwei Mal* in der Woche?"

„Tante Annelies Vorrrschlag. Sie nicht alles auf einmal ausgeben oder versaufen. Arbeiterrr finden richtig gut. Vorrr allem Frauen“, lachte Lazlo.

„Wenn im Moment nichts weiter anliegt, könnten wir jetzt los, Sergej. Alles Weitere können wir heute Abend besprechen. Ist das für euch in Ordnung?“ Rudolf wollte zur Schlossruine.

„Geht ruhig, Jungs, ihr habt euch sicher noch viel zu erzählen“, meinte Onkel David.

Die Schlossruine und die beiden Verstecke fanden sie so vor, wie sie diese verlassen hatten.

„Irgendwann könnte es auffallen, dass wir hier gemeinsam nach dem Rechten sehen. Dann wird ein neugieriger Mensch uns hinterherschnüffeln“, meinte Sergej.

„Warum sollte das jemand tun? Hier ist doch nichts zu holen.“

„Eben deshalb. Es macht doch keinen Sinn, wenn wir beide hier in dieser Ruine verschwinden. Für einen Außenstehenden könnte es so wirken, als wenn wir hier drin ein Geheimnis haben würden.“

„Ach, was du immer hast! Wir sehen hier einfach nach dem Rechten“, wollte Rudolf die Bedenken beiseite wischen.

„Ja, es gibt ja sonst nichts zu tun“, erwiderte Sergej zynisch. „Und nachdem wir hier waren, ist plötzlich auch wieder Geld in der Kasse. Komisch nicht?“

„Warte mal, du meinst, die Leute könnten auf den Gedanken kommen, dass wir hier irgendwas zu verbergen haben?“

„Du hast es erfasst, Bruder. Ich will ja den Teufel nicht an die Wand malen, aber wie willst du zum Beispiel Katharina erklären, wo plötzlich das viele Geld herkommt, wenn wir noch nicht einmal in Wittenberg waren, um dort welches zu besorgen?“

„Weiß ich auch nicht.“

„Siehst du. Darum bin ich auch nicht alleine hierher gekommen. Mir war das einfach zu gefährlich.“

„Verstehe.“

„Wir sollten uns etwas überlegen, und zwar schnell.“

„Komm, wir reiten zum Friedhof. Vielleicht fällt mir unterwegs etwas ein.“

Sie besuchten den Grabhügel ihrer Eltern und Brüder.

„Ist dir was eingefallen?“, erkundigte sich Sergej.

„Nein.“

„Ich habe mir Gedanken gemacht, ein paar Mal war ich auch hier. Ich habe Zeichnungen angefertigt, so wie ich das Schloss von damals in Erinnerung hatte. Die stimmen wahrscheinlich nicht hundertprozentig. Aber als ich mit den Zeichnungen beschäftigt war, hat mich Lazlo darauf angesprochen. Er hat mich gefragt, warum wir nicht mit dem Aufbau des Schlosses anfangen. Ich habe ihm erklärt, dass wir dafür einen Baumeister und jede Menge Handwerker benötigen. Stimmt doch?“

„Stimmt.– Weiter?“

„Er ist dann auch einmal mit hierhergekommen und hat den Vorschlag gemacht, wenigstens über das Erdgeschoss Balken zu legen und die große Eingangstür und die Fenster notdürftig zu verriegeln.“

„Was sollte das für einen Sinn haben?“, fragte Rudolf. *Dauernd Lazlo vorne, Lazlo hinten. Der scheint hier das Ruder fest im Griff zu haben,* dachte Rudolf mürrisch.

„Er meinte, dass sich außer wildem Vieh hier vielleicht Wegelagerer einnisten könnten. Außerdem verfallen die Mauern von Jahr zu Jahr.“

„Ja, die Tierspuren sind nicht zu übersehen. Da hat er womöglich recht“, gab Rudolf widerwillig zu.

„Lazlo meinte außerdem, dass wir schließlich die Landgrafen von Soskie sind und nicht wie alle anderen in einfachen Häusern leben sollten.“

„So, meint er, ja? Ich werde darüber nachdenken. Weißt du, es war ein bisschen viel heute. All das Neue“, antwortete Rudolf reserviert.

„Kann ich mir vorstellen. Aber gefreut hast du dich über die Neuigkeiten, oder?“, fragte Sergej unsicher, dem die reservierte Antwort merkwürdig vorkam.

„Natürlich, sehr sogar. Ich bin wohl ein wenig angeschlagen von der langen Reise. Entschuldige bitte.“

„Vielleicht solltest du den Rest des Tages mit Katharina in eurem neuen Haus verbringen? Ihr seid das erste Mal seit Wochen wieder unter euch.“

„Ich glaube, das ist das Beste. Katharina hat mir sicher viel zu erzählen.“ Rudolf freute sich über Sergejs Verständnis.

„Ich sage Onkel und Tante Anneliese Bescheid. Ich bringe euch das Essen später rüber."

„Danke, Sergej. Morgen ist auch noch ein Tag, nicht wahr?"

„Schön, dass du schon da bist!", wurde Rudolf von Katharina strahlend begrüßt. Die fünf M's umringten die beiden.

„Ich habe für heute Feierabend gemacht. Sergej meinte, es reicht für den ersten Tag."

„Seit wann hörst du auf deinen kleinen Bruder?", lachte Katharina.

„Seit heute. Er nötigt mir ungeheuren Respekt ab. Das, was er geleistet hat, – Hut ab, kann ich da nur sagen. Was gibt es bei dir Neues?" Rudolf sah sich um. Es wirkte sehr viel wohnlicher als heute Vormittag.

„Wie du siehst, waren wir fleißig, nicht wahr, Kinder? Ihr habt brav mitgeholfen. Wollen wir einen kleinen Rundgang durch das Haus machen?"

Die Kinder liefen vorneweg und zeigten Rudolf, was sie getan hatten. Wer in welchem Zimmer mit wem zusammen schlafen wollte. Die drei größeren: Matthias mit seinen neun Jahren, Marcus achtjährig und Manuel mit seinen sechs Jahren wollten ein Zimmer zusammen haben. Das waren sie so gewöhnt, erklärten sie. Das zweite Kinderzimmer blieb für den vierjährigen Michael und die zweieinhalbjährige Maria. Von Tante Anneliese hatten sie genügend Bettzeug geliehen bekommen. Sie hatte auch Kinderwäsche von ihren mittlerweile erwachsenen Kindern gestiftet.

Viel Hausstand hatten sie aus Eldingen nicht mitgebracht. Aber verschiedene Deckchen, Kerzen und Töpfchen, sowie einige Bücher machten das Haus heimeliger. Sie hatten die Räume mit Tannenzweigen geschmückt, sodass es herrlich nach frischem Holz und Tanne roch. Der angeheizte Ofen tat das Übrige zum Wohlfühlen.

Rudolf nahm Katharina in seine Arme. „Endlich haben wir ein Heim für uns. Ich habe nicht gewusst, dass ich es so vermisst habe."

Sofort hingen die Kinder an ihm und wollten ebenfalls auf den Arm genommen werden.

„Lasst ihn erst einmal zur Ruhe kommen, Kinder. Wir kochen uns jetzt einen Tee und setzen uns um den Ofen in die Stube."

Rudolf hielt Katharina am Arm fest. „Kinder geht schon einmal vor. Wir haben kurz etwas zu besprechen.“ Er küsste sie innig.

„War es das, was du mit mir besprechen wolltest?“, fragte Katharina zwischen den Küssen.

„Hmm, nein“, murmelte Rudolf.

„Ich denke, wir sollten jetzt damit aufhören, sonst weihen wir unser Bett noch ein“, murmelte Katharina zurück.

Schweren Herzens trennte sich Rudolf von ihr. „Wie nennen mich die Kinder, wenn sie von mir sprechen?“

„Sie sagen Pa’, wie Maria und Michael.“

„Und Ma’ zu dir?“

„Ja.“

„Wollen wir sie wirklich bei uns behalten? Ich meine, bist du dir sicher? So für immer? Ein ganzes Leben lang?“

„Was sind denn das für überflüssige Fragen?“, Katharina sah ihn erstaunt an.

„Na ja, es ist eine ganz schöne Verantwortung. Was ist, wenn wir eigene Kinder haben?“

„Dann haben wir nicht fünf, sondern sechs, sieben, acht oder mehr Kinder. So ist das dann.“

„Es geht auch um die Erbfolge. So einfach ist das bei uns nicht mehr.“

„Darüber sollten wir besser mit einem Advokaten reden, findest du nicht? Ich weiß es nicht. Aber wahrscheinlich ist da später ein Unterschied.“

„Der ist jetzt schon da. Wenn mir etwas passieren sollte, geht das Haupterbe an Sergej und du bekommst deinen Anteil. Da die Kinder nicht unsere leiblichen Kinder sind, haben sie keinerlei Ansprüche. Sie sind allesamt Findelkinder. Noch nicht einmal Bastarde.“

„Ich weiß, schade eigentlich. Aber das ist nun mal nicht zu ändern. Wie gesagt, wir sollten mit jemandem sprechen, der sich damit auskennt. Sicher können wir ihnen vorher etwas schenken oder so, damit sie nicht mittellos dastehen, wenn uns wirklich etwas passieren sollte“, meinte Katharina nachdenklich.

„Da hast du recht. Also sind wir nun eine richtige Familie?“

„Ja, finde ich. Du nicht?“ Katharina war verunsichert.

„Doch. Komm, sei nicht betrübt. Wir haben das nun ein für alle Mal geklärt und sagen es den Kindern. Ist jetzt alles gut?“, vergewisserte sich Rudolf.

„Ja, ist es. Dann dürfen die großen ab sofort auch Pa' zu dir sagen?"

„Sicher, was sonst?"

Kaum saßen sie mit ihrer Milch und Tee in der Stube zusammen, stand Matthias, der Älteste, auf. „Darf ich dich etwas fragen?"

„Nur zu", forderte Rudolf ihn auf.

„Ich, wir – , also Michael und Maria sagen Pa' zu dir, dürfen wir das auch?", platzte Matthias schnell raus.

„Nur wenn ich ab jetzt meine Kinder zu euch sagen darf", sagte Rudolf halb im Scherz.

„Darfst du!" Kam es dreistimmig zurück.

„Dann sind wir ab sofort eine richtige Familie?", fragte Manuel aufgeregt.

Rudolf sah Katharina an. „Ja, eine richtige Familie. Obwohl ihr so viele seid, dürft ihr ausnahmsweise zur Feier des Tages, alle zusammen auf meinen Schoß."

Das ließen sie sich nicht zweimal sagen.

Die einberufene Versammlung im neuen Dorfhaus war gut besucht. Tante Anneliese und Onkel David meinten, dass alle Dörfler vollständig erschienen waren. Allerdings standen die alten Dörfler zusammen auf der einen Seite des Raumes und die neuen auf der anderen. Rudolf stellte sich, Katharina, die fünf M's sowie Lennard, Anna und deren Kinder vor. Zunächst lobte er die Dörfler für ihre geleistete Arbeit und bedankte sich ausführlich bei den Arbeitern, Frauen, seinem Onkel, Tante Anneliese, Lazlo und Sergej. „Nun, den Dörflern recht herzlichen Dank für eure freundliche Aufnahme in der Nacht. Wir wollten ursprünglich am Morgen eintreffen, aber das Wetter hatte uns einen Strich durch die Rechnung gemacht. Also Dank euch allen für eure Hilfsbereitschaft. Jetzt möchte ich auf Anraten von Tante Anneliese, ich meine Frau Kunz, vorschlagen, dass zunächst die Räume hier im Dorfhaus und in den zwei Häusern nebenan, fertiggestellt werden. Dadurch bekommt jede Familie einen Raum und die Alteingesessenen haben ihre Häuser wieder für sich. Außerdem wird Tante Anneliese, ich meine Frau Kunz, hier eine Gemeinschaftsverpflegung einrichten, sodass die Neuen nicht mehr von euch", Rudolf sah in Richtung der alten Dörfler, „mit verpflegt werden müssen. Was denkst du Tante Anneliese, … ich meine Frau Kunz, – das ist aber auch schwierig.“

„Lass gut sein, Rudolf. Ich bin hier für alle die `Tante Anneliese`. Wer Ärger macht, muss mich `Frau Kunz` nennen. Also, was wolltest du mich fragen?“

Erleichtert fuhr Rudolf fort. „Was denkst du, wann kann die gemeinsame Verpflegung losgehen und wie viele Frauen brauchst du dazu?“

„Morgen kann es losgehen. Freiwillige melden sich bitte im Anschluss bei mir.“

„Für die Neuen: Das ist Graf von Ehsterlie, er wohnt zurzeit in der alten Jagdhütte unseres Vaters. Graf von Ehsterlie hat zusammen mit unserem Onkel, Pastor Stengel, und den alten Bewohnern Arbeitsverträge abgeschlossen. Dies werden wir auch mit den Neuankömmlingen tun. Zu denselben Bedingungen, wie die bestehenden Verträge.“

„Hört! Hört!“, kam es von den alten Dörflern. Tante Anneliese hatte von ihnen gehört, dass sie befürchteten, die Eldinger würden bessere Konditionen bekommen als sie selbst.

„Wenn jemand damit nicht einverstanden ist, kann er nicht für uns arbeiten. Das gäbe nur böses Blut.“

„Hört! Hört!“, kam es zustimmend von den alten Dörflern.

„Graf von Ehsterlie hat bis jetzt die Löhne an zwei Tagen in der Woche ausbezahlt und wird das weiterhin tun. Mein Bruder und ich werden dabei sein, damit wir alle kennenlernen. Wenn es also was zu besprechen gibt, könnt ihr das bei der Gelegenheit tun. Wollen wir die neuen Arbeitsverträge hier im Dorfhaus ausstellen? Und auch die Löhne in Zukunft hier ausbezahlen, Graf Lazlo?“

Die Neuen musterten Lazlo. An ihren Gesichtern war zu erkennen, dass sie Respekt vor ihm hatten.

„Ja“, antwortete Lazlo.

„Wenn Ihr Auslagen für die Verpflegung der Neuankömmlinge hattet, so besprecht das bitte mit Tante Anneliese, die rechnet dann mit uns ab.“ Rudolf machte eine Pause.

„Bevor ich zum Schluss komme, haben mein Bruder und ich noch ein Anliegen. Wir möchten, die unteren Räume in der Schlossruine abdecken und Fenster und Türen verschließen. Wir haben festgestellt, dass sich doch etliches Vieh darin verkriecht und die Steine immer mehr verwittern. Wir werden im nächsten Jahr einen Baumeister zum Wiederaufbau des Schlosses bestellen. Aber bis dahin möchten wir zumindest die unteren Räume abdecken. Wer uns dabei hilft, bekommt extra Lohn. So, das wäre von meiner Seite alles. Hat jemand im Moment Fragen?“

„Ja“, meldete sich Tante Anneliese. „Ich hätte da einen Vorschlag: Wie wäre es, wenn wir eine Gemeinschafts-Bestellung machen würden. Jeder könnte seinen Bedarf an Lebensmitteln und andern Dingen aufschreiben. Ich könnte mir vorstellen, wenn wir größere Mengen beim Händler bestellen oder sogar selbst in Wittenberg einkaufen würden, könnten wir viel Geld sparen.“

„Ja, das ist eine Überlegung wert“, meinte Rudolf. Mein Bruder und ich lassen es uns durch den Kopf gehen. Sonst noch etwas?“

„Ich habe eine Bitte“, meldete sich Onkel David. „In einigen Tagen ist Heiliger Abend. Ich würde mir wünschen, dass endlich wieder ein schöner großer Weihnachtsbaum vor der Kirche auf dem Dorfplatz steht.“

„Das wird wohl machbar sein, Onkel. Wer weiß, wo ein angemessener Baum steht, meldet sich bitte bei meinem Bruder. Wann kommt der fahrende Händler wieder vorbei?“

„Morgen. Er weiß, dass morgen Zahltag ist“, erklärte ein Alteingesessener.

„Ich danke euch allen, dass ihr gekommen seid. Wenn weiter nichts anliegt, sehen wir uns morgen zum Zahltag hier im Dorfhaus.“

Rudolf winkte Sergej zu sich. „Wie war ich?“, fragte er ihn flüsternd.

„Soll ich ehrlich sein?“, flüsterte Sergej zurück.

„Nun sag schon!“, forderte Rudolf ihn auf, in der Hoffnung, dass Sergejs Urteil milde ausfiel.

„Tja, wenn du noch einige Male übst, dann wird`s schon mit der Zeit.“

„Ehrlich? War ich so schlecht?“, Rudolf war vor seiner ersten Rede zur Dorfbevölkerung sehr aufgeregt gewesen.

„Kakaladutsch, Rudi! Du warst prima! Besser hätte es keiner machen können. Als ich das erste Mal zu den Dörflern gesprochen habe, war ich auch aufgeregt.“

„Gott sei Dank! Wann hast du zu ihnen gesprochen?"

„Am Anfang, in der Kirche. Mann, war ich froh, als ich das hinter mir hatte. Übrigens vielen Dank, dass ich den Weihnachtsbaum mit besorgen darf", meinte Sergej ironisch.

„Was soll das? Warum bist du so ironisch?"

„Das hörte sich so an, als wenn das meine letzte Amtshandlung sein würde und ich nicht mehr gebraucht werde."

„Lass den Blödsinn! Ohne dich wäre es hier niemals so weit, wie es jetzt ist. Außerdem weißt du über die laufenden Arbeiten Bescheid und kennst die entsprechenden Arbeiter. Ich werde den Teufel tun und dich davon entbinden. Außer es ist dein Wunsch. Ich wünsche mir, dass du mir alles zeigst und erklärst. Wir haben damals abgesprochen, dass wir alles gemeinsam überlegen und entscheiden. Dabei soll es auch bleiben. Und falls du mir nicht zugehört hast, ich habe ausdrücklich gesagt, dass du *und* ich über die Gemeinschafts-Bestellung nachdenken werden!"

„Dann ist ja alles gut", meinte Sergej erleichtert.

Kaum hatten die letzten Dörfler das Haus verlassen, kamen welche zurück. Innerhalb weniger Minuten waren Lennard und Tante Anneliese von einer Traube Männer und Frauen umringt, die auf sie einredeten. Katharina und Anna eilten zu Tante Anneliese, welche sich die Ohren vor dem Geschnatter der Frauen zuhielt. Die sonst eher zurückhaltende Anna bat so laut um Ruhe, dass sich die Männer im Raum zu ihr umdrehten. Selbst Lennard starrte seine Ehefrau an. Alle warteten, was nun passieren würde.

„Alle Frauen und Männer hintereinander in eine Reihe stellen! Tante Anneliese, setz dich bitte hier hinter den Tisch, Katharina daneben. Ich setze mich dazu. Ihr Männer macht das ebenso. Lennard und Lazlo, bitte setzen und aufschreiben, was die Anliegen der Männer sind. Bitte alle nacheinander reden, sonst kommen wir nicht weiter."

Die Männer waren so perplex, von einer Frau Anordnungen zu bekommen, dass sie einfach taten, was Anna sagte. Selbst Rudolf und Sergej setzten sich wortlos zu Lennard und Lazlo an den Tisch. In der Tat trugen die Dörfler nacheinander ihre Anliegen ruhig vor. Nur einmal zickten sich zwei Frauen an. Anna sagte, sie können sofort den Raum verlassen und ihr Anliegen werde kein Gehör finden, wenn sie sich nicht benehmen. Damit war ein für alle Mal, jeder Frau und jedem Mann, klar, wie sie sich in Annas Gegenwart zu benehmen hatten.

Da Lennard als Viehdoktor vorgestellt wurde, hatte er an diesem Nachmittag gleich genügend zu tun. Und weil Lazlo die alteingesessenen Bürger von Soskie bereits kannte, begleitete er Lennard.

„Anna, so kenne ich dich gar nicht. Jeder hat gekuscht, als du für Ruhe gesorgt hast“, meinte Lennard am Abend, als Victoria und Levin im Bett waren.

„Ich habe mich über mich selbst gewundert“, lachte Anna. „Noch mehr hat mich gewundert, dass es funktioniert hat.“

„Du weißt, dass du jetzt den Ruf weg hast, Haare auf den Zähnen zu haben? Wahrscheinlich läufst du Tante Anneliese ihren Rang als `Mutter Oberin` ab. “

„Macht nichts. Die Leute werden mit der Zeit merken, dass ich nicht so bin. Du, Tante Anneliese hat sich bei mir bedankt. Sie war richtig froh, dass ich ein Machtwort gesprochen habe. Es ist ihr alles zu viel und sie möchte gerne, dass ich so nach und nach ihre Arbeit ganz übernehme. Die letzten Monate merkt sie in den Knochen, sagt sie. Sie hat vorher ein sehr ruhiges Leben geführt. Erst durch die vier M's und Sergejs und Lazlos Unfall, mit der wilden Stute, ist es immer mehr geworden.“

„Würde dir die Arbeit gefallen? Da ist eine ganze Menge zu organisieren, zu schreiben und zu rechnen. Außerdem hast du nicht nötig zu arbeiten, das weißt du, Ann“, Lennard sah sie liebevoll an.

„Doch, ja. Du weißt, ich bin kein Mensch von schnellen Entscheidungen, aber diesmal sagt mir mein Bauchgefühl: Das ist genau das Richtige für mich. Ich denke, meine Lebensaufgabe besteht nicht nur darin, den Haushalt zu machen und für die Kinder da zu sein.“

„Und für deinen Mann“, ergänzte Lennard schmunzelnd.

Anna gab ihm einen Kuss. „Du weißt doch, was ich meine. Ja, ich möchte noch mehr aus meinem Leben machen, als nur Hausfrau sein. Kannst du das verstehen?“

„Ja, ich denke schon. Mich würde es, glaube ich, auch nicht ausfüllen. Was ist, wenn wir noch mehr Kinder bekommen, Anna?“

„Nach der schweren Geburt von Victoria vor acht Jahren, ist es sehr unwahrscheinlich, dass ich nochmals schwanger werden könnte, sagte Helene damals. Aber wenn doch, mein geliebter Göttergatte, dann sehen wir weiter. Es gäbe ja die Möglichkeit, ein Mädchen einzustellen, die mir im Haus hilft."

„Das ist selbstverständlich. Ich hätte dich sowieso danach gefragt. Du könntest mir nämlich auch bei meinen Abrechnungen helfen. Heute war gleich eine ganze Menge für den ersten Nachmittag los. Dabei hat Soskie noch keinen großen Viehbestand aufzuweisen. Wenn erst die Pferde und die Zucht, die Kühe und die anderen Tiere, die es so gibt, da sind, habe ich ausgefüllte Tage."

„Das hört sich so an, als wenn du dich entschieden hast, hier sesshaft zu werden?"

„Bei dir hörte es sich auch so an." Lennard knuffte Anna in die Seite.

„Hmm, eigentlich schon. Es gefällt mir hier. Ein kleines Dorf, was aus alteingesessenen und neuen Bürgern zusammenwachsen muss. Alles muss neu aufgebaut werden. Wir und die Kinder sind von Anfang an dabei. Unsere Freunde sind hier. Du hast die besten Aussichten, eine gute Arbeit als Rudolfs Stellvertreter und Viehdoktor zu haben. Und ich habe vorerst auch genügend zu tun."

„Und wenn die Gemeinschaftsverpflegung sich auflöst, sich alle selbst verpflegen können? Was dann?"

„Dann mache ich später ein Handelsgeschäft auf, in dem ich alles verkaufe, was das Herz begehrt. Oder was man so braucht", lachte Anna.

„Das ist ja – Anna!"

„Was ist?", erschrak sie sich.

„Was ist denn das für ein Einfall! Wie bist du darauf gekommen?"

„Ich bin darauf gekommen, weil Tante Anneliese heute bei der Versammlung überlegt hat, selbst in Wittenberg einzukaufen, wenn wir den Händler sparen wollen und sich die Menge der Bestellungen lohnt. Das könnte ich auch selbst übernehmen."

„Sei mir nicht böse, aber ich glaube, das ist eine Nummer zu groß für dich, mein Schatz."

„Warum? Traust du mir das nicht zu?"

„Ich weiß nicht. Ehrlich gesagt, nicht so wirklich. Es ist ein hartes

Geschäft. Damit du für deine Arbeit auch entsprechend entlohnt wirst, musst du knallhart handeln können."

„Ich weiß. Vergiss nicht, meine Eltern waren fahrende Händler. Ich weiß, wie man handelt, einkauft und verkauft."

„Die ganzen Männer, mit denen du dich herumschlagen musst! Was ist, wenn die brutal werden?", gab Lennard zu bedenken.

Anna lachte. „Die Männer? Du solltest lieber Angst wegen den Frauen haben. Das sind die Schlimmen. Die haben nicht nur Haare auf den Zähnen, die können auch handgreiflich werden. Die Männer sind nur zum Einschüchtern da. Hinter ihnen stehen die harten Weiber, die alles aushandeln und es ihren Männern sagen. Sie schicken Ihre Männer nur vor. Wenn sich ihre Männer über den Tisch ziehen lassen, dann treten die Frauen persönlich auf. Ich sage dir, das kannst du dir nicht vorstellen. Die schlagen sich teilweise richtig. Grün und blau. Mein Vater hat immer gemacht, dass er wegkam, wenn meine Mutter mal so richtig loslegte. Danach kam er an die Reihe."

Lennard sah Anna entsetzt an. „Sie hat ihn auch vertrümmt?"

„Nein", lachte Anna, „das hat sie sich nun auch wieder nicht getraut. Aber das Geschrei und Geschimpfe meiner Mutter hat genauso weh getan. Vielleicht war es sogar schlimmer. Sie hat ihn aufs Schlimmste beleidigt. Wenn ich mir das so überlege, wundert es mich wirklich, dass er sie nicht rausgeworfen hat. Wahrscheinlich haben sich die zwei verdient gehabt. Immerhin haben sie beide meinen Bruder verkauft und mich an den Biedermann."

„Weißt du Anna, ich will dir nicht wehtun, aber ich bin froh, dass wir mit deinen Eltern nichts zu tun haben." Lennard nahm sie in seine Arme.

„Ich auch, ich bin schon lange fertig mit ihnen."

„Anna, wir reden später noch einmal darüber. Eines ist jetzt aber schon klar: Ohne ein gestandenes Mannsbild an deiner Seite wird nichts draus. Das verbiete ich dir."

„Du wolltest mir doch niemals etwas verbieten?", neckte sie ihn.

„Das stimmt. Diesmal bestehe ich aber darauf, nur zu deinem Schutz. Ich will dich nicht verlieren. Du bist die Liebe meines Lebens. Ohne dich will ich nicht mehr sein."

Anna schmiegte sich an ihn. „Das geht mir ebenso. Ich liebe dich von ganzem Herzen. Gut, einverstanden. Ich verspreche es dir: Nur mit einem gestandenen Mannsbild als Beschützer werde ich meinen Plan verwirklichen."

Zwischen Rudolf und Katharina lief ein ähnliches Gespräch ab. „Deine Ansprache zu den Bürgern hat mich wirklich beeindruckt. Ich bin sehr stolz auf dich, Rudi", Katharina gab ihm einen Kuss.

„Ja, – hmm, wie soll ich sagen? Dafür, dass ich so aufgeregt war, lief es wohl ganz gut?" Rudolf war sich immer noch nicht ganz sicher.

„Sie war perfekt. Sicher hat deine Tätigkeit im Gemeinderat von Eldingen dir dabei geholfen. Glaub mir, die Menschen hier können sich keinen besseren Landesherren wünschen als dich."

„Du übertreibst mein Schatz! Sergej ist auch noch da. Er hat bereits, während unserer Abwesenheit, eine Rede an die Bürger in der Kirche gehalten. Nur dadurch konnte er alles bewerkstelligen, was bisher geschehen ist. Sonst hätten wir kein Haus, Lennard und Anna auch nicht. Das neue Dorfhaus wäre nicht so gut wie fertig und die Ziegen und Schafe nicht eingefangen. Ich weiß nicht, was er noch alles geschafft hat", erklärte Rudolf.

„Das hat er doch nicht alleine gemacht", lachte Katharina.

„Nein, selbstverständlich nicht. Aber er hat die Menschen dazu gebracht, dass sie ihm geholfen haben. Das muss ihm erst mal einer nachmachen. Ich bewundere ihn dafür. Bedenke, dass ihr fast gleichaltrig seid. Ich hätte das nicht in seinem Alter geschafft."

„Musstest du auch nicht. Du hattest andere Sorgen. Du musstest erst einmal um dein eigenes Leben kämpfen und die ganze schreckliche Geschichte mit deinen Eltern und Brüdern überwinden."

„Das musste Sergej ebenso. Je mehr ich darüber nachdenke, desto mehr bin ich davon überzeugt, dass er Unglaubliches geleistet hat. Erst dieses furchtbare Leben bei dieser Tuchhändlerin, die unsere Schwester Malinka so lange als Hure verkauft hat, bis sie daran elendig zugrunde gegangen ist. Dann zwei Jahre alleine hier in Vaters Jagdhütte. Ganz allein auf sich gestellt. – Nein, ich habe zwar unsere Eltern und Brüder gesehen, aber der Schmerz war für Sergej sicher nicht minder schlimm. Ich denke, Sergej hat eine ganz besondere Gabe mit Menschen umzugehen. Er ist offen und ehrlich. Und hat dabei eine ausgezeichnete Menschenkenntnis. Nach einigen wenigen

Sätzen weiß er schon, ob jemand etwas taugt oder nicht. Ich benötige dazu wesentlich länger, obwohl ich sechs Jahre älter bin."

„Ich denke, ich weiß, was du meinst. Leider habe ich keine gute Menschenkenntnis. Sonst hätte ich dich wahrscheinlich nicht so lange zappeln lassen, als du aus Soskie nach Eldingen zurückgekehrt bist", lachte Katharina erneut.

Dieses Mal lachte Rudolf mit. „Ja, da hast du mich fast zur Verzweiflung gebracht. Wäre ich offener und vor allem ehrlicher zu dir gewesen, hätten wir beide nicht so lange leiden müssen. Das meinte ich vorhin. Sergej ist da unkomplizierter."

„Hat Sergej dir schon etwas über den Brief erzählt, den du ihm mitgebracht hast?"

„Nein, es war so viel los, seitdem wir hier sind. Vielleicht hat er ihn noch gar nicht gelesen. Er wird mir schon davon berichten, wenn er will. Und ich dir, wenn Sergej es erlaubt", Rudolf trank einen Schluck von seinem Tee. „Wie hat das eigentlich geklappt mit Tante Anneliese, dir und Anna?", wollte er wissen.

„Du meinst heute nach deiner Rede? Als die Frauen auf Annas Befehl Schlange standen?"

„Und die Männer, ja", fügte Rudolf lächelnd hinzu.

„Das hat gut geklappt. Einige Frauen haben sich für die Gemeinschaftsverpflegung gemeldet. Ansonsten haben sie ihre Wünsche für eine eventuelle Sammelbestellung geäußert."

„Das ist eine ganze Menge für Tante Anneliese, oder?", erkundigte sich Rudolf.

„Ja, ich denke, sie ist froh, wenn sie Unterstützung bekommt. Sie hat so etwas in der Art angedeutet. Ich habe es nicht richtig hören können, weil sie mit Anna gesprochen hat. Aber es ging wohl darum, dass ihr alles zu viel geworden ist und sie gern möchte, dass jemand anderer ihre Arbeit übernimmt. Die letzten Monate mit den Jungs und der Unfall von Sergej und Lazlo, das hat sie sehr angestrengt. Es scheint, als wenn sie davor ein recht ruhiges Leben geführt hat."

„Das glaube ich gerne. Hier war ja in den letzten Jahren der Hund begraben. Helft ihr beide Tante Anneliese, bis die Neuen sich selbst verpflegen können?"

„Sicher. Aber vergiss bitte nicht, dass ich jetzt eine siebenköpfige Familie habe, um die ich mich kümmern muss. Und das fast von heute auf morgen, mein Schatz."

„Verzeih, Käthe. Ich bin ein Trottel."

„Ganz so deutlich hätte ich es jetzt nicht ausgedrückt", lachte Katharina ihn an.

„Duuuu!!!", drohte Rudolf ihr lachend. „Gleich lege ich dich übers Knie!" Er zog sie auf seinen Schoß und küsste ihren Hals.

„Und dann?"

„Weiß nicht? Vielleicht küsse ich deinen süßen Popo?"

„Das heben wir uns für später auf, ja? Jetzt noch einmal kurz im Ernst. Ich könnte tatsächlich Unterstützung im Haus gebrauchen. Ist das zu viel verlangt?"

„Käthemaus! Du bist die Landgräfin von Soskie, du kannst verlangen, was du willst. Und das Schöne daran ist, dass du auch alles bekommst, wenn es bezahlbar und machbar ist", lachte Rudolf weiter.

„Ich wusste gleich, dass da irgendwo ein Haken bei der Sache ist", lachte Katharina mit. „Und jetzt möchte ich von dir übers Knie gelegt werden. Auf der Stelle. Das ist ein Befehl!"

„Du bist meine Herrin und ich dein ergebener Diener", murmelte Rudolf unter Küssen.

Sergej hatte Lazlo vom letzten Tierarztbesuch abgeholt. Sie ritten gemeinsam zu Lazlos Hütte.

„Hast du was verloren?", fragte Sergej, als Lazlo sich bückte und etwas von seiner Türschwelle aufhob.

„Nein, ich bekomme jeden Abend Geschenke."

„Komm, du verarschst mich doch! Jeden Abend liegen Geschenke vor deiner Tür! Dass ich nicht lache!", frotzelte Sergej.

Lazlo schmunzelte. „Wenn nicht so ernst, könnte ich lachen drüber. Komm rrrein, ich machen Feuerrr."

Lazlo legte das in ein Stück Stoff gewickelte Geschenk auf den Tisch und zündete die Lampe an. Kurze Zeit später saßen sie bei angenehmer Wärme und einem Becher Tee an Lazlos Tisch. Sergej sah neugierig auf das Geschenk. „Wann willst du es endlich auspacken? Oder darf ich es nicht sehen?"

„Du alberrrn. Pack aus, wenn du nicht glauben."

Sergej konnte nicht widerstehen. In dem Stück Stoff befand sich ein kleines Lebkuchenherz. Darin war ein Buchstabe eingeritzt.

„Glauben nun?“, fragte Lazlo.

„Also, dass du dir selber Lebkuchenherzen bäckst und sie dir fein säuberlich eingewickelt vor deine Tür legst, damit du abends ein Geschenk vorfindest und auspacken kannst, das glaube ich jetzt nicht mehr“, lachte Sergej ihn an.

„Hol Dose vom Regal.“

Sergej stand auf, holte die Dose und stellte sie auf den Tisch.

„Aufmachen!“, befahl Lazlo.

„Junge, Junge, Junge! Da kann man ja blass werden vor Neid!“, staunte Sergej.

„Nimm sie rrraus! Alle!“

Zwanzig Lebkuchenherzen lagen vor ihnen auf dem Tisch.

„Meine Güte, riechen die lecker! Darf ich eines haben?“, fragte Sergej, der an einem der Herzen roch.

„Errrst wenn Problem gelöst.“

„Wo ist denn hier ein Problem? Mit dem heutigen liegen hier einundzwanzig Lebkuchenherzen auf dem Tisch. Na und? Eines leckerer als das andere. Also los, lass uns probieren!“

„Warrrte! Du nicht gefragt, woherrr kommen Herzen.“

„Woher schon? Wenn ich das wüsste, würden sie auch nicht besser oder schlechter schmecken. Nun sag schon: Woher kommen diese fantastischen Lebkuchenherzen?“

„Keine Ahnung!“

„Ist doch auch egal.“

„Ist nicht!“, sagte Lazlo mit so viel Ernst in der Stimme, dass Sergej seine Hand von einem Lebkuchenherz wieder zurückzog.

„Du meinst – sie könnten vergiftet sein?“, erschrak Sergej.

„Klakalala!“

„Du meinst `Kakaladutsch`. Du meinst: Blödsinn?“

„Ja, ich meinen.“

„Na also, sag ich doch.“ Sergejs Hand kroch wieder vor in Richtung eines Herzens.

„Halt! Erst sehen was drauf!“, befahl Lazlo.

Sergej zuckte zusammen. „Mensch, kannst du einen erschrecken. Hier ist ein `M` eingeritzt, glaube ich.“

„Ja und hier noch eins und noch eins und ein `U` und ein `V` und viele andere.“

„Und was soll das?“

„Seit ersten Dezemberrr, jeden Abend liegt neues Herz vorrr Tür. Immer Buchstabe. Manchmal gleich, manchmal anders. Kein Buchstabe aussehen, wie vorher.“

Sergej schob die Herzen hin und her, um zu sehen, ob er ein Wort damit bilden konnte. „Geht nicht. Macht keinen Sinn“, stellte er fest.

„Ich auch probiert. Geht nicht.“

„Was denkst du, von wem die Herzen sind?“

„Was denkst du?“, fragte Lazlo zurück.

„Keine Ahnung“, Sergej zuckte mit den Schultern.

„Ich denken, alle von verschiedenen Frauen.“

„Von F r a u e n?“

Lazlo brüllte vor Lachen. „Du glauben von Männern?“, und schlug sich auf die Schenkel.

„Habe ich nicht gesagt!“, antwortete Sergej trotzig. „Ich bin ja nicht blöd!“

„Hab ich nicht gesagt! Warrr nurrr witzig, wie du gesagt: „Von F r a u e n“?“, brüllte Lazlo lachend weiter.

„Also noch Mal. Die Herzen sind von Frauen. Von welchen Frauen?“

„Woher soll wissen ich? Hier nur Buchstaben auf Herzen.“

„Und nun?“

„Weiß nicht. Ich denken, die wollen heiraten.“

„Alle? Warum das denn?“, fragte Sergej entsetzt.

„Weiß ich? Brauchen Mann. Frauen, Mädchen immerrr brauchen Mann.“

Sergej sah Lazlo nachdenklich an. „Ja, Mädchen und Frauen so heißt es, sind nur teuer und müssen unter die Haube.“

„Was sein Haube?“

„Weiß ich nicht. So etwas wie verheiratet, nehme ich an“, überlegte Sergej. „Ich werde Katharina oder besser Tante Anneliese danach fragen.“

„Gut. Sagen wirrr sie wollen Haube. Ich alleine, gesund und haben Hütte.“

„Und du siehst verdammt gut aus. Du bist ein richtiges Mannsbild, kräftig und stark. Außerdem bist du ein Graf.“

„Nun Schluss. Sonst ich denken, du willst unter mein Haube“, lachte Lazlo.

„Kakaladutsch! Ich versuch, mir nur gerade vorzustellen, wie eine Frau dich sehen könnte."

„Du meinst: ich stark, kräftig und gutaussehend. Außerdem Graf, – leider arm Graf."

„In ein paar Jahren hast du viel Geld. Das weiß ich. Ist ja auch wurscht. Hier gibt es genügend Mädchen, die alleine sind."

„Manche von Mädchen sein noch fast Kinder. Sie erst zwölf, dreizehn oderrr sie sein alte Frauen."

„Ich denke, dass ist denen oder ihren Müttern schnurz. „Wer zuerst kommt – mahlt zuerst", heißt es doch."

„Wie kriege ich raus, welche „Werr" ist? Welche Frau backen Herzen?"

„Würdest du denn eine von denen heiraten?"

„Niemals! Ich suchen selberr aus! Ich will Frau erobern. Keine Frau, die hinterrr mirrr läuft her. Du wollen so Frau?"

Sergej hatte sich darüber noch nie Gedanken gemacht. „Nein, ich denke nicht. Ich dachte, die Liebe ist einfach so da, auf beiden Seiten. Ohne so ein Hin und Her, eben einfach so."

„Einfach so, gut. Aberrr was soll machen ich?"

„Lass uns überlegen: Wie könnten wir herausbekommen, welche Frau dir ein Herz geschenkt hat? Fragen können wir nicht jede Einzelne."

„Nein, das peinsam."

„Du meinst peinlich."

„Ja, pein – lich."

„Wir beide kennen nicht alle Frauen mit Namen. Ich weiß noch nicht einmal genau welche Frau oder welches Mädchen zu welcher Familie gehört. Du?"

„Nein, aber wissen Onkel David das? Er schreiben Geburt in Kirchenbuch."

„Ja, das wäre eine Möglichkeit. Tante Anneliese müsste auch jeden kennen. Wen willst du fragen, Laszlo? Onkel oder Tante?"

„Onkel. Er muss halten Geheimnis für sich. Tante Anneliese nur Frau. Frauen trrratschen."

„Gut. Dann fragen wir Onkel David morgen nach dem Zahltag."

„Wir?"

„Na ja, ich meine d“.“

„Nein, du mein Freund, ich wollen du kommst mit.“

„Abgemacht. Aber Lazlo, wir müssen weiter an deinem Deutsch arbeiten. Wenn du sagst: „Ich wollen du kommst mit“, ist es verkehrt und hört sich wie ein Befehl an. Richtig wäre: „Ich möchte gerne, dass du mit mir kommst“, das wäre eine Bitte und richtiges Deutsch. Sag das bitte einmal.“

„Ich möchte gerrrne, das du mit mirrr kommst.“

„Sehr gut. Können wir jetzt endlich ein oder zwei Herzen essen?“

„Ja, aber ohne Buchstaben, den noch brauchen wir.“

„Wir schreiben die Buchstaben einfach auf und essen die Herzen ganz auf“, lachte Sergej und griff zu.

Der Zahltag lief gesittet wie jeder Zahltag ab. Lazlo zahlte im Beisein von Rudolf und Sergej die Löhne aus. Anschließend setzten sie mit den Neuankömmlingen die neuen Verträge auf. So lernte Rudolf die Namen der Alteingesessenen, Lazlo und Sergej, die der neuen Bürger von Soskie. Nach der Auszahlung notierten sie sich die Anliegen und Wünsche der Bewohner.

„Es wäre praktisch, wenn wir eine Aufstellung der gesamten Bewohner von Soskie hätten“, meinte Sergej, nicht ohne Hintergedanken.

„Das wäre sinnvoll“, stimmte Onkel David zu. „In meinem Kirchenbuch sind nur die ursprünglichen Bewohner verzeichnet.“

„Ich meine so eine richtige Aufstellung. Nicht nur die Namen, auch die Geburtstage und die verwandtschaftlichen Beziehungen. Na eben alles. Damit wir überhaupt einmal eine richtige Übersicht haben“, erklärte Sergej.

„Das wäre aus verschiedenen Gründen wichtig. Es könnte sein, dass der zuständige Vogt oder der Dresdener Fürst wegen der Abgaben einmal danach fragt. Und auch um eine spätere Inzucht unter der Bevölkerung zu vermeiden. Das Problem hatten wir vor unserer Abreise in Eldingen. Da haben Jahre oder Jahrzehnte lang einige Familien völlig isoliert von der übrigen Dorfbevölkerung im Wald gelebt. Sie haben sich innerhalb jeder einzelnen Familie weiter fortgepflanzt. Das könnt ihr euch nicht vorstellen, die sehen sich absolut ähnlich und haben sogar eine eigene Sprache entwickelt. Eigentlich war es gar keine Sprache, so wie wir sie kennen. Es waren hauptsächlich nur Laute, so etwa wie bei Tieren. Die wären sogar gefährdet gewesen, wenn sie mit uns anderen Bürgern zusammengekommen wären. Die waren gegen unsere Krankheiten nicht geschützt, sagte Doktor Röder. Außerdem waren sie nicht richtig ernährt und teilweise verkrüppelt“, führte Rudolf aus. „Leider muss das noch einige Zeit warten. Ich habe momentan zu viel andere Dinge im Kopf.“

„Nun ja, vielleicht schaffe ich das ja. So nach und nach. So sehr eilt das ja nicht“, bot Sergej an. Könntest du mir dafür die Namen aus dem Kirchenbuch zur Verfügung stellen, Onkel? Das würde schneller gehen.“

„Ja sicher, ich schreibe sie dir auf.“

„Danke.“

„Dabei fällt mir ein, dass wir unser Vieh zählen sollten. Sonst vermischt es sich mit dem der Einheimischen und wir haben über unser Eigentum keinen Überblick mehr. Gebrandmarkt werden sollte es auch, so bald wie möglich“, überlegte Rudolf.

„Das werde ich übernehmen“, meldete sich Lennard. „Ich bin sowieso auf den Höfen und in den Ställen. Gut wäre es allerdings, wenn Sie mich begleiten würden, Graf Lazlo. Sie haben die Ziegen und Scharfe eingefangen.“

„Das werde ich gerrrn tun, Herr von Eckberg“, erwidert Lazlo.

„Gut, packen wir es an.“ Rudi gab Sergej ein Zeichen. „Übermorgen ist Heiligabend. Wir sollten einen richtig großen schönen Weihnachtsbaum für unseren Dorfplatz fällen. Das hast du dir gewünscht Onkel. Will uns jemand begleiten?“

„Anna und die Kinder würden sicher gerne mitkommen. Willst du nicht Katharina und eure Kinder auch mitnehmen?“, schlug Lennard vor.

„Prima. Treffen wir uns in einer halben Stunde beim Dorfhaus. Wir spannen die Pferde vor die alten Schlitten. Das wird ein Mordsspaß!“, meinte Rudolf.

„Ich komme gleich nach“, antwortete Sergej.

„Habe ich gut eingefädelt, oder habe ich das gut eingefädelt?, fragte Sergej seinen Freund. „So brauchen wir Onkel David nicht fragen."

„Hast du sehrrr gut gefädelt. Bin stolz auf dich. Danke, Freund." Lazlo klopfte ihm auf die Schulter.

Tante Anneliese, Onkel David und Lazlo fanden sich ebenfalls zu der Schlittenpartie ein. So viel Spaß hatten sie lange nicht mehr gehabt.

Es wurde ein ganz besonderes Weihnachtsfest in Soskie. Die kleine Dorfkirche war gerammelt voll. Onkel David hatte vom Kirchenboden die alte, angestaubte, Krippe mit den dazugehörigen geschnitzten Figuren heruntergeholt. Der singende Gottlieb half ihm dabei, einige der angeschlagenen Figuren zu reparieren. Anna sowie einige Frauen aus dem Dorf hatten mit Zweigen die Kirchentür und die Kirche geschmückt. Rudolf und Sergej spendierten zwei Schafe. Tante Anneliese und Katharina hatten mit den Köchinnen der Gemeinschaftsverpflegung Kartoffelsalat und Weißkraut zubereitet. Das ganze Dorf saß in Eintracht und guter Stimmung im neuen Dorfhaus beieinander. Die zwei großen Fässer Bier, die Lazlo auf die Schnelle irgendwie organisiert hatte, taten das Übrige dazu. Zu später Stunde wurde sogar auf den Tischen und auf der Straße, um den wunderschönen Weihnachtsbaum herum, getanzt.

Onkel David sah sich von seinem Platz in einer Ecke das fröhliche Treiben an. Er hatte Freudentränen in seinen Augen. *Ich danke Dir, lieber Gott, dass ich diesen Abend erleben darf. Bitte segne dieses Dorf, alle Menschen und Tiere, die sich darin befinden. Beschütze uns alle vor neuem Unheil, wir haben genug durchmachen müssen. Ich danke dir von ganzem Herzen für meine neue Familie, von der ich nie zu hoffen gewagt habe, dass ich sie jemals bekommen würde. Danke.* Er wischte seine Tränen heimlich mit dem Ärmel weg. Sergej hatte sie trotzdem bemerkt. „Komm, Onkel, heute wird kein Trübsal geblasen! Heute wird die freudige Ankunft des Jesuskindes gefeiert! Und du bist der Verkünder der frohen Botschaft!" Sergej zog ihn von seinem Platz hoch und machte für sich und seinen Onkel zwischen den Menschen Platz. Als diese bemerkten, dass sich sogar ihr Pastor zum Tanz anschloss, bildeten sie einen Kreis um Sergej und Onkel David. Nach und nach schlossen sich erst Rudolf, Lennard, Lazlo und dann die restlichen Männer des Dorfes an. Die Frauen standen ringsherum, klatschten und sangen alte Volksweisen, aus Soskie und Eldingen. Aus allen Stimmen konnte man die glockenklare Stimme Gottliebs heraushören. Dieser Männertanz und der darauffolgende Frauentanz sollten in das weihnachtliche Brauchtum von Soskie eingehen.

Spät in der Nacht lag Sergej in seinem Bett und las zum wiederholten Male den Brief, den Rudolf ihm aus Eldingen mitgebracht hatte. Er war von seiner mütterlichen Freundin, Gräfin Beatrice. Der Absender war Schloss Waldegg in Bayern und das Datum vom August dieses Jahres.

Sergej drückte den Brief an seine Brust. *Mutter, was soll ich tun? Kann ich wirklich glauben, was Gräfin Beatrice mir geschrieben hat? Ich weiß es nicht. Ich kann doch meinen Bruder jetzt nicht im Stich lassen. Rudolf braucht mich und verlässt sich auf mich. Bitte gib mir ein Zeichen, Mutter.*

Glücklich schlief Sergej ein.

17

Brüderliche Rache

Die Tage bis Silvester verbrachten die Bewohner und die Schlossfamilie mit den Vorbereitungen für Pollys und Karls Hochzeit. Für vergnügliche Abwechslung fanden Heinrich, Elisabeth, Rosalie–Sophie, Ferdinand, Karl und Polly reichlich Zeit. Sie fuhren mit großen Schlitten durch die wundervolle Winterlandschaft, machten Schneeballschlachten, bauten Schneemänner und andere Fantasiegebilde aus Schnee. Sie spielten Gesellschaftsspiele und beschäftigten sich ausgiebig mit dem kleinen Bernhard, Leopold, Cockie sowie den Miniponys Lizzi und Bella.

Die Herren der Schöpfung fanden Gelegenheit für eine sehr feuchte Verköstigung der Weine beim Dorfwirt und für die Besichtigung der neuen Brennöfen in der Ziegelei bei Georg Berger und seiner Familie. Heinrich, Otto, Ferdinand und Karl war nicht bewusst gewesen, wie viel an Backsteinen und Ziegeln dort produziert wurde und wie groß die Nachfrage war. Daran war der beginnende wirtschaftliche Aufschwung, zehn Jahre nach Beendigung des Dreißigjährigen Krieges, zu messen. Nicht nur auf den umliegenden Dörfern wurde modernisiert und gebaut. Die Klöster und die Kirchen profitierten ebenso von den vermehrten Steuereinnahmen. Die sie wiederum teilweise in die Instandsetzung ihrer Gebäude investieren.

Da Herzog Christian Ludwig mehr auf Reisen als vor Ort das Celler Schloss vergrößern ließ, um dort in einigen Jahren seinen festen Wohnsitz einzunehmen, stieß Celle mehr und mehr in den Fokus. Eine Stadt, die zur `Residenzstadt` auserkoren wurde, zog unweigerlich Handwerker jeglicher Gilde und Händler an. Damit wurde eine solche Stadt auch für ganz normale Bürger interessant. Diese mussten, um sich dort niederzulassen, ebenfalls zunächst ihre Häuser errichten. Georg und seine Familie planten bereits eine Vergrößerung ihrer Ziegelei, da es weit und breit keine zweite Ziegel- und Backstein-Herstellung gab.

Karl überlegte, wie er einen Teil seines Vermögens in die Ziegelei gewinnbringend investieren könnte. Er und Georg wollten über eine stille Teilhaberschaft nachdenken, sofern es Georgs Familie, aufgrund der vielen Außenstände, nicht schaffen würde, die Vergrößerung alleine zu finanzieren. Diese Außenstände kamen überwiegend durch die wohlhabenden und reichen Kunden zustande. Diese kauften und investierten nicht immer, weil sie über das Bare verfügten, sondern sich in der Zukunft von ihren Investitionen viel Geld versprachen. Daher waren sie meist nicht flüssig und bezahlten ihre Rechnungen erst nach vielen Monaten, manchmal Jahren. Die kleinen Leute kauften eher nicht auf Pump, sondern erst wenn sie das Geld auch wirklich zusammenhatten. Leider gehörte nun ein großer Teil der Kundschaft der Ziegelei zu der ersten Sorte. Um die Außenstände einzutreiben, war es nötig geworden, dass Georg in den elterlichen Betrieb zurückgekehrt war. Sein Bruder und sein alter Vater ließen sich einfach zu sehr von Äußerlichkeiten blenden. Auch waren die Ziegeleibesitzer von Erpressungen nicht verschont geblieben. Nach der Anmahnung ihrer offenen Rechnungen drohten manche der Reichen, ihren Einfluss auf den Celler Herzog Christian Ludwig dahingehend auszuüben, dass dieser den Bau einer zweiten Ziegelei genehmigen würde. Die Konkurrenz würde dann schon dafür sorgen, dass Georg Berger und seine Familie umgänglicher in ihren Geldforderungen werden würde.

Diese Information schockierte Heinrich. Bis dato hatte er vermutet, dass ausschließlich die handwerkliche Arbeit in der Ziegelei zugenommen hätte und es sich Georgs Familie durch diese Mehreinnahmen gut gehen lassen könnte. Er beschloss, mit Karl zusammen darüber nachzudenken, wie sie seinem Freund helfen könnten.

Fast am selben Tag spürten Elisabeth und Polly wie sich ihre ungeborenen Kinder zum ersten Mal bewegten. Otto kommentierte Karls stolzes Verhalten damit, dass jetzt fast kein Platz mehr für die

Familie im Schloss wäre, so aufgeplustert, wie er herumlaufen würde.

Elisabeth warnte Polly im Scherz davor, von Karl mit seinem gluckenhaften Getue erstickt zu werden. Sie hatte noch zu gut in Erinnerung, wie sich Karl vor Bernhards Geburt aufgeführt hatte. Jede Stunde hatte er sich damals nach Elisabeths Befinden erkundigt, um danach im gesamten Schloss und in den Ställen die Nachricht zu verbreiten, dass es Elisabeth unverändert gut ginge und nichts Neues zu erzählen sei. „Pass auf Polly, dass Karl nicht am Ende, wie es die männlichen Pinguine tun, die Kleinen selbst ausbrüten will."

Trotz allem fanden Heinrich und Otto einige Stunden Zeit, sich ungestört bei einem gepflegten Glas Rotwein zu unterhalten. Die Frauen hatten ihre Männer von der freiwilligen Enthaltsamkeit, bis nach den Feiertagen, hochoffiziell entbunden. Dafür verlangten sie allerdings auch Nachsichtigkeit für ihre manchmal recht ausgefallenen körperlichen Bedürfnisse zu jeder Tages- und Nachtzeit. Elisabeth hatte ihre Liebe zu rohem, kaltem, eingelegtem Fisch mit heißem Rotkraut und süßen kleinen Törtchen mit eingelegten Gürkchen darauf, entdeckt. Polly schwärmte neuerdings für Marmeladenbrot mit Käse und Wurst darauf, zur Abwechslung auch Marmeladenbrot mit Fisch. So oder so musste immer frische süße Sahne darauf sein.

„Wie ist es dir seit diesem leidigen Hexenprozess ergangen, Bruderherz?", erkundigte sich Heinrich bei einem Glas Rotwein.

Otto drehte am Stiel seines Weinglases. „Tja, schwer zu sagen. Zunächst war ich unendlich erleichtert, dass die ganze Sache vorbei war. Dann, – dann kamen die Albträume. Einer schlimmer als der andere. Ich hätte nicht gedacht, dass es mich noch einmal so plagen könnte. Es war ähnlich wie nach den furchtbaren Kriegserlebnissen. Ich will dir die Einzelheiten des Prozesses ersparen, sie sind einfach unmenschlich gewesen. Ich hätte niemals gedacht, dass ein einzelner Mann, noch dazu ein Mann der Kirche, zu solch scheußlichen Taten in der Lage wäre. Er hatte, so schien es uns Beisitzern, Gefallen daran gefunden. Ja, teilweise ganz unverhüllte körperliche Lust bei seinen Folterungen an der vermeintlichen Hexe. Wirklich abgrundtief abstoßend, dieser Kerl. Ich habe mich damals nicht nur einmal gefragt, ob dieser Kirchenmann womöglich nicht selbst vom Satan besessen ist und nur vorgibt, ein Gottesmann zu sein."

„Meine Güte, so schlimm war es?" Heinrich war über Ottos angeekeltem Gesichtsausdruck erschrocken.

„Glaub mir, so schlimm und noch viel schlimmer, als du es dir ausmalen könntest."

„Wie geht es dir jetzt?"

„Seit ein paar Wochen träume ich nicht mehr davon. Hin und wieder sehe ich diese eiskalten grauen Augen des Inquisitors und seine langen, ekelhaften, spitzen Fingernägel vor mir. Manchmal tauchen auch die flehenden Augen der Angeklagten vor mir auf. Diese Visionen passieren selten und sind in Sekundenschnelle wieder vorbei. Gott sei Dank, kann ich wieder schlafen. Der Schlafmangel hat doch sehr an meinen Kräften gezerrt."

„Ich habe bemerkt, dass du an Gewicht verloren hast. Hat es damit zu tun?", erkundigte sich Heinrich mitfühlend.

„Ja, die Schlaflosigkeit und die Appetitlosigkeit gingen Hand in Hand. Zu Anfang habe ich es mit mehr Alkohol ausprobiert. Das ist mir überhaupt nicht bekommen. Da wusste ich manchmal nicht mehr, ob ich träume oder wach bin. Dank meines Vorgesetzten und seiner Nichte bin ich aber sehr schnell wieder davon abgekommen. Das gute Essen von Sophia hat mich wieder zu Kräften kommen lassen. Ich habe jetzt fast mein früheres Gewicht wieder. Im Gegensatz zu dir, wie ich bemerkt habe", schmunzelte Otto.

Heinrich winkte ab. „Hör bloß auf! Ich hatte im Sommer fast wieder mein Gewicht. So wie vor Elisabeths Schwangerschaft. Heilfroh war ich da. Jetzt scheint es mir, nehme ich doppelt so viel zu. Ich weiß nicht, woran das liegt. Das war doch früher nicht so", meinte Heinrich geknickt.

„Du bist eben auch schwanger!", lachte Otto. „Ich habe irgendwo einmal gehört, dass es bei Männern von schwangeren Frauen oft vorkommt, dass sie ebenfalls einen Bauch bekommen."

„Wenn ich mir Ferdinand und Karl ansehe, stimmt es wohl. Sie sind ebenfalls beide etwas runder geworden", lachte Heinrich mit.

„Warte erst einmal ab, bis euer Kleiner anfängt zu laufen, dann nimmst du ratzfatz wieder ab. So schnell, wie die Kleinen sind, kommt niemand zur Ruhe. Da musst du ständig hinterher sein. Das kenne ich von Thorben. Wenn du denkst, er sitzt da ganz ruhig und spielt, ist er schon wieder zwei Zimmer weiter und stellt irgendetwas an. Du wirst noch an meine Worte denken, lieber Bruder."

„Was ist mit der Nichte von Hans-Hermann von Bergdorf? Interessierst du dich für sie?"

„Indiskret bis du wohl gar nicht, wie? Ich mag sie. Eine Zeit lang dachte ich, ich wäre in sie verliebt. Bin ich aber nicht. Ich schätze sie wirklich sehr. Sophia ist jeden Tag ein Lichtblick. Immer hat sie gute Laune, ist freundlich und muntert einen auf, wenns nötig ist. Aber etwas fehlt. Du weißt, was ich meine: Dieses Kribbeln, die Aufgeregtheit, wenn man es nicht erwarten kann, die Angebetete zu sehen. Dieses Gefühl der Verliebtheit eben. Nichts da, außer freundschaftliche oder brüderliche Gefühle."

„Und sie? Ist es bei Sophia ebenso?"

„Ich denke schon. Sie hat mir bis jetzt keinen Anlass gegeben, etwas anderes anzunehmen."

„Hat sie dir keine schönen Augen gemacht? Nicht ein bisschen?"

„Nein, warum fragst du so eindringlich?"

„Weil Elisabeth sie dir als Tischdame zugedacht hat. Es wäre doch unangenehm, wenn sie dich anhimmeln würde und du nichts als brüderliche Gefühle für sie hegst, nicht wahr?"

„Da brauchst du keine Bedenken haben. Du wirst sehen, wir verstehen uns blendend und wissen uns zu amüsieren."

„Eigentlich schade. Elisabeth hatte sich schon Hoffnungen gemacht, dass ihr beide das nächste Paar sein könntet."

Otto lachte auf: „Da muss ich sie leider enttäuschen. Diesmal will ich mehr. Dieses Mal soll es die große Liebe sein. Das habe ich mir von euch abgeschaut."

„Lisa wird es überleben. Gibt es sonst eine Dame, die dir gefährlich werden könnte?", versuchte es Heinrich erneut.

„Nein, momentan nicht. Die einzige Frau, die mich interessieren würde, ist erst vor wenigen Wochen Witwe geworden. Sie war ausgesprochen glücklich mit ihrem Gatten. Wirklich tragisch, die Sache. Die zwei Kinder sind jetzt Halbwaisen." Otto dachte an Frau Schniedel, die Kunstmalerin, die Skizzen von Innozenz Schmutz' heimtückischen Belauschungsmanövern gezeichnet hatte. Er hatte sie in dem einem Jahr, seitdem er Vogtanwärter war, des Öfteren in der Amtsstube und beim Krämer in Beedenbostel gesehen. Sie war entzückend. Eine klassische Schönheit würde man sagen. Selbst wenn sie über ihr Trauerjahr hinweg wäre, so könnte er es niemals wagen, ihr den Hof zu machen. Schließlich schwärmte sein Vorgesetzter Hans-Hermann von Bergdorf schon seit Jahren für sie. Nein, das würde dieser ihm nicht verzeihen. Ach, es gibt schließlich noch andere Frauen auf dieser Welt.

„Ja, das ist tragisch. Aber das Trauerjahr geht auch einmal zu Ende“, meinte Heinrich, der seinem Bruder nur das Beste wünschte. „Wer weiß, was dann ist?“

„Ja, wer weiß das schon? Jetzt ist aber genug mit deinen indiskreten Fragen, lass uns von etwas anderem reden.“

„Die Arbeit gefällt dir nach wie vor?“, erkundigte sich Heinrich höflich.

„Ja, sie ist zwar ungeheuer anstrengend, aber genauso abwechslungsreich. Ich lerne täglich, manchmal stündlich, Neues dazu. Doch, ich möchte die Arbeit nicht mehr missen.“

„Möchte Hans-Hermann von Bergdorf nicht in einem Jahr in den Ruhestand gehen?“

„Spätestens. Neuerdings spricht er davon, schon in einigen Monaten kürzerzutreten. Er sagt, er möchte nur noch meine offizielle Vorstellung bei Hofe in Celle abwarten. Ich versuche, ihm das ständig auszureden. Ich weiß noch viel zu wenig. Er winkt dann ab und meint, für Notfälle stehe er jederzeit zur Verfügung. Nur für mich sind alle neuen Fälle Notfälle“, lachte Otto.

„Ich bin überzeugt, er würde das nicht sagen, wenn er nicht genau wissen würde, dass du meistens auch ohne ihn zurechtkommen würdest. Irgendwann musst du so oder so ins kalte Wasser springen. Also verlass dich auf deinen erfahrenen Vorgesetzten.“

„Wird wohl was Wahres dran sein. Bevor ich versäume, es zu erwähnen: Von Bergdorf hat einen ungewöhnlichen Umgang mit seinem Gebiss.“

„Gebiss? Ungewöhnlicher Umgang mit einem Gebiss? Du meinst die falschen Zähne, die manche im Mund haben und aussehen, als wenn sie jederzeit herausfallen könnten, oder was?“, lachte Heinrich irritiert.

„Genau die meine ich“, schmunzelte Otto. „Vor einiger Zeit hat er sich auf dem Markt in Celle ein neues Gebiss gekauft. Er ist ganz stolz darauf. Es ist strahlend weiß, so weiße Zähne hast du dein Lebtag noch nicht gesehen. Er kann damit zwar nicht essen und richtig sprechen, aber er läuft ständig damit herum, weil er sich so schön damit vorkommt. Außerdem bekommt er seinen Mund nicht mehr zu."

„Otto, hör auf!" Heinrich krümmte sich vor Lachen bei dieser Vorstellung. „Du willst mich verarschen, nicht wahr?"

„Nein! Will ich nicht! Das Beste kommt erst noch!"

„Nee, Otto! Lass stecken! Wehe das stimmt nicht!"

„Das Beste ist …", kicherte Otto, „das Beste ist, dass es ihm beim Lachen rausfliegt!"

Heinrich brüllte vor Lachen auf und hielt sich ein Kissen vors Gesicht. „Ich kann nicht mehr!"

„Einmal ist es bis auf meinen Teller in die Suppe geflogen!"

„Hör auf!" Heinrich liefen die Lachtränen hinunter.

„Ständig müssen Sophia und ich das Gebiss suchen, weil …

So traf Ferdinand sie beiden in der Bibliothek an. Otto hing halb im Sessel und gluckste lachend. Heinrich lag quer mit einem Kissen vor dem Bauch auf dem Sofa, geschüttelt vom Lachen.

„Jo mei! Was is da so lustig, wenn i fragn derf?"

„Das Gebiss! Es fällt ihm immer raus, wenn er lacht!", keuchte Heinrich. „Sophia muss es ständig suchen!"

„Wem fallts aussi? Dir, Otto? Zeig amoil! I werd`s scho richten. Hob is bei mei Großmutta, Gott hab sie selig, allweil tan", bot Ferdinand freundlich an.

Eine wahre Lachsalve schoss aus Otto und Heinrich heraus. „Er wird es richten!"

„Otto zeig dein Gebiss mal her! Nun gib es Ferdi schon!", frotzelte Heinrich. Er bekam sich nicht mehr unter Kontrolle.

„Otto, dass du scho oan Gebiss hast! Jo mei, is des denn die Möglichkeit? So a junger Moa und scho koa Zähntlein mehr! Jesses! Du armes Zwutschgerl! Jetzt geh weida, mach amoil dei Mundi auf!" Ferdinand hockte sich vor Otto und kam mit seinen Händen gefährlich nahe an Ottos Mund.

„Nein! – Nicht meines! – Das vom Vogt!", keuchte Otto entsetzt auf.

„Er lügt! – Er schämt sich nur!", konnte sich Heinrich nicht verkneifen.

„Brauchst net, Ottolein, kenn i doch! Bei mei Großmutta standen die Zähntlein beim Essen auf dem Tisch. Is do net schlimm, Otto. Mia san do unter uns“, tröstete Ferdinand ihn.

„Fass mich bloß nicht an! Ich habe kein Gebiss!“, sagte er lachend.

„Otto, du hast doch gehört: Du brauchst dich nicht vor uns zu schämen!“ Heinrich konnte nicht aufhören, ihn zu foppen.

„I helf dir sie aussi nehmen. Manchmal sans a bisserl verklemmt. I kenn dös.“

„Nee! Nee! Nee! Nimm deine Finger weg! Lass gut sein! Ich schaffe das auch alleine!“ Otto hatte sich aus dem Sessel vorbei an Ferdinand geschlängelt. „Ich hau jetzt ab! Mir wird das hier zu eng!“ Und zack, war er aus der Tür heraus.

„Woas der allweil hat? I wollt ihm do nur behilflich sein!“ Ferdinand sah enttäuscht aus.

„Mach dir nichts draus. Er ist nun mal so. Das ist sein wunder Punkt. Am besten vergisst du das mit den Zähnen, Ferdi.“ Heinrich wusste ganz genau, dass Ferdinand diese Sache nicht auf sich beruhen lassen würde. *Oh Mann! Das gibt Ärger! Ottos Rache wird unerbittlich werden!*, grinste Heinrich.

Und so war es auch. Beim Abendessen beobachtete Ferdinand jeden Bissen, den Otto sich in den Mund schob und kaute.

„Ferdi, warum starrst du Otto unentwegt an? – Ferdi, ich habe dich gerade etwas gefragt“, wurde er von Rosalie gescholten.

„Ferdi denkt, dass Otto ein Gebiss hat!“, platzte Heinrich heraus, was ihm einen bitterbösen Blick von Otto einbrachte.

Daraufhin beobachteten Karl, Polly und Elisabeth Otto zunächst heimlich, bis sie ihn ebenfalls unverblümt anstarrten.

„Lach mal, Otto!“, forderte Heinrich ihn auf.

Die anderen hielten mit ihren Gabeln abrupt inne.

„Jetzt reicht es mir aber! Ich h a b e kein G e b i s s!!!“ Otto war der Appetit vergangen. „Oder möchte das womöglich einer von euch überprüfen?“

„Jo i!“, meldete sich Ferdinand.

Alle Blicke wandten sich zu Ferdinand. Rosalie boxte ihn in seine Seite.

„Ähm na, i mein –, i wollt sagen –, du brauchst net gschamig sein.

Mir san do unter uns. Nur die Familie. Dos mein i.“

„Ihr hört mir jetzt mal genau zu: Selbst wenn ich ein Gebiss hätte, was ich nicht habe, würde es euch nichts angehen.“ Damit hatte er es nur noch schlimmer gemacht. Das war ihm in dem Moment klar, als er es aussprach. Keiner glaubte ihm.

Heinrich sah grinsend auf seinen Teller.

„Tja, war wieder einmal wunderbares Wetter heute, nicht wahr?“, wollte Karl die peinliche Pause überspielen.

„Ja, ganz wunderbar“, pflichtete Elisabeth ihm bei.

„Ein außergewöhnlich schöner Tag“, meinte Polly.

„Und die Sonne dabei, ganz herrlich“, war Rosalie ganz ernsthaft bei der Sache.

Gott sei Dank fing nun erst Leopold an zu quengeln, worauf sich Bernhard aus Kollegialität anschloss. Damit war die Situation gerettet. Nichtsdestotrotz fühlte sich Otto in den nächsten Tagen hin und wieder heimlich beobachtet. Manchmal machte er dann plötzlich eine schnelle Bewegung und rief laut: „Kusch!“ Worauf die jeweiligen Beobachter peinlich zusammenzuckten und erröteten. Heinrich hatte er übelste Rache angedroht und dieser war nun auf der Hut.

Am Abend vor Pollys und Karls Hochzeit reisten die ersten geladenen Gäste an. Sogar der Ehrengast, Karls bester Freund, Graf von Bergen aus Celle, nebst reizender Gattin, war angereist. Ganz besonders freuten sich die Schlossbewohner über das Wiedersehen mit Joseph, dem ehemaligen Kammerdiener des verstorbenen Barons, der mit seiner Gemahlin Hildegard von Dornenbach, Beatrice’ früherer Gesellschafterin, gekommen war.

Mit Schlitten fuhr die Hochzeitsgesellschaft, bei sonnigem Winterwetter, vom Schloss bis zur Sankt Marienkirche. Erika Berger hatte sich mit ihrer Dekoration selbst übertroffen. Den eher langweiligen gedeckten Farben, hatte sie mit kleinen bunten Stoffblüten zur Frische verholfen. Durch die schaulustigen Besucher in der Kirche war es nicht mehr so fürchterlich kalt. Pastor Boreen hielt eine seiner wundervollen Hochzeitspredigten. Nach dem Gottesdienst folgten die üblichen Hochzeitsbräuche, wie Blumen streuen, dieses Mal aus Stoff, und das Spalierstehen. Bartel und Titan waren auf die Jagd gegangen, so gab es Fasan, Reh- und Wildschweinbraten vom Spieß.

Da die besten Köchinnen des Dorfes, Hermine und die Wirtin Wilma, selbst zur Hochzeit geladen waren, sorgten die Gesindefrauen für frisches Brot, Kartoffeln und Rotkraut. Alles unter der strengen Aufsicht des kleinen Max, der von Hermine den Auftrag bekommen hatte, dafür zu sorgen, dass die Schlossküche blitzesauber wieder verlassen wurde.

Wie es schon bei Elisabeths und Heinrichs Hochzeit abgelaufen war, speisten zunächst die geladenen Gäste im Spiegelsaal. Angesichts Ottos traurigem Schicksal, so jung schon ein Gebiss haben zu müssen, hatte der Rest der Familie beschlossen, Otto mit seinem vermutlichen Gebiss eventuelle peinliche Situationen beim Essen zu ersparen. Elisabeth ergriff als Hausherrin das Wort und schob ihre und Pollys Schwangerschaften vor: „Verehrte Gäste, da meine Schwägerin und ich in froher Erwartung sind, werden wir das Mahl zerkleinert zu uns nehmen. Die Erfahrung der neuesten Wissenschaft hat gezeigt, dass es für schwangere Frauen und ihre Männer wesentlich bekömmlicher ist, die Mahlzeiten so klein wie möglich einzunehmen. Wer sich uns anschließen möchte, sei herzlich eingeladen, es uns nachzutun. Wir wünschen euch einen gesegneten Appetit."

So kam es, dass die gesamte Hochzeitsgesellschaft fröhlich ihr Essen zermanschte und ohne zu kauen hinunterschlang. Es war keineswegs eine außergewöhnliche Art bei Hofe zu essen. Je nachdem, wie die Majestäten ihre Speisen zu sich zu nehmen beliebten, mussten sich die Untergebenen anschließen. Sei es nur mit den Fingern ohne jegliches Besteck, oder nur mit Löffeln oder zermanscht. Das gebot schlichtweg die Höflichkeit. Nun war man in Eldingen zwar nicht bei Hofe, aber dennoch hatte man auf die Wünsche des Gastgeberpaares Rücksicht zu nehmen.

Otto strafte Heinrich mit einem kurzen, aber bitterbösen Blick ab. Im Gegenzug nickten ihm Heinrich, Elisabeth, Karl, Polly, Ferdinand und Rosalie, der Reihe nach wohlwollend zu. Spätestens jetzt hatte Otto begriffen, dass sie sich abgesprochen hatten und Elisabeth nur ihm zuliebe die Etikette beim Essen sausen ließ.

Hans-Hermann von Bergdorf wiederum, freute sich enorm über Elisabeths Wunsch. Er fühlte sich pudelwohl in seiner Haut mit seinem neuen strahlenden Gebiss. Zudem schienen ihn alle zu mögen. Seit seiner Ankunft mit seiner Gemahlin und Sophia lächelten ihn die

Familie derer von Eldingen, die anderen Gäste, selbst das Personal unentwegt an.

Otto kochte vor Wut. Seit der Sache in der Bibliothek vor einigen Tagen, war ihm noch keine geeignete Rache für Heinrich eingefallen. Bis zu dem Moment, in dem Sophia ihm zuflüsterte, wie rücksichtsvoll sie diese Geste von Elisabeth fand, da sie annahm, Otto hätte seiner Schwägerin von den Problemen ihres Onkels mit seinem Gebiss erzählt. Da wusste er es, es war so einfach wie genial: Otto schüttelte leicht verneinend seinen Kopf und flüsterte Sophia zu: „Du irrst dich. Es ist nicht wegen deinem Onkel."

„Nein? Hat er hier bei Tisch noch einen Leidensgenossen, der falsche Zähne tragen muss?", fragte Sophia amüsiert.

„Ich möchte aus Höflichkeit keinen Namen nennen", erwiderte Otto. „Leider ist es ein mir sehr nahestehender Verwandter. Der nahestehendste, den ich habe. – Wenn du weißt, was ich meine, Sophia", setzte er bedeutungsvoll hinzu und strahlte Heinrich an. Sophia folgte seinem Blick. Heinrich lächelte mechanisch zurück, wie es jeder tut, der freundlich angelächelt wird.

„Ah, ich verstehe", Sophia nickte. „Tapfer, wie Heinrich das macht. So jung und schon ein Gebiss. Wirklich jammerschade. Es wird doch hoffentlich der jungen Liebe keinen Abbruch tun, oder?"

„Nein, keineswegs. In diesem speziellen Fall trifft wirklich das Sprichwort: Liebe macht blind zu. Ich hätte nicht gedacht, dass es so etwas geben könnte, Sophia."

„Ich hoffe für dich, dass du vor diesem Schicksalsschlag verschont bleibst, Otto."

„Danke, Sophia. Du bist eine wahre Freundin."

Zu Ottos rechter Seite saß die Gräfin von Bergen, die Gemahlin von Karls bestem Freund aus Celle. Bei ihr hatte Otto ein noch leichteres Spiel. „Ich bin sehr stolz auf meine Schwägerin, Gräfin. Wie sie meinem Bruder trotz des tragischen Verlustes seiner …, – sie verstehen, wenn ich es hier bei Tisch nicht ausspreche, Gräfin, zur Seite steht. Es ist nicht leicht, in seinem jungen Alter sie zu verlieren, nicht wahr?"

„Wie wahr, unvorstellbar. Äußerst charmant ihre Schwägerin. Sie hat das kleine Problemchen ihres Herrn Bruders gekonnt überspielt. Reizend, wirklich ganz reizend."

Otto war mit seiner Rache glücklich und lehnte sich zufrieden lächelnd in seinem Stuhl zurück. Jetzt brauchte er nur abzuwarten. Er konnte genau beobachten, wie sich das von ihm in die Welt gesetzte Gerücht verbreitete. Links saß Sophia, die es ihrem Onkel erzählte, der es wiederum seiner Gemahlin weitererzählte und so ging es rundum bis zu der Tischdame an Heinrichs Seite. Gräfin von Bergen zu seiner rechten Seite erzählte es, wie zu erwarten war, sofort ihrem Gemahl weiter und so setzte sich die Neuigkeit fort, bis sie Ferdinand erreicht hatte. Dieser konnte sich nicht beherrschen und gab ein lautes „Geh zu, der auch?“ von sich und starrte Heinrich an. Was Ferdinand einen Fußtritt und einen abstrafenden Blick von Rosalie-Sophie bescherte.

Heinrich und Elisabeth hatten die Tuschelei sehr wohl bemerkt. Sie wurden stutzig, als diese kurz vor ihren Plätzen aufhörte. Auch die mitleidigen Blicke, die Heinrich trafen, blieben von den beiden nicht unbemerkt. Auf Ferdinands Ausruf hin, erhob sich Otto, grinste Heinrich rotzfrech an und prostete Heinrich zu: „Auf meinen geschätzten Bruder, der sein Schicksal so tapfer meistert.“

Die anwesenden Herren waren dadurch genötigt, sich ebenfalls mit ihren Gläsern zu erheben. „Hört! Hört!“, kam es Heinrich von allen Seiten entgegen. Die Herren nickten verstehend und wohlwollend in seine Richtung, die Damen sahen verschämt auf ihre Gläser, welche sie ebenfalls erhoben hatten.

Wenn Blicke töten könnten, wäre ich jetzt tot, dachte Otto, als er Heinrichs Blick auffing. Dennoch freute er sich diebisch und genoss jede Sekunde.

Das Einzige, was nach dem zermanschten Essen für Heinrich und alle anderen von Vorteil war: Sie hatten keine Fleischfasern zwischen den Zähnen hängen. Hermine war eingeschnappt. Sie hatte sich sehr viel Mühe mit der Vorbereitung des Hochzeitsmahls gemacht und die Aushilfsköchinnen genauestens angewiesen, wie sie die Speisen ansprechend auf den Platten arrangieren sollten. Sie meinte, sie hätte es sich ersparen können, wenn auf den Tellern das gesamte Essen wie durchgekaut aussah.

Heinrich wurde im Laufe des Nachmittags und abends von verschiedenen Herren mehr oder weniger diskret auf sein Gebiss angesprochen. Die Herren erkundigten sich bei Heinrich, selbstverständlich nur für den Fall der Fälle und nur für ihre Gemahlinnen. Selbst die Damen erkundigten sich bei Elisabeth nur für den Fall der Fälle, für ihre Gatten. Niemals betraf es sie selbst.

„Ach, sie auch?", strahlte der immer lachende Vogt mit seinem überdimensionalen strahlend weißen Gebiss Heinrich an. „Kompliment, die Ihrigen sehen auch täuschend echt aus, so wie meine. Haben Sie Ihre Zähne auch auf dem Celler Markt erstanden, Baron? Es war ja geradezu ein Glückstag für mich. Ein so günstiges Angebot konnte ich nicht ausschlagen." Heinrich hatte Mühe ihn richtig zu verstehen, weil Hans-Hermann von Bergdorf seine Worte aus dem Kehlkopf ausstieß, er bekam ja seine Lippen nicht zu, um Vokale zu formen. Selbst Alexander sprach Heinrich, in einer abgeschiedenen Ecke des großen Ballsaales, auf seine vermeintlichen Ersatzteile an. Natürlich auch nur falls Hermine eines Tages in diese fatale Lage käme. Hermine passte Heinrich auf der Terrasse des Saales ab, als er sich einige Minuten Ruhe an der frischen Luft gönnen wollte. „Dachte ich's mir doch: Darum tunkst du immer dein Brot ein und alles andere was knusprig ist! Du hättest mir schon eher Bescheid sagen können. Es ist doch kein Problem, dir auch einen Brei zu machen, so wie für Bernhard und Leopold." Der Versuch, Hermine von einem Missverständnis zu überzeugen, schlug fehl. Sie winkte ab: „Ach, Brüder! Ist es der eine nicht, ist es der andere. Lass gut sein Hein, du brauchst dich nicht zu schämen. Jeder hat sein Päckchen zu tragen."

Das brachte bei Heinrich das Fass zum Überlaufen. *Heute Nacht mein Bruder, wirst du dein blaues Wunder erleben. Mit einem kalten Lappen im Gesicht kommst du diesmal nicht davon!,* schwor sich Heinrich. Die Gelegenheit für Heinrichs Rache bot sich beim gemeinsamen Tanz geradezu an. Heinrich beobachtete Otto und Sophia, wie sie vergnügt miteinander tanzten. *Wenn ich es nicht besser wüsste, könnte ich denken, dass die beiden sich doch mehr als nur freundschaftlich zugetan sind. Das werden sicher auch einige der anderen Gäste denken.* Er suchte die Nähe der matronenhaften Gattin des Vogtes. „Frau von Bergdorf, ist alles zu Ihrer Zufriedenheit? Darf ich Ihnen etwas Bowle besorgen?"

„Es ist alles bestens, danke Baron. Ich fühle mich sehr wohl. Ich möchte momentan keine Bowle mehr. Ein kleines Likörchen oder Schnäpschen wäre jetzt angebracht."

„Zu Ihren Diensten, Madame." Heinrich verbeugte sich. Kurz darauf kam er mit einem dreifachen Brand für Frau von Bergdorf zurück. Wie er vermutet hatte, war diese füllige Dame dem Alkohol nicht abgeneigt und kippte den Brand in einem Zug hinunter.

„Jetzt haben Sie mich auf den Geschmack gebracht, Baron. Ganz köstlich dieser Brand, wirklich ganz hervorragend. Ich denke, mein Magen würde sich freuen, wenn er noch ein wenig Unterstützung bekäme."

Heinrich brachte ihr dieses Mal einen vierfachen Brand. Er selbst hatte sich einen einfachen mitgebracht. „Auf Ihr Wohl, Madame. Und auf das nächste Paar. Hübsch sind sie anzusehen, nicht wahr?"

Bei Frau von Bergdorf machte sich der Brand bereits bemerkbar. Schließlich hatte sie auf dem Örtchen schon einige Schlucke aus Ihrem Flacon, den sie immer für Notfälle in ihrem Beutel mit sich trug, getrunken. Sie kniff ein Auge zu, weil sich die Tanzpaare irgendwie vervielfacht hatten. „Hicks, ich weiß jetzt gerade nicht genau, welches Sie von den vielen Paaren meinen, Ba–, – hicks –, Baron."

Heinrich bekam ein schlechtes Gewissen. Er hatte es offensichtlich zu gut mit ihr gemeint. „Das Paar da ganz links, meine ich. Ist es nicht reizend, ihnen beim Tanz zuzusehen, Madame?"

„Ach, Sie mei –, hicks, meinen Sophia und …?" Sie kniff abwechselnd ein Auge zu, um den Mann bei Sophia erkennen zu können. „Das ist ja, – hicks –, das ist ja Ihr Herr Bruder, – hicks."

„Sehr wohl gnädige Frau. Wussten Sie *es* denn nicht?"

„Wa –, hicks –, was?"

„Nun ja, ich möchte hier nichts ausplaudern, gnädige Frau. Ich dachte …", Heinrich machte eine bedeutungsvolle Pause.

„Sie dachten, – hicks –?"

„Ich dachte, Sie wüssten *es* längst, Madame."

„Ja, selbstverständlich,– hicks –, weiß ich *es* schon lange, lie – , – hicks – , lieber Baron", beeilte sich Frau von Bergdorf, trotz ihres Schluckaufs, zu sagen.

„Oh, ich sehe dort drüben jemanden ohne Getränk, bitte entschuldigen Sie mich, Frau von Bergdorf." Heinrich fand, hier hatte er genügend Samen für ein Gerücht gestreut.

Er streute hier und da noch einige Samen aus, den letzten hob er sich für Hermine auf. Diese tat so, als wüsste sie von dem Techtelmechtel zwischen Otto und Sophia schon lange und winkte lässig ab: „Dass du solche Dinge immer als Letzter erfährst, Hein. Das hat doch hier schon die Runde gemacht.“

„Tja, schade eigentlich. Ich dachte, ich könnte dir einmal etwas Brandneues erzählen, Tante Hermine.“

„Da musst du früher aufstehen, mein Junge. Jetzt darfst du mit mir tanzen. Das ist meine Lieblingspolka.“

Heinrich strahlte sie an, verbeugte sich vor ihr und bot ihr den Arm, um sie zur Tanzfläche zu begleiten. Heinrich war mit sich zufrieden. Die Samen würden alsbald keimen und aufgehen. Otto würde noch lange seine Freude daran haben, dieses Gerücht aus der Welt zu schaffen.

Zur fortgeschrittenen Stunde wurde Otto tatsächlich von dem beschwingten, völlig unbedarften Graf von Bergen angesprochen. „Wie ich höre, darf man Ihnen alsbald gratulieren, Baron. Reizend Ihre Auserwählte, ganz reizend.“

Otto zog fragend eine Augenbraue nach oben.

„Verzeihung, Baron Otto. Ich habe es soeben gehört und wollte nicht versäumen, Sie zu beglückwünschen.“

„Danke, Graf. Noch ist es nicht so weit. „Es steckt sozusagen noch in den Kinderschuhen“, erwiderte Otto höflich.

Da steckt Heinrich dahinter. Garantiert! Er sah sich suchend um und entdeckte Heinrich, der ihm, lässig an eine Säule gelehnt, gegenüberstand.

Otto deutete eine Verbeugung an, die so viel bedeutete wie: Hut ab, das ist dir gelungen. Jetzt sind wir quitt, Bruder.

Frech grinsend erwiderte Heinrich die Verbeugung und prostete Otto zu.

Polly und Karl waren überglücklich. Das war eine Hochzeit nach ihrem Geschmack. Sie hatten sich sowohl über die schön geschmückte Kirche und die wohlwollende Predigt des Pastors gefreut, als auch über die Überraschungsgäste. Die Gesellschaft war nicht zu groß. Sie konnten sich mit jedem Gast unterhalten.

„Liebling, es war doch eine gute Idee, hier in Eldingen zu heiraten, nicht wahr?“, wollte Karl trotzdem die Bestätigung von seiner frisch Angetrauten bekommen.

„Der wohl beste Einfall deines Lebens, Knalli. Danke, schöner hätte ich es mir nicht wünschen können.“ Polly gab ihm einen liebevollen Kuss.

„Wenn du wüsstest, wie glücklich du mich machst, mein Engel, würdest du schreien vor Freude.“

Worauf Polly einen spitzen Schrei ausstieß und Karl in Erklärungsnot geriet.

Bevor die letzten Gäste im Begriff waren zu gehen, flüsterte Karl Hermine das Stichwort `Eieressen` ins Ohr. Seit Elisabeths Hochzeit schwärmte er davon, wie er mit den letzten Gästen gemütlich in der großen Schlossküche zusammen Eier gebraten und gesessen hatte.

Dieses Mal schlossen sich dem fröhlichen Eieressen außer Hermine und Alexander, Karls Freund nebst Frau, Joseph und Hildegard, Rosalie und Ferdinand, Georg und Erika, Heinrich, Elisabeth, Polly und Titan an. Einstimmig waren sie der Meinung, dies sei der perfekte Abschluss für ein rundum gelungenes Fest. Ein Toast nach dem andern wurde zum Besten gegeben, unter anderem auch auf Rudolf, Katharina, Sergej und Maria. Heinrich konnte sich einen Toast auf das neue heimliche Paar nicht verkneifen. Was Hermine zum Anlass nahm, eine alte Binsenweisheit zum Besten zu geben: Auf jeder „Hoch - Zeit“ würden sich zwei Menschen frisch verlieben, die binnen eines Jahres vor dem Traualtar stehen würden. So war es schließlich auch bei ihr und ihrem geliebten Alexander – Bärlie gewesen.

Nach einem ausgiebigen Katerfrühstück reisten die ersten geladenen Gäste ab. Nicht ohne gegenseitige Einladungen auszusprechen.

Als die Reihe der zur verabschiedenden Gäste an Joseph und seine Frau Hildegard war, trat Heinrich an Ottos Seite und raunte ihm zu: „Wollten wir nicht mit Joseph sprechen, wegen dieser Sache auf dem Dachboden?“

„Ich weiß nicht“, raunte Otto zurück. „Es passt jetzt nicht, findest du nicht auch? Wir müssten ihn aus all den Leuten herausbitten. Wir kämen in Erklärungsnot, warum wir ihn unbedingt unter sechs Augen sprechen wollen. Nein, wir sollten eine andere Gelegenheit abwarten.“

„Du hast recht. Sie sollen diese Hochzeit in schöner Erinnerung behalten. Vielleicht finden wir beide einmal einen Anlass, zusammen nach Celle zu reisen? Wir könnten uns dort mit Joseph an einem neutralen Ort treffen und über unseren grauenhaften Fund sprechen."

„Sei ruhig, Elisabeth kommt direkt, hinter dir, auf uns zu!"

Heinrich reagierte blitzschnell. „Joseph vergiss nicht! Otto und ich kommen sicher bald! Der alten Zeiten wegen, wie wir es gestern besprochen haben!"

„Ja, ich freue mich! Ja, der alten Zeiten wegen!", rief Joseph zurück, der von keiner Verabredung wusste.

In der Kutsche schüttelte Joseph den Kopf. „Du Liebes, ich werde alt. Ich weiß absolut nichts mehr davon, dass ich Otto und Heinrich zu uns eingeladen habe."

„Du wirst nicht alt, mein Lieber, wir sind bereits alt. Mach dir keinen Kopf darüber. Auch die jungen Leute vergessen manchmal Dinge, die sie beschwipst gesagt haben. Oder weißt du das nicht mehr?"

„Ich habe niemals in Gesellschaft mehr als ein Gläschen zu mir genommen. Das hätte sich als Kammerdiener nicht gehört. Ein, zwei mal im Jahr haben der alte Baron und ich richtig zugeschlagen. Dann ging es uns am nächsten Tag entsprechend schlecht. Da wussten wir beide nicht mehr, wovon wir gesprochen hatten. Aber, wenn nur ich das nicht mehr weiß, komme ich mir wirklich alt vor."

„Ach, mein Schatz, vergiss es. Einer der Vorteile im Alter ist, dass die Jüngeren einem mit Wohlwollen entgegenkommen. Das sollte man manchmal nützen. Es kann durchaus hilfreich sein."

„Sag mal, Schatz, du hast wohl niemals einen über den Durst getrunken?"

„Wenn du wüsstest!", lachte Hildegard. „*Niemals* ist gut! Als der Schaumwein vor mehr als zwanzig Jahren aufkam, war Gräfin Beatrice ganz versessen darauf. Ja, geradezu süchtig, nach dem süßen Zeug. Wir haben so manche Nacht durchgepichelt."

„Durchgepichelt?", fragte Joseph erstaunt.

„Ja, so sagt man doch, oder nicht?"

„Und am nächsten Tag? Ging es dir dann schlecht?"

„Na, was denkst du wohl? Richtig schlecht. Hundsmiserabel schlecht. Wir haben uns dann unsere monatliche Unpässlichkeit genommen, wir wären nicht in der Lage gewesen, überhaupt aufzustehen. Solche Kopfschmerzen hatten Gräfin Beatrice und ich", lachte

Hildegard weiter. „Glaube mir, ich war heilfroh, als Gräfin Beatrice davon wieder abkam. Sie hatte festgestellt, dass sie von dem süßen Wein zunahm. Ich hatte auch schon meine Not, mein Korsett zuzubekommen."

„Ach, du hast recht, meine Liebe, es hat schon Vorteile, wenn man in ein gewisses Alter kommt. Da braucht man mit den Jüngeren nicht mehr mithalten und eine Menge Kopfschmerzen bleiben einem erspart", lächelte Joseph.

Einige Tage später reisten Otto, Polly und Karl ab. Sophia und Ferdinand wollten bis in den Februar bleiben und abwarten, wann sich das Wetter für ihre lange Heimreise nach Bayern bessern würde. Das Schloss war wieder in Ordnung gebracht und jeder ging seinen Interessen nach. Die Schwestern fingen an, das zweite Kinderzimmer einzurichten. Polly hatte ihnen entzückende Stoffe für die Vorhänge sowie Tages- und Krabbeldeckchen geschickt. Ferdinand stellte seinen geschickten Umgang mit Holz unter Beweis. Er begann, ein neues kleines Schaukelpferdchen zu schnitzen. Beim alten waren die Ohren und der Schweif abgebrochen. Heinrich schrieb an der Familienchronik weiter. Er war mit seinen Aufzeichnungen im Rückstand.

Fernab in München saßen Gräfin Beatrice und Xaver beim Tee. Beatrice rührte seit Minuten nachdenklich in ihrer Tasse. Sie hatte seit Tagen ein merkwürdiges Gefühl des Unbehagens. Wochenlang hatte sie sich gezwungen, nicht an ihre Familie zu denken. Jetzt dachte sie fast stündlich an sie.

„Was ist mit dir, Bea?", erkundigte sich Xaver. „Seit Tagen bist du hin und wieder geistesabwesend. So, als wenn du mit deinen Gedanken ganz weit fort wärst. Gerade haben wir darüber gesprochen, wo wir den Frühling verbringen wollen. Ich habe dir Südtirol vorgeschlagen. Es soll dort wunderschön sein. Der Frühling beginnt hinter den Alpen um einige Wochen früher. Hmm, was hältst du davon?"

„Entschuldige Xaver, du hast recht. Zurzeit bin ich manchmal mit meinen Gedanken nicht ganz bei der Sache", gab Beatrice zu. „Südtirol sagst du? Das hört sich reizvoll an. Aber wie sollen wir vor der Schneeschmelze über die Alpen kommen? Fliegen können wir leider nicht", lachte Beatrice.

„Daran habe ich nicht gedacht. Wie wäre es mit etwas ganz anderem? Wenn wir zum Beispiel ans Meer reisen würden? Ich habe in meinem Leben noch kein Meer gesehen, du?“

Beatrice sah nachdenklich aus dem Fenster.

„Bea, schon wieder! Hier spielt die Musik!“ Xaver wedelte mit den Händen. „Langsam habe ich den Verdacht, ich langweile dich mit meinen Vorschlägen.“ Er spielte den Gekränkten. „Ich gehe jetzt und mache einen Spaziergang, wenn du nicht mit mir sprechen willst.“ Xaver musterte Beatrice aufmerksam. Sie schien meilenweit weg zu sein. Er stand auf und zog sich seinen Wintermantel an. „Bea, möchtest du mitkommen?“

Beatrice bemerkte ihn nicht.

Bei Xavers Rückkehr, nach gut einer Stunde, saß Beatrice noch genauso da und sah aus dem Fenster.

„Hast du mich vermisst?“

„Warum?“, Beatrice sah ihn verwundert an.

„Weil ich eine gute Stunde spazieren war.“

„Warst du das?“, fragte sie teilnahmslos.

„Ja, war ich, Bea. Ich mache mir Sorgen um dich. Du bemerkst mich manchmal überhaupt nicht. Komm, ich massiere dir deine Schultern und dann trinken wir einen frischen Tee. Dabei erzählst du mir bitte, was dich bedrückt, oder ob es an mir liegt?“

„Hmm, ja.“

Xaver kochte frischen Tee und massierte ihr die Schultern. „Also, was ist?“

„Ich weiß nicht genau. Irgendetwas scheint mit meiner Familie zu sein. Ich muss ständig an sie denken. Weißt du, das war früher schon so. Wenn es jemanden von meiner Familie schlecht ging, dann erging es mir auch so. Ich kann nichts dagegen tun. Es ist wie …“

„Eine Gedankenübertragung?“, ergänzte Xaver.

„Ja, vielleicht – so ähnlich. Du hältst mich bestimmt für eine Spinnerin. Beatrice sah ihn unsicher an.

„Nein, ich habe schon einmal gehört, dass es so etwas geben soll. Eine enge gedankliche Verbindung zwischen Menschen, die sich sehr nahestehen. Und jetzt befürchtest du, dass es jemandem in deiner Familie schlecht ergeht?“

„Ja.“

„Kann ich dir irgendwie helfen? Dich ablenken. Irgendetwas?"

„Nein, das ist lieb von Dir. Aber es nützt nichts. Wenn es ihnen wieder gut geht, geht es mir auch wieder gut. Oder wenn ich ihnen helfen kann. Aber dafür bin ich viel zu weit weg."

„Was machen wir nun?"

„Abwarten, nichts als abwarten", Beatrice Blick schweifte wieder nach draußen.

Zur selben Zeit in Eldingen saß Elisabeth mit Rosalie und der Schlossfamilie beim Kakaotrinken in der Schlossküche. Hermine, Rosalie und Melli wechselten bedeutungsvolle Blicke. Sie machten sich Sorgen um Elisabeth. Seit Tagen aß sie sehr wenig und hatte tiefe Augenringe. Heute sahen die Ränder um ihre Augen fast schwarz aus.

„Ich werde mit Cockie ein wenig in den Park gehen und frische Luft schnappen", erklärte Elisabeth. Sie stand auf und ging ein paar Schritte in Richtung Tür, um nach ihrem Umhang zu greifen, und schwankte.

Alle starrten auf ihren blutgetränkten Rock und die Pfütze, die sich langsam zwischen ihren Füßen bildete.

In Sekundenschnelle schob Titan seinen Hocker zurück, machte zwei große Schritte auf Elisabeth zu, riss sie auf seine Arme und rannte mit ihr den Weg vom Schloss, vorbei am Kutscherhaus, durch das halbe Dorf bis zum Haus von Doktor Röder. Er rannte so schnell, wie er es sein Lebtag noch nicht getan hatte.

„HEIN – RICH!!!", schrie Hermine aus voller Kehle.

In diesem Moment in München krümmte sich Beatrice vor Schmerzen zusammen. Sie stöhnte laut auf. Das schmerzhafte Ziehen in ihrem Unterleib wollte nicht enden. Bevor sie in Ohnmacht fiel, dachte sie: *Lieber Gott, hilf meinem Kind!*

Mein herzlichster Dank

gilt meinem Mann Wolfgang,
für seine ständige Unterstützung, liebevollen Anregungen, hilfreichen Recherchen und sein unendliches Korrekturlesen.

Meinem Neffen Tim gilt mein weiterer Dank.
Auch bei diesem Buch hat er mich durch seine PC-Kenntnisse mit viel Geduld unterstützt.

Anhang 1 - Figuren und dazugehörige Tiere 1658 - 1659

Schloss Eldingen

ab 1658		geb.	Alter
Baron Emmerich, verh. mit Clara, beide verstorben	Großeltern von Heinrich und Otto	k. A. k. A.	k. A. k. A.
Baron Karl–Wilhelm Baronin Eleonore	Eltern von Otto und Heinrich	1590 1589	† 1654 † 1650
Baron Otto	älterer Bruder von Heinrich	15.05.25	33
Baron Heinrich verh. mit Elisabeth	Erbe von Schloss Eldingen	10.06.33	25
Baronin Elisabeth, geb. Komtesse von Heimtraut	Heinrichs Gemahlin	03.08.38	20
Bernhard	Sohn von Elisabeth und Heinrich	23.03.58	
Adolpho	Heinrichs Hengst, Rappe	1652	6
Cockie, Cockerspaniel	Schlosshund	1656	2
Lizzi	Minipony – Stute	1653	5
Bella	Minipony – Fohlen	1658	

Die `Schlossfamilie`

ab 1658		geb.	Alter
Hermine, verh. seit Mai 1658 mit Alexander Rotermann	die gute Seele von Schloss Eldingen; Köchin	k. A.	k. A.
Melli, Nichte von Hermine	Hausdame	1635	23
`Titan` = Egon Wucht	Kutscher von Heinrich	1623	35
Bartel	Oberstallmeister	1628	30
Max, Sohn von Bartel	Küchenjunge	1645	13
Anja, Tochter von Bartel	Hausmädchen	1646	12

Die `Heimtrauter` & Die `Waldegger`

ab 1658		geb.	Alter
Gräfin Beatrice	Mutter von Rosalie–Sophie und Elisabeth; Stiefmutter von Graf Karl	23.08.1614	44
Graf Xaver von Radeberg	Lebensgefährte von Gräfin Beatrice	1631	27
Graf Karl von Heimtraut Stiefsohn von Gräfin Beatrice, verh. mit Polineira	Gutsbesitzer und Geschäftsmann	1621	37
Gräfin Polineira (Polly) verh. mit Graf Karl	Kaufmännin	1626	32
Fürstin Rosalie–Sophie, verh. mit Prinz Ferdinand von Waldegg, 1 Sohn	ältere Schwester von Elisabeth Fürstin von Waldegg,	22.08.1637	21

Baronin Elisabeth, verh. mit Baron Heinrich, 1 Sohn	Baronin von Eldingen	03.08.38	20
Bernhard von Eldingen		23. März 1658	
Fürst Ferdinand von Waldegg, verh. mit Rosalie–Sophie	regierender Fürst des bayerischen Fürstentums Waldegg und Weinbauer	1633	35
Prinz Leopold von Waldegg	Sohn von Fürstin Rosalie–Sophie und Fürst Ferdinand	Juli 1658	

Dorfbevölkerung in Eldingen und den umliegenden Dörfern

ab 1658		geb.	Alter
Pastor Ewald Boreen	Pastor in Eldingen	1617	41
Doktor Rüdiger Röder, verh. mit Helene	Dorfarzt in Eldingen	1623	35
Helene, Ehefrau von Dr. Röder	Hebamme & Kräuterfrau, Assistentin von Dr. Röder	1630	28
Wolfgang Walter, verh. mit Wilma	Dorfschenkwirt in Eldingen	1623	35
Wilma Walter, Ehefrau von Wolfgang Walter,	Dorfschenkwirtin	1623	35
Ludmilla, Witwe, 3 Kinder: Henrike , Herbert, Lena	bis 1655 Geliebte von Baron Heinrich	10.6.33	25
Georg Berger, verh. mit Erika	Ziegelei – Besitzer, Heinrichs	1632	36

	bester Freund		
Erika Berger, verh. mit Georg Berger, 2 Töchter: Betunia & Manella	Ehefrau von Georg Berger	1634	34
Alexander Rotermann, verh. mit Hermine	Dorflehrer	1614	44
Friedel	\`Dorfunikum\`	1613	55
\`Tante Soffie\`	Postfrau	1614	54

Der Eldinger Gemeinderat

ab 1658		geb.	Alter
Pastor Ewald Boreen,	1. Vorsitzender	1617	41
Doktor Rüdiger Röder,	2. Vorsitzender	1623	35
Baron Heinrich von Eldingen	1. Kassenwart	10.06. 33	25
Wolfgang Walter, Dorfschenkwirt	2. Kassenprüfer	1623	35
Alexander Rotermann,	Schriftführer	1614	44

Vogtei Beedenbostel

ab 1658		geb.	Alter
Hans-Hermann von Bergdorf	Vogt	1594	64

Baron Otto von Eldingen	Vogtanwärter, älterer Bruder von Heinrich	15.05.25	33
Sophia Fröhlich, Nichte vom Vogt	Haushälterin im Amtsgebäude	1633	25

Soskie

ab 1658		Geb.	Alter
Graf, Rudolf von Soskie	Landgraf	20.12.35	23
Gräfin Katharina von Soskie	Landgräfin	1642	16
Sergej	Landgraf	1641	17
Juliana, Schwester von Rudolf und Sergej, 2 Kinder		1636	22
von Rudolf und Katharina angenommene Kinder: Maria Matthias Marcus Manuel Michael	als Findelkinder gefunden: > Schlosstreppe Eldingen > im Wald bei Soskie –"– –"– –"–	 01.06. 1656 1649 1650 1652 1654	 2 9 8 6 4
Onkel David Zwilling mit Caspar	Pastor in Soskie	1606	52
Anneliese Kunz	Haushälterin bei Pastor David	1615	43
Lennard von Eckberg, Norweger, verh. mit Anna	Tierarzt in Soskie	1630	38

Anna von Eckberg, Ehefrau von Lennard, verw. Biedermann, 2 Kinder	Besitzerin des Krämerladen in Soskie	1632	26
Victoria, Annas Tochter		1651	7
Levin, Annas Sohn		1653	5
Graf Lazlo von Ehsterlie Ungar	ehem. Husar und Landstreicher, Sergejs bester Freund	1629	37
Gottlieb, der Stotterer	möchte Tischler werden	1643	32
Blitz	Hengst v. Sergej	1659	

Nebenfiguren

ab 1658		geb.	Alter
Kurfürst Johann Georg II.	Kurfürst von Sachsen	1613	45
Herzog Christian Ludwig	ab 1648 Herzog in Celle	1622	36
Hans von Mollenstein	Advokat	1614	44
Emma Schulz	Amme von Maria	1629	29
Else	Hermines ältere Schwester	1619	39
Constanza. ältere Schwester von Katharina	Hermines ältere Tochter, ist bei Else aufgewachsen	1639	19
Bischof Leineweber		1604	54
Auguste, Scheinfrau von	Heiratsschwindlerin	1625	33

Otto			
Thorben, Sohn von Augustes Schwester	Soziopath	1642	16
Caspar Stengel, Zwilling von Onkel David	Pastor am Dresdner Hof	1606	52
Ursula (Ulla) Schniedel, 2 Kinder: Mechthild und Ehrfried	Malerin und Skizzenzeichnerin für die Vogtei	1631	27
Christa Schubert, Witwe von Justus Schubert	als `vogelfrei` erklärt und mit ihren 7 Kindern aus Eldingen vertrieben	1628	30
Lola	Komplizin von Graf Xaver von Radeberg	1636	22
Isabella, Spanierin	Elisabeths beste Freundin	1638	20
Joseph, verh. mit Hildegard von Dornenbach	ehem. Kammerdiener und guter Freund von Heinrichs Vater	1603	55
Hildegard von Dornenbach, verh. Joseph	ehem. Gesellschafterin von Gräfin Beatrice	1606	52
Pastor Weinzierl	versoffener Pastor aus einem kleinem Dorf bei Braunschweig	1627	31
Komtesse zu Ahrensfelde	neue Gesellschafterin von Gräfin Beatrice	1620	38
Firma Rattenstett & Kompagnons	Umzüge usw. in Braunschweig	k. A.	k. A.
Innozenz Schmutz	Sekretär des Vogtes	1622	53
Rieke	vorübergehende Haus-	1636	22

	hilfe in Schloss Eldingen		
Rachel	Katharinas Freundin in Eldingen	1641	17
August Schlenker	Inquisitor, katholischer Priester	1622	36
Doris Anker, 2 Kinder	vermeintliche Hexe	1635	23
Monsieur Jacques	Schneidermeister	1615	43
Hugo = `Hügü`	Diener + Gehilfe von Monsieur Jacques	1637	21
Herr Rattenstett `Rattenstett & Kompagnons`	Umzug von Gräfin Beatrice	o. A.	o. A.

Verstorbene

Gottfried, gest. Nov. 1654	ehem. Kutscher vom Schloss	1600	† 1654
Malinka, Zwillingsschwester von Sergej		1641	† 1655
Alicia, Mutter von David & Caspar	Äbtissin	k. A.	† k. A.
Justus Schubert, Betrüger und Spieler,	verurteilt zum Tod durch `Rädern`	1615	† 1657
Oswald Biedermann	verstorbener Ehemann von Anna Eckberg	k. A	† 1657

Anhang 2 - Historie, Orte etc.

Anmerkungen zu historischen Personen, Orten, Gebäuden, Begebenheiten und Begriffen in meinen Büchern:

Nur die nachfolgenden aufgeführten historischen Personen haben wirklich gelebt, deren Handlungen und Aussagen in meinen Romanen sind frei erfunden. Alle anderen Ähnlichkeiten zwischen den Personen dieses Romans und realen Personen, ob lebendig oder tot, wären rein zufällig und unbeabsichtigt.

Nur die hier aufgeführten Orte, Gebäude und Begebenheiten, in alphabetischer Reihenfolge entsprechen der Wahrheit.

*

Überblick der 1660er Jahre

1664: Neu–Amsterdam kommt als New York an England
1665: Große Pest von London
1666: Großer Brand von London
1667: die weltweit erste Kunstausstellung wird im Salon du Louvre eröffnet. Quelle:de.wikipedia.org/wiki/1660er-Jahre

*

„Abgebrannt sein"

Die auch heute noch gebräuchliche Benutzung der Bezeichnung *Brandbrief* als eine Ein- und Aufforderung zur schnellen Hilfe geht auf das als *Brandbettelbrief* bekannt gewordene Schriftstück zurück. Dieser Brandbettelbrief war ein Schreiben von Behörden, das sogenannten *Abgebrannten*, also Menschen die Hab und Gut und Haus durch einen Brand verloren hatten, zum Zwecke der Bettelei, die örtlich zum Teil streng verboten war, ausgegeben wurde. Da auch teilweise Missbrauch damit einherging, wurde mit Einführung der *Feuerpflichtversicherungen* die Brandbettelei abgeschafft.

Quelle:de.wikipedia.org/wild/bettler

*

Adel, Rangfolge
Kaiser / König / Erzherzog / Großherzog / Kurfürst = politischer Titel. Die Hochadeligen hatten das Recht, den König oder den Kaiser zu wählen.

Herzog / Landgraf / Pfalzgraf / Markgraf / Fürst / Graf / Baron oder Freiherr / Edler; Ritter; Freiherr oder Herr von …

Landgrafentitel Ein Landgraf wurde mit \`Durchlaucht\` angesprochen. Seine Söhne und Töchter mit Prinz und Prinzessin.
Quelle:de.wikipedia.org.>Adelige>

*

„Barock“
Eine Epoche der europäischen Kunstgeschichte. Vom Ende des 16. Jahrh. bis ca. 1760 / 1770. Frühbarock: bis 1650; Hochbarock: – 1700; Spätbarock: – 1730, Rokoko: 1730 – 1760. Der barocke Stil zeichnet sich vor allem durch seine Ausdruckstärke, Bewegtheit und Gefühlsbetontheit aus. Besonders in der Architektur ist eine üppige Prachtentfaltung hervorstechend. Die wichtigsten Merkmale der Decken- und Wandmalerei sind die üppigen Verzierungen (auch der Stuck und die Engel), oftmals mit Gold. Das Spiel mit Licht, vielen Farben und nackten Personen sowie griechischen Götterstatuen. Die oft sehr beweglichen Bilder waren leidenschaftlich und nicht selten authentisch. Der Fantasie wurden keine Grenzen gesetzt.
Quelle:de. wikipedia.org. „Epochen der europäischen Kunstgeschichte“

*

„Beedenbostel“ liegt zwischen der Stadt Celle und dem Ort

„Eldingen“. Beedenbostel war seit Ende des 15. Jahrhunderts Sitz einer Amtsvogtei, später eines Amtes, welches 1859 aufgehoben und nach Celle verlegt wurde. Zu dem Beedenbosteler Kirchspiel gehörten ursprünglich auch die späteren Pfarrorte Eschede und Eldingen mit ihren dazugehörigen Dörfern und Wohnplätzen. Das Patronat war der Bischof von Hildesheim. Quelle. Kirchengemeindelexikon.de/einzelgemeinde_beedenbostel

*

„Bettler“

Die Ursachen des Bettelns sind vielfältig. Aus religiöser Sicht ist die Unterstützung, Verpflegung und Beherbergung von Armen und Kranken ein Werk der Barmherzigkeit. Dabei ist Sachleistungen (Essen, warme Quartiere) der Vorzug zu geben. Bereits im Mittelalter empfand die Obrigkeit das rasche Anwachsen der Bettelei als Gefahr für ihre Herrschaft: Man begann, durch *Polizeiordnungen* den „unberechtigten Bettel“ zu unterdrücken, erkannte aber andererseits bei bestimmten Personengruppen, etwa hilflosen und gebrechlichen Menschen, durch Ausstellung behördlicher *Bettelbriefe* ein Recht an, öffentlich um mildtätige Gaben zu bitten. Als älteste Bettlerordnung im deutschsprachigen Raum gilt die von *Nürnberg* aus dem Jahr 1478. Nach dem *Dreißigjährigen Krieg* sollten weitere zahlreiche landespolizeiliche Verordnungen das Betteln eindämmen. Die englische Gesetzgebung bestrafte im 16. Jahrhundert Bettler und *Landstreicher* sogar durch Auspeitschungen und Brandmarkungen. Insbesondere wurde damals, wie heute der *Missbrauch der Kinder zum Zweck des Bettelns* geregelt und unter Strafe gestellt.

Quelle:de.wikipedia.org/wild/bettler

Heute nimmt die Zahl der Bettler mit Verstümmlungen offenbar zu. Sie nutzen ihr Gebrechen, um Kapital daraus zu schlagen. Mit verbrühten Armen, verkrüppelten oder verunstalteten verkrüppelten Gliedmaßen, Beinstümpfen.

Quelle:www.extratipp.com/aufreger/bettler–frankfurt–zeigen–

verkrüppelungen–gebrechen–verstümmelungen (aktualisiert: 2015)

*

„Blasphemie“ = benachteiligen – `die Kunde`; `der Ruf` bezeichnet das Verhöhnen oder das Verfluchen bestimmter Glaubensinhalte einer Religion oder eines weltanschaulichen Bekenntnisses. Eine öffentliche, ärgerniserregende Beschimpfung Gottes wird als Gotteslästerung *(vgl. mittelateinisch Blasphemizare: `Gott lästern`)* bezeichnet.
Quelle: www.de.wikipedia.org/wiki7Blasphemie

*

„Braunschweig“, Stadt ist urkundlich belegt ab 1031. Durch die schwere Pestepidemie 1657 und 1658 verlor die Stadt viele ihrer Bürger.
Quelle:de. wikipedia.org. „Geschichte der Stadt Braunschweig“

*

„Celle“ Stadt erstmals erwähnt 985 als „Kellu“, heutiges Altencelle. 1292 Neugründung ca. 4 km nordwestlich vom alten Kellu. 1524 wurde die Reformation in Celle eingeführt.

1665 – 1705 erlebte Celle eine kulturelle und wirtschaftliche Blüte als Residenzstadt unter Herzog Georg Wilhelm Herzog von Braunschweig-Lüneburg. In dieser Zeit wurden der „Französische Garten“ und der „Italienische Garten“ angelegt, sowie das barocke Schlosstheater errichtet. (Heute das älteste, ganzjährig bespielte barocke Theater in Europa.)
Quellen: H. Rüggeberg, Geschichte der Stadt Celle (2007); www. Celle.de-Celle entdecken; *„700 Jahre Stadt Celle“* Herausgeber: Stadt Celle 1991

*

„Christian Ludwig, Herzog“ *25.2.1622 †15.3.1665

Herzog Christian Ludwig, der älteste der 4 Söhne folgte seinem Vater in Hannover. Der Vater, Herzog Georg, hatte verfügt, dass die beiden Fürstentümer Lüneburg und Calenberg / Göttingen nicht vereinigt werden sollten, solange noch mehrere männliche Nachfahren lebten. Das Fürstentum Lüneburg war durch die Elbzölle und das Silber aus den Bergwerken `Grubenhagens` das reichere. Christian Ludwig wechselte Ende 1648 nach Celle und überließ Hannover seinem jüngeren Bruder Georg Wilhelm. Mit den beiden jüngeren Brüdern einigten sie sich dahingehend, dass Johann Friedrich am Hof in Celle und Ernst August am Hof in Hannover leben sollten. 1651 beschlossen die drei regierenden Herzöge in Celle, Hannover und Wolfenbüttel, wieder 1 Streitmacht aufzubauen. Sie sollte zunächst 4.800 Mann umfassen, aus jedem Fürstentum 1.000 Mann zu Fuß, 400 Mann zu Pferde und 200 Dragoner, d. h. berittene Infanterie. 1653 heiratete er `Dorothea von Schleswig-Holstein` und zog in das `Amt Elbingerode.
Herzog Christian Ludwig starb, nach kinderloser Ehe im März 1665.
Quelle: *700 Jahre `Stadt Celle`* Herausgeber: Stadt Celle 1991
Quellen: www. Celle.de–Celle entdecken; www.deutschebiografie.de

*

Der ***„Dreißigjährige Krieg“*** 1618 bis 1648
de.wikipedia.org/wild/Der_Dreißigjährige_Krieg_Zeugnisse_vom_Leben–mit_Gewalt, nach dem gleichnamigen Buch von Hans Medick

*

„Eldingen“, das Dorf liegt am Südrand der Lüneburger Heide, nördlich von der ehemaligen Residenzstadt Celle.

Schloss Eldingen wurde 1905 von Baron Walther Johannes von Caron (1855 – 1937) im neobarocken Stil erbaut.

Die ***Sankt Marienkirche*** in Eldingen wurde indirekt bereits 1231 geschichtlich erwähnt.
Quellen:de. wikipedia.org. _Eldingen _Magische Orte in der Südheide; Adolf Meyer, „Metzingen“, Geschichte der Gemeinde Eldingen, Band 1

*

„Galgenberg“
Auf einem Galgenberg fanden öffentliche Hinrichtungen statt. Auf Hügeln oder Erhebungen weit sichtbar vor den Toren der Stadt, damit jeder Neuankömmling gleich wusste, dass hier Vergehen und Verbrechen nicht geduldet und hart bestraft wurden.

Quelle:de. wikipedia.org. „Galgenberg“

Anmerkung der Autorin: In Celle befindet sich eine Straße namens „Galgenberg“ im Südosten Nähe der B214 im Stadtteil Blumenlage.

*

Das *„Gogericht“* ist eine historische Gerichtsstätte. Es lag meist auf einer Anhöhe, Hügel oder Grabhügel und/oder unter einem Baum. (Gerichtslinde), jedoch immer unter freiem Himmel (daher auch Tagung) Belege dafür gibt es zwischen dem 14. und 17. Jahrhundert.

Dort wurden Thingversammlungen abgehalten (auch Thingstätte oder *Thingplätze*), Volks- und Gerichtsversammlungen nach dem alten germanischen Recht.

Quelle:de. wikipedia.org. „Gogerichte“; de. wikipedia.org./wild/Thing

Anmerkung der Autorin: In Celle befindet sich der historische Thingplatz im Ortsteil Groß–Hehlen.

*

HRR = Heiliges Römisches Reich

Quelle:de.wikipedia.org.„Liste der römisch–deutschen Herrscher“

*

„Henker und Scharfrichter“ Vorläufer der Scharfrichter gab es bereits in der Antike. Die Scharfrichterei als qualifizierter Lehrberuf, kam im 13. Jahrhundert auf. Die Ausbildung fand in der Familie statt. Von Kindesbeinen an übten die kleinen Henker mit einem Holzschwert an aufgesteckten Kohlköpfen, Hunden und Kälbern.

Mit 16 Jahren wurde die Meisterprüfung abgelegt. Dabei musste einem Verurteilten, unter der Aufsicht des ausbildenden Meisters, der Kopf nach allen Regeln der Kunst abgeschlagen werden. Wer aus einer Henkersfamilie kam, dem gab man keine andere Arbeit mehr. Damals hatten die Scharfrichter keine andere Wahl, denn ihr Stand galt als "unehrlich". Es gibt Hinweise darauf, dass Frauen auch hingerichtet haben und als Henkerinnen auftraten.
Die Arbeit des Henkers war im Mittelalter und in der beginnenden Neuzeit (ab 1500) vielfältig: vom "peinlichen Verhör", wie die Folter genannt wurde, über das Hinrichten mit Schwert, Strang und Rad, die Säuberung der Richtstätte. Neben handwerklichem Geschick waren umfangreiche Kenntnisse der menschlichen Anatomie dafür notwendig. Durch diese medizinischen Kenntnisse praktizierten sie nebenher oft erfolgreich als Heiler. Die Herstellung und der Verkauf von heilmagischen Substanzen, die aus den Körpern von Hingerichteten gewonnen wurden, beispielsweise die Herstellung von „Armesünderfett“ (Menschenfett) oder von Totenhänden. Dies brachte ihnen jedoch häufig Ärger und Streit mit den studierten Ärzten ein, die das Monopol der Medizin für sich beanspruchten. Da Scharfrichter die Produkte ihrer Abdeckereien, dieses Monopol bekamen sie oftmals zugesprochen, selbst verwerten durften, verfügten sie unter anderem über Hundefett, zur Salbung entzündeter Gelenke bei Mensch und Pferd.

Außer dem Henkersamt mussten sie Tätigkeiten übernehmen, die kein anderer Bürger verrichten wollte: die Leerung der Kloaken, die Aufsicht über die Prostituierten, die Entsorgung des verendeten Viehs. Auch der Henkersstrick wurde als Glücksbringer verkauft.

Zimperlich durften Scharfrichter, Gehilfe und Familie bei ihrem Geschäft nicht sein, dennoch waren sie keine sadistischen und blutrünstigen Zeitgenossen. Henker waren oft sehr fromme Leute, die regelmäßig in die Kirche gingen. Wurden sie durch Trunksucht, eine Art Berufskrankheit der Henker, auffällig, so wurden sie entsprechend von den Berufskollegen abgestraft.

Quellen: www.swr.de./swr2/wissen-henker-und-scharfrichter; www.bramdals-hauffen.de/geschichte-der-scharfrichter-henker.html

*

***„Hexenbulle"* 1484** und ***„Hexenhammer"* 1486**

Der bis dato unbedeutende Dominikanermönch *Heinrich Kramer*, (sein lat. Name: *Henricus Institoris)* tritt bereits 1475 das erste Mal als Inquisitor auf. Er darf sofort kirchliche Gerichtsverfahren gegen Andersgläubige durchführen. Zwei Jahre später wird er zum „Großinquisitor für ganz Oberdeutschland" ernannt. Kramer macht sich einen Namen als gefürchteter Hexenverfolger in den Diözesen Konstanz und Ravensburg, wo er zahlreiche Hinrichtungen initiiert und überwacht. Widerstand in den eigenen Reihen gegen die Hexenverfolgungen bildet sich. Er braucht Rückendeckung. **1484** legt er dem neuen Papst, Innozenz VIII., einen Text vor, welchen dieser absegnet und als sogenannte **„Hexenbulle"** veröffentlicht. Darin erkennt die Kirche zum ersten Mal die Existenz der Hexerei an und legitimiert die Verfolgung.

1486 erstellt Kramer den **„Hexenhammer"**, lat. „Malleus maleficarum". Ein fast 700 Seiten starkes Werk in drei Teilen. Kramers Buch trifft genau den Zahn der Zeit: Ende des 15. Jahrhunderts bricht eine große Kältewelle über Mitteleuropa herein. Extrem kalte und lange Winter verursachen eine Lebensmittelknappheit. Selbst die Grundnahrungsmittel werden zu teuer für große Bevölkerungskreise. Nahezu zeitgleich kommt eine erneute Pestwelle über die deutschen Gebiete. Für derlei Klimaveränderungen und Krankheiten werden immer wieder Hexen verantwortlich gemacht. Die neue Technik des Buchdrucks begünstigt die rasche Verbreitung des „Hexenhammers". Bis 1523 werden allein 13 Ausgaben (um die 10.000 Stück) gedruckt. Durch die Abfassung des Buches in der Universalsprache Latein sind sämtliche Gelehrten des Abendlandes in der Lage, es zu lesen. Fast alle Bibliotheken von Klöstern, Universitäten im christlichen Europa können damit bestückt werden. Im „Hexenhammer" beschreibt Kramer u. a., an Beispielen aus seiner Praxis, die Folterung der Hexen und detaillierte Regeln zur Durchführung der Hexenprozesse. Eines der verheerendsten Bücher der Weltliteratur. Tausende Menschen fanden durch dieses Buch einen grausamen Tod. Bis 1669 wird das Buch insgesamt 26-mal aufgelegt.

Quellen:www.planet_wissen.de/geschichte/neuzeit/hexenverfolung/pwied

erhexenhammer100html; Tobias Aufmkolk

*

Hexenglaube im 20. und 21. Jahrhundert

Die Zeit der Hexenprozesse ist auf dem europäischen Festland längst passé, als während des Zweiten Weltkriegs in London eine schottische Frau genau deswegen vor Gericht gestellt wird. Siehe „Helen Duncen". Mittels einem Anti-Hexengesetz von 1735 wurde die Frau 1944 zu einer neunmonatigen Freiheitsstrafe verurteilt. Erst 1951 wurde das Gesetz abgeschafft.

In Indien sollen 1947 allein an der Westküste tausende Menschen Opfer von Hexenjagden geworden sein.

Im westafrikanischen Benin wurden 1975 von der Bevölkerung hunderte alte Frauen, die angeblich für eine Tetanusepidemie verantwortlich waren, verfolgt und getötet.

In Tansania wurden seit 1970 tausende Hexenmorde stillschweigend vom Staat geduldet und teilweise sogar gedeckt. Und selbst 1996 wurden in der Nordprovinz Südafrikas noch 300 Hexen vor lokale Tribunale gestellt und hingerichtet.

Auch in den westlichen Gesellschaften glauben leider noch viele Menschen an die Existenz von Teufeln, Dämonen und Hexen. Okkulte Zirkel und Satanssekten gibt es nach wie vor. Der Glaube an Hexen und ähnliche Wesen des Bösen ist also noch gegenwärtig, auch wenn sich weltliche Gerichte damit seit Längerem nicht mehr befassen.

Quelle:www.planet-wissen.de/geschichte_neuzeit_hexenverfolgung

*

„Hexenprozesse Frageliste für die peinlichen Verhöre = Folter"
Quelle:www.hexenprozesse.at/fragenkatalog.

*

Die ***„Hexenverfolgungen"*** in Europa fanden überwiegend in der

frühen Neuzeit von 1450 bis 1750 statt. Ihre Höhepunkte erreichten sie zwischen 1550 und 1650 – in Österreich bis 1680. Am stärksten war das Heilige Römische Reich und die daran angrenzenden Gebiete betroffen. Es wird geschätzt, dass allein auf Deutschland 40.000 Hexenverbrennungen (und damit mehr als die Hälfte der gesamteuropäischen Zahl) entfielen. In Deutschland soll 1775 in Kempten das letzte Todesurteil gegen eine Hexe verhängt worden sein. (Darüber gibt es unterschiedliche Angaben.)
Quelle: www.spontis.de>Blog

*

Die ***`Hohe Zeit`*** **= Hochzeit**
Der Begriff `Hochzeit` leitet sich vom mittelhochdeutschen Wort „hôchzît" = `Hohe Zeit` = Festzeit ab. Das Wort `Trauung` vom gegenseitigen `Vertrauen`. Der Begriff `Trauung` ist seit dem 13. Jahrhundert belegt. `Vermählung` = mittelhochdeutsch, bedeutet so viel wie: verloben, versprechen. `Nottrauungen` in Fällen von Todesgefahr und Notständen waren anerkannt. Seit dem 13. Jahrh. sind Trauungen per Stellvertreter belegt (Beilager). In adeligen Kreisen wurde durch einen bevollmächtigten Vertreter die Unterschrift des Bräutigams zur Ehe anerkannt. In einer Reihe von Ländern ist dies heute noch zulässig. Sonderform: Ferntrauungen im 2. Weltkrieg, wenn der Soldat an der Front eingesetzt war. In diesem Zusammenhang gab es sogar Fälle von Ferntrauungen, wenn die Todesnachricht noch nicht vor Ort eingetroffen war. Das `Brautbuch` ist ein kostbar gebundenes und meist mit Goldschnitt verziertes Gebetsbuch des 17. Jahrhunderts. Das Brautbuch wurde der Braut von ihrem Verlobten als Brautpfand übergeben.

Die ***Ehe*** galt gegenüber einem keuschen Leben als minderwertig. Das Pflichtzölibat wurde im 12. Jahrhundert eingeführt und manifestierte die Aufteilung der mittelalterlichen Gesellschaft in den ehelosen Stand der Kleriker (Mönchen, Nonnen und Priester) und den minderwertigeren Stand der Laien. Schon die Bibel spricht vom Ehebund und meint damit die ewige Verbindung von Mann und Frau, die vor Gott geschlossen wird. Vor der kirchlichen Einführung der Ehe ergriff der Bräutigam die Hände der Braut, trat auf ihren Fuß und ummantelte sie. Dann führte der Bräutigam die Braut mit dem sogenannten `Brautlauf` in sein Haus. Hier fand unter Zeugen die Beschreitung des Ehebettes statt. Erst dann galten beide als verheiratet. Historisch war vom `Gespons` die Rede (lateinisch spōnsus, spōnsa: Bräutigam, Braut.

Nach der Reformation wurde zunächst von den weltlichen Obrigkeiten in protestantischen Gebieten, mit dem Konzil von Trient, dann auch von der katholischen Kirche die öffentliche kirchliche Trauung durch den Pfarrer und vor Zeugen als obligatorische Eheschließungsform etabliert (Formpflicht).

Im Spätmittelalter lag ihr Heiratsalter schließlich bei 15 bis 18 Jahren, in den Städten sogar bei 16 bis 20 Jahren. Die Jungen waren mit 12 – 15 Jahren heiratsfähig. Verlobt werden konnten die Kinder nach dem Kirchenrecht aber schon mit sieben Jahren.

Quellen:Quelle:de. wikipedia.org.„Hochzeiten“ ; de. wikipedia.org.„Brautbuch“ ;

de.wikipedia.org.>wiki>Ehe ; www.weddix.de>ratgeber>hochzeitsbräuche ; www.planet–wissen.de>kultur>brauchtum>hochzeit

*

Der ***„Husar“***

lat.: `usor` = schneller Bote, Ursprung: Ungarn, Kroatien, Rumänien, Serbien

Soldaten der leichten Kavallerie auf wendigen, kleinen Pferden. Uniform: Pelzmütze; Umhang; dunkelblaue, eng anliegende Hose (Charivari); verschnürte Jacken. Ein Hauptmann der Husaren hatte bis zu 400 Soldaten unter sich. Im Dreißigjährigen Krieg waren 12 bis 30.000 feindliche Reiter wie Husaren gekleidet. Fälschlicherweise wurden sie für verbündete polnische und ungarische Husaren gehalten.

Quelle:de. wikipedia.org.„ungarische Husaren

*

„Inzucht“ Verwandtenehen im europäischen Hochadel führten nicht nur zu einer Verbreitung von Erbkrankheiten, sie sorgten auch für die Weitergabe prägnanter körperlicher Merkmale wie dem „Habsburger Kinn“. Momentan sind ungefähr 5000 seltsame Abweichungen bekannt, die mit einer dieser Vererbungsfolge zu tun haben. Diese Anomalien kommen auch außerhalb von königlichen Familien vor. Die meisten haben einen regionalen Charakter, wenn es zum Beispiel in einem Dorf sehr viele gemeinsamen Vorfahren gibt.

Quelle:www.vice.com>article>hoe>delijke-families-miss …

*

„Johann Georg II. von Sachsen“, Kurfürst *1613 – †1680
Die Tätigkeit des Kurfürsten Johann Georg II. war von dem wirtschaftlichen Aufbau Sachsens nach dem Dreißigjährigen Krieg geprägt. Sein Hauptinteresse lag aber auf kulturellem Gebiet. Unter seiner Regierung wurde Dresden zu einem europäischen Zentrum für Kunst und Musik. Er holte zahlreiche Künstler an den Hof. Er ließ u. a. ein Opernhaus errichten, ein Ballhaus, ein Schießhaus sowie ein Reithaus.

Das Dresdner Schloss ließ Fürst Johann Georg II. im barocken Stil ausbauen und verschönern. Er führte einen, der Verschwendung, dem Prunk, der Jagd und den festen unzählige Festlichkeiten gewidmeten Hof. Er vermehrte den Hofstaat auf über 300 Personen. Die Bauten am Schloss und die Anlage des `Großen Gartens` in Dresden gehen auf ihn zurück.

Der Wiederaufbau nach dem langen Krieg und seine aufwendige Hofhaltung verschlangen gewaltige Summen. Obwohl er verschiedene zusätzliche Steuern erließ, führten seine Ausgaben zu einem drohenden Staatsbankrott. Unter anderem erließ er 1676 eine `Perückensteuer` von 10 Talern. Sowie 1682 eine `Schlittenordnung`, weil die Bürger, der niedrigen Schichten, ihre verbesserte wirtschaftliche Situation durch Statussymbole ausdrücken wollten.

Kurfürst Johann Georg II. machte sich durch Subventionen politisch abhängig vom französischen König Ludwig dem XIV. Diese Abhängigkeit der Allianz versuchte der Kurfürst, durch Geheimdiplomatie mit dem Kaiserhaus Brandenburg und Bayern auszugleichen.

Bei seinem Tod hinterließ Johann Georg II. 4 Millionen Taler Schulden.

Quelle:www.deutschebiografie.de-kurfürst-von-sachsen

*

„Kaviar"

Der Begriff `Kaviar` geht auf einen alten iranischen Volksstamm den `Khediven` zurück, der am Kaspischen Meer lebte. Die Khediven waren für ihre Körperstärke und ihre Manneskraft bekannt. Sie aßen viel Kaviar. `Kaviar` bedeutete `Kuchen der Freude`.

Ursprünglich war Kaviar ein `Arme-Leute-Essen`. Erst im 19. Jahrhundert wurde es von der feinen Gesellschaft entdeckt. Echter Kaviar (aus Russland oder Iran) ist der präparierte (behandelte) Rogen der weiblichen Störe.

Quelle:de.wikipedia.org.>wiki>Kaviar

*

„Kleider machen Leute"

Die Wirkung einer Person in Erzählungen aus dem 16. Jahrhundert.

Quelle:www.redewendungen.de

*

Der ***„Knicks"*** und der ***„Diener"***

Der Knicks, also das leichte Einknicken beider Knie, ist eine ritualisierte *Geste*, die einer anderen, meist ranghöheren Person Achtung oder Verehrung bedeuten soll. Nach den Regeln der *Etikette* knicksen im Allgemeinen nur Mädchen und Frauen. Die dem Knicks entsprechende männliche Handlung ist der `*Diener*`. Seinen Ursprung hat der Knicks wohl in der antiken Praxis, als Zeichen der Hochachtung vor jemandem auf die Knie zu fallen (so bei *Homer* und *Apuleius* bezeugt). Die daraus abgeleitete Höflichkeitsform des Knickses ist auf weibliche Personen beschränkt. Knicks und Diener gehören zum europaweit verbreiteten klassischen Repertoire der zeremoniellen Höflichkeitsetikette. Noch bis in die 1960er Jahre hinein waren sie in Deutschland und Österreich auch im Bürgertum verbreitet üblich. Während sich der Diener in der abgeschwächten Form als Verbeugung erhalten hat, kommt gegenwärtig der Knicks in der Breite der westlichen Gesellschaft selten vor, etwa indem kleine Mädchen gegenüber Erwachsenen knicksen. In hochadeligen Kreisen wird der Knicks (als „Hofknicks") noch gegenüber Höherrangigen vollzogen. Bis 2003 wurde von den weiblichen Spielern bei der Siegerehrung der *Wimbledon Championships* erwartet, vor der königlichen Loge zu knicksen. Ebenso existiert der Knicks bei Frauen nach wie vor im kirchlichen Milieu gegenüber Geistlichen, wobei dort mitunter auch Männer statt des Dieners einen (angedeuteten) Kniefall vollziehen, beispielsweise gegenüber dem *Papst*, dann meist verbunden mit dem Kuss des *Fischerrings*.

Quelle:de.wikipedia.org./wild//Knicks_(Geste)

*

Das ***„Kolosseum in Rom"*** bietet Platz für 50.000 Zuschauer und ist mit einer Länge von 188 und einer Breite von 156 Metern das größte erhaltene Bauwerk der römischen Antike. 72 n. Chr. ließ Kaiser Vespasian den Bau in der Nähe zur Kolossal-Statue Neros errichten. Dadurch erhielt die Arena ihren Namen. Kaiser Titus vergrößerte das Amphitheater um das vierte Stockwerk und eröffnete den Bau mit seiner 86 m langen und 54 m breiten Arena im Jahre 80. Neben sportlichen Wettkämpfen fanden Zirkusdarbietungen, Festspiele und Theateraufführungen im Kolosseum statt. Obwohl Brände, Erdbeben und Umbauten sowie der Abbau der wertvollen Marmor- u. a. Schmucksteine sowie die Emissionen durch den heutigen Autoverkehr dem Bau sehr stark zusetzten, ist es recht gut erhalten. Auf vier Rängen konnten die Menschenmassen innerhalb weniger Minuten ihre Plätze einnehmen. Die Architektur und die Bühnentechnik des Kolosseums waren bereits sehr ausgereift und ein Vorbild für heutige Stadien. Im ersten Rang saßen die kaiserliche Familie, der Hof und die Staatsbeamten, im zweiten die vornehmen Familien, im dritten und vierten das gemeine Volk. Von den Mauern des obersten Stockwerkes konnte man von 240 Masten aus ein Zelt spannen, um die Zuschauer vor der Sonne zu schützen. Erst zu Beginn des 19. Jahrhunderts wurde der Bau unter Denkmalschutz gestellt. Unter der Arena, deren Fußboden eingestürzt ist, sind heute noch gut die Umkleidekabinen und Trainingsräume für die Gladiatoren, sowie die Tiergehege zu erkennen.

Quelle:www.weltwunder.de-kolloseum

*

„Lecke er mich von hinten!"
Zitat von Götz von Berlichingen (der Mann mit der eisernen Hand.
Quelle:de.wikipedia-org/wild/Schwäbischer/Gruß

*

„Lecke er mich von hinten!"
Der Gruß stammt wohl von einem alten Entblößungs- und Abwehrzauber: Zeigte man Dämonen, Hexen oder persönlichen Feinden sein bloßes Gesäß, so konnten sie einem nichts anhaben. Hinzu kommt hier noch der Huldigungskuss (des Hinterteils) als Geste der Unterwürfigkeit.

Darstellungen des Abwehrzaubers, im Schwäbischen „Lecksfiedle", finden sich an Stadt- und Burgtoren, Stadtmauern, aber auch an Kirchen und Klöstern, beispielsweise an den Münstern in Ulm, Freiburg im Breisgau, Straßburg, ebenso befand sich eine am Rathaus in Köln und u. a. in Brünn, Bologna und La Rochelle.

Bereits 1454 findet sich ein Beleg für den Ausspruch im Protokoll des Bamberger Stadtgerichts. Die Bamberger Gärtnersfrau „Agnes Schwanfelder" bat demzufolge einen geistlichen Herrn, er möge sie „am Arse lecken", zudem würde sie ihm auf die „Platten scheißen", dass die „Brühe über die Backen in sein Maul rinne".

Der historische „Götz von Berlichingen!“ (der Mann mit der eisernen Hand), ein fränkischer Reichsritter aus Hohenlohe, rief laut seinen eigenen Aufzeichnungen dem mainzischen Amtmann auf Burg Krautheim entgegen: „Da schriehe ich wider zu ime hinauff, er soldt mich hinden leckhenn.“

Quelle:de.wikipedia-org/wild/Schwäbischer/Gruß

*

„Leibeigenschaft“
Die Leibeigenen waren in Abhängigkeit zu Frondiensten verpflichtet = persönliche Dienstleistungen. Die Bezeichnung `Leibeigen` ist erstmals 1645 in einer `Bauern- und Gesindeordnung` belegt. Die Bezeichnung `Frondienst` stammt aus dem Slawischen. Frondienst wird auch als `Robot` oder `Robath` bezeichnet. Die Leibeigenen durften weder vom Gutshof wegziehen, noch ohne Genehmigung des Eigentümers heiraten.

Die Leibeigenschaft war ein Zustand zwischen `Sklaverei` und `Hörigkeit`. Die Leibeigenen gehörten mit ihrem `Leib` vorübergehend oder lebenslang dem Grundherrn. Die Grundherren waren meist von niedrigem oder höherem Adel. Es waren Fürstenhöfe, Klöster, kirchliche Stifte oder Städte darunter. Die Polizei und Gerichtsherrschaft (Verurteilung und Durchführung von Strafen) über die Leibeigenen hatte der Grundherr. Er hat sie erworben (oder geerbt). Er konnte sie verkaufen, verwerten, verschenken oder wieder vererben. Es waren Bauern und deren Familien auf Herrenhöfen, die sich in Abhängigkeit (Hörigkeit) befanden.

Im königlichen Hannover wurde die Leibeigenschaft 1833 aufgehoben. Sonst endete sie erst 1848 mit der Bauernbefreiung. Die Leibeigenschaft galt nicht für die Bürger einer Stadt. Dort galt der Rechtsgrundsatz: `Stadtluft macht frei`.

Quelle:de. wikipedia.org.„Leibeigenschafft“

*

„Leopold der I. * 1640 †1705 , Kaiser des Heiligen Römischen Reiches = HRR

1655 König von Ungarn/ 1656 König von Böhmen/ 1657 Erzherzog von Österreich/ 1658 – 1705 römisch-deutscher Kaiser, gekrönt in Frankfurt. Er war der Gegenspieler des französischen `Sonnenkönigs` Ludwig des XIV und führte Krieg gegen Türken und Franzosen.

Quelle:de.wikipedia.org.„Liste der römisch–deutschen Herrscher“

*

„Ludwig der XIV.“ König von Frankreich und Navarra.
* 05.09.1638 † 01.09.1715. Mit 5 Jahren, als sein Vater starb, 1643 zum König ernannt.1661 erklärte der 22-jährige König LUDWIG XIV., dass er die absolute Macht übernehmen werde. Bis dahin stand das Land unter der Regentschaft seiner Mutter, unterstützt durch den Premierminister, Kardinal Mazarin. Der Verherrlichung des Monarchen als „Sonnenkönig“ dienten der Bau des Riesenschlosses in Versailles. Unter seiner Herrschaft erfuhren Künste, Kultur und Wissenschaft ihre Blütezeit. König Ludwig XIV. erweiterte die militärischen, institutionellen und materiellen Machtgrundlagen der französischen Monarchie. Der aggressive Geist seiner Politik rief überall in Europa Gegenkräfte hervor, die sich schließlich gegen Frankreich zusammenschlossen (1689 und 1701, große Allianz). Er erreichte die nationale Selbstständigkeit der französischen Kirche und kämpfte gegen die Hugenotten. Viele Kriege und ein aufwendiger Lebensstil führten nach 62 Jahren absoluter Regierung fast zum Staatsbankrott. Schulden und die Aufrechterhaltung immer unhaltbarer werdender gesellschaftlicher Strukturen sollten eine Hauptursache der Französischen Revolution werden.

Quelle:
www.lernhelfer.de/schuelerlexikon/geschichte/artikel/ludwig-XIV.

*

„Martin Luther“ * 1483 † 1546, soll am 31. Oktober 1517 seine 95 Thesen gegen den Ablasshandel an die Tür der Wittenberger Schlosskirche geschlagen haben. Dieses Ereignis gilt als Auslöser der Reformation, die eigentlich die Erneuerung der katholischen Kirche zum Ziel hatte, die in der Folge aber die Kirche spaltete und zu Veränderungen in der ganzen Gesellschaft führte.

www.sonntagsblatt.de/artikel/menschen/steckbrief-martin-luther-biografie-des-reformers
von Cathrin Clemens und Franz Knorr 18.02.2018

*

„Noblesse“ (franz.)
bezeichnet eine schöne elegante Erscheinung/ Wirkung. `Noblesse oblige` bedeutet sinngemäß: „Adel verpflichtet“.
Quelle: deutsch-franz. Wörterbuch

*

„Nonchalance“ (franz.)
wird mit (liebenswürdiger) Lässigkeit, Ungezwungenheit, Unbekümmertheit und Zwanglosigkeit übersetzt.
Quelle:deutsch–franz. Wörterbuch

*

Die ***„Ostsee“***
ist fast ein Binnensee. Sie wird nahezu von allen Seiten von Land eingegrenzt. Im Gegensatz zur Nordsee, die weit zum Atlantik geöffnet ist, verfügt sie nur über eine schmale Öffnung zum Atlantik. Durch diese schmale Öffnung können nicht die gewaltigen Wassermassen, wie in der Nordsee eindringen. Ostsee verfügt daher nicht über ausgeprägte Ebbe und Flut.

Quelle:www.gezeiten.de

*

„Pech“
Birkenpech ist ein schwarzer, teerartiger Rückstand einer Destillation, der aus der Birkenrinde gewonnen und seit der Vorzeit

als vielseitiger Klebstoff verwendet wurde. Eine Vorstufe bei der Destillation von Birkenpech ist *Birkenteer*. Die Herstellung war ein üblicher Vorgang. Es wurde zum Abdichten von Holzmaterialien verwendet; flüssiges Pech wurde damals von Burgen nach unten auf die Angreifer gegossen und angezündet. Oder es wurde zum Einschmieren von `Vogelfreien` benutzt.

Quelle:de.wikipedia>Birkenpech>

*

„Pechvögel"
Verurteilten wurde die Haut mit Pech eingeschmiert und mit Federn von Vögeln oder Hühnern beklebt. So wurden sie auf Anhieb für ihre Umgebung gekennzeichnet. Das Ganze geht nach 2 bis 3 Tagen wieder ab.
Quelle:de.wikipedia.org.>Pechvogel>

*

Die ***„Pest in Celle"*** findet 1657 keine Opfer. 1664 trat sie noch einmal in der Neustadt auf, konnte sich aber nicht austoben. 1666 sterben in Celle 293 Einwohner. 1679 wollte die Pest wieder um sich greifen. Allein im Jahr 1689 gab die Celler Kanzlei zwei Erlasse heraus, wie sich Passkontrollen und Wächter an den Stadttoren zu verhalten hatten, damit keine Menschen mit Pesterregern in die Stadt kämen. 1681 wandte sich die Celler Regierung vor allem an die Landbevölkerung.
Quellen: Erich Woehlkens „Pest und Ruhr im 16. u. 17. Jahrh.“; „Uelzen“ 1954 von Adolf Meyer

*

Die ***„Renaissance"***
der Begriff entstand erst im 19. Jahrhundert. Für die Kulturepoche des 15. und 16. Jahrhunderts. Er beschreibt die `Wiedergeburt` = die `Wiederbelebung` der kulturellen Leistungen der römischen und griechischen Antike. Unter den bedeutendsten Namen der Renais-

sance befinden sich: `Botticelli`, `Leonardo da Vinci`, `Raffael`, `Michelangelo`, `Rubens`, `Tizian`, Albrecht Dürer`, `Niccolo Machiavelli`, William Shakespeare`.
Quelle:de. wikipedia.org. „Kulturepochen des 15. und 16. Jahrhunderts“

*

„Silvester“
1582 wurde der letzte Tag des Jahres vom heutigen Heiligabend auf den 31. Dezember verlegt, den Todestag von Papst Silvester I. Dessen Tod wiederum war damals schon ein Weilchen her – 1.247 Jahre, um genau zu sein.
Quelle:www.sat1.de>Ratgeber>Silvester

*

„Stöckelschuhe“
Die Geschichte der hohen Schuhe kann bis ins alte Ägypten zurückverfolgt werden, als das Tragen hoher Schuhe (ganz unabhängig vom Geschlecht) als ein Zeichen des Adels galt. Während der Renaissance kam die Mode der hohen Schuhe in den adeligen Kreisen einmal mehr auf. Grund dafür war der Bruder des Sonnenkönigs Ludwig des XIV., Monsieur Philippe, der wegen seiner geringen Körpergröße von seiner Frau gehänselt wurde. Stöckelschuhe sollten da Abhilfe schaffen und entwickelten sich bald zu einem Trend. Wer etwas auf sich hielt, oder von Adel war, trug fortan hohe Absätze. Männer und Frauen gleichermaßen. Die Stöckelschuhe waren so hoch und entsprechend unpraktisch, dass es schwer war, darin zu gehen. Eigentlich nur für privilegierte Menschen, die nicht arbeiten mussten. Die Französische Revolution machte damit abrupt Schluss und schaffte auch gleich den kompletten Adel ab.
Quelle: ww.catawiki.de>Stöckelschuhe>

*

„Vogelfrei"
bedeutet nicht: `frei zu sein wie ein Vogel`, sondern das komplette Gegenteil. Im Mittelalter konnten die wenigsten Menschen lesen oder schreiben. Es galt bei Verträgen allgemein der `Handschlag`. Darüber wachte die Obrigkeit. Brach einer der Vertragspartner das Abkommen, so konnte der Kaiser/ König bzw. diesen ins Gefängnis werfen oder verbannen lassen. Damit galt der Verbannte als `vogelfrei`. Die Frau/ der Mann eines vogelfreien Menschen galt als Witwe/ Witwer. Niemand durfte dem vogelfreien Menschen Unterschlupf gewähren oder etwas zu essen geben. Durch diese Hilfe machte man sich selbst strafbar. Ein Vogelfreier konnte und durfte von jedem gejagt, gefangen oder getötet werden. Es kam auch vor, dass die Vogelfreiheit zurückgenommen wurde und der Verurteilte die Gelegenheit bekam, seine Straftat wiedergutzumachen. War dies nicht der Fall, so blieb dem vogelfreien Menschen nur die Flucht in ein anderes Land, um dort als normaler Mensch weiter leben zu können.
Quelle:kinder.wdr.de>TV>Wissen macht AH!Bibliothek

*

Die ***„Vogtei Beedenbostel"*** wurde bis in das 15. Jahrhundert als „Vogtei auf dem Grete" bezeichnet. Dann als „Vogtei Beedenbostel" und im 18. Jahrhundert schließlich als „Amtsvogtei Beedenbostel". 14 38 gehörten 21 Ortschaften zu der Vogtei u. a. auch Eldingen. Auf dem Gebiet der Vogtei Beedenbostel bestand ursprünglich ein **„Gogericht"**, auf das ein Landgericht zurückgeht, welches noch im 17. Jahrhundert in Beedenbostel abgehalten wurde.
Quelle: de.wikipedia.org./ Lister der Ämter und Vogteien im Fürstentum Lüneburg

*

„Vogteien und Ämter im Fürstentum Lüneburg"
Beginnend im 13. Jahrhundert waren im Fürstentum „Vogteien" als Träger der Lokalverwaltung entstanden. Seit dem 16. Jahrhundert setzte sich die Bezeichnung „Amt" durch. Die Unterbezirke der Äm-

ter wurden als „Vogteien“ bezeichnet. Unterstellt waren die Ämter der herzöglichen Finanzverwaltung, der Rentenkammer in Celle. Die Ämter nahmen die herzöglichen Herrschaftsrechte wahr und waren an der Erhebung der Landessteuern beteiligt. Insbesondere waren sie erstinstanzlicher Gerichtsort für alle Zivilstreitigkeiten und niedere Strafgerichtsfälle (s. Thingplätze) Zudem waren sie Verwaltungsmittelpunkt für den herzöglichen Grundbesitz, d. h. die erhoben die dem Herzog zustehenden grundherrschaftlichen Abgaben. Anfang des 17. Jahrhunderts gliederte sich das Amt Celle in 12 Vogteien, u. a. auch in die Vogtei Beedenbostel.

*

„Weihnachtsbäume“

Der Ursprung des Weihnachtsbaumes liegt in heidnischen Bräuchen. Immergrüne Pflanzen waren ein Symbol für Fruchtbarkeit und Lebenskraft. So haben die Germanen Tannenzweige zur Wintersonnenwende an öffentlichen Orten und vor ihren Häusern platziert.
In nördlichen Gebieten wurden im Winter Tannenzweige ins Haus gehängt, um böse Geister am Eindringen zu hindern und die Hoffnung auf den nächsten Frühling zu nähren. Im Mittelalter wurden sogar ganze Bäume zu bestimmten Festlichkeiten, wie zum Beispiel den Maibaum, geschmückt.
Die ältesten Belege auf einen dekorierten Tannenbaum stammen aus der Zunftchronik des städtischen Handwerks in Bremen aus dem Jahr 1597. Von den Zünften ist die Sitte im Laufe der Zeit auf städtische Familien übergegangen. Den ersten Weihnachtsbaum mit Kerzen schmückte die Herzogin Dorothea Sibylle von Schlesien im Jahr 1611.
Quelle:www.meinetanne.de>Weihnachtsbaum

*

Die ***„Ziegelei“***

Etwa auf halbem Wege zwischen den Dörfern Eldingen und Wohlenrode lag einstmals eine der bedeutendsten und ältesten Industriebetriebe des Landkreises Celle, die *„herzögliche Ziegelei“*.

Sie soll bereits unter Herzog Ernst dem Bekenner zwischen 1521 und 1530 entstanden sein.

Die Anfänge der Ziegeleien stehen in Zusammenhang mit einem Umdenken hinsichtlich des Bauens und der Feuersicherheit. Noch um 1500 waren auch in den Städten die Häuser mit Stroh gedeckt. Bei einem Brand fielen oftmals ganze Straßenzüge oder Viertel dem Feuer zum Opfer.

Da die Umstellung auf Backsteine und Ziegel langsam vonstattenging, findet man seit dem Aufkommen der Ziegeleien im 1500 Jahrhundert nur ganz wenige Betriebe dieser Art. Erst im letzten Jahrhundert schnellte die Anzahl in die Höhe.

Quelle: aus Adolf Meyer, „Metzingen" „Geschichte der Gemeinde Eldingen, Band 1

*

Das ***„Zucht – Werk – und Tollhaus"*** **von Celle,** (in meinem Buch als „Irrenanstalt" bezeichnet) wurde 1700 bis 1724 von *Johann Casper Borschmann* nach dem Vorbild französischer Schlösser und zwar als allgemeines „Zucht und Tollhaus" erbaut. Er war seit 1696 Oberbaumeister des Celler Herzogs Georg Wilhelm. Die ehemaligen Gebäude des „Zucht – Werk – und Tollhauses", heutige JVA – Celle = Justizvollzugsanstalt Celle befinden sich noch heute an der ursprünglichen Stelle in der Stadt, Trift 14. Seine Fassaden und Mauern erinnern an den Prunk vergangener Zeiten und lassen den Betrachter dort ein schlossähnliches Anwesen vermuten.

Quelle:de.wikipedia. org. >Justizvollzugsanstalt Celle>

Über die Autorin

Salina Voltaire, geb. 1957 in Hannover, ist das Pseudonym einer Autorin, die sich seit ihrer Kindheit für alte Geschichte interessiert.

Zunächst war es die Antike des alten Ägypten. Später, als ihre Wege sie nach ihrer Kindheit in einem Dorf am Rande der Südheide, über Hannover, Berlin, Salzburg in die historische Residenzstadt Celle geführt haben, begann sie sich für die Zeit der Renaissance ab dem 15. Jahrhundert zu begeistern. Katholisch getauft, hat sich Salina Voltaire zeit ihres Lebens mit der Institution Kirche beschäftigt, die einen gewaltigen Einfluss auf das Leben der Menschen, angefangen von Kriegen bis hin zum alltäglichen Dasein, hatte und hat.

Mit ihrem ersten Buch der historischen Familiensaga „Die Erben von Eldingen" möchte sie das allgemein vorherrschende Bild vom tristen, dunklen, langweiligen und humorlosen Leben der Menschen in der Neuzeit verändern. Liebe, Lust, Leidenschaft, Familie, Freundschaft sowie die Faszination von Reichtum und an schönen Dingen gehörten damals wie heute zum Leben. Genauso wie Armut, Elend, Trauer, Verzweiflung, Hass, Wut, Rachsucht, Intrigen, Kriege und unvorstellbare Grausamkeiten wie die Folter. „Sich für die wirklich wichtigen Dinge im Leben einzusetzen, war von jeher ein Grundbedürfnis der Menschheit. Langweilig war das Leben unserer Vorfahren auf keinen Fall", resümiert Salina. „Es ist mir ein Bedürfnis, den Lesern historischer Romane das tägliche Leben der Menschen von damals, die kleinen und großen Ereignisse, die sie erlebten, mit einer Prise Humor, Ironie und Gefühl näherzubringen."

Als gelernte Hauswirtschaftsleiterin hat sie u. a. im eigenen gastronomischen Betrieb, später in öffentlichen Bildungseinrichtungen jungen und älteren Menschen zu einer Berufsausbildung verholfen. Zum Schreiben ist Salina Voltaire durch ihren Vater gekommen, der ihr die Lust und Freude daran mitgegeben hat. Seit 2017 kann sie sich nun ganz der Schriftstellerei widmen.

Lesetipps

Wie alles begann

Eldingen im Jahre 1654 – gerade einmal sechs Jahre ist das Ende des 30 jährigen Krieges her. Das Leben der Dörfler ist von Armut, Liebe, Unglück, Glaube und Aberglaube geprägt. Man hält jedoch zusammen Auf Schloss Eldingen herrscht Trauer. Der 21-jährige Heinrich von Eldingen muss nach dem plötzlichen Tod seines Vaters das Erbe antreten. Adelsgeschlechter verbinden sich bald in Liebe. Doch dann fallen Schatten auf das junge Glück. Otto, Heinrichs älterer Bruder, galt als im Krieg verschollen. Der Totgeglaubte kehrt zurück. Und mit ihm Hass und Neid… Eine historische Familiensaga.

Taschenbuch mit 388 Seiten, 14.95€, ISBN: 9783957537409

Wie geht es weiter?

Band 3 der Eldingen-Reihe „Vergangenheit und Zukunft"

* Was geschieht mit dem Findelkind Maria?
* Rettet Titan das Leben der jungen Baronin Elisabeth?
* Kommen Heinrich und Otto mit den schrecklichen Enthüllungen über ihre Eltern zurecht?
* Überwinden Rudolf und Katharina ihren Stolz und heiraten?
* Entkommen Rudolf und Sergej mithilfe von Freunden einer bösen Intrige?
* Erhört Karls Angebetete ihn endlich nach fünfzehn Jahren?
* Wie übersteht Otto seinen ersten Hexenprozess?
* Kommt der lange Treck in Soskie an?
* Wird Sergejs malerisches Talent entdeckt?
* Wird Sergej in Soskie das Leben gerettet?
* Warum geht Gräfin Beatrice plötzlich ihre eigenen Wege?
* Fällt Gräfin Beatrice auf den Gigolo herein, der sie umgarnt?
* Was hat es mit der gruseligen „Entdeckung“ auf dem Dachboden von Schloss Eldingen auf sich?
* Setzt Innozenz Schmutz seine fürchterlichen Rachepläne in die Tat um?

Erscheint in Bälde.